신약성서와 창의적 설교

신약성서와 창의적 설교

2019년 9월 5일 초판 1쇄 인쇄
2019년 9월 11일 초판 1쇄 발행

지은이 | 차정식
펴낸이 | 김영호
펴낸곳 | 도서출판 동연
등 록 | 제1-1383호(1992년 6월 12일)
주 소 | 서울시 마포구 월드컵로 163-3
전 화 | (02) 335-2630
팩 스 | (02) 335-2640
이메일 | yh4321@gmail.com

ISBN 978-89-6447-527-0 03200

신약성서와
창의적 설교

차정식 지음

동연

머리말

　　오늘날 대부분의 역사비평적 성서학자들에게 신약성서는 주로 예수운동의 당대적 배경과 사회적 위상, 나아가 이후 펼쳐진 생성기 기독교의 기원과 전개 과정을 탐구하는 분석과 해석의 대상이다. 이와 달리 신약성서는 더 많은 기독교 신자들에게 그들의 신앙고백을 담보하는 권위 있는 하나님 말씀으로 끊임없이 재조명되면서 참신하게 그들의 '삶의 자리'에 선포되고 적용되어야 하는 실천적 메시지의 보루이기도 하다.

　　나는 신약성서 학자로 입문한 이래 지난 23년간 이 두 가지 과제에 몰두해왔다. 먼저 신약성서 학자로서 꽤 많은 연구 논문과 저서를 생산하면서 한때 보람을 누리기도 했지만 그것이 유통되는 협소한 반경을 느낄 때마다 그러한 왕성한 담론의 생산 작업조차 '덧없음'의 뒷맛을 남기곤 했다. 이와 함께 그 학구적 연륜보다 더 오랫동안 전도사, 목사의 직분을 가지고 30년 넘게 설교강단에서 말로 선포해온 적잖은 원고 자료를 되짚어보니 부끄러움과 자부심이 동시에 느껴졌다. 한때는 다른 분들이 신약성서의 본문을 가지고 양산해온 설교를 말과 글로 꽤 많이 섭렵하며 두어 편의 설교비평 원고를 쓰기도 했지만 구연 행위로서 설교는 학문적 연구 못지않게, 아니 어쩌면 그 이상으로 녹록치 않은 장르였다. 특히 이 땅의 다수 설교자들이 정도의 차이는 있었지만 자신의 심중에 가득 찬 메시지를 강변의 어조로 쏟아내면서 그 논리를 정당화하기 위해 성서의 이런저런 본문들을 끄집어내 억지로 때려 맞추듯 간편하게 이용하는 경우가 적지 않았는데 이는 주로 주제설교와 절기설교에서 종종 탐지되는 현상이었다. 그런가 하면 이른바 '강해설교'는 성서의 본문에 너무 깊이 함몰한 나머지 자잘한 단어, 사소한 문구 하나에 매달리며 메시지를 쇄말화하거나 경직된 문자주의에 경도되어 아무런 울림도 없는 문자나부랭이의 집합체로 만드는 경우가 잦았던 것으로 기억한다. 이 후자의 경우는 텍스트에 대한 지나친 엄숙주의적 자세로 메시지의 적실성을 놓쳐버리는 사례라 볼 수 있다.

이 책의 짧은 글들은 두 월간잡지에 각각 3년간, 1년간 연재하면서 설교자들에게 소박하나마 설교의 창의적인 영감을 측면 지원할 목적으로 써낸 것이다. 그것이 '정면'이 아니라 군이 '측면'인 것은 모든 설교적 영감은 설교자 개인의 주관적인 묵상의 깊이에 따라 본인이 주체적으로 감당해야 할 영역이기 때문이다. 여기 담은 모든 글들은 신약성서의 본문에 잇닿아 있지만 이를 딱히 주석이라 할 수는 없고 그렇다고 설교 자체라 보기도 어렵다. 이 글들의 장르를 군이 설정하자면 신약성서 본문에서 설교로 나아가는 징검다리 정도로 가늠하면 적절할 것이다. 성서 본문에 대한 정밀한 주석 작업은 엄정하게 보면 성서학자의 몫으로 매우 광활하고 심도 깊은 전문 영역이다. 반면 설교의 메시지는 강단에서 준비한 원고로 즉각적인 영감에 의존하여 수행하는 실천적인 언어 담론이다. 그런데 내 눈에 이 두 영역은 서로 아득하게 차단되어 있거나 냉랭하게 소외되어 있거나 또는 거칠게 어긋나면서 점점 더 격절의 방향으로 치닫는 것처럼 보였다. 그래서 어쩌면 버릴 수도 있었던 글들을 모아 이런 책을 냄으로써 그 두 영역을 중개하는 의욕을 살려보기로 한 것이다.

물론 이 의욕의 열매가 얼마나 참신할지, 아니면 부실할지 나도 자신할 수 없다. 다만 나는 일선의 설교자들이 이 글들을 틈틈이 읽으면서 신약성서의 본문들이 이 시대의 민감한 신앙의 주제들과 어떻게 창의적으로 만날 수 있는지 조그만 샛길이라도 발견할 수 있다면 만족한다. 아울러, 매년 반복되기에 상투화하기 쉬운 교회력의 절기 설교에서 본문의 의미를 조금씩 변용해나가면서 좀더 참신한 울림을 낳고 설교자의 영감이 청량한 영성으로 깊어지는 데 몇 가지 단서라도 제공할 수 있다면 망외의 보람이 되겠다. 다른 한편으로 아카데미의 성채에서 난해한 주석적 담론을 흘리면서 일반 기독신자들의 고단한 일상과 별 상관없이 자족적인 연구에 몰두하는 성서학자들이 그 밀폐된 울타리를 벗어나 설교강단의 결핍을 채워주는 학문 선교의 자리로 몇 걸음 더 나아가는 계기가 된다면 좋겠다. 이 책의 대부분은 신약성서의 각종 본문을 조명하면서 강단에서 가장 빈번히 행하는 주제설교와 절기설교의 필요에 부응하는 글들이고, 뒷부분의 짧은 지면들은 요한계시록을 강해설교의 한 사례로 택하여 전체 본문을 조명하고 있다.

이 책을 낼지 말지 망설이던 중에 흔쾌한 격려의 말씀으로 가속 엔진을 달아주신 동연출판사 김영호 대표님께 감사드린다. 묵은 원고들을 매끈하게 갈무리해 수고로운 편집 작업을 전담해주신 박연숙 차장님께도 고마운 마음을 표한다. 그밖에 나와 함께 동고동락하면서 이 땅의 척박한 성서학계에 몸담고 열심히 연구의 고된 노동을 감당해온 선후배 동학들과 매일 주야로 설교강단을 지키면서 성서의 메시지를 기독교신앙의 일선에서 전파해오신 이 땅의 목회자들, 나아가 내 서툴고 소박한 설교를 지난 14년간

들어주신 열린가정교회 교우들께 그리스도의 사랑을 담아 두루 감사의 인사를 전한다.

2019년 8월 5일

전주 온고을 서재에서

차 례

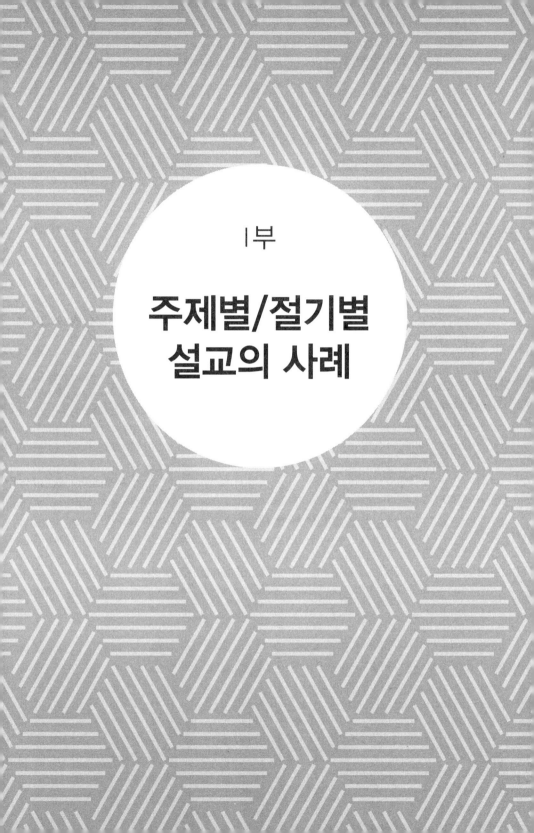

I부

주제별/절기별
설교의 사례

꿈을 먹고 자라는 믿음

꿈의 기원, 꿈의 종류

정신분석학의 원조 프로이트의 이론에 의하면 꿈은 대낮의 의식이 억눌린 무의식을 밤중의 잠 속에 풀어놓은 결과이다. 대낮의 삶은 자신을 드러내는 만큼, 아니 그 이상으로 자신을 숨기며 위장하는 말짱한 이성적 의식의 간계가 자못 심하다. 현실원칙을 살리기 위해 쾌락원칙을 숨기고, 사회적 관계의 평온을 위하여 욕망의 다채로운 충동을 감춘다. 무의식은 의식의 표면 아래 신음하며 그 억압을 해소할 길을 찾는다. 마침내 밤이 오고 꿈을 꾸면 그 속에서 충혈된 의식이 쉼을 얻고 그 지친 의식을 보듬거나 달래면서 그 틈새로 무의식이 자유롭게 꼼지락거리며 제 정체를 드러낸다. 물론 그것이 드러나는 방식은 직설적이지 않다. 과연 무의식답게 생시의 경험을 여러 겹으로 꼬아 변용시켜 재구성함으로써 꿈이라는 형식 속에 기묘한 풍경을 연출하는 것이다. 정신분석은 그렇게 변용된 꿈을 통하여 우리 안의 굴절되고 왜곡된 욕망을 읽어내는 과학이다. 이러한 방식에 대한 학습은 우리의 내면을 정직하게 성찰하고 자아의 성숙을 위한 훈련에 도움이 된다. 그러나 그것이 전부일까. 꿈은 정신분석의 과학으로 온전히 그 세계 전체를 해부하고 통달할 수 있는 걸까.

판단 준거로서의 계시적 꿈

꿈은 인간의 자연스러운 생시의 의식을 초월하는 권능이 있다. 그렇게 사람들은 기이하고 신묘한 체험들을 말한다. 가령, 꿈의 예시적 기능이 그런 종류에 속한다. 내 누이는 어느 날 새벽잠을 깨더니 꿈에서 작은할머니를 보았다고 했다. 당신을 찾지 않는 걸 나무라는 어조였다고 했다. 그 꿈 얘기가 끝나기 무섭게 고향에서는 작은할머니의 소천을 알리는 전화벨이 울렸던 기억이 아직도 생생하다. 또 다른 간증에 의하면, 한 어린이가 수영장에서 놀다 다친 사건 직후 그 어머니의 전화를 받고 들은 이야기인즉 놀랍게도 꿈속에서 자기 아들이 다치는 걸 봤는데 지금 어떠하냐는 것이었단다. 이처럼 꿈은 때로 과거의 경험을 농축시키는 데서 끝나지 않고 분석보다 빠르게 미래를 향해 달려가며 그 예언을 실현하기도 한다. 신약성서에 이런 사례가 나온다. 동방박사들은 헤롯왕의 음모를 간파하지 못했지만, 꿈속에서 성령을 통해 받은 지시는 그 음모를 피해 다른 길로 돌아가라는 것이었다(마 2:12, 22). 그런가 하면 예수의 십자가 처형을 앞두고 빌라도의 아내는 꿈속에서 겪은 곤경을 그 냉혈한 총독에게 이야기하였다(마 27:19). 죄를 짓지도 않은 예수를 부당하게 처형하는 것이 옳지 않으리라는, 꿈을 매개로 한 모종의 계시적 전언이었던 것이다.

그러나 구약성경에서 많이 나오는 이러한 종류의 꿈은 신약성서에서 별로 두드러진 영적 매개로 작용하지 않는다. 위에 열거한 두 가지가 그런 계통의 꿈과 관련된 사례의 전부다. 더구나 동방박사들이나 빌라도의 아내는 신약성서의 구원사에서 지엽적인 인물들이고 관련 에피소드들도 전체 신약성서의 서사 전개에서 비중 있게 부각되지 않는다. 신약성서에서 꿈의 이런 측면을 표나게 강조하지 않은 것이 우연이라고 볼 수도 있겠지만, 그 이면에 작동한 모종의 신학적 배경이 있다면, 꿈꾸는 자들이 주관적 경험을 객관적 계시로 강변함으로써 생길 법한 신앙세계의 혼란, 나아가 교회 공동체의 무질서를 우려한 신학적 지성의 발로가 아니었을까 싶다. 이러한 배경하에 실제로 꿈꾸는 자들의 행태가 부정적으로 묘사되기도 한다(유 1:8). 이와 같이 예시적 징조나 판단 준거의 계시적 암시로서의 꿈을 대체하는 또 다른 꿈의 세계가 있다. 신약성서의 꿈 이야기는 사실 이 지점에서 본격적으로 빛을 발한다.

환상으로서의 꿈

신약성서는 꿈 대신 하나님 나라의 주요 전개국면이나 선교의 전환점에서 성령께서 직접 지시하고 명령하는 장면을 보여준다. 잠자는 밤중의 꿈이 아니더라도 성령은 환상을 통해 뭔가를 보여주고 인도하는 역할을 수행하는 것이다. 사도행전의 오순절 사건에서도 베드로의 설교 가운데 인용된 요엘서의 한 말씀은 젊은이들의 환상과 늙은이들의 꿈을 병치시킴으로써(행 2:17), 그리스도인들이 성령 충만을 받아 꾸는 꿈이 백일몽이나 개꿈 따위가 아니라 역사의 향방을 선도하는 비전의 일종이라는 사실을 보여준 것이다.

신약성서에 이런 환상은 꿈보다 좀 더 자주 나오는 편이다. 그것은 성령께서 하나님을 드러내는 계시의 매개이면서 동시에 그의 백성들이 성령의 지시와 인도하심을 받는 영적인 공간이기도 하다. 다메섹의 아나니아는 환상 중에 주의 음성을 듣고 바울의 회심 사건 이후의 길을 예비할 수 있었다(행 9:10ff). 또한 고넬료는 환상 중에 하나님의 사자로부터 모종의 특별한 전갈을 받았으며(행 9:3), 이에 부응하여 베드로 역시 환상을 통해(행 10:17, 19, 11:5) 이방인을 향한 구원의 복음이 어떻게 새 시대에 새로운 계시의 메시지로 선포된 것인지 확인할 수 있었다. 이와 같이 환상으로서 저들의 그 꿈은 마침내 예수 그리스도의 구원 역사가 유대인과 유대교의 반경을 넘어 세계로 뻗어나가는 역사적 전환점을 매개하였던 것이다. 그런가 하면 바울은 환상 가운데 선교의 방향을 마게도냐로 트는 획기적인 결정을 내릴 수 있었고(행 16:9-10), 고린도에서 두려움을 떨치고 담대히 말씀을 선포하라고 지시받기도 하였다(행 18:9). 이러한 환상 가운데 초기 그리스도인들은 현재를 넘어서는 미래를 꿈꿀 수 있었고, 그 꿈을 현실 속에 이루어낼 수 있었다.

꿈과 함께 자라는 믿음

신약성서에서 꿈의 또 다른 층위는 보이지 않는 세계를 미리 선취하는 믿음과 소망의 동력이다. 예수께 그 꿈은 하나님의 나라, 또는 천국의 소망으로 표출되었다. 그 꿈은 가난한 자와 병든 자, 억눌리고 소외된 자들이 모두 차별 없이 구원의 은총을 받아 새사람이 되고 그 영원한 생명을 더불어 누리는 회복과 평등의 세계를 지향했다. 비록 그런 세계가 당장 온전히 실현되지 않았지만, 예수의 치유 사역과 말씀 사역을 통해, 예수의 메시아적 현존 가운데, 그 기대와 소망은 충분히 성취되었다. 십자가 사건은 피상적으로 볼 때 하나님 나라를 향한 예수의 꿈이 좌절되고 실패한 결과처럼 비친다. 하지만 그 꿈은 예수의 당대에 온전히 이루어졌고, 그 이후로 그 꿈은 그의 제자들을 통해 꾸준히 재현되면서 오늘까지 이르게 되었다.

마르틴 루터 킹 목사님이 미국의 인권 운동에서 외친 "나는 꿈이 있다!"(I have a dream!)라는 메시지가 오늘날 오바마 대통령의 탄생으로 결실하듯, 우리에게는 보이지 않는 미래를 향해 질주하며 추구해야 할 삶의 꿈이 있다. 그것을 신약성서는 믿음의 열조들이 보여준 순례적 삶의 여정에 비추어 '담대함'(parrēsia)이라고 하는데, 그 담대함은 곧 '믿음'(pistis)과 동의어이다(히 11장). 아울러, 바울이 보이지 않는 것을 주목하며 거기에 영원한 가치를 부여했을 때(고후 4:18), 또 우리가 보이지 않는 것을 바라는 그 소망으로 구원을 받는다고 선언했을 때(롬 8:24), 그 소망이야말로 꿈을 먹고 자라는 믿음의 동력임을 역설한 셈이다. 그렇게 소망의 꿈을 지니고 그 꿈과 함께 믿음이 자랄 때 그리스도인은 권세 있는 삶을 살 수 있을 것이다.

함께 꾸는 열린 공동체의 꿈

꿈의 양면성 또는 다층성

꿈을 한 마디로 압축하여 말하기란 참 어렵다. 흔히 밤에 잠자는 동안 꾸는 꿈을 일러 '꿈'이라고 말하지만, 낮에 꾸는 꿈도 있다. 백일몽 또는 몽상이라 일컫는 꿈 역시 꿈은 꿈이기 때문이다. 그런가 하면 추상화한 가치로서의 꿈도 있다. 가령, 인권운동가 마르틴 루터 킹 목사가 "나는 꿈이 있습니다"(I have a dream)라고 열변을 토했을 때 그 꿈은 수면 중의 꿈도, 백일몽도 아닌 일종의 '이상'이나 '비전'으로서의 꿈이다. 이런 의미의 지평으로 꿈의 개념을 확산시켜보면 꿈은 꼭 개인이 꾸는 것만도 아니다. 그것은 공동체의 염원을 담아 아름답게 채색한 이상적 기대와 전망을 가리키기도 한다.

한편 꿈의 성격과 의미에 관해서도 여러 가지 통찰이 나와 있다. 전도서의 한 구절(5:3, 7)에 의하면 꿈은 많은 걱정의 산물이다. 그래서 "걱정이 많으면 꿈이 생기고" 그것은 말이 많은 것과 대비된다. 그래서 많은 꿈과 많은 말은 '헛된 일들'을 낳을 뿐, 결코 현명한 삶의 방식이 아니라는 것이다. 그런가 하면 오늘날의 정신분석은 유명한 프로이트의 이론에 기대어 꿈이 억눌린 무의식적 욕망의 발산이고 '위장된 욕망의 성취'라고 보는 관점을 제시한다. 물론 이와 다르게 꿈이 감추어진 하나님의 언어라는 주장도 있다. 나아가 그것은, 창세기와 다니엘서의 꿈 이야기들이 예시하듯, 하나님의 뜻이 구체적인 개인을 통해 구현되는 방식으로 이해되어 긍정적인 의미를 부여받기도 한다.

이러한 꿈의 다양한 범주를 아우르는 공통점이 있다면 그것이 '현실'에 고착된 삶의 패턴을 넘어서고자 하는 몸부림을 담고 있다는 사실이다. 현실적인 것은 이성적인 것이고, 그 테두리 내에서 우리의 일상은 적절히 제어되고 관리된다. 그러나 인간 존재는 그 '현실'과 '이성'의 테두리를 때로 갑갑해하고 그것을 넘어서고 싶어 한다. 이성이 만들어가는 현실을 다른 현실로 바꾸고 싶은 것이리라. 거기에 감성과 영성이 개입하고 열정과 욕망이 상관한다. 그리고 자신의 힘으로 어쩔 수 없는 상황의 우발성이 하나님의 뜻과 초월적 섭리란 차원에서 연루된다. 꿈은 그 현실의 틈새로 난 '저 너머-세상'의 길목이다. 그것은 지금 여기서의 삶에 만족할 수 없는 인간이 그 현실과 부대껴 도전하며 더 나은 세상으로 탈주하려는 결기의 몸부림이자 제도권 바깥을 향한 에너지이다. 그러나 창조적인 에너지로서 꿈의 그 해체적 동력조차 과잉 욕망으로 범람할 경우 요사스런 이단의 발호를 용인할 수 있다. 바로 이 점을 염두에 두고 유다서 1:8에서 "꿈꾸는 이 사람들도 그와 같이 육체를 더럽히며 권위를 업신여기며 영광을 비방하는도다"라고 경고한 것이리라.

계시적 예언으로서의 꿈

우리는 창세기에서 야곱과 요셉이 꾼 꿈의 이야기를 기억한다. 야곱이 무명의 땅에서 하나님을 재발견한 사건은 그곳에 '하나님의 집'(벧엘)이란 이름을 부여하였다. 꿈에서 깨어난 뒤 야곱은 그 자리에 단을 쌓고 제사도 올렸다. 요셉은 자신이 꾼 야무진 꿈으로 인해 형들의 질시를 받아 노예로 팔려가 파란만장한 세월을 보내야 했지만 결국 그 꿈의 성취는 제 일신의 성공담을 넘어 한 가문과 민족의 운명을 선도하는 기폭제가 되었다. 그는 자신의 꿈을 이야기한 까닭에 겪은 수모와 고난을 왕의 꿈을 해몽하는 방식으로 탈출할 수 있었다. 하나님이 이처럼 개인의 꿈과 해몽을 통해 자신을 드러내시고 구원사의 지평을 확대해나간 사례는 다니엘의 꿈 해석 이야기를 통해서 또다시 반복된다.

그런데 신약성서로 넘어오면 이러한 왕성한 꿈의 영웅담이 희소해진다. 예수께 꿈의 정통적 어휘(onar)가 적용된 예는 단 한 번도 나오지 않는다. 바울에게도 마찬가지이다. 특정한 개인의 꿈을 통해 대단한 일을 선보이는 식의 사건은 '구약'의 뒤안길로 사라져버린 형국처럼 보인다. 물론 전혀 없지는 않다. 그 흔적이 일부 이야기를 통해서 전해지긴 하는데, 그 강도는 매우 미약한 편이다. 예컨대 요셉과 마리아가 아기 예수를 데리고 헤롯의 핍박으로 인한 곤경을 탈출하는 데는 주의 사자가 현몽하여 지시한 일이 결정적인 도움이 되었다(마 2:12, 22). 그러나 이처럼 꿈의 지시를 잘 순종하여 그 효능을 본 사례와 달리, 가령 빌라도의 아내가 자신의 꿈에 예수로 인해 애태운 사연은 별 효과를 거두지 못한 채 허망한 꿈으로 일단락된다. 그 꿈이 결국 예수의 십자가 처형을 막지 못했기 때문이다. 비록 빌라도의 아내가 꾼 꿈이 계시적 예언도 못 되고 사건의 흐름을 제어하거나 선도하는 역할도 수행하지 못했지만, 한 가지 주목할 만한 새로운 관전 포인트는 있다. 어찌하여 빌라도의 아내와 같은 이방인에게 예수가 '옳은 사람'이라는 계시적 꿈이 꾸어졌는가 하는 점이다.

이는 신약성서에서 계시적 꿈의 특권성이 특정한 영웅적 개인에서 만민으로 대폭 확장되었다는 점과 무관치 않은 듯하다. (하긴 이즈음 내 주변의 장삼이사도 매우 드물긴 하지만 이런 계통의 신통한 꿈을 내게 이야기해주기도 한다. 놀라운 점은 바로 그 즉시 그 꿈의 예언이 적중한다는 사실이다.) 주지하듯, 사도행전 2:17은 만민에게 물 붓듯이 쏟아붓는 성령의 강림과 더불어 젊은이들이 환상을 보고 늙은이들이 꿈을 꾸리라는 요엘의 예언을 현재화하고 있다. 여기서 꿈은 하나님 나라의 예언이 배타적 경계를 넘어 왕성하게 실현되는 선교적 동선을 염두에 두고 있다. 그 꿈은 환상과 짝하여 연령의 차이를 대수롭지 않게 극복한다. 성별의 차이는 물론 노예와 자유인 등으로 구획된 고착된 사회계급의 장벽 또한 너끈히 넘어선다. 종족과 언어와 문화라는 이름으로 확립된 불통과 적대의 관계도 소통의 관계로 해체, 재구성된다. 신약성서에서 명실공히 새로운 약속으로 제공된 꿈은 이처럼 구약의 바벨 사건 이후 흩어지고 갈라지고 찢긴 사람들 사이의 관계가 하나의 몸으로 회복되는 하나님의 꿈, 성령의 꿈으로 나타난 것이다.

그 꿈이 평범한 사람들을 비범한 전도자로 변화시켰다. 자신의 먹고사는 일상에 매여 있는 사람들도 그 신령한 꿈으로 인해 하나님의 구원 역사에 동참하게 되었다. 특정한 개인과 민족의 경계를 뛰어넘어 구원의 복음은 이렇게 하나님의 꿈을 전하는 변화의 동력으로 이방 세계를 향해 뻗어나갔다. 사도행전에 펼쳐진 하나님의 그 꿈은 모든 사람이 구원받길 원하는 창조의 본뜻이 역사 속에 구현되어간 족적의 단면을 반영한다. 그 가운데 사람들은 당시 제국의 권력이 지시하는 주종관계의 삶의 지평을 넘어 형제자매로서 평등한 대안적 질서를 꿈꿀 수 있었다. 성령의 꿈이 바로 사람들의 꿈까지 변화시켜 목숨을 걸고 하나님 나라의 확장이란 모험의 도상에 오르게 발진 엔진을 달아준 것이다. 베드로가 그렇게 어부의 인생과는 딴판의 길을 걸었고, 바울이 180도 역전된 삶의 도상에서 미완의 성취일망정 그리스도의 푯대를 향해 거침없이 질주해나갔다. 어디 그들뿐이겠는가. 수많은 무명의 사람들이 그 하나님의 꿈이 보여준 대열에 동참하여 미지와 미답의 영토를 개척하며 말씀으로 살아간 꿈의 행전은 텍스트의 행간에 명멸하는 빛의 자취로 오롯하지 않은가.

환상, 역사의 길잡이

신약성서에는 꿈의 언급 빈도가 빈약한 데 비해 이와 사촌지간의 '환상'(horama)에 대한 언급은 상대적으로 높은 편이다. 환상이 꿈과 무관하지 않은 것은 그것이 단지 함께 등장하기 때문만은 아닐 터이다. 간단히 직관적으로 일별하자면, 환상은 꿈의 엑기스와 같은 것이다. 환상은 한밤의 수면 중에 보이기도 하고 대낮에 기도하는 중에 경험되기도 한다. 꿈이 대체로 무채색의 배경을 깔고 희미한 이미지로 현시한다면 환상은 환한 광채와 함께 유채색의 윤곽 있는 선명한 이미지로 나타난다. 그것은 바울이 다메섹 도상에서 들은 그리스도의 목소리와 같은 환청과 감각적인 노선을 공유한다고 볼 수 있는데, 꿈과 함께 초월적인 각성을 촉진하는 극적이고 요긴한 경험이다.

특히 사도행전에 집중되어 나오는 이 환상의 경험은 그 맥락과 대상을 달리할지라도 공통분모를 갖는다. 그것은 복음의 전파 과정에서 극적인 전환점을 제시함으로써 역사의 길잡이 역할을 톡톡히 수행한다는 것이다. 먼저 사도행전 9:2에 나오는 아나니아의 환상을 시발점으로 우리는 이방인 선교의 문을 여는 주요 인물로 바울이 핍박자에서 전도자로 변화된 상황이 어떻게 갈무리되는지 엿볼 수 있다. 다메섹 도상에서 거꾸러진 바울은 도성에 들어 사흘 동안 시력을 상실한 채 식음을 전폐한 혼란스런 상황에 처해 있었다. 그에게는 애당초의 충격을 딛고 새로운 삶의 근거를 확보할 필요가 절실했다. 그 필요에 가시적으로 부응하는 준비된 사람이 바로 아나니아라는 제자였다. 그는 환상 중에 주께로부터 부름을 받아 바울을 만나 어떻게 조력해야 할지 명령을 시달받는다. 그의 개입은 마침내 바울이 그 영적 충격을 딛고 몸을 움직여 새로운 삶의 여정을 내디딜 동기를 부여해 주었다. 가장 극렬한 핍박자가 가장 열렬한 옹호자로 뒤집어지는 그 극적인 전복의 길목에 바로 환상을 통해 길잡이의 몫이 개입한 것이다.

이와 같이 새롭게 출발한 바울에게도 그러한 극적인 전환점이 역시 환상을 통해 다가온 적이 있었다. 그것은 바울의 2차 전도여행 시 드로아에서 본 환상이다(행 16:6-10). 바울은 애당초 무시아 앞에 이르러 비두니아 지역으로 방향을 틀려고 하던 중이었다. 그러나 예수의 영이 그 길을 막았다고 한다. 그 대안으로 그는 마게도냐 사람이 환상 중에 나타나 그리로 건너가 자신들을 도우라는 메시지를 받게 된다. 우발적인 상황으로 비칠 수도 있는 이 사건은 복음이 아시아의 영역에 머물지 않고 유럽으로 뻗어나가는 과정에 결정적인 전환점이 되었다. 여기서 중요한 점은, 아나니아와 바울 모두 그 환상 속에 접한 지시에 아무런 의혹을 표하지 않고 즉각 순종했다는 것이다. 그 영적 감응력과 순발력은 이들의 소명에 자리한 일관된 '충실성'이 작동하고 있었다는 증거일 테다. 대체로 환상 체험의 사례가 한 목소리로 증언하듯, 그것은 영적 엑스터시를 동반하면서 노회한 이성의 작란에 심지를 박아준다. 이성의 합리적 판단은 가장 공정한 중에도 의혹의 시선을 거두지 않는 법 아닌가. 그런데 환상은 그 모호한 의식 저편의 이미지와 소리 하나만으로도 가장 확실한 판단과 결행의 동력을 예비해준다. 환상이 꿈과 함께 역동적으로 역사의 길잡이 노릇을 하게 된 비밀이 여기에 있다. 환상 중에 나타난 초월적인 에너지와 결탁한 의식은 두리번거리는 법이 없기 때문이다. 그것이 바로 환상의 저력인 동시에 위험이다.

셋째 하늘의 환상

바울이 자신의 환상 체험을 유일하게 고백하는 대목은 고린도후서 12:1-3에서다. 이 체험을 굳이 애매한 3인칭의 어조로 고백할 수밖에 없었던 상황은 적이 씁쓸한 내막을 깔고 있다. 그가 쓴 고린도후서 10-13장은 학자들에 의해 '눈물의 편지'라는 꼬리표가 붙어 있다. 그도 그럴 것이 그는 자신의 사도직을 변증하며 굳이 추천서를 요구하는 고린도교인들에 대한 서운한 속내를 드러내야 했기 때문이다. 1차 변증이 먹혀들지 않자 그는 더욱 강렬한 논조로 이 대목에서 자신의 사도적 진정성을 옹호하면서 교회 안팎의 적대자 내지 경쟁자들을 상대로 영적인 권위를 세워야 했다. 그 변증의 요지는 결국 '약한 것을 자랑'하는 것에 낙착되지만, 그 약함의 수사학 틈새로 그는 자신이 경험한 신비한 환상 이야기를 끼워놓는다. 그것은 자신의 약함이 매가리 없는 속빈 강정이 아니라 자신의 내실을 감춘 겸양의 자세임을 드러내는 데 목적이 있다. 성령의 충만함과 인격의 진정성을 갖추지 못한 채 내세우는 약함이란 게 기실 비굴함의 증표 외에 무엇이란 말인가. 바울은 자신의 약함이 그렇게 비치는 걸 사양한다. 그것은 약한 중에 강해지는 이치의 영적인 비밀을 터득한 바울의 수사적 역설이었을 뿐이다. 아니, 이는 수사학을 넘어 영성의 본질로 통하는 하나님의 뜻이었을 테다.

그래서 고백하는 바울의 신비로운 환상체험인즉 이렇다. "무익하나마 내가 부득불 자랑하노니 주의 환상과 계시를 말하리라. 내가 그리스도 안에 있는 한 사람을 아노니 그는 십사 년 전에 셋째 하늘에 이끌려 간 자라. (그가 몸 안에 있었는지 몸 밖에 있었는지 나는 모르거니와 하나님은 아시느니라.) 내가 이런 사람을 아노니 (그가 몸 안에 있었는지 몸 밖에 있었는지 나는 모르거니와 하나님은 아시느니라.) 그가 낙원으로 이끌려가서 말로 표현할 수 없는 말을 들었으니 사람이 가히 이르지 못할 말이로다"(고후 12:1-3). 여기서 '환상'은 '계시'의 배경으로 깔린다. 그것은 '주'께로부터 기원을 둔 신비한 영적 체험으로 묘사되고 있다. 바울의 기억력은 이 대목에서 또렷하여 굳이 '십사 년 전'의 시점을 명기하지만 그는 자신의 분신으로 삼인칭화된 "그리스도 안에 있는 한 사람"이란 수사적 연막에 감싸인다. 나아가 자신의 실체가 몸의 안과 밖, 어느 쪽에 있었는지 모호한 판단을 내린다. 이는 체험의 감각적 구체성을 확인해주는 표현이지만, 자신의 겸양을 에둘러 말하는 모호함의 수사적 기법이기도 하다. 다만 그의 감각은 그때의 체험을 '낙원'으로 이끌려간 것과 그곳이 '셋째 하늘'이었다는 것, 거기서 듣게 된 이루 형언할 수 없는 천상의 비밀로 파악한다. 이 환상 체험에 대한 바울의 간추린 간증은 '무익함'의 소득과 '부득불'의 상황 사이에 끼어 있다. 그것이 무익한 것은 그가 자세하게 전해줄 만한 말이 없기 때문이고, 그것이 부득이한 것은 그렇게 해서라도 자신의 연약함이 하나님 앞에서의 모습일 망정 사도적 권위의 무력함이 아님을 항변해야 했기 때문이다.

이처럼 환상은 그 체험의 강렬한 자장에도 불구하고 기억의 시간 속에 풍화되기도 하고, 이에 따라 그 되새김의 과정에서 모호한 감각으로 자리 잡는다. 그러나 바울의 이 환상체험이 특이한 것은 그것이 계시와 결부됨에도 불구하고 그 계시 본연의 속성대로 밝히 드러나지 않고 "사람이 가히 이르지 못할 말"로 은밀히 숨겨지고 있기 때문이다. 여기서 바울의 환상은 그 자체가 계시가 되는 셈이다. 따라서 그 환상적 계시, 또는 계시적 환상의 목표는 바울에 대한 하나님의 사랑, 그리스도의 영적인 권위가 함께한다는 초월적 인증일 터이다. 이렇듯, 우리는 말로 표현할 수 없는 영역에서 다만 겸손히 침묵할 뿐이지만, 그 침묵 가운데 때로 환상이나 꿈과 같은 매개로 하나님의 인정이 계시되기도 한다. 그 신적 인정(認定)은 두루뭉수리하게나마 인정(仁情) 많은 성품을 드러내는 하나님의 신묘한 방식으로 읽힌다.

하나님 나라 ─ 더불어 삶의 꿈

신약성서에서 일관되게 강조되는 꿈을 한 마디로 압축하면 그것은 하나님 나라 또는 천국이다. 예수께서 복음의 핵심 내용으로 제시한 그 꿈은 복음서의 묘사에 의하면 임하고 들어가며 보고 소유하는, 또 그 가운데 존재하는 회복된 하나님 백성으로서의 삶이라 할 수 있다. 이 하나님 나라의 꿈은 작은 겨자씨가 성장하여 '나무'가 되는 질적인 도약과 변신으로 비유되기도 하지만, 더 자주 이 꿈은 동네의 잔치로 그 실상이 제시된다. 거기에는 초대가 있고 영접과 환대가 있으며, 기존의 배타적 울타리를 허물어 모든 사람들, 특히 변두리의 병들고 소외된 무리들까지 기꺼이 조건 없이 받아들이는 생명의 향연이 펼쳐진다. 물론 그 초청을 끝끝내 거부한 자들이 받게 될 심판의 경고도 함께 나오지만, 이 하나님 나라의 초점은 하나님을 향한 진득한 신뢰와 소통과 이로 말미암는 관계의 회복에 있다. 그 소박한 어울림의 결과, 하나님 나라의 꿈은 오순절 사건과 성령의 행전 단계에서 선교의 열매로 산출된 교회 공동체로 전이되어 그 더불어 삶의 꿈을 이어간다. 이 단계에서 강조되는 것은 그 꿈이 이 땅의 현실에 뿌리내려 구체적인 삶의 동력을 창출하고 질서와 체계를 세워가는 화목과 사랑의 연대이다.

그 하나님 나라의 꿈이 우주적 차원으로 팽창하는 것은, 그 형식이 송두리째 꿈을 통한 계시(묵시)의 꼴을 갖춘 요한계시록에 이르러서이다. 여기서 모든 계시는 환상을 매개로 전개되고 모든 환상은 앞으로 펼쳐질 사태의 계시로 채워진다. 그 절정에서 천국은 사탄의 최후를 예견하며 새 예루살렘성의 비전과 함께 새 하늘과 새 땅의 도래로 제시된다. 그렇게 총체적으로 새로워진 더불어 삶의 터전은 모든 지상적 비극이 위무되고 극복된 샬롬의 세상이다. 즉, "하나님이 그들과 함께 계시리니 그들은 하나님의 백성이 되고 하나님은 친히 그들과 함께 계셔서 모든 눈물을 그 눈에서 닦아주시니 다시는 사망이 없고 애통하는 것이나 곡하는 것이나 아픈 것이 다시 있지 아니"(계 21:3-4)한 상태로 우주와 역사의 획기적인 전복이 이루어지는 것이다. 하나님의 꿈은 이렇게 모든 억울한 생명의 신원과 상처받은 존재의 온전한 회복과 함께 해피엔딩을 예비하고 있다.

여태까지 벧엘과 얍복강가에서 야곱이 경험한 꿈과 환상은 일신의 생존과 번영을 겨냥한 것이었다. 요셉의 꿈도 그 최종 귀결은 전체의 희망을 담아냈지만 그 최초의 동기는 자신의 우월한 성취와 압도적 성공을 향한 갈망이었다. 그것이 다시 예언자들의 꿈과 환상을 넘어 예수의 하나님 나라 대망에 이르면서 성서의 꿈은 그 허망한 일장춘몽의 객기를 떨치고 경계 없이 포용하고 차별 없이 아우르는 더불어 삶의 푯대를 지향하기 시작했다. 그것은 성삼위 하나님의 꿈이자 곧 우리들이 견지해야 할 궁극적 소망에 다름 아닐 터이다. 생명의 동력이 도전적 모험과 탐구적 의욕에서 발원하는 것일테니 누구한테나 각자의 목표의식과 선의의 경쟁은 동기 부여 차원에서 필요하다. 그러나 이즈음과 같이 무한경쟁의 신자유주의 논리가 복음인 양 위세를 떨치는 세상에서 우리의 꿈도 거듭나야 할 것이다. 이 세상의 가치에 눌려 우리의 꿈까지 오염되고 타락한 나머지 이 사회는 극도의 이기적인 각축장으로 부패해버렸기 때문이다. 그러한 세태에 무성찰적인 꿈의 발호는 야곱의 교활한 꿈이 탈각시킨 탐욕의 미끼에 우리의 삶이 저당 잡히는 퇴행의 지름길이다.

주어진 현실을 넘어 또 다른 현실을 살기 위해 누구에게나 꿈은 필요하다. 이 세상의 험한 공격에 부대껴 싸우다 지친 이들에게 그 상처를 달래며 새롭게 재충전 받을 안식처로서도 꿈은 유익하다. 또 꿈은 소중하다. 그 꿈이 우리의 삶 가운데 감추어진 하나님을 뜻을 발견하고 해석하고 새로운 창조의 방향을 선도하는 에너지가 되기 때문이다. 꿈은 그저 꿈일 뿐이지만, 현실에 주눅 들린 삶에 신바람을 불러일으키는 신령한 에너지이다. 그러나 꿈도 꿈 나름이다. 어떤 꿈을, 누구와 함께 꾸느냐에 따라 우리 생의 방향도 갈린다. 어떤 명분과 동기로, 무엇을 바라보며 꿈을 꾸는가에 따라 우리 종말의 운명도 달라진다.

뱀과 비둘기의 선교신학

별수 없이 부대낄 때

세상에 불화를 좋아하는 사람은 하나도 없다. 남들과 사이좋게 지내길 원하지 싸우면서 불편하게 지내길 원하는 사람도 없을 터이다. 그게 인지상정이다. 그래서 예수께서는 화평케 하는 자의 복을 설파하셨고(마 5:9), 사도 바울도 "할 수 있거든 너희로서는 모든 사람과 더불어 화목하라"(롬 12:18)고 가르쳤다. 이처럼 화평과 화목은 그리스도인의 위대한 덕목이고, 예수의 제자 된 도리로 지켜야 할 모든 관계의 질서이다.

그러나 살다 보면 별수 없이 그 평화가 깨지는 경우도 생긴다. 서로의 진리를 고수하면서 나름의 신념이 부대끼다 보면 배척하기도 하고 배척당하기도 한다. 특히 그 당사자가 자신과 똑같은 인간의 성정을 가진 자로서 선한 명분을 추구한다고 할 때, 그 껄끄러운 긴장과 불화를 감당하기란 참으로 쉽지 않다. 특히, 그 긴장과 불화의 대상이 집안 식구나 가까운 지인일 경우, 그 고통이란 죽음 같이 독하다. 물론 선교의 현장에서 원칙적으로 최대한 공경하고 최선으로 상대방을 존중하지만, 내 자신의 기대와 달리 폭압적인 정황이 발생하면 별 도리 없이 자구책을 강구하게 된다. 지렁이도 밟으면 꿈틀한다는데, 그런 상황에서 나 밟아 죽이라며 제 생명을 가볍게 내던질 사람은 별로 없다. 물론 뜨거운 교회사의 흐름 속에 그런 자발적 희생이 순교의 이름으로 미화된 경우도 없지 않았다. 하지만, 오늘날 통전적 선교의 맥락에서 그런 열광적이고 근시안적인 자세에 대한 평가는 몇 년 전 김선일 씨 사건과 아프가니스탄 사태의 교훈만으로도 충분하리라 본다. 더구나 선교의 근원이자 토대가 되는 예수의 가르침 속에도 선교와 관련된 실천적 지혜는 풍성한 편이다.

뱀의 선교신학 또는 생존의 지혜

뱀은 불화의 상징이다. 그는 최초의 인간 아담/하와를 하나님과 불화케 한 사탄의 상징 동물로 창세기 첫대목에 등장한다. 그는 교활한 말로 저들을 꼬드겨 실낙원의 비극을 초래하였다. 그런데 예수께서는 당혹스럽게도 제자들을 선교 현장에 파송하시면서 그 뱀을 통해 배우라고 훈계하셨다. "보라 내가 너희를 보냄이 양을 이리 가운데로 보냄과 같도다"(마 10:16). 이것이 평화를 원하건만 불화를 피할 수 없는 인간 세상의 현실이었고, 더구나 복음을 들고 나선 제자들이 부대껴야 할 험악한 생존의 밑바닥이었다. 양이라는 순한 초식동물이 이리라는 사나운 육식동물을 맨몸으로 감당하기란 역부족이다. 둘이 붙어 싸우다가는 십중팔구, 아니 전부가 전멸할 수밖에 없다. 그래서 그들을 만나지 않도록 조심하여 경계하거나 만나더라도 교묘하게 그 위기를 탈출하는 것이 상책이다. 바로 이 지점에서 요청되는 것이 뱀 같은 지혜이다. 선교의 현장에 나서자마자 아무런 활동도 열매도 없이 개죽음을 당할 필요는 없기 때문이다.

여기서 예수께서 강조하신 지혜는 지혜 일반(sophos, sophia)이 아니다. 그것은 특수한 상황에 처하여 그 상황을 타개해나가기 위해 요청되는 영리하고 민첩한 지략(phronimos)을 의미한다. 그것은 불의한 청지기가 자신의 생존을 도모하기 위해 주인을 속여 살아남을 궁리를 했을 때 주인이 그를 칭찬하기 위해 언급한 교활함으로서의 지혜이다. 다시 말해, 그 뱀과 같은 지혜는 이리를 만난 양이 제 한 목숨을 보존하여 위기를 모면하기 위한 현실적 자구책, 곧 생존 지향적 지략인 셈이다. 이 어록이 제시된 맥락에서 그 이리들은 제자들을 공회에 넘겨주거나 회당에 채찍질하는 사람들이다(마 10:17). 그런 사람들은 마땅히 삼가고 경계해야 한다. 나아가 제자들을 끌고 가서 물리적인 권력으로 억누르며 핍박하게 될 "총독들과 임금들" "이방인들" 역시 그런 범주에 해당된다(마 10:18). 선교가 곧 순교라며 새파란 열정을 불태우는 이 땅의 젊은 피들이 많이 있다는 걸 모르진 않는다. 그러나 지혜 없는 열정만으로, 훈련 없는 목표만으로 선교가 이루어지지 않는다. 더구나 그들의 순결한 명분이 순결하게 보호받기 위해서라도 뱀과 같은 지혜는 요긴한 것이다.

비둘기의 신교신학과 순결한 명분

뱀의 지혜가 생존을 위한 자구책이라면 예수께서 이어서 제자들에게 요청한 것은 비둘기 같은 순결함이다. 비둘기는 평화의 상징이면서 동시에 친화력을 대표하는 조류이다. 그래서 그것은 조류 가운데 하나님께 드리는 제물로 거론될 정도다. 사람이 생존에만 집착하여 뱀의 본성을 일사천리로 닮아간다면 불화할 리 별로 없을 테다. 그러나 앞서 언급한 대로 진리에 대한 선교적 명분은 때로 타협과 양보를 허락하지 않는 신앙고백과 함께 절대적 신념 속으로 우리를 인도한다. 물론 요즘 '하나님의 선교'란 시대적 기치하에 인간의 절대 신념은 많이 겸손해지고 있지만, 그것을 에누리하여 보더라도 우리는 정체성을 깡그리 포기할 수 없는 어떤 테두리 안의 신앙인이다. 예수께서 바리새인보다 더 나은 의를 요구하며 하나님의 나라와 의를 선포하였을 만큼, 때로 우리는 빵 한 쪽도 주지 못하는 뜨거운 명분에 의리를 바치며 목숨을 걸기도 한다. 그것이 바로 인간의 어리석은 고상함이고, 신앙인의 우직한 순결함이다.

바로 이 지점에서 우리는 비둘기의 신학적 윤리학을 발견한다. 뱀의 정치학이 생존을 도모하는 실용적 기술이라면, 비둘기로 표상되는 순결함은 곧 우리의 신앙적 명분이 자의적 겉멋이나 만용이 아니라, 궁극적 존재 이유일 수 있음을 선명하게 드러내주는 요소다. 그것은 아무리 절체절명의 핍박 상황에서 "어떻게 무엇을 말할까" 염려함 없이 하나님께 모든 것을 맡기는 자세에서 가능해지는 절대 의존의 삶이다. 선교사는 이런 자세 없이, 또 그런 궁극적 지향 없이, 생존만을 위한 생존을 추구할 수 없다. 그것은 곧 동물적인 구차한 삶에 빠지기 직전의 인간 상실과 함께 신앙 상실을 의미하기 때문이다.

끝까지 견디기 위하여

부대낌이 없으면 비둘기의 윤리학도 필요 없고, 뱀의 정치학도 무관심할 텐데, 이 세상은 여전히 부대끼는 불화의 세상이다. 사람들과 끊임없이 접한다는 것이 긴장의 연속이고 더구나 거기에 선교라는 요소가 매개된다면 불화로 번지기 십상이다. 그래서 그 현실의 한가운데서 순진한 주의 제자들은 양의 탈을 쓴 이리가 아니라, 뱀의 탈을 쓴 양처럼 부득불 심각하게 궁리한다. 그러나 그 안에 또 비둘기의 순결한 신앙 양심을 간직한 채 우리는 꿋꿋이 견딘다. 그 견딤이 구원이 되리라 믿으면서, 오늘도 내일도 우리에게 쏟아지는 크고 작은 미움과 불화를 견딘다. 예수께서는 그 심사를 헤아리기라도 하듯, 대뜸 말씀하신다. "끝까지 견디는 자는 구원을 얻으리라"(마 10:22).

세계선교의 생활화를 위하여

선교의 신학적 원근법

'선교'라는 말은 통상 해외 선교를 염두에 두고 사용된다. 그러나 그 '해외'의 나라에서 애당초 떠난 곳이나 다른 나라를 보면 그곳이 또 다른 '해외'가 된다. 특정한 '중앙'에서 각 '지역'으로 선교사를 파송하는 공간 개념의 맥락에서 선교는 이러한 해외 선교 또는 원거리 선교를 가리키곤 했다. 그러나 생명선교, 사회선교, 산업선교 등의 낱말에서 볼 수 있듯이, 선교는 우리의 생활 현장 전반에 걸쳐 매우 광범위한 개념으로 사용되기도 한다. 외려 이러한 넓은 의미의 선교야말로 선교의 본래적 층위를 잘 드러낸다. 흔히 '선교'와 '복음전도'(evangelism)를 구별하여 전자를 해외용으로, 후자는 국내용으로 치부하지만 이러한 경우 선교는 선교사가 전담하는 사역의 특수 영역으로 국한되어 편협하게 이해(오해?)되는 문제가 있다. 복음은 하나님의 복음이고 예수의 복음이며, 하나님 나라를 위한 복음이다. 그렇다면 그 복음의 '도'를 전하는 전도야말로 선교의 포괄적인 영역을 아울러야 한다. 즉, 선교 대상이 되는 곳의 생명들이 관심하는 총체적 삶의 영역에 복음의 빛이 발해져야 한다는 말이다. 그렇다면 그 대상의 범주에 따라 전도가 되거나 선교가 되는 식의 개념 분할이 불필요한 것이고, 그 범주에 적용되는 복음의 내용이 내부용과 외부용으로 달라질 까닭이 없는 것이다.

그러므로 오늘날 선교에 문제가 있다면 그것은 무엇보다 선교의 개념을 어떻게 이해하고 그것을 그 현장에서 어떻게 적용하느냐의 문제일 것이다. 해외에 막대한 물량공세로 자본을 투여하여 사람들을 끌어들이고 그들을 위해 교회 건물을 짓고 각종 미끼를 통해 세례를 베풀고 제자인 양 연출한다고 그것이 곧 복음의 열매가 되는 것이 아니라는 말이다. 해외로 멀리 가서 전하든, 동네 인근에서 전하든, 거기서 전해지는 복음은 서로 다를 바 없는 하나님 나라의 복음이 되어야 한다. 그 복음은 하나님을 모르는 사람들에게 제 존재의 근원과 구원의 소망 되시는 하나님을 알려주고 그 구원의 메시지를 가르치며 그들의 삶이 온전히 새로운 가치 질서에 따라 거듭나도록 인도하는 하나님의 능력이다. 그 능력은 이질적인 공간을 가로지르며 온갖 배타적인 경계를 극복하고 인간의 편협한 마음으로 인한 차이와 차별을 철폐한다. 그 가운데 억압받고 소외된 생명이 하나님의 선교 역사를 통해 새롭게 활성화되고 자유와 해방의 기쁨을 만끽하는 기적이 일어난다. 그것이 바로 하나님의 나라가 이 땅에서 임하여 실현되는 선교의 구체적인 결실일 테다.

선교의 지향점: 소금과 빛, 착한 행실

예수께서는 제자들을 훈련시키고 그들을 선교적 주체로 세우시면서 이렇게 말씀하셨다.

> 너희는 세상의 소금이니 소금이 만일 그 맛을 잃으면 무엇으로 짜게 하리요. 후에는 아무 쓸 데 없어 다만 밖에 버려져 사람에게 밟힐 뿐이니라. 너희는 세상의 빛이라 산 위에 있는 동네가 숨겨지지 못할 것이요. 사람이 등불을 켜서 말 아래에 두지 아니하고 등경 위에 두나니 이러므로 집 안 모든 사람에게 비치느니라. 이같이 너

희 빛이 사람 앞에 비치게 하여 그들로 너희 착한 행실을 보고 하늘에 계신 너희 아버지께 영광을 돌리게 하라(마 5:13-16).

이 어록은 진정한 의미의 제자가 되기 위해서는 이 세상 가운데 파송되어 남에게 유익을 끼치며 어둠을 밝히는 이타적인 생명이 되어야 함을 일깨우고 있다. 소금의 방부제 역할은 곧 사회의 공의를 드높이는 올곧은 삶의 표상이다. 빛은 계몽되지 못한 무지와 몽매의 정신을 일깨우는 진리의 작용을 가리킨다. 예수의 제자는 빛과 소금처럼 하나님의 나라 복음을 진리로 전파하면서 착한 행실을 매개로 남에게 이타적인 혜택을 제공하는 자이다. 그것은 곧 삶으로서의 선교를 천명하는 것이니 이 세상에서 선교라는 이름으로 오늘날 그리스도인들이 지향해야 할 궁극적인 목표를 암시하고 있다. 이는 음흉하게 숨겨진 부조리와 불의를 하나님의 공의의 빛 아래 드러내는 폭로의 측면을 배제하지 않는다. 그러나 빛의 선교, 소금의 선교는 거기서 끝나지 않고 그 어둔 구석을 정죄하고 심판하기보다 밝게 변화시키는 주체적인 행동의 개입까지 포괄한다.

또 한 가지 명심해야 할 사항은 그 선교가 이 '세상', 이 '땅' 전체를 대상으로 아우르고 있다는 점이다. 그것은 복음이 이 세상에 편만하게 전파되어야 하는 당위와 함께 하나님이 이 세상을 공평하게 사랑한다는 사실을 전제로 한다. 이 세상은 하나님의 선교가 이루어져야 하는 세상이다. 이를 위해 예수의 제자들은 먼저 소명감을 가지고 이 세상에서 도피하여 저만의 인큐베이터에 숨기보다 이 세상의 한복판으로 용감하게 뛰어들어야 한다. 그것은 곧 이 세상을 창조하신 하나님이 인간에게 그 세상에 충만하라고 선포하신 창조명령의 연장선상에 있다. 이 세상의 한복판은 환한 고도문명의 빛으로 한밤중도 대낮처럼 환한 그런 도심의 중앙이나 권력의 심장부가 아니다. 외려 그곳은 빛이 들지 않는 그늘진 곳, 부정과 부조리가 심하고 부패가 만연한 곳과 같은 변두리의 세상이다. 이 역설적인 공간 이해는 세상이 인간의 욕망을 중심으로 구획되어 이 세상 가운데 천차만별의 삶이 존재하는 현실에 대한 인식과 그 현실을 개혁해야 할 선교적 비전을 가능케 한다.

선교의 특수성과 보편성

선교의 지향점이 이 세상으로 맞추어졌을 때 우리는 실천적 맥락에서 그 선교를 이 세상의 어디서 어떻게 출발해야 할지 막막해진다. 선교가 아무리 하나님의 마음으로 이 세상을 품는 작업이라 할지라도 이 세상을 한 개인이나 개별 교회가 송두리째 품을 수 없는 노릇이다. 따라서 선교에서도 선택과 집중의 원리는 유효하게 통용되는 현실적인 기준이 된다. 선교의 영역과 방법에 따라 특수성의 요인을 고려해야 하는 이유가 여기에 있다. 예수께서 열두 제자들을 훈련시킨 뒤 파송하면서 전하신 다음과 같은 말씀이 바로 이러한 선교의 특수성이란 측면에서 해석된다.

> 이방인의 길로도 가지 말고 사마리아인의 고을에도 들어가지 말고 오히려 이스라
> 엘 집의 잃어버린 양에게로 가라(마 10:5-6).

이방인과 사마리아인은 이스라엘 집에 비해 소외된 변두리적 존재에 해당된다. 그들은 미전도 종족의 선교 우선권이란 견지에서 보면 이스라엘보다 더 화급하게 복음 선교의 대상이 될 만한 사람들이다. 그러나 이 대목에서 예수의 일차적 초점은 이스라엘 집에 맞추어져 있다. 그들은 세계 선교의 교두보가 되어야 할 집중의 대상이었고, 선교의 보편성을 살리기 위해 밑받침되어야 할 특수성의 영역이었다. 게다가 종족적 연고라는 측면에서 그들은 예수와 그 열두 제자들의 출신 배경이기도 하여 그 집안 식구들의 복음화야말로 다른 무엇보다 선행되어야 할 급선무였던 것이다. 그들과 예수의 선교 주역들 사이에는 언어와 문화, 종교와 습속을 공유하

는 친밀성이 있었을 터이다. 이러한 공통분모가 선교 주체와 대상 사이의 접근성을 높였을 가능성이 크다. 이처럼 선교의 성서적 기원에는 그 역사적 맥락에서 특수한 환경을 배제하지 않는 융통성이 발휘되었던 것이다.

그러나 예수의 하나님 나라 선교는 그러한 특수성에 매여 있지 않았다. 그것을 출발점으로 삼아 점점 그 반경을 확산시켜나가면서 애당초의 지향점인 세계의 모든 생명을 품는 보편적인 지평을 향해 진보해나간 흔적이 확연하기 때문이다. 이러한 보편주의적인 선교 비전을 응축하고 있는 증거는 그 유명한 예수의 '지상명령'을 통해 드러난다.

> 하늘과 땅의 모든 권세를 내게 주셨으니 그러므로 너희는 가서 모든 민족을 제자로 삼아 아버지와 아들과 성령의 이름으로 세례를 베풀고 내가 너희에게 분부한 모든 것을 가르쳐 지키게 하라. 볼지어다. 내가 세상 끝날까지 너희와 항상 함께 있으리라(마 28:18-20).

여기서 부활하신 예수께서는 하늘과 땅을 아우르는 우주적인 주권의 행사자로 이 세상을 향한 하나님의 보편적 선교를 재천명한다. 여기서 모든 '민족'은 이방족속들(ethnoi)을 가리킨다. 마태복음이 집필되던 당시의 관점에서 이스라엘 족속의 선교적 실험은 일단락된 상태였고, 마태의 신앙공동체는 이미 그들의 반경을 넘어 이방족속들을 선교의 대상으로 삼아 활발하게 복음을 전파하는 시점에 다다랐던 것이다. 그리하여 이 지점에서 모든 이방족속들이 선교의 보편적 지평 위에 포착된다. 그들을 예수의 제자로 삼아 제자공동체는 더욱 확산되어야 한다. 그 공동체 입문의 절차는 아버지와 아들과 성령의 이름으로 베풀어지는 세례와 함께 진행된다. 이와 함께 예수의 가르침을 전수하는 과정이 잇따른다. 그것을 가르쳐 지키게 하는 과제는 그들이 예수의 가르침대로 행하며 사는 사명이기도 하지만 동시에 예수의 전통을 보존해서 후세에 전해주어야 하는 역사적 책임의식과 연계되어 있다. 임마누엘 되시는 예수의 영적 편재와 함께 이제 선교는 세상의 모든 사람들을 향해 '끝날'까지 퍼져나가기 시작한 것이다.

여기서 우리가 깨우쳐야 할 선교신학의 교훈은 이른바 '진영'의 논리를 타파하는 것이다. 배타적인 진영의 논리를 넘어 '모든 족속'을 아우르는 선교의 지평 위에서 우리는 선교가 세상의 전부를 포용하면서 그 '끝날'을 향해 나아가고 있음을 명심해야 한다. 이와 같은 종말론적 긴장이 풀어진다면 이 땅에서 특수한 진영의 세력을 확대해나가려는 어긋난 방향 설정으로 인해 선교의 동력은 위축되거나 퇴락할 수밖에 없다. 외려 선교는 중앙의 권력화된 모든 우상들을 해체하려는 의욕에서 그 에너지를 충전 받는다. 하늘과 땅 위에 있는 모든 것들이 제 몫에 대한 집착의 욕망을 반성하고 하나님의 주권적 질서 안으로 고스란히 편입되어 하나의 온전한 예배공동체로서 하나님의 샬롬을 구현하는 데서 선교의 영광이 발현되는 것이다.

일상의 선교, 선교의 일상

우리는 선교사와의 외교적 관계에 익숙하다. 먼 해외에서 복음을 전파하다가 돌아온 그들에 대한 환상과 함께 그 관계는 상투적으로 유형화되기 십상이다. 이처럼 선교는 정서와 함께 우리의 일상을 침식한다. 경우에 따라 우리는 그들처럼 모든 것을 접고 오지로 들어가지 못하는 믿음의 결핍을 탄식하기도 하는데 이러한 경향에 비례하여 선교와 선교사의 '국외성'과 '타자성'에 대한 환상은 깊어만 간다. 그러나 막상 선교의 현장에서 활동하는 이들은 선교가 되지 못하는 생활의 일상에 눌리거나 일상 가운데 인습화된 선교의 사명을 반성하면서 회한 어린 자격지심에 빠지기도 한다. 그러나 먼 오지의 선교사들에게도 선교라는 당위적 구호와 함께 나란히 굴러가는 일상생활이 있듯이, 선교와 별 상관없어 보이는 내부의 일반 신자들에게도 감당해야 할 일상 속의 선교현장이 있다. 우리는 다시 팔레스타인과 갈릴리로 돌아갈 수 없다. 그들이 거쳐 온 사마리아와 인근 이방족속을 향한 선교적 궤적을 반복할 필요가 없다. 이미 지난 선교의 역정은 이 지구촌을 하나님의 교구로 만들어놓았기 때문이다. 거기서 하나님의 선교는 변함없이 현재진행형이고 '끝날'을 향한 도상에 위치한다. 특수성의 요인은 그 외양을 바꾸어 여전히 우리의 생활세계 가운데 선교의 장애물과 한계점으로 돌출하지만, 그렇다고 이미 확보한 그 보편적 비전을 놓칠 수는 없다. 원근의 일상세계 가운데 '선한 행실'로 부추기는 선교의 생활화가 긴요한 까닭이 여기에 있다. 음식에 녹아든 소금의 짠맛으로, 어둔 세상의 구석구석에 깃든 빛의 조명처럼, 굳이 선교라는 말을 장엄하게 선포하지 않더라도 하나님의 나라를 향한 발걸음은 이제 일상사가 되어야 한다. 선교가 선교사연하는 후광으로 생색을 내지 않아도 자연스레 생활화되고 마침내 문화화되어야 하는 것이다.

말씀 전파의 절박성, 필연성

'전도'의 일상화를 위해

전도는 '도'를 전하는 일이다. 그 '도'는 물론 길이요, 진리요, 생명이라 말씀하신 예수의 도이고, 그리스도에 대한 도이다. 우리는 그리스도 예수 안에 하나님의 진리와 생명이 계시되었다고 믿기에 그 '도'를 전파함으로써 신자의 사명을 다하고, 우리의 신앙을 확증하게 되는 것이다. 전도(evan-gelism)의 핵심은 복음의 메시지를 분명히 정하는 것이다. 그리고 그것을 이웃과 더불어 나눔으로 구원의 소망을 이 땅에 확산시키는 것이다. 그것은 곧 교회의 생명이 생존의 토대를 확보하는 길이요, 교우들의 신앙 정체성이 견고하게 세워지는 지름길이다. 자신의 신앙을 내면으로 곰삭히는 영성의 훈련이 있다면 그것을 밖으로 표현함으로써 그 신앙의 활력을 북돋는 표출적 방식의 영성 훈련도 있다. 그러나 생존만 언급하기엔 너무 야박하다. 생명은 생존하면서 동시에 생활의 한가운데서 감각되고 누려지며 더불어 나누어져야 한다. 그것은 필연이고 일상의 당위이다. 전도가 생존 논리에 턱걸이하면서 생활화되지 못할 때, 우리의 신앙은 점점 더 장식적으로 변모하고 이데올로기화한다. 아울러, 전도가 일상화되지 못한 채 빠듯한 에누리로 자맥질하면 삶은 에너지가 못되고 자가당착의 인습으로 전락한다. 그래서 말씀 전파가 절박하고 그리스도인의 신앙에 필수적인 것이다.

무엇을 어떻게 전파하는가?

"가면서 전파하여 말하되 천국이 가까이 왔다 하고…"(마 10:7). 예수께서는 공생애 기간 중 말씀을 전파하고 가르치는 일에 바지런히 전념하셨다. 그뿐 아니라, 그는 제자들을 파송하여 그들에게도 말씀 전파의 지침을 전해주었다. 먼저 '가면서' 전파하라는 것이다. 생활 중에, 범사에, 머물러 고인 인습이 아닌 창조적 현장을 확보하여 움직이면서, 그렇게 길 위에서 전파하라는 명령이다. 물론 '말하기'가 필수적으로 요청된다. 우리는 표정만 보고 대화하며 소통할 수 있는 수준이 못 된다. 이심전심을 갈구하지만, 그 목표를 위해서도 먼저 대화가 필요하고, 말하기가 전제되어야 한다. 그래서 입을 열어 말을 함으로써 비로소 전도는 전도가 된다. 그 '도'는 침묵의 도가 아니라 '말씀'의 도이기에 전도를 하기 위해 우리는 무엇을 말해야할지 먼저 준비하지 않으면 안 된다. 예수의 지침에 따르면 전해야 할 그 숱한 말의 대상, 그 내용의 요체인즉, 하나님의 나라, 곧 천국이다. 아울러, 그 천국이 멀찌감치 떨어져 있지 않고 우리에게 매우 가까이 왔다는 종말론적 메시지가 전도의 현장에서 울려 퍼져야 한다. 천국의 임박은 이 땅의 삶에 매여 사는 모든 이들에게 긴장과 각성을 요청한다. 아울러, 세속의 가치에 노예가 된 육신의 장막과 정신의 쇠사슬을 깨고 전도는 자유와 해방의 구원을 전하려는 노력이다. 이렇듯, 천국은 이 땅으로부터의 초월과 동시에 창조적 참여를 유도하며, 세상의 무감각을 일깨운다. 그 긴박한 천국 도래의 메시지는 절박한 생사의 문제로 듣는 이의 심장을 타격할 수 있어야 한다. 그래서 준비된 전도는 성령의 에너지로 그 불가능해 보이는 작업을 용맹스럽게 감행한다.

왜 전하는가?

"만일 복음을 전하지 아니하면 내게 화가 있을 것이로다"(고전 9:16).
사도 바울의 고백은 대체로 과격하다. 그는 주지하듯 복음의 원수에서 복음의 옹호자로 전향한 극적인 인물이다. 진리에 대한 열정이 그를 그렇게 급격한 변화의 경험으로 이끌었다. 다메섹 도상에서 부활하신 그리스도를 만나 뒤집어진 이래 그는 이방인의 사도로 부름을 받았고, 그렇게 부여된 사명으로 그리스도의 영에 뒷덜미를 잡힌 채 이전과는 전혀 다른 생을 살게 되었다. 그 소명과 사명은 분명 그에게 큰 심리적 부담이었지만, 동시에 그의 자고함, 교만을 희석시켜 그리스도인다운 성품으로 만드는 영적인 연단의 채널이기도 했다. 그런 그가 말한다. "내가 복음을 전할지라도 자랑할 것이 없"는데, 왜냐하면 "내가 부득불 할 일"이기 때문이란다. 전도는 얼핏 은혜받은 이들이 자랑삼아 하는 것 같다. 그게 정말 당연해 보이는데, 기실 그것은 하나만 알고 둘은 모르는 소아병적 전도의 자세이다. 전도의 목표는 내 신앙의 자랑이 아니다. 그것은 부득불 감당하는 사명, 나를 온전히 내려놓을 때 비로소 감당할 수 있는 안간힘이다. 혹자는 물을 수 있을 것이다. 바울이 전도의 사명을 화를 입지 않기 위한 자구책으로 수행했다면, 너무 소극적이고 병리적이지 않은가라고 말이다. 그러나 그것은 바울을 몰라서 하는 말이다. 그는 그 뜨거운 열정에도 불구하고 늘 근신하듯, 제 신앙을 살피면서 전도했다. 그에게 전도는 신앙적 자기 성찰과 늘 병행되었던 것 같다. 그는 자기 몸을 쳐 복종케 하는데 자신이 남에게 말씀을 전파한 후 도리어 버림을 받을까 두렵기 때문이라고 했다(고전 9:27). 그 도저한 자기 성찰과 겸비의 자세는 전도의 동기이자 또한 그 결과이다. 전도와 함께 사람은 용감해지는 동시에 그 속사람이 영글어간다. 그것을 나는 전도의 하부구조로서 신앙적 성찰의 '능력'이라고 부른다.

언제 전하는가?

"너는 말씀을 전파하라. 때를 얻든지 못 얻든지 항상 힘쓰라"(딤후 4:2). 젊은 디모데를 향한 연로한 사도의 목소리는 준엄하다. 이 서신의 유언적 성격을 감안할 때, 말씀 전파의 명령은 좋은 때, 적절한 기회를 마냥 기다리기에 너무 절박한 사안처럼 들린다. 이러한 어조의 훈계는 그러나 허세 어린 과장이 아니다. 새는 죽을 때 그 울음이 구슬프듯, 인간은 죽음에 즈음하여 그 말이 착하다고 하지 않던가. 그것은 그냥 그렇게 절박한 필연의 과제일 뿐이다. 때를 얻는다면 좋겠지만, 그 '때'라는 것이 늘 자신이 원하는 대로 생기는 것은 아니지 않은가. 때를 얻지 못한다면 전도할 수 없다는 말인가. 아니다. 때를 얻지 못했다는 말은 어느 경우나 대체로 자신의 나태함과 무능력함을 변명하는 알리바이처럼 남용된다. 나아가 그것을 하지 않겠다는 숨겨진 욕망을 정당화하는 일종의 말마개 역할을 하기도 한다. 그러나 많은 경우 '때'라는 것도 만들어진다. 더구나 전도와 같이 현대인에게 실리를 보장해주지 않는 행위는 좋은 때라는 것이 아예 없는지도 모른다. 현실 여건상 불리한 장애물투성이라고 할 수 있다. 그러나 그 장애물 때문에 포기하지 말고 그 '때'가 불리하고 부적절해도 '항상 힘쓰라'고 권면하고 있지 않은가. 이 말씀대로 전도하기가 쉽지 않더라도, 외려 그렇기 때문에 더더욱 말씀 전파의 일상화에 깊이 골몰하고 넓게 노력해야 한다.

신앙생활의 신진대사

바야흐로 계절은 여름의 꼭대기에서 열기를 뿜어댄다. 뭇 만물은 제 몫의 의미를 발하며 성장의 극점을 향해 달린다. 무성한 숲의 나무와 풀과 곡식들, 지상과 수중과 공중의 동물들도 성장을 위해 발버둥치며 제 생명의 부르심에 응답한다. 하나님의 형상을 지녔다는 우리는 어떻게 응답할까? 믿음으로 그 자녀 되었다는 우리, 그리스도의 제자라는 나와 너는 어떻게 이 긴박한 종말의 메시지에 화답해야 할까? 그것은 진정 '화'(和)답일 수 있을까? 말씀을 전파하면서 우리는 내내 신령하고 즐거울 수 있을까? 한 가지 분명한 것은 도가 전해지지 않는 곳에 우리 생명도 메말라간다는 사실이다. 저 만물의 신진대사도 결국 하나님의 영광을 드러내는 몸짓일진대, 우리만 엉큼하게 그 당위와 사명을 모른 체한다면, 나중에 우리의 면상은 주님 앞에서 얼마나 초라해질 것인가?

말씀의 진리, 영성의 자리

양자택일의 유혹

사람들은 미적거리는 걸 좀처럼 참아내지 못한다. 양단간에 화끈하게 갈라져야 속이 시원하지 이리저리 쭈뼛거리는 것이 성미에 차지 않기 때문이다. 하기야 요한계시록에도 뜨겁든지 차갑든지 해야지 미지근해서는 안 된다고 교훈하고 있으니, 그리스도인의 화끈한 성정은 성서적 뿌리가 있다고 하겠다. 더구나 '뜨거움'이나 '얼큰함'을 선호하는 우리네 기질로 따지자면, 한국인이면서 그리스도인으로서 산다는 것은 은근히 딱 부러진 양자택일의 요구 앞에 마주선다는 걸 의미한다. 이러한 이분법적 선택의 주문은 말씀과 영성의 관계에서도 적용될 수 있을 듯하다. 이와 관련된 온건한 결론을 늘 양자 간의 조화와 균형으로 끝나지만, 실제로 우리는 하나의 주제를 특정한 맥락 안에서 더 빛내기 위해 또 다른 하나를 숨기거나 죽이는 경향이 없지 않다. 성경을 펼쳐놓고 진지하게 연구하는 차분한 사경회 분위기에서는 말씀의 기가 살고, 통성기도와 방언이 터져 나오는 뜨거운 심령대부흥회의 자리에서는 성령/영성의 분위기가 득세한다. 말씀인가, 영성인가. 그것이 양자택일의 문제가 아니라는 걸 인정하면서도 이 무의미한 질문은 반복된다. 이와 같이 은연중 각자의 신앙적 체질과 성향에 따라 이리저리 갈리면서 이합집산하는 것은 알면서도 모른 척하는 우리의 현실이다.

태초의 해후

구약성서 창세기의 첫대목에는 태초에 하나님의 '영'이 천지창조의 주인공으로 등장한다. 그 영은 혼돈과 공허의 심연을 헤집으며 빛의 세상을 '말씀'으로 만들어내셨다. 그런가 하면 신약성서의 요한복음은 역시 첫대목에 또 다른 태초를 언급하면서 그 핵심 주제로 '말씀'을 내세운다. 태초에 말씀이 계셨다는 것이고, 또 태초에 하나님의 영이 창조의 주역으로 활약하셨다는 이야기인데, 이 태초와 저 태초가 다른 태초가 아니라면, 이렇게 태초부터 말씀과 영은 하나님의 본질로서 호기롭게 어울렸던 모양이다. 물론, 요한복음의 신학적 구도를 따라가자면, 그 말씀과 영은 예수 그리스도 안에 성육하여 이 땅의 존재로, 이 땅의 사람들과 함께, 이 땅 안에서, 동시에 이 땅을 넘어 살아가셨다. 그 살아감은 곧 돌아감을 전제로 한 것이었는데, 그것은 그분이 육신에 한정되지 않고 곧 말씀이며 영이셨기 때문이다. (지나가면서 하는 말이지만 영-성령-영성의 관계는 서로 겹쳐 있다. 영은 하나님의 영 곧 성령과 인간의 영을 공통적으로 가리키고, 그 양쪽의 영이 서로 통하는 것이 비록 성경에 나오는 말은 아니지만 오늘날 우리가 흔히 말하는 '영성'의 토대이기 때문이다.)

이제 역사 속의 예수께서 떠난 뒤 우리에게 남은 건 그의 말씀과 보혜사인 성령이다. 다투지 말고 하나가 되라고, 서로가 서로 안에 거하며, 서로를 위해 영광이 되라고 그토록 간절히 유언처럼 권고하셨는데(요 17장), 우리가 쓸데없이 그 말씀과 성령을 싸움 붙일 까닭이 없을 터이다. 차라리 그 말씀에 담긴 영성의 가치를 발견하고, 영성이 침묵을 깨고 삶의 한가운데 말씀으로 계시할 때 그 말씀은 살아 운동력 있는 말씀으로 활약하게 되고 그 영은 개인의 주관주의적 경험의 지평을 넘어 공변된 말씀의 토대

위에 우리 교회의 안팎으로 질서를 세우는 창조의 영이 될 수 있을 것이다. 그때 말씀과 영은 그 우의 좋은 태초의 해후를 오늘날 시시때때로, 아니 때를 얻든지 못 얻든지 되살려 서로 화합하며 우리의 삶 깊은 속으로 좌정하지 않겠는가.

예배로 만나는 진리와 영

진리의 말씀과 영의 임재를 두루 경험하는 자리가 바로 예배이다. 예수와 사마리아 여인의 대화에서도 야곱의 우물, 생수, 영생, 없는 남편 얘기 등의 화제가 모아지는 핵심 주제는 단연 예배이다. 이와 관련하여 먼저 예배의 공간('예루살렘', '이 산')이 운위되지만, 그 물리적인 예배의 공간보다 예배다운 예배를 할 수 있게 될 그 '때'가 강조되고, 그 때는 곧 예배의 가장 온전한 방식과 직결된다. 그 방식은 곧 예배의 본질과 상응하는 것이려니와, "예배하는 자가 영과 진리로 예배할지니라"(요 4:24)는 말씀이 그 증거이다. 여기서 진리가 말씀의 정화로서 하나님의 표상이자 그리스도의 존재 자체라면 영은 하나님과 소통하는 접속 코드라 할 만하다. 그렇게 진리의 말씀은 영성적 가치로 일상의 삶 가운데 예배를 통해 우리의 존재 의미를 확립시켜주고 우리의 길을 선도한다. 물론 그 말씀이 교통하는 채널은 우리의 삶 가운데 내재하고 그 삶의 육체성을 초월하는 영의 세계, 곧 그 세계를 특징짓는 영성이라는 것이다.

그래서 하나님의 영은 '진리의 성령'(요 15:26)이라 일컬어지며, 그 영은 말씀의 영으로 활동하신다. 보라! "진리의 성령이 오시면 그가 너희를 모든 진리 가운데로 인도하시리니 그가 스스로 말하지 않고 오직 들은 것을 말하시며 장래 일을 너희에게 알리시리라"(요 6:13)고 말씀하지 않았던가. "스스로 말하지 않고 오직 들은 것을 말"한다는 것은, 그 진리의 영이 예수 그리스도의 영으로서 그 영과의 영성적 관계에서 연대와 소통을 통해 연속성을 띤다는 뜻이다. 이처럼 말씀의 영인 성령은 '말함'과 '알림'의 기능을 수행할뿐더러(요 16:8-11), '상기'(또는 '회상') 그리고 죄와 의와 심판에 대하여 가르치고 훈계하는 역할을 감당한다(요 14:26).

세상 속에서, 세상을 넘어

예수의 이 유언에 따라 보혜사로 오신 성령은 그의 백성들과 영성을 매개로 소통하면서 부단히 말씀 가운데 활동해오고 있다. 말씀 따로, 영 따로 놀 수 없는 신학적 구조가 일찌감치 확립되었던 셈이다. 그러니 우리는 말씀을 상고하고 실천하는 가운데 영성의 심화를 도모할 수 있고, 성령과의 영적인 교통을 통해 특정한 말씀에 대한 진리로서의 공변성을 확증해나갈 수 있게 된 것이다. 물론 그 자리는 하나님을 향해 우리의 모든 것이 집중되는 예배의 자리여야 한다. 요컨대, 삶으로서의 예배, 예배로서의 삶이 무르익는 가운데 우리의 일상사는 세상 안에 머물지만, 그 세상에 속하지 않은 채, 그 세상을 초극하면서 말씀으로 거듭나고 영성 속으로 깊어져야 하는 것이다. 이제 이 시대에 빈곤한 강단의 말씀을 억지로 끌어들인 영의 수사로 더이상 미봉하지 말아야 한다. 마찬가지로 외곬으로 편향되거나 왜곡된 영성의 장식을 앞세워 말씀의 위엄을 추락시키는 짓도 삼가야 한다.

신실한 영성에 터한 축복

복, 축복, 강복

'축복'이란 말은 특히 한국교회의 목회적 맥락에서 기형적으로 유통된 개념이다. 그것은 한때 물질적 성공과 출세의 집념을 부채질하는 기복주의의 바람잡이 역할을 하였다. 이에 따라 '축복' 위주의 신앙이 성서의 신앙을 매우 일천한 물질적 소유 욕망의 충족이나 세속적 성공주의와 등치시키는 문제점을 노출해온 것으로 숱하게 비판받아왔다. 그러나 성경은 복과 축복을 좋은 의미에서 언급하고, 특히 구약성경은 그 좋은 의미 속에 풍요한 물질의 복과 장수, 건강, 안락한 가족의 복 등을 두루 포괄하고 있다. 그래서 성경에서 강조하는 복/축복을 세속적 기복주의란 시각에서 매도하는 것은 적절치 않다고 반론이 제출되기도 한다. 이 모든 논쟁과 혼란은 명확한 개념 정리가 제대로 되지 못한 상태에서 이루어지는 경향이 있다.

'복'이란 말은 하나님이 인간과 이 땅의 모든 피조세계에 베푸는 은혜의 선물을 가리킨다. 그것은 창조의 선한 뜻을 이루어나가는 하나님의 방식이다. 예수의 어조로 빌어 말하자면, 복이란 모든 생명이 풍성한 생명을 얻어 그 생명을 넉넉히 누리도록 하신 관대한 신적인 배려의 결과이다. 그러나 '축복'이란 말은 그 복을 비는 인간의 행위이다. '축복'의 축(祝)이 한자로 '빌 축'자이다. 그것이 '복'과 동일시되는 것은 국어의 조어법에 둔감한 결과이지만 그 신학적 부작용은 매우 심각하게 나타난다. 구약성서에서 축복은 동사적 행위로서 하나님이 인간에게 하는 것이 아니라 인간이 인간에게, 또는 인간이 하나님께 하는 행위로 표현된다. 하나님이 인간을 축복하는 게 아니라 인간이 하나님을 축복한다고? 이런 망극한 일이 있나 싶겠지만, 그것은 사실이다. 우리말의 어감에 불편한 나머지 구약성서에서 하나님을 향한 인간의 축복 행위를 찬양의 마음을 부각시킨 '송축'이라고 약간 비틀어 번역해놓은 것일 뿐이다. 그렇지만 이 단어를 영어 번역 성경에서 확인해보면 죄다 'bless'라고 되어 있을 것이다. 그리고 우리는 'bless'를 '찬양하다'보다 '축복하다'라는 뜻으로 이해한다.

우리가 하나님을 축복한다는 것은 하나님의 이름에 담긴 그 지고한 신적인 위상과 권능이 만천하에 영광스럽게 드러나길 간절히 기원한다는 뜻일 게다. 이는 하나님의 이름이 거룩하게 여김을 받기를 간구한 예수의 주기도문 구절에 담긴 뜻과 합치된다. 사람이 사람을 축복한다는 것은 흔히 아버지가 자손들에게, 또는 제사장이나 연장자가 아랫사람들에게 복을 비는 행위이다. 이와 관련하여 히브리서는 멜기세덱이 제사장으로 아브라함에게 축복한 사실을 언급하며(히 7:7), 이삭이 야곱에게 그리고 야곱이 요셉의 아들들에게 축복한 사실 역시 인용한다(히 11:20-21). 이는 하나님의 은총이 머물러 그 복을 빈 대상이 그 삶의 전반적인 영역에서 잘되기를 기원하는 행위이다.

그렇다면 복과 관련하여 하나님이 개입하시는 몫은 무엇인가. 그것은 복을 주시는 행위이다. 우리가 하나님을 축복하면 그 기원에 응답하여 하나님은 우리의 바람대로 영광중에 자신을 드러내신다. 그뿐 아니라 하나님은 복된 당신의 품성에 맞게 기원자를 포함하여 이 땅의 백성들, 나아가 뭇 생명을 향하여 복을 베풀어주신다. 그러니 하나님이 복의 주체로서 감당하시는 몫은 축복이 아니라 강복인 셈이다. 따라서 '하나님이 축복하신다'라는 표현은 엄밀히 말해 지독한 신성모독이다. 이런 식의 표현이 하나님을 마치 열등한 신인 양 그 위에 더 크고 위대한 신에게 복을 달라고 빌며 중개하는 하수인처럼 묘사하기 때문이다. 물론 이러한 말을 사용하는 한국교회의 지도자와 교인들이 이런 의도를 갖고 있지는 않을 테다. 무지와 무감각으로 '강복'을 '축복'으로 바꿔치기한 것일 따름이다. 그러나 인습에 젖어 자신의 말을 정확하게 구사하지 못하는 무지와 무감각도 죄이다. 더구나 하나님의 이름과 연관지어 망령된 습성을 고치지 못한다면, 나아가 하나님을 인간의 욕망을 충족시키는 수단으로 남용하듯이 하나님의 축복을 남발한다면, 이건 대단한 신성모독일 것이다. 더구나 우리말 번역 성서에는 하나님이 축복한다는 말이 단 한 건도 나오지 않는다. 신약성서 역시 마찬가지다.

신약성서의 축복 유형

우리말의 '축복'으로 번역된 신약성서의 용례는 모두 16군데서 확인된다. 이 중에서 구약성서의 이야기에 터한 사례가 앞서 언급한 히브리서를 중심으로 4군데에서 확인된다. 이것을 뺀 나머지 12군데는 모두 복음서와 바울서신에 나온다. 신약성서의 '축복' 사례에 대한 공통적인 특징은 이 모든 단어들이 '축복'이란 명사가 아닌 '축복하다'라는 동사적 표기로 사용되고 있다는 것이다(단 한 군데 예외가 고린도전서 10:16의 "우리가 축복하는 바 축복의 잔"이라는 문구이지만 여기서도 이 '축복'은 '축복하는'이라는 동사의 수식을 받는 동족목적어다). 또한 16군데의 모든 표기들이 '율로게오'(eulogeō) 라는 헬라어를 사용하고 있다. 단 한 군데 변이 텍스트는 마가복음 10:16의 '카튤로게오'(kateulogeō)인데, '카타-'(kata-)라는 접두사만 붙었을 뿐, 의미상 별 차이는 없다. 이 단어의 의미를 문자적으로 풀면 '좋은 말을 하다' 또는 '좋게 말하다'라는 뜻이다. 이는 통상적인 '축복하다'라는 의미와 함께 '감사하다', '찬양하다'라는 의미가 덧붙어 있다. 요컨대, 동사로서의 '축복'은 신약성서의 맥락에서 하나님을 향한 감사와 찬양의 의미를 담고 있다는 것이다. 그것은 내가 그 복을 받아 누리기에 앞서 하나님이 그 복의 근원으로서 베풀어주신 은택을 기억하고 나아가 그 복의 은택을 입길 바라는 상대를 향해 기원하는 제의적 행위인 셈이다. 이처럼 신약성서의 축복 행위는 하나님 중심적이며 이타적이다. 따라서 신약성서의 축복 신학의 관점에서 '나에게' '우리에게' 축복을 달라고 말하는 것 자체가 심히 어색한 일이다.

신약성서의 맥락에서 축복의 유형은 몇 가지로 대별된다. 먼저 음식을 앞에 두고 하나님께 영광 돌리며 감사하는 행위로서의 축복이 있다. 이것을 '축사'로 번역하기도 하지만, 여하튼 제자들과 함께 마지막으로 식사하는 자리에서(마 26:26; 고전 10:16), 또 오병이어의 기적을 일으킬 때 떡을 떼기 전 기도하는 자리에서(막 8:7) 예수께서는 먼저 축복하셨다. 이는 유대인 가정의 식사자리에서 흔히 관습적으로 행하던 감사기도의 형식으로 당시 가부장의 권한이기도 했다. 여기서 예수는 혈통가족의 울타리를 넘어 많은 사람들을 배부르게, 또 의미 있게 먹도록 배려하고 실천하는 방향으로 그 권한을 극대화하였던 것이다. 그런가 하면 그 축복이 음식을 매개로 하지 않고 사람들을 직접 겨냥하여 나타나는 경우도 있다. 가령, 시므온이 마리아와 아기 예수를 축복한 것이라든가(눅 2:34), 예수가 어린아이들을 품에 안고 축복한 것(막 10:16), 예수가 승천하기 전에 제자들을 향해 손을 들고 축복한 것(눅 24:50-51) 등이 그 범주에 해당된다.

신약성서에서 '축복하다'라는 말의 또 다른 유형은 저주하는 상대방을 축복하라는 예수의 어록과 밀접하게 연관되어 있다(눅 6:28; 롬 12:14; 고전 4:12). 여기서 예수는 '축복'의 행위를 강렬한 윤리적 결단과 전복적 제자도의 맥락에서 적용하고 있다. 흔히 축복은 받는 개념으로 인식되는 경향이 있지만, 여기서 보듯이 이 말은 철저히 베풀고 주는 개념이다. 더구나 그 주는 환경이 풍성한 물질적 복이나 무병장수 등과 같이 제 개인이나 가족 중심적으로 제시되기보다 '저주'라는 끔찍한 현실과 맞물려 있다. 상대방이 자기를 미워하고 저주할 때, 이 세상이 우리가 걸어야 하는 제자의 삶에 반목하고 그 신앙적 가치와 불화하면서 저주의 악담을 퍼부으면서 공격을 가할 때, 우리의 대응방식이 바로 축복의 행위로 나타나야 한다는 말이다. 축복은 여기서 신학의 맥락을 넘어 매우 가열 찬 종말신앙을 머금은 윤리적 맥락과 접속되고 있다.

예수의 팔복: 모든 축복의 영적 토대

신약성서의 그 어느 곳에서도 물질적 기복주의를 하나님의 축복으로 정당화할 만한 증빙 구절이 나오지 않는다. 예수든, 바울이든, 어떤 다른 사도든, 그들은 하나님의 의를 위하여, 복음 선교를 위하여 척박한 현실에서 목숨을 내놓고 핍박을 감내해야 하는 상황에 놓여 있었다. 거기에 무슨 물질적인 풍요와 무병장수, 일신과 일가의 안락한 행복 등이 '복'과 '축복'의 메뉴로 끼어들 여지가 있었겠는가. 그 대신 신약성서의 모든 복은 예수의 팔복과 통한다. 이는 오늘날의 세속적 성공과 달리 인간됨의 본질을 다루는 복이라는 점에서 매우 혁신적인 축복 신학의 모범이 된다. 여기서 예수는 축복과 관련된 세속사회의 가치관을 송두리째 뒤집어버림으로써 '복'의 개념을 전혀 다른 차원에서 정립한다. 그 '전혀 다른 차원'은 다시 말하면 하나님 나라의 관점이다. 하나님이 주권자로서 이 땅에 임하여 공의와 평강으로 다스리는 그 왕적 통치의 시각에서 보면 부자가 복된 것이 아니라 가난한 자가 복되다는 것이다.

특히 마태복음에서 강조하는 '심령이 가난한 자'의 복은 인간의 존재조건을 이루는 그 실존적 근원을 알아차린 자의 자의식을 반영한다. 누구나 흙에서 와서 흙으로 돌아가는 가난한 존재이다. 아무리 출세하고 성공해도, 아무리 재물을 많이 쌓아두어도 죽음의 관문을 통과하면서 빈손으로 돌아가야 하는 것이 인생이다. 죽음의 실존과 그 가난한 육체성에 관한 한 모든 생명은 평등하다. 그 사실을 알아차릴 때 인생은 애통할 수밖에 없고, 애통한 자들은 그 슬픔의 힘에 순치되어 온유한 마음을 갖게 된다. 이는 청결한 마음으로 제 생명의 근본인 하나님과의 올바른 관계를 바르게 정립하는 동기를 부여하고, 이웃을 향해서는 긍휼히 여기는 마음으로 표출된다. 아울러 하나님 나라의 가치관을 가지고 의를 위해 핍박을 기꺼이 감당할 만한 믿음의 담력을 품고 선교적 소명을 제 삶의 새로운 지향점으로 삼게 된다.

예수가 가르친 복은 이처럼 영성적이어서 이 세상의 물질주의적이고 성공 지향적 주류 가치에 전면으로 도전하는 전복적인 가치를 머금고 있다. 여기에 사용된 '복이 있다'(makarios)라는 개념은 우리가 안온한 환경 속에서 꿈꾸는 도시적 삶의 감각적 '행복'(happiness)와 전혀 무관하고 외려 그 반대의 개념이다. 그것은 보이지 않는 것의 영원한 가치를 마음에 담고 하나님의 긴박한 임재를 갈구하는 종말론적 개념이다. 이 땅의 기준으로 아무것도 이루지 못하더라도 하나님의 의로운 심판을 고대하는 자들이 품는 대안적 복의 비전이 바로 예수의 팔복이다. 나는 이와 같은 예수의 팔복이 모든 축복의 토대라고 본다. 또 마땅히 그 토대가 되어야 한다고 생각한다. 사람이 사람을 축복하는 것이 그저 인습적 '덕담'의 수준에서 좋은 말을 하는 것으로 그쳐버린다면 이는 복음의 축복을 아직 경험하지 못했거나 그 복음의 선교적 가치를 감당하지 못하기 때문이다. 정작 예수께서 가르친 제자들의 복은 십자가의 비극적인 운명을 종말론적 희망으로 바꾸어버린 데 그 진가가 있었다.

축복이 영성화되는 길

복이나 축복을 싫어하는 사람은 없다. 인간은 본능적인 감각으로 자신의 삶이 잘되고 행복하길 원한다. 그것은 무엇보다 꼬이고 낭패를 보기보다 잘 풀리는 삶의 행운과 비슷하게 인식되곤 한다. 세상 사람들이 하는

'행운이 있기를 바란다'(Good luck!)라는 말을 이 땅의 기복주의 신자들은 '하나님의 풍성한 축복을 받으시라'고 돌려 말할 뿐, 그 욕망의 속내를 까발려보면 오십보백보의 차이다. 그러나 성서가 우리에게 가르치는 복의 가치는 앞서 살펴본 대로 철저하게 하나님 중심적이다. 하나님이 그 은혜의 결과로서 어떤 사람에게 물질적인 성공을 허락할 수 있고, 사회적인 지위와 명성의 누림에서, 또 특정한 권력의 획득과 사용에서 예외적인 선택을 하실 수 있을 것이다. 구약성서가 보여주는 족장들의 역사와 그들에게 하나님이 적잖은 땅과 가축, 자손을 언약의 이름으로 허락한 사례가 바로 그 증거이다. 그러나 이즈음 거대한 자본이 자본을 낳고, 고착된 한 명성과 권력이 또 다른 명성과 권력으로 대물림되는 양극화의 현실 속에서 정치경제적 성공과 사회적 출세를 하나님의 복으로 선포하기란 매우 민망하거나 곤란한 일이다. 더구나 전 지구적 자본제의 체계가 일상적 삶을 포박한 현실 속에서 맘몬이 신처럼 숭배되는 세태의 음지를 신학적으로 명민하게 통찰하지도 못한 채 그저 무조건 잘되라고, 복되라고, 성공하라고, 가볍고 편리한 복음으로 하나님의 축복을 선전하는 설교는 위험할 수 있다. 앞서 지적한 대로, 하나님의 축복이란 말 자체가 어불성설의 신성모독을 범한다는 사실을 염두에 둔다면 그 위험함의 정도는 위태롭기까지 하다.

따라서 우리는 21세기의 시대적 전환기를 맞아 축복의 개념 자체를 영성화시키는 길을 모색해야 한다. 영적 존재인 동시에 물질적인 존재로서 인간에게 물질은 어떻게 하나님의 선물로 향유되고 공정하게 나눠질 수 있는가를 고민할 때 자기중심과 소유 일변도의 축복 개념도 신학적 환골탈태가 가능할 것이다. 성서신학적 맥락에서 축복은 명확하게 이타적인 유통을 전제로 한다. 그것은 상대를 위해 기원하는 이타적인 마음의 발로에서 축복이 된다. 심지어 우리는 시편에 그렇게 자주 나오는 전례에도 불구하고 하나님을 맘껏 축복하지도 못한 옹색한 신자들이었음을 자각해야 한다. 그렇다고 하나님의 복이 누구에게 당장 급한지, 하나님 나라의 관점에서 그들을 향해 복을 구하는 일조차 열심을 내온 것도 아니다. 그저 '나'

와 '우리'의 가시적인 복에 목을 매는 '염소의 복음'에 과도하게 집중해온 것이다.

이런 수준의 비성서적이고 반성서적인 축복 신학이 양극화된 한국 사회를 하나님 나라에게 더욱 멀어지게 만들고, 한국교회를 황폐화시켜왔다고 볼 수 있다. 그 대안으로 제시된 예수의 팔복은 별로 복같이 보이지 않는다. 이런 복으로 축복한다고 하면 사람들이 '그런 복은 없어도 괜찮아'라는 반응과 함께 다 도망칠 것만 같다. 그렇다면 우리는 예수를 믿는 믿음이 없는 것임을 스스로 증명해 보이는 것이다. 예수를 믿는 믿음의 진정성이 없이 교회 문턱만 열심히 들락거렸으니 예수의 가르침대로 따르며 행동할 수 없는 것은 당연한 노릇이다. 이러한 역설적 상황이 외려 예수께서 가르친 복의 진정성을 더욱 돋보이게 한다. 천박한 물질적 기복주의가 하나님과 결부되어 판을 쳐온 저간의 현실은 우리가 삶의 이름으로 받아 누리는 온갖 은택과 복락들이 어떻게 영성화될 수 있을지 그 구체적인 실천의 길을 고민하게 만든다. 이제 '복 받으라'는 말보다 '복을 주라'는 말을 더 자주 하는 게 좋겠다. 하나님과 사람을 향해, 그 조건이 풍요이든, 결핍이든, 우리는 감사와 찬양의 자세로 더욱 힘써 축복의 말을 해보는 것도 좋겠다. 그것이 복의 근원이신 하나님을 닮는 신앙인의 길이요, 제자의 도이기 때문이다.

가족과 함께, 가족을 넘어

혈육이 원수가 되기까지

사람의 원수가 자기 집안 식구리라(마 10:36).

다른 사람도 아니고 예수께서 친히 하신 말씀이다. 제자들을 파송하면서 예수께서는 가족의 혈연적 집착으로 말미암아 생길 온갖 우여곡절을 예견하시며 이렇게 말씀하신 것이다. 혈육인 자기 집안 식구들이 이렇게 원수가 된다는 데 그 이면에 아무런 속사정도 없을 리 없다. 그것은 가족의 혈통적 연고의식이 그 바깥의 세계로 나아가는 데 장애가 되었기 때문이다. "아버지나 어머니를 나보다 더 사랑하는 자는 내게 합당하지 아니하고 아들이나 딸을 나보다 더 사랑하는 자도 내게 합당하지 아니하"(마 10:37)다고 할 때, 이 말씀의 배경에는 그들이 예수의 하나님 나라 복음으로 하나 되지 못한 상태에서 겪은 극심한 갈등과 균열의 현실이 깔려 있다. 물론 사랑하는 일에 등급이 있고 수준이 있다는 뜻이 아닐 테다. 각각의 사랑은 그 이름에 걸맞게 실행될 때 그 대상을 향해 극진한 법이다. 그러나 진정성을 결여한 채 사랑의 허울을 걸친 맹랑한 샤머니즘적 사랑도 있다. 그것은 그 대상과 함께 자폐적 인습의 테두리 내에 갇혀 동종교배하고 저희들끼리 배타적으로 상부상조하는 것을 목적으로 하는 집착으로서의 사랑이다.

그러나 하나님의 사랑, 나아가 하나님을 향한 우리의 사랑은 자신의 바깥을 향해 이타적인 힘을 공급하는 바람과 같은 사랑, 곧 자유의 사랑이다. 하나님 나라 선교를 향해 부름받은 제자들은 그런 자세와 결단을 요청받았다. 그런데 그들의 앞길을 막고 달라붙는 가족들이 혈통의 자력을 앞세워 그 배타적 울타리 바깥을 보지 못하게 할 때, 불화는 필연이다. 아버지와 자식, 딸과 어머니, 며느리와 시어머니의 불화는 차라리 회칠한 무덤 같은 위장된 화목, 가짜 평화보다 낫다. 예수께서 칼로써 그 혈통의 가족주의를 절연하고 새로운 삶의 지평으로 그들을 인도한다는 점에서 그런 불화에는 창발적 요소가 있다. 선택은 고작해야 세 방향에 불과하다. 혈통의 무덤에 갇혀 인습적 사랑의 명분으로 속편한 가족주의에 안주하든지, 뼈아픈 불화를 감내하면서 그 혈통가족주의의 바깥을 향해 한 사람이라도 뛰쳐나가든지, 뛰쳐나가는 사람의 발목이라도 붙잡아 하나님 나라의 대의를 향해 모든 가족이 발끈하는 신심을 내어 분발하든지 바로 그 셋이다. 예수께서는 이 중 두 번째의 선택으로 빚어지는 비극적 현실에 주목했지만, 이후의 교회사는 그의 부활 사건을 신앙적으로 경험한 이들의 공동체 생활을 통해 세 번째의 기치를 높이 들고 혈통가족을 넘어선 '하나님의 가족'을 추구해나갔다. 가족전도와 가족구원은 여기까지 이르러서야 비로소 철저한 자기해체를 통해 구조적으로 거듭날 수 있고, 바로 그때 온전한 신학적 의미를 얻는다.

신앙적 동무로서의 가족관계

내가 겐그레아 교회의 일꾼으로 있는 우리 자매 뵈뵈를 너희에게 추천하노니⋯
(롬 16:1).
주 안에서 택하심을 입은 루포와 그의 어머니에게 문안하라. 그의 어머니는 곧 내
어머니니라(롬 16:13).

물론 예수께서 혈통가족의 가치를 무조건 배척한 것은 아니었다. 그는 가나의 혼인 잔치에 가서 그들의 다급한 사정을 헤아려 적시에 양질의 포도주를 공급해줌으로써 새로 탄생하는 가족을 축복하였다(요 2:1-12). 그런가 하면 '고르반' 예화를 통해 하나님에 대한 신앙적 경건을 핑계로 부모에게 불효하는 세간의 처신을 예리하게 간파하여 질책하기도 하였다(막 7:11). 그는 사람이 부모를 떠나 부부로서 한 몸의 가족을 이루는 창조의 법칙을 십분 수긍하여, 특별한 사유 이외에 이혼을 원칙적으로 반대하였다(막 10:1-12). 예수의 사역 주변에는 정상적인 가족의 성원으로서 한 마을에 정주하여 생활하면서도 서로 믿음의 동무가 되어 혈통가족보다 더 큰 신앙 가족의 비전을 품고 그의 하나님 나라 선교를 돕는 후원자들이 적지 않았다. 예루살렘 인근의 베다니에 기거하면서 예수의 사역을 돕던 마리아와 마르다, 나사로 남매가 바로 그런 범주에 해당된다(요 11:1).

이와 같이 초대교회는 예수의 부르심에 응답하여 혈통가족을 떠나 출가하였든, 재가신자로서 간접적 후원자가 되었든, 모두 '하나님의 가족'이라는 새로운 신학적 이념형에 근거한 가정교회 공동체로 출발하였다. 앞의 예문에서 보듯, 고린도 교회 외곽의 항구도시였던 겐그레아에는 뵈뵈의 집안 식구들을 중심으로 자그만 가정교회가 형성되어 있었다. 그곳의 대표 격인 뵈뵈는 바울에게 "우리의 자매"라는 호칭으로 불린다. 그 누구의 자매가 아니라, '우리의 자매'라니⋯ 이 얼마나 친근한 호칭인가. 게다가 그는 "여러 사람과 나의 보호자" 즉 후견인이 되었다고 하니 그의 섬김이 그만큼 넓은 신뢰를 쌓았다는 증거이다. 그런 뵈뵈가 로마교회에 바울의 로마서를 전달하는 막중한 책임을 맡은 것은 어쩌면 당연했을 것이다. 또 루포의 어머니를 바울이 자신의 어머니라고 부르는 걸 보니, 마치 예수께서 자신의 생모 마리아를 사랑하는 제자에게 의탁한 전례를 연상시켜준다(요 19:25-27). 이처럼 초대교회 교우들은 그 어떤 직제와 직분에 앞서 형제와 자매, 어머니와 부친으로서 그리스도 안에서 서로 한 몸을 이룬 대안적 가족관계로 맺어져 있었다. 그런 가족이 다시 신앙의 자녀들을 낳아 양육하였을 테고, 그 와중에 디모데 같은 제자들이 2세대의 신앙 역군으로 배출될 수 있었던 것이다.

가족전도 — 관계 갱신의 지름길

혈육으로서의 가족은 원수가 되기 이전 단계에 이미 애증의 교차로이다. 증오의 요소를 부각시키면 그것은 사랑의 무덤이 되기도 하지만, 애정의 측면을 살리면 더 큰 사랑의 둥지로 부활할 수도 있다. 그것이 가족 전도의 신학적 방향이고 가족 구원의 궁극적 목표이다. 하나님께서는 일찍이 혈통가족을 매개로 그의 언약을 세우고 또 이를 갱신해나가셨다. 두말할 나위 없이 예나 지금이나 가족은 모든 인간관계의 기본이다. 그것이 새롭게 변혁되지 않으면 이 사회, 이 민족, 나아가 인류의 관계가 새로워질 리 만무하다. 그도 그럴 것이, 가족은 그 형식적 관계의 껍데기를 헤집어보면 이 땅에 횡행하는 모든 불온한 인습과 위험한 정서의 발원지이기 때문이다. 그러나 동시에 그 가족관계의 근본을 서늘한 신학적 성찰의 프리즘을 통해 뒤집어보면, 거기에 모든 대안 관계의 출발점이 엿보인다. 그들이 여전히 물질세계에 함몰된 채 하나님의 세계를 응시하지 못한다면, 그 형식적 껍데기는 결국 모든 가족 성원들에게 비극적 재앙의 볼모가 될 것이다. 그러나 그들에게 복음의 도를 전하여 신앙적 동무와 더 넓은 하나님의 가족 성원으로 발돋움할 때 그들의 미래는 '구원'이란 실질에 걸맞게 새로운 언약적 삶의 진경으로 도약하게 될 것이다. 문제는 착실한 전략이고 오래 참아내는 인내며, 결국 운명을 걸고 도발하는 사랑의 근기이다. 집안 식구들이 원수가 되는 참담한 현실을 넘어, 가족과 함께, 가족을 넘어, 오늘도 선교도상의 제자들은 갈 길이 멀다.

도르가의 대안가족

사도행전 9:36-43

멀고도 가까운 가족

구약성서에는 이른바 '행복한 가족'이라고 칭할 만한 실례들이 적지 않다. 가축을 비롯하여 재산이 풍부하고 든든한 자손들이 창대하게 번성하며 가족의 대소사가 잘 풀리는가 하면, 하나님과의 영적인 관계도 신실한 이들 말이다. 한 인생의 긴 여정에 왜 오점이 없고 얼룩이 전혀 없으랴만, 그래도 대대손손 행복한 가족의 계보에 거론되고 그 '영광'에 값할 만한 범례들이 그 가운데 넉넉하다. 이에 비해 신약성서는 예의 전통적 가족과 그 행복이란 통상적 주제와 관련하여 구약성서 앞에만 가면 작아진다. 그 대표적인 주인공 예수의 경우, 공생애 이전의 기간은 어떠했을지 몰라도 일단 공생애에 들어서면 가족 앞에 황망해진다. 가족을 떠난 것으로 나타나기 때문이다. 사도 바울을 비롯하여 많은 기라성 같은 제자들 역시 한곳에 정주하여 수더분한 아내와 함께 금싸라기 같은 자식 낳아 키우며 소시민적 행복 가운데 알콩달콩 살아간 가족의 사례와 거리가 멀다. 그러니 신약성서에서 통속적 범주로서의 행복한 가정을 찾기란 정말 어렵다. 아니, 거의 없다고 보는 것이 더 정직한 판단일 것이다.

예수께서는 제자들을 파송하는 설교에서 "내가 온 것은 사람이 그 아버지와, 딸이 그 어머니와, 며느리가 시어머니와 불화하게 하려 함이니 사람의 원수가 자기 집안 식구리라"(마 10:35-36)고 말씀하셨다. 물론 이러한 긴박한 종말론적 불화의 상황은 교회가 제도화되고 보존해야 할 하나의 '체제'가 되면서 많이 진정되었다. 종말론적 감수성을 지닌 맹렬한 유랑 전도자들이 교회 안으로 안착되길 기대하면서 저 과격한 어조는 많이 수그러져 후대에 "누구든지 자기 친족 특히 자기 가족을 돌보지 아니하면 믿음을 배반한 자요 불신자보다 더 악한 자니라"(딤전 5:8)고 경고하기 있기 때문이다. 이처럼 외면상 극과 극을 오가는 듯한 혈통가족에 대한 신약성서의 관점은 행복한 가정의 기대와 함께 행복 없이 사는 훈련을 동시에 요구하고 있지 않나 하는 생각이 들게 한다. 그러나 이런 기대와 요구가 따로 겉돌지 않고 하나의 신앙적 대안가족 속에 수렴되는 길은 없는 것일까. 애면글면 시선을 쏘아대며 신약성서를 뒤지다 보니 한 군데 눈에 띈다.

더불어 우는 사람들

사도행전 9장 36-43절의 본문은 한 여인의 삶을 그 죽음의 현장을 통해 단층적으로 조명해준다. 그녀의 아람어 이름은 다비다이고 헬라어 이름은 도르가이다. 모두 '영양'(羚羊, gazelle)이란 뜻을 지니고 있다. 예수께서도 '어린양'이란 별명을 갖게 되었는데, 이 여인은 별명도 아니고 본명이 양이다. 양은 양이로되 농장에서 사육되는 여느 양이 아니라 산에 야생으로 숨어 사는 고독한 영양이란다. 이 이름은 아마도 그녀의 삶의 스타일을 어느 정도 반영하고 있는 듯하다. 그녀는 예수의 제자였다고 한다. 언제 어디서 어떤 사연과 함께 예수를 만나 알게 되었고, 또 믿고 따르며 제자가 되었는지 알 수 없지만, 그녀는 예수의 족적을 따라 평소 선행과 구제하는 일이 심히 많았다고 한다(행 9:36). 그녀의 가족은 이 이야기에 등장하지 않는다. 아마 남편도 자식도 없는 과부였을 가능성이 크다. 이야기는 그녀의 삶이 아니라 죽음과 함께 시작된다. 그녀가 병들어 죽게 되자 누군가 와서 그 시체를 씻어 다락에 누여주었다는 것이다. 그녀는 욥바에서 살다가 죽었고 그 가까운 거리에 위치한 룻다에는 사도 베드로가 와 있었다. 그 둘 사이의 익명적 공간을 매개하는 익명의 제자들이 등장한다. 그들은 베드로에게 가서 이 안타까운 사망 소식을 전했고, "지체 없이 와 달라"는 간청과 함께 마침내 베드로는 도르가가 시신으로 누여 있는 욥바의 어느 다락방에 다다른다.

이 대목에서 우리는 선지자 엘리사가 수넴 여인의 죽은 아들을 소생시키고 예수께서 나인성 과부의 아들을 살려냈듯이, 베드로도 이 혼자 죽은 불쌍한 여인을 다시 일으키지 않을까 기대함직하다. 과연 결국 그녀는 다시 소생하여 시체가 생명이 되었단다. 그런데 여기서 내가 중요한 점으로 지적하고 싶은 것은 그 단순한 기적 사건이 아니라 그녀의 죽음을 둘러싼 기이한 풍경과 관련해서다. 그녀가 누인 다락방에는 "모든 과부들"이 모여 있었다. 그들은 서로 통했는지 베드로 곁에 서서 울고 있었다고 한다. 동시에 "도르가가 그들과 함께 있을 때에 지은 속옷과 겉옷을 다 내보이"며 슬퍼했다는 것이다. 그 "모든 과부들"이 누구였는지 그 정체가 참 묘연하다. 다만, "그들과 함께 있을 때"라고 언급한 것으로 미루어 그들은 신앙공동체 형태로 모여 서로 동거하며 속옷과 겉옷을 지어 생계를 꾸려나갔으리라 보인다. 그뿐 아니라, 더 어렵게 사는 이웃들을 구제하는 등 선행을 베풀었으리라 추측할 수 있다. 그들은 요샛말로 '대안가족'이었던 셈이다. 이 세상에 의지가지없던 과부들이 함께 모여 동고동락하면서 아마도 도르가의 분발심이 촉발점이 되었는지 더 어려운 사람들을 위해 기꺼이 손품을 팔았던 것이다.

도르가의 신앙적 유산

이 이야기의 결론은 "다비다야 일어나라"는 사도 베드로의 지엄한 선포와 함께 그녀가 소생하고 성도들과 과부들이 다시 그녀를 재회하는 기쁨을 보여준다. 나아가 이 기적 사건을 계기로 욥바의 많은 주민들이 주를 믿게 되는 선교적 팽창의 후일담을 넌지시 끄트머리에 깔고 있다. 그러나 그 궁극의 결론은 도르가의 삶과 그녀가 꾸려온 대안가족의 신앙적 의미와 거기에 내포된 궁극 이전의 삶의 과정을 무화시키지 않는다. 그녀는 의지할 만한 혈통가족이 없는 고로 한 시절 적잖이 울적하고 외로웠을 것이다. 그러던 중 예수를 만나 활기찬 희망을 발견했고, 그 뒤로 선행과 구제하는 일에 열심을 내며 예수처럼 남을 돕는 삶을 살고자 했다. 모든 과부들이 늘 그녀와 함께 있었고 교회의 성도들 역시 그녀의 삶과 연계되어 있었다. 그녀에게 교회는 또 다른 가족이었을 테고, 과부공동체 역시 혈통가족의 안온함과 차원이 다른 대안가족의 울타리를 제공하면서 삶의 보람과 희락을 선사했을 것이다. 그래서 병들어 죽었지만, 함께 울어주고 사도한테 연통하며 그녀의 소생을 갈망하는 익명의 벗들이 그녀 주변에 있었다. 그렇게 그녀는 죽어서도 행복했고, 다시 소생하여 감개무량했을 것이다. 삶의 신산한 일상조차 욥바 바닷가의 파도 소리에 씻어내며 보이지 않는 영원에 잇닿아 살 수 있었을 것이다.

도르가의 신앙적 유산은 혈통가족의 안온한 소시민적 행복 같은 것이 전혀 아니다. 그녀는 고독한 영양의 스타일로 숨어 살다시피 했지만, 소박한 공동체의 대안적 희망을 품고 있었기에 살아서도 죽어서도 행복했다. 함께 울어주는 과부 동지들이 있었고, 사도한테 연통해주는 익명의 성도들이 있었다. 그녀가 만든 겉옷과 속옷을 증거로 내보이며 그녀의 선한 삶을 증언해주는 친애하는 벗들이 있었다. 가족이란 관습적 둥지에 갇혀 제 자식과 남편, 아내의 이해관계를 조금도 벗어나지 못하는 혈통 샤머니즘의 우상이 압도하는 오늘날 교회 안팎의 세태 속에 도르가의 이러한 신앙적 유산은 소박한 대로 위대하지 않은가. 혈통적 소가족주의의 울타리를 허물지 못한 채 하나님의 나라는 여전히 요원하며, '하나님의 가족'(familia Dei)이라는 예수의 대안가족의 꿈도 유예되지 않겠는가. 우리의 신앙 현장에서 행복한 소시민적 가정을 꿈꾸며 동시에 행복 없이 담담하게 사는 훈련이 필요한 까닭이 여기에 있다.

열린 가족, 신실한 가정

말 고르기, 개념 걸치기 - 가족과 가정

가족(family)이란 말에는 아무리 분장을 해도 '혈통'의 냄새가 난다. 혈통은 물론 경계가 선명한 배타의 함의를 지닌 터라 애당초 가족이 될 수 있는 대상과 그 울타리 안에 들어올 수 없는 대상이 확연히 갈라진다. 아울러, 가족은 혈통의 연고로 맺어진 계선을 타고 수평적으로 확산되어 친척을 낳고, 수식하는 '직계'란 말의 함의대로 수직적으로 그 계통을 이어간다. 이에 비해 가정(home)이란 말은 그 한자어 '家庭'의 어감대로 가족의 구성원들이 공유하는 생활의 터전, 안온한 분위기를 떠올려준다. 물론 여기에도 울타리는 있다. 하지만 혈통의 냄새는 최대한 약화되고 외려 더불어 지향해야 할 가치의 울림이 커진다.

가족이 어울려 가정을 만들 때 가족을 어떻게 규정하느냐에 따라 그 가정의 형식과 내용도 달라질 터이다. 성서에서 가족은 무엇보다 하나님의 창조 선물로 인식된다. 남녀가 부모를 떠나 혼인이란 관계로 맺어질 때, 그 관계를 통해 생산되는 자식들과 함께 가족이 탄생하고 생활을 매개로 가정이 형성되는 것이다. 그러나 그 신학적 맥락을 따져보면 가족은 보다 넓은 지평을 향해 열릴 수 있고 열려야 한다. 그 궁극의 지점이 바로 '하나님의 가족'(familia Dei)이다. 이 가족은 하나님을 아버지로 모시면서 그로부터 생명을 받은 모든 이들이 더불어 삶을 추구하는 열린 공동체의 신학적 모형이다. 거기에 정초할 때 모든 가족은 따개비 같이 웅크린 채 제 혈통의 잇속에 골몰하는 폐쇄와 배타의 울타리를 넘어 그 가정의 뜰을 개방할 수 있고 하나님 앞에 신실해질 수 있으며, 비로소 예수 그리스도의 제자가 될 수 있다.

혈통가족과 하나님의 가족

하나님이 혈통을 통해 생명이 자손들에게 전수되도록 우리를 지으셨다는 점에서 혈통가족은 하나님의 가족을 구성하는 소단위이고 매개체이다. 그러나 그 생명이 단순히 육체적 생명에 머물지 않고 하나님의 생령을 담고 있다는 점에서 혈통은 가족의 필요조건이지 충분조건은 아니다. 예수께서 이 땅에 오신 성육신 사건 자체가 '혈통'이나 '육정'에 의거한 것이 아니었다는 말씀(요 1:13)은 바로 오늘날 구원받은 하나님의 백성들이 그 구원을 이루기 위해 지향해야 할 대안가족의 모델을 암시한다. 그것은 '하나님의 가족'을 향해 우리의 혈통가족의 울타리를 낮추고 나아가 열어두는 시도와 함께 실현 가능해진다. 예수와 그 가족들 사이의 중요한 에피소드가 말해주듯, 자신을 찾는 가족을 향해 "누가 내 어머니이며 동생들이냐"(막 3:33)라는 예수의 응답은 혈통가족의 해체나 불효막심한 냉대를 뜻하기보다 그 가족을 넘어 겨냥해야 할 제자공동체, 이로써 지향하는 하나님의 가족이란 비전을 보여주신 것이다.

요컨대, 하나님의 가족은 혈통가족과 함께 그것을 넘어서는 자리에 가물거리는 대안가족의 결정체이다. 그것은 우리의 가정이 하나님 앞에 신실하기 위해, 다시 말해 하나님의 주권을 존중하고 그 왕적 통치를 인정하기 위해 마땅히 거쳐야 하는 영적인 통과절차이다. 이는 또 우리가 단순히 육신의 욕망에 갇힌 본능적인 동물이 아니라 하나님의 형상을 지닌 인격체임을 스스로 검증하는 표준 기제이기도 하다. 아울러, 하나님의 가족이란 신학적 기치는 오늘날 무성하게 할거하는 폐쇄적이고 이기적인 가족주의를 반성하는 항체인 동시에 그것을 갱신하는 동력이 아닐 수 없다.

가족의 탄생, 그 영광과 그늘

요한복음에 의하면 예수가 행하신 기적은 표적(semeia)이며 그 첫 번째 항목은 가나의 혼인 잔치에서 물을 포도주로 만든 사건이었다(요 2:1-12). 갈릴리 가나의 혼인 잔치에 예수와 그 제자들이 어떤 경위로 청함을 받았는지 명기되어 있지 않다. 예수의 모친 쪽 한 친척집에서 벌인 혼인 잔치가 아니었을까 짐작할 수 있을 뿐이다. 직접 그 땅을 밟아 확인해 본 결과 갈릴리 가나로 추정되는 지역은 포도가 생산되지 않았다. 멀리 가져온 포도주였을 공산이 크다. 잔치가 진행되는 도중 포도주가 떨어져 하객들 대접에 차질이 생기자 그 사정을 확인한 모친 마리아는 예수께 도움을 청한다. 이에 대해 그는 "여자여, 나와 무슨 상관이 있나이까"라는 다소 퉁명스러운 어조로 상황을 외면한다. 이유인즉, 자신의 '때'가 아직 이르지 않았다는 것이다. 그러나 이어지는 이야기는 예수께서 그 다급한 사정을 살펴 유대인의 정결예식을 위해 가져다 놓은 돌 항아리 여섯에 물을 채워 포도주로 변화시킴으로 연회장 하객들이 양질의 포도주를 서비스 받는 것에 대해 신랑을 칭찬하게 된다.

이 표적은 물론 일차적으로 예수께서 하나님의 특별한 섭리에 따라 이 땅에 오신 독생자임을 증언하려는 데 목적이 있다. 그렇지만 그것이 왜 하필 혼례식의 연회장이었는지 또한 궁금해지는 대목이다. 여기서 가장 명확하게 투시할 수 있는 여분의 메시지는 혼례를 통한 가족의 탄생이고 그 기쁨을 표현하는 포도주의 의미이며, 동시에 그 자리의 결핍을 채워 풍성하게 베풂으로써 보여준 가족에 대한 축복이다. 이로써 예수는 부모를 떠나 남녀가 한 몸을 이루라는 하나님의 창조명령을 수긍한 것으로 보인다. 이러한 축복 아래 혼인한 가나의 그 신랑 신부는 별 탈이 없었다면 자녀를 생산하여 이른바 혈통가족의 터전을 닦았을 것이다. 양가의 부모, 또 그들의 친인척과 다채롭게 연계된 그 가족의 울타리는 안전을 보장해주는 든든한 바람막이가 될 수 있었을 것이고, 사람살이의 즐거움을 더불어 나누고 애환을 달래주는 공동체의 한 축이 되었을 터이다.

그러나 그 그늘은 없었을까. 오늘날 우리의 혈통가족 경험이 정직하게 증언하는 바대로 혼인은 시쳇말로 사랑의 무덤이자 모든 여타의 관계에 대한 종언을 초래하지 않는가. 따끈따끈하던 부부간의 에로스적 열망도 수그러들고 피차간 인격적 성숙과 진보가 더뎌짐에 따라 형식적 관계로 관리되며 최소한의 의무를 습관적으로 이행하는 경우가 잦아지게 마련이다. 부모 자식 간의 관계도 마찬가지다. 이 관계의 상투화는 본래 '애증'의 속성을 달고 다니는 터라 서로 엇갈리며 꼬이는 고부관계를 비롯하여 부자관계, 모녀관계 등에 걸쳐 다양하게 번식한다. 그 그늘의 대표적 메타포가 바로 '고르반'이다(막 7:9-13). 이 예화는 사람의 전통을 내세워 하나님의 계명을 위반하는 인간의 교활함과 혈통적 가족관계의 그늘진 구석을 예리하게 간파한다. '고르반'은 부모에 대한 공경의 도리를 다하지 않은 핑계를 '하나님께 드렸다'는 의미의 허울 좋은 구호에서 찾으며 변명하는 방어막이다. 이렇듯 우리는 안에서 궁해지면 밖을 가리키며 엉뚱한 핑계를 찾는다. 가족관계에서 남발되는 이 '고르반' 현상은 우리의 혈통가족이 빠지기 쉬운 인습적 허방을 적나라하게 보여준다. 종교적으로 경건하다는 자들 가운데 예수께서는 일찍이 그 가족관계의 위선과 취약점을 직시하신 것이다.

그러한 고르반 현상이 어디 부모 자식관계에만 한정되는 것이랴. 모든 가족관계의 다양한 층층면면에 이러한 오류는 여전히 잠재되어 있지 않은가. 너무 친밀하기 때문에, 늘 상면하기 때문에 당연시하며 여건이 좋을 때는 과도하게 밀착되고 누이 좋고 매부 좋고 식의 인습에 함몰된다. 그러나 불리할 때 '고르반'의 핑곗거리로 하나님을 기만하며 가족을 패대기치는 행태는 얼마나 측은한가.

가족의 재탄생, 그 난관과 희망

가족이 이질적 타자를 향해 열린 가족이 되지 못하고 가정이 하나님 앞에 신실하지 못할 때 그 가족은 하나님 나라라는 관점에서 해체의 위기에 직면한다. 아니, 어쩌면 그 위기는 가족의 거듭남을 위한 참신한 기회가 될 수도 있을 것이다. 이와 관련하여 예수께서 하신 가장 과격한 말씀은 "사람의 원수가 자기 집안 식구리라"(마 10:36)는 것이다. 그래서 하나님 나라 사역에 걸림돌이 되는 경우 부모 자식 간에 불화하고 갈등을 겪으며 마침내 해체되는 아픔이 생겨난다. 그러나 그렇게 일단 출가하여 혈통가족을 성찰하며 초월한 경험을 가진 제자들에게는 새로운 가족의 정체성을 확립하고 그 가족의 외연을 넓히며 그 성원들 사이에 우의를 돈독하게 해야 하는 문제가 잇따른다. 이는 한 마디로 혈통가족이 거듭나서 사랑의 공동체로 거듭나는 과제이다.

이와 같이 하나님의 가족으로 나가는 디딤돌로서 제자공동체는 이 땅의 군주들처럼 서로 군림하기보다 낮은 자리에서 종처럼 섬기는 겸손한 사람들의 전당이다. 그렇게 재탄생하는 가족의 모델은 오로지 '서로 사랑하라'는 새 계명으로 엮어져 이로써 세상 사람들이 우리가 예수의 제자임을 알게 되는 그러한 지평이다. 이는 혈통이란 매개보다는 같은 신앙적 정체성과 사랑하는 제자로서의 동질성을 가지고 한 하나님을 아버지로 섬기는 공동체 가정이다. 이 세상이 인습적 가치관 가운데 부여한 각종 장벽들을 허물고 나이와 성별, 종족과 언어, 계급과 지위에 따른 차별을 넘어 그리스도와 합하여 세례받은 이들이 지향하는 구원받은 백성의 대안 가정이 바로 그 가운데 정초한다. 특히 요한복음을 통해 새 계명에 입각한 제자공동체로서 하나님의 가족을 선포한 예수께서는 십자가상에서 자신의 그러한 신념을 실천한다. 이 땅에 남기는 모친 마리아와 자신의 사랑하는 제자를 새로운 모자 관계로 엮어준 것이다(요 19:26-27). 아울러 사도행전이 오순절 사건과 함께 보여준 유무상통의 공동체 역시 성령 안에서 가족의 배타적 울타리를 허물고 심지어 이방인까지 모두 하나님의 가족이란 품으로 초대한 결과 발생한 신앙 가족의 좋은 사례이다.

물론 난관이 없을 수 없다. 초대교회를 이상적 공동체로 운위하지만 오늘날 혈통공동체의 갈등이 그 대안가족에서도 반복되는 모습을 보여주기 때문이다. 히브리파와 헬라파의 과부들이 음식을 공궤하는 문제로 겪은 갈등이 그 하나라면, 아나니아와 삽비라 부부가 그 공동체에 온전히 섞이지 못한 채 서원한 것을 어기고 사도를 기망하기까지 하면서 가족 내의 또 다른 폐쇄 가족을 만들어 비참한 최후를 맞이한 것이 또 다른 사례이다. 게다가 정치적 리더십의 분란과 갈등, 신앙적 정체성을 교리화하고 규범화해나가면서 빚어진 내적인 분열, 형님 아우와 같던 바나바와 바울이 사람 쓰는 문제로 이견을 보여 결별한 일 등등 부작용은 만만치 않았다. 이처럼 그리스도 안에서 온전히 하나 되고 그리스도의 한 몸 안에서 완벽히 같은 생각을 품는다는 것은 지극히 어려운 현실이다. 그럼에도 불구하고 희망은 애써 배워야 하는 것이고 기대와 현실의 간극을 안간힘을 다해 좁혀 나가며 분투할 때 실현되는 것 아닌가. 그것이 초대교회 이후 신약성서의 가족 관련 교훈을 통해 남겨진 유산이라면, 우리는 가족의 탄생을 넘어 그 재탄생, 곧 신앙적 거듭남의 미래를 낙관할 수도 있으리라.

교회로서의 가정, 가정으로서의 교회

플라톤은 혈통가족을 해체하여 공동으로 양육하는 대안가족의 구성을 목표로 내세우며 국가의 단합을 도모하였다. 불가에서는 가족과의 혈통적 인연을 아예 끊어버림으로써 깨달음의 도에 입문할 것을 권유한다. 그밖에도 국가적 의무와 이익 실현을 앞세운 군대와 회사 등의 특정 조직, 점점 더 살벌해지는 무한경쟁의 한가운데 펼쳐진 건조한 도시적 삶의 무대는 근대화 이래 줄기차게 가족의 유대를 침식하는 세태를 보여준다. 혈통가족에 대한 이러한 외부의 도전이 강렬해질수록 그 가족은 더욱 똘똘 뭉쳐 강고한 단합을 과시하며 외풍에 맞서는 장벽을 높이 쌓아올렸다. 여기서 몇 가지 부작용이 파생되었는데, 그 첫째는 가족의 해체이다. 여기서의 해체는 그리 바람직하지 않은 '파괴'나 '파멸'에 가까운 개념이다. 예컨대, 부부가 신뢰의 파탄으로 이혼하고 자녀들이 부모의 양육을 벗어나는 경우, 그리하여 고독한 현대인을 위한 안식의 보루와 어린 생명의 건강한 양육을 위한 둥지로서 가정이 황폐화됨에 따라 그 가족은 거듭날 토대를 잃게 되는 경우가 그렇다. 또 다른 측면에서 발생한 폐단은 딱딱한 가족주의의 번성이다. 이는 가족이란 혈통적 관계를 상투적 기반으로 그 체제의 틀은 유지하면서 제 식구 챙기고 감싸기 일변도의 뻔뻔스런 이기주의를 확대, 증폭하는 증상이다. 물론 신학적 반성이 스밀 구석이 없이 빼곡한 자폐적 구조와 혈통만이 최고라는 배타적 신념이 그 밑바탕에 똬리를 틀고 있다. 이는 그리스도교 신앙을 매개로 교회라는 또 다른 자리로 전이되면서 교회 역시 이런 종류의 개교회주의가 대세를 이루고 있다. 교회 성원들이 가족들처럼 친밀하긴 한데, 그 바깥은 황량한 시베리아 같다는 것이다. 가족이 두루 신실한 교인 같은데, 그 내부의 담합 체계는 공정한 하나님 나라의 선교적 비전과 범생명적 샬롬의 명분도 보여주지 못한다는 것이다.

그러면 어쩔 것인가. 가정으로서의 교회가 잘못된 것은 아니고 교회로서의 가정도 엇나간 것이 아니다. 다만 그 가정의 뜰이 하나님의 가족으로 얼마나 열려 있는지가 관건이고 교회의 가족주의가 혈통 지향성을 넘어 얼마나 예수의 하나님 나라 수준으로 극복되었는지가 문제이다. 신약성서는 플라톤처럼 국가의 강고한 체제를 앞세워 혈통의 인연을 억압하지 않는다. 예수께서는 외려 가족의 일차적 탄생을 포도주의 넘치는 기쁨을 더하여 축복하셨다. 그렇지만 그 혈통적 관계의 동물적 본능을 가족이 지향해야 할 궁극적 목표로 강조하지도 않는다. 혈통가족은 가족의 출발점이자 반성의 매개는 될망정 제자공동체로서 하나님의 가족을 대체할 수 없다. 마찬가지로 배타적 가족주의의 현실이 예수의 하나님 나라 운동이란 맥락에서 정당화될 만한 근거는 엿보이지 않는다. 추후 그리스도교의 제도화 과정에서 긴박한 종말론적 열기에 지나치게 휘둘려 혼인을 죄악시하거나 가정을 포기하는 자들의 수가 급증할 때 물론 사정은 달라진다. 그때는 특히 여성의 경우 혼인하여 자녀를 낳음으로써 구원 사역에 이바지할 수 있는 길을 강조할 수밖에 없었다(딤전 5:14). 예의 구절은 동시에 적대적 외인을 향해 그리스도인을 반사회적 존재로 낙인찍어 비방할 빌미를 사전에 차단하는 전략적 자기 관리란 측면에서 옹호된다.

가정이 하나님의 가족이란 터에서 공동체로서 신실해지려면 작은 반경이지만 공동체 구성원들이 선 자리의 굴곡에 예민해져야 한다. 가족들 사이에도 높낮이가 다르고 약자와 강자가 있으며, 환한 곳과 그늘진 곳이 있다. 그 차이는 은폐하거나 대강 눙치기보다 세심하게 배려하여 고르게 조율해야 할 대상이다. '고르반'의 오래된 버릇에 기대어 아버지는 아들을 탓하고 딸이 어머니를 핑계 삼는 일은 지양해야 한다. 그런 쪽으로 가족들 간의 다툼이 심해지면 결국 하나님을 변명의 꼭짓점에 세워 원망하는 꼴이 되기 십상이다.

사람의 원수가 제 집안 식구가 되는 내력을 심각하게 성찰하여 그리스도인은 예수의 제자가 되길 힘씀으로써 가정의 갱신에 피차 이바지할 수 있는 지혜를 모색해야 한다. 결국 혈통가족의 창조적 해체와 가족의 재탄생이 그 정석이다. 그러나 다른 한편으로 파멸되는 해체를 제어하기 위해 가족을 보양하거나 이미 그렇게 망가진 가정을 재구축하며 통합시키는 대안가족의 모델을 오늘날 교회는 제시할 수 있어야 한다. 그것은 결국 생명을 풍요롭게 살리고 보듬는 하나님 나라 선교의 중요한 실천적 각론이 아닐 수 없다. 예수는 제자들에 앞서 출가했지만 그 가족을 버리지는 않았다. 외려 어머니를 새로운 아들과 엮어주었다. 그 밑의 동생 야고보는 예수를 대신하여 예루살렘 교회의 기둥이 되어 맡겨진 가정교회를 보살폈다.

지진과 함께 열린 감옥 문을 보고 죄수들의 탈옥 가능성을 점치며 자결하려던 빌립보의 간수를 향해 "너와 네 집이 구원을 받으리라"(행 16:31)고 선포한 말씀을 유념해보라. 결국 나도, 너도 구원 받아야 할 운명공동체로서 그 '집', 곧 가정/가족 안에 속한 존재인 셈이다. 문제는 예수가 보여준 하나님의 가족을 모델로 그 집이 우주적 반경으로서의 집[宇宙]으로 나갈 수 있는지, 아니면 구멍의 제 새끼를 보듬는 쥐들의 비좁고 컴컴한 암혈과 다를 바 없는 자폐적 가족주의로 전락할 것인지 하는 점이다. 나그네와 이방인, 죄인과 더러운 사람들까지 초청하고 환대할 수 있는 열린 가족, 그렇게 점점 더 열려 감으로써 하나님 앞에 신실해지는 가정이 일단 이 시대의 복음적 대안이다.

부부는 무엇으로 신실해지는가

모범부부의 희미한 자취

부부는 가족 중에서도 특이한 관계이다. 혈육이라고 할 수 없는 전혀 낯선 타인이 만나 한 몸을 이루어 가족의 밑절미를 형성하는 것이 가장 두드러지는 이례적인 특성이다. 중매를 통해서든, 연애의 방식으로든, 남자와 여자는 매우 다른 신체구조와 상당히 차이 나는 심리적 구조를 가지고서, 그것도 혈통 바깥의 채널을 통해, 서로 만나 부부의 연을 맺는다. 부부가 가족관계의 전부라고 말하기에는 워낙 다양한 대안이 제출되는 터라 어렵겠지만, 포스트모던이라고 하는 이즈음에도 그것을 빼놓고 가족을 말하기 쉽지 않을 만큼 여전히 큰 비중을 차지하고 있다. 그런데 구약성서와 달리 신약성서에는 부부 이야기가 좀처럼 탐지되지 않는다. 혈통과 씨족의 생존 영역을 매개로 한 언약적 전통과 달리 신약성서는 초가족적 공동체인 '하나님의 나라'를 지향하고 있는 것이 그중 한 가지 비중 있는 이유일 테다. 구약성서에도 딱히 모범으로 닮을 만한 부부의 예가 많지 않다. 이삭과 리브가가 일부일처의 관계로 꽤 행복하게 해로한 듯 보이지만, 거기에도 부부의 색다른 편애로 말미암은 두 아들 에서와 야곱의 평생 가는 불화와 갈등이 잠복되어 있었다. 그밖에 많은 부부들은 서로 기우뚱한 가부장체제의 그늘을 다들 경험하거나, 특히 아내의 입장에서 적잖은 정치적인 굴절과 심리적인 애환을 감내해야 하는 생존의 현실 가운데 처해 있었다.

그리고 신약시대를 대표하는 인물들은 부부 사이의 애틋한 온정을 보여줄 만한 관계를 맺지 못했다. 예수께서는 독신으로 혼자 사셨다. 그가 가나의 혼인 잔치에서 포도주 기적을 통해 인간의 혼인관계를 축복하셨고, 또 '하나님이 맺어주신 것을 사람이 나눌 수 없다'는 부부관계의 창조 신학적 원리를 재천명하셨지만, 그런 원칙 아래 예수의 주례로 맺어진 아름다운 부부의 사례는 신약성서 기록에서 발견되지 않는다. 또한 혼인 잔치의 비유를 통해 그는 자신과 신자들의 관계를 부부에 빗댄 이야기도 전하였지만, 그것은 부부의 신체적 결합과 다른 차원의 신앙적 교훈을 염두에 둔 메타포로서의 관계였을 뿐이다. 바울 역시 이방인의 사도로 부름받기 전에 결혼을 했는지 여부가 논란거리가 되지만, 선교 활동을 하는 기간 내내 부부관계 없는 독신의 삶을 선호하였다. 그는 오히려 젊은 남녀의 결혼과 과부의 재혼 등에 대해 썩 내키지 않는 부차적인 관점을 견지한 것으로 드러난다. 그의 신념 속에 종말의 때가 워낙 긴박하였기에, 혼인을 통해 맺어지는 부부의 인연이 도리어 마음의 분열을 초래하여 선교적 사명에 온전히 집중하고 영원한 나라에 들어가는 데 장애물이 될 수 있다고 생각했기 때문이었을 것이다. 그래도 몇몇 부부의 부정적 또는 긍정적 모델이 아주 없지는 않다. 내가 뽑은 희귀한 그들은 요셉과 마리아, 아나니아와 삽비라, 브리스길라와 아굴라 부부이다.

순결을 넘어서는 순정: 요셉과 마리아

복음서 전통에서 예수의 혈통 가족적 배경으로 언급되는 부부는 요셉과 마리아이다. 마리아는 한미한 가문의 비천한 신분으로 묘사되어 있는 것으로 미루어볼 때 평범하고 소박한 처녀였던 것으로 보인다. 그가 요셉과 같은 동네에서 자라면서 서로 눈이 맞아 연애하다가 나중에 정혼을 했다고 볼 만한 증거는 보이지 않는다. 아마도 소개팅을 통한 중매결혼이 아니었을까 짐작된다. 요셉은 목수를 직업으로 가진 것으로 미루어 장인계급에 속하는 사람이었음에 틀림없다. 이 당시 팔레스타인의 목수 직업이 오늘날의 개념대로 나무를 다루는 건축기술자를 가리킨 것 같지는 않지만, 어쨌건 그는 자신의 생계를 꾸려갈 만한 기술을 가진 것으로 미루어 아주 가난한 남자는 아니었던 것 같다. 그는 마리아와 약혼한 상태에서 혼인하기 전 그 사이 기간에 마리아가 임신한 사실을 알았다고 한다(마 1:18). 당시의 관행에 비추어 이는 결혼관계를 끊을 만한 치명적인 흠결이었다. 그러나 마리아의 임신이 성령으로 말미암은 결과임을 전해 들은 뒤 그는 강파른 의심을 발하여 마리아를 내치지 않은 것으로 나타난다. 천사를 통해 전달받은 그 메시지는 요셉이 잠자다가 꾼 꿈의 일부 내용이었고, 쉽게 빨리 잊히는 꿈의 속성을 감안할 때, 그는 개꿈을 꾼 셈 칠 수도 있는 노릇이었다. 또 요즈음의 정신분석에 일말의 감각이 있었다면, 그는 약혼녀 마리아의 혼전 임신 사실에 너무 큰 충격을 받아 현세의 그 충격과 상처를 보상받기 위해 무의식 속에 자위적 동기의 대리배설이란 차원에서 그러한 꿈을 만들어냈을 것이라고 '해석'까지 할 수 있었을지 모른다. 그러나 그는 그 메시지를 순정하게 받아들였고, 하나님의 뜻으로 인정했다. 그 메시지를 듣기 전에도 그는 '의인'이었던 터라, 마리아를 수치스럽게 욕보이지 않고 조용히 파혼하려 했다고 한다(마 1:19). 타인에 대한 이러한 사생활 보호의 태도는 설사 자신과의 혼인이 파기되더라도 한 무명 여인의 인격과 체면을 존중하려는 속깊은 내면을 보여준다. 그는 이러한 자세로 마리아와 부부생활을 꾸려나갔을 것이다.

물론 복음서의 서사구도에서 탄생 이야기 뒤에 마리아와 달리 요셉의 등장은 더이상 찾아볼 수 없다. 아마도 요셉이 일찍 세상을 떠난 것이 그 배경이 아닐까 추측된다. 그러나 그는 마태복음의 애굽 피신 기록에 암시된 대로 아기 예수뿐 아니라 어머니까지 동반하여 그 고단한 여정에 오른 것으로 기록되어 있다(마 2:14). 이 또한 꿈에 주의 사자가 일러준 대로 따른 것이었지만, 당시 요셉이 마리아와 부부로 어머니를 모시고 함께 살았던 것을 확인할 수 있다. 홀어머니를 모시고 살던 그들은 아마도 평범하고 소박한 부부였을 것이다. 요셉이 세상을 떠나고 장남이었던 예수가 그 가업을 전수받아 목수 노릇을 하는 동안 마리아는 재가하여 요셉과의 인연을 아주 접은 것 같지 않다. 그들의 부부생활은 대부분 역사적 기록의 저편에 숨겨져 있지만, 요셉이 마리아의 여성적 몸의 순결에 집착하지 않고 순정을 담아 그를 아내로 용납하고 예수 이후 동생들을 줄줄이 많이 낳아 키운 것으로 보아 그들의 금슬이 그리 나쁘지 않았으리라 추측된다. 그것은 초기의 순결을 넘어 평생의 순정을 간직한 채 부부관계의 의리에 담아낸 특이한 동행관계로 자리매김된다. 혼미한 꿈의 한 구석에서 챙긴 메시지를 계시적 징후로 받아들여 아내 될 사람의 세속적 흠결을 그저 순연히 덮을 수 있었던 사람이 요셉이었다. 그 요셉과의 추억을 기리며 여러 자식들을 장성하도록 키워냈을 뿐더러 예수 사후 그 신산했을 공동체의 뒤치다꺼리에 헌신하였던 마리아의 여생도 곡진기정을 간직하고 있다. 이러한 점을 반추해볼 때 그들 부부의 삶은 결코 물리적 시간의 분량이나 세속적 조건에 저당 잡히지 않은 상태로 그저 조용하면서도 담담한 행복으로 채워졌으리라 여겨진다.

친밀한 담합의 비극: 아나니아와 삽비라

사도행전에 묘사된 예루살렘 원시공동체의 삶은 매우 이상적인 모습으로 떠오른다. 아무도 제가 가진 것의 소유권을 주장하지 않고 모두 필요에 따라 나눠 쓰는 이 공동체의 모델은 그 안의 구성원들이 전원 성자들이었을 것처럼 믿게 만든다. 그러나 그 속에도 문제는 있었고, 불미스러운 사태도 발생했다. 그중에 가장 끔찍한 기록은 한 부부의 헌금 기만 사건이다. 사도행전 5장의 기록에 의하면 모두가 유무상통하던 예루살렘 교회공동체의 원칙에 따라 아나니아와 그의 아내 삽비라도 그들의 소유를 팔아 사도들에게 가져다줌으로써 공동체의 평등한 일원으로 참여하고자 했던 것으로 보인다. 그러나 그 과정에 남편 아나니아의 마음속에 공동체의 몫과 구별되는 사생활의 몫이 떠올랐던 모양이다. 그래서 제 재산을 처분한 값의 얼마를 사적인 소유물로 빼어 챙기고 그 나머지를 전부인 양 사도들에게 가져간 것이다. 이와 관련하여 전후 상황을 파악한 베드로의 준엄한 질타의 목소리에 의하면 그의 그러한 분별심은 결과적으로 '사탄'의 미혹에 떨어진 것이었고, 단지 사도들이나 공동체의 식구들을 속이는 데 그치지 않고 성령을 기만한 셈이 되었다. 사적으로 빼돌린 재물의 양이 문제가 아니라 하나님 앞과 공동체의 한 식구들 앞에서 거짓말을 했다는 게 더 심각한 사안이었다. "땅이 그대로 있을 때에는 네 땅이 아니며 판 후에도 네 마음대로 할 수 없더냐?"(행 5:4)라는 추궁은 자신의 소유에 대한 권리와 자유의 행사가 공익을 향하지 못하고 사적인 욕심으로 인해 편벽되이 어긋났음을 꾸짖는 말이다. 이로 인해 아나니아는 혼이 떠나 죽어버렸고 그 시신은 장사되었다.

이러한 내막을 익히 알고 있던 삽비라는 사전에 남편 아나니아의 그런 처신에 별도의 토를 달지 않았다. 부창부수라, 그는 남편의 선택에 암묵적으로 승인한 것이니 이 또한 일종의 담합이라고 할 수 있다. 남편의 선택에 대한 아내의 순종이라고 본다면 그 자체로는 미덕일 수 있다. 그러나 그것이 선하지 않고 의롭지 못한 선택이라도 무조건 순종해야 한다면…? 부부로서 아무리 한 몸이 되고 한마음 한뜻으로 뭉치는 것을 미덕이라 할지라도, 이런 경우는 예외가 된다는 것이다. 그런데 세 시간쯤 지나 삽비라는 남편에게 발생한 사태를 알지 못한 채 똑같은 기만을 되풀이하였고, 그것은 주의 영을 시험하는 행태였다. 그 귀결은 그 역시 남편 아나니아의 보응을 고스란히 받는 것이었다. 삽비라의 공모와 담합은 부부 사이의 관계를 편하게 만들고 저들만의 은밀한 사연을 공유하는 쾌감과 그로 말미암는 예외적인 친밀감도 없지 않았겠지만, 그 결과는 결코 아름답지 못했다. 이는 부부관계가 샤머니즘적 맹목성과 사적인 친밀감만으로 성숙하는 게 아님을 증언한다. 거기에는 하나님 나라의 공의를 살리고 공동체의 전체 관심과 이익을 추구하는 공익적인 요소가 중요한 변수로 자리 잡고 있다는 것이다. 부창부수가 전혀 미덕이 되지 않는 이런 비극적인 사례를 우리는 초대교회의 공동체적 삶의 현실 가운데 목격할 수 있다. 독자의 시각에 따라서는 이런 비극이 너무 심한 게 아닌가 하는 생각이 충분히 들 수 있다. 그러나 이 이야기는 전체의 유익함을 망각하고 제 몫의 이익에 착념하는 공동체의 다른 성원들을 두려움으로 경계하기 위한 목적을 띤 극단적인 예화라 할 만하다.

최초 선교사 부부의 탄생: 브리스길라와 아굴라

바울이 브리스길라와 아굴라 부부를 처음으로 만난 것은 고린도에서였다. 사도행전 18장의 증거에 의하면 이들 부부는 로마의 유대인들을 모두 외지로 추방하라는 클라우디우스 로마황제의 칙령(AD 49)으로 로마에서 고린도에 옮겨와 터를 닦으며 살고 있었다. 바울은 사전에 그들에 대해 들었는지, 누구한테 소개를 받았는지, 고린도에 당도하자마자 대뜸 그들에게 갔다고 한다. 다행히도 그들의 직업이 장막을 만드는 일로 같았기에 피차 동종 업종의 공감대 위에서 사교적 관계를 돈독히 구축할 수 있었을 것이다. 그들은 동종의 직업인이었을 뿐 아니라 그 직업을 통해 하나님의 복음을 전하는 동역자로 그 관계를 확장시켰다. 남편 아굴라보다 아내 브리스길라의 선교적 열정과 신앙적 헌신이 교회공동체에 끼치는 영향력이 더 컸는지 몇 군데의 기록 속에 당시의 관행에 반하여 아내 브리스길라의 이름이 먼저 등장한다. 어쨌든 고린도에서의 이 첫 만남을 기점으로 브리스길라는 남편 아굴라와의 관계를 배타적이고 폐쇄적인 그들만의 관계로 고착시키기보다 바울과 더불어 열린 선교적 동반 관계로 발전시켜나갔다. 그리하여 그들은 고린도에서의 신뢰 어린 동역관계를 그곳을 떠나 에베소 쪽으로 이동할 때에도 함께 해나갔다. 에베소 이후의 동선이 엇갈렸을 텐데, 아마도 바울은 수리아 쪽으로 움직였을 것이고 브리스길라와 아굴라 부부는 그 도중에 클라우디우스 황제의 추방 칙령이 해제됨에 따라 다시 로마로 돌아가 가정교회를 재건했을 가능성이 점쳐진다.

　브리스길라와 아굴라 부부가 다시 바울과의 동역관계 속에 극진한 초상으로 등장하는 것은 고린도전서(16:19)와 로마서(16:3)에서이다. 고린도 교인들에게 문안하면서 바울은 자기 혼자만의 문안 인사로 그치지 않고 에베소를 중심으로 한 아시아 교우들의 문안과 함께 특히 브리스길라와 아굴라 집안의 교회가 전하는 문안을 언급하고 있다. 이는 에베소에서 브리스길라와 아굴라가 자기 집안을 열어 가정교회를 이미 개척해놓은 상태였음을 암시한다. 다시 말해, 브리스길라와 아굴라에게 가정은 안온한 부부생활과 사적인 행복을 챙기는 그들만의 전당이 아니라 교회공동체의 열린 장소였다는 것이다. 로마서에서 이들에 대한 바울의 예찬은 참으로 극진하다. "너희는 그리스도 예수 안에서 나의 동역자들인 브리스가와 아굴라에게 문안하라. 그들은 내 목숨을 위하여 자기들의 목까지도 내놓았나니 나뿐 아니라 이방인의 모든 교회도 그들에게 감사하느니라"(롬 16:3). 요컨대 이들 부부는 자기네들끼리 사랑하며 헌신하는 것만으로 족한 부류의 이기적인 사람들이 아니었다. 그들은 홀몸인 바울에게 극진한 사랑과 헌신으로 동역자의 의리를 다했다. 자기들의 생명까지 공공의 파트너십이란 복음 지향적 명분 아래 선교적 사명을 수행하는 자원으로 흔쾌히 내놓았을 정도다. 그것은 바울이라는 특정 개인에 국한되지 않고 모든 이방인 교회들을 아우를 만큼 품이 넓고 속이 깊은 사랑으로 구현되었다. 이들에게 부부관계는 곧 선교적 소명에 동참하는 동지 내지 동무로서의 관계였다고 볼 수 있다.

21세기 신앙적 부부의 진로

　오늘날 부부들은 가정의 밑절미로 여전히 교회 공동체를 뒷받침하는 중요한 토대이다. 가족해체가 심각한 사회문제로 등장하는 이즈음의 현실을 고려할 때 두 남녀가 애정의 싹을 키워 평생 동반하는 부부의 관계로 인연을 맺는다는 것은 하나님의 창조 섭리를 언급하지 않더라도 그 자체로 귀하고 중하다. 그러나 그렇게 하나님 앞에서 목사의 주례로 맺어진 신앙적 부부들은 이후 직장 일과 아이들 출산 및 양육, 또 이어지는 기나긴 자녀교육의 행로 가운데 진이 빠질 정도로 시달린다. 교회 내에서도 그들의 이러한 관심사를 뒷받침하는 각종 행사와 프로그램이 풍성하다. 결국 혈통가족주의의 큰 틀을 교회공동체조차 벗어나지 못하고, 부부관계의 협소한 이기적 틀을 넘어서지 못한 채 우리들끼리의 축복과 행복으로 자족하는 것이 오늘날 신앙적 부부들의 대체적인 풍경이다. 그러나 신약성서는 비록 희소하지만 그 부정적인 사례와 긍정적인 모델을 통해 부부라는 것이 이러한 저들만의 리그에 머물러서는 안 된다는 점을 가르쳐준다.

　부부는 어떻게 신실해지는가? 이 질문 앞에서 에로스(eros)의 요소를 말할 수 있고, 또 혈통의 소중함을 배제하지 않는 선에서 스트로게(strōgē)의 또 다른 사랑을 거론할 수 있다. 그러나 이들 관계의 생래적인 배타성을 넘어 예수께서 가르친 '하나님의 가족'을 지향할 때 우리 부부들의 관계망은 그 울타리가 한층 더 낮아져야 좋다. 그리고 그 촘촘한 애정의 은밀함이 다소 헐렁해도 괜찮다. 저들끼리 급격하게 뜨거웠다가 다시 냉탕으로 추락하는 그 애정의 변덕을 제어하고 다소 서늘하면서도 조금 따뜻한 채로 모든 사랑의 '궁극인 아가페의 가치를 품을 수 있어야 성숙한 신앙 부부로서 우리는 비로소 신실해질 수 있다. 제 자녀들에 대한 지나친 집착으로 입시에 올인하는 이 땅의 지옥 같은 무한경쟁의 교육 현실을 부부로서의 부모가 바로잡지 못한다면 우리의 고상한 신앙고백들은 그저 동어반복의 주술적 메아리로만 맴돌 뿐이다. 그러나 아나니아와 삽비라 부부의 친밀한 일차원적 담합의 경계선을 넘으면 요셉과 마리아의 비타산적 순정도 엿보이고, 브리스길라와 아굴라 부부의 자유스런 행보와 선교적인 소명도 발견할 수 있다. 한 작가는 우리가 성장하는 것이 운명이라 했다. 그렇다면 이 땅의 신앙적 부부관계도 성장하며 진보하는 더 나은 운명을 향해 열려 있어야 하지 않을까.

세 부류의 청년

마 19:16-22; 행 20:7-12; 딤후 2:22; 요일 2:13-14

청년이여, 청년이여!

푸를 청(青)에 해 년(年)이 어울려 생긴 말 '청년', 말 그대로 그 속에는 푸르디푸른 5월의 울창한 초여름 숲의 냄새가 물씬 풍겨날 듯하다. 더구나 하나님을 앙모하고 그리스도를 따르는 청년이라면, 그 푸른 기상에 믿음과 소망과 사랑의 날개가 달려 줄기차게 뻗어가는 기품이 느껴지기도 할 터이다. 그런데 어찌된 건지 오늘날 청년의 호연지기는 찾아보기 쉽지 않다. 세상의 곳곳에서 들리는 소리인즉, 이 시대의 많은 청년들이 배울 만큼 배웠는데도 장기미취업자, 실업자, 백수, 건달 등으로 전전하며 많이 낙망하고 있단다. 좌절과 낭패, 냉소와 울분이 다수 청년들의 정조를 이루고 있다. 한국 현대사에서 뒤틀린 고비마다 물꼬를 텄던 청년들의 도전적인 함성과 체제 변혁적인 열정은 사라지고 원자화된 개인으로 일신의 앞가림조차 버거운 짐이 되고 있다. 한국교회의 미래를 선도해 나가야 할 청년들의 진보적 패기가 이렇게 지리멸렬한 욕망의 개인주의 속에 실종되고 만다면, 청년이여, 우리 함께 통곡하며 하나님이 선사한 그 팔팔한 생명, 저 푸른 기상의 종말을 애도해야 하지 않겠는가.

결핍을 놓친 부자 청년

마태복음 19:16-22에 나오는 이 청년은 부자였다고 한다. 청년으로 부자였다면 상속받은 유산이 많았을 가능성이 높다. 그 유복한 환경에서 모범생으로 자랐는지 그는 토라의 계명도 썩 잘 지켰다. "내가 이 모든 것을 지키었사온대 아직도 무엇이 부족하니이까?"(마 19:20). 이 답변에는 자부심이 느껴진다. 풍족함 속에 살아온 이 청년은 그 환경 바깥의 결핍에는 감감하다. 그러나 그 자신만만한 청년의 결핍은 예수의 눈에 "한 가지 부족한 것"으로 포착되었다. 그에게는 풍족함이 도리어 아킬레스건이었던 것! 그 많은 재산을 팔아 가난한 자들에게 나누어주고 자신을 따르라는 예수의 도전은 풍요로서의 결핍을 넘어 결핍으로서의 풍요라는 또 다른 삶의 가능성을 열어준 요청이었건만, 그는 그 기회를 놓쳤다. 그는 "무슨 선한 일을 하여야 영생을 얻으리이까?"라는 삶의 궁극적 관심을 가지고 예수를 찾았건만, 예수께서 제시한 저 시험의 관문 앞에 근심하다가 결국 궁극 이전의 제도적 모범생으로 다시 회귀(또는 전락)하는 신세가 되었다. 결국 그가 다 지켰다고 자부한 계명들은 자신의 은밀한 '부족함'을 치장하는 종교적 관행이었던 셈이다. 그 관행과 함께 그의 부요함은 결핍을 감추었고, 제자도의 부름 앞에서 그 감추어진 결핍은 결국 그의 발목을 잡고 말았던 것이다. 이렇듯, 청년에게 대물림된 부모의 물질적 부는 청년을 망치는 독약일 수 있는 것! 결핍을 모르던 그의 풍요는 기실 가장 열악한 결핍의 몰골을 보지 못하게 한 제 일신의 독점적 행복의 기반에 불과했던 것! 그것은 결국 그를 전혀 청년일 수 없게 만든 비청년의 올무였던 셈이다.

졸음과 죽음을 넘은 청년 유두고

사도행전 20:7-12에 나오는 청년 유두고의 출신 배경은 잘 알려져 있지 않다. 그는 드로아에서 바울을 만나 복음을 접했을 것이다. 무엇보다 말씀을 듣고 배우는 데 열심을 냈었는지 그날은 밤중까지 늦게 그 강론의 자리에 참석하였다. 허우대가 멀쩡하고 정신이 제대로 박힌 청년이라면 그는 대낮에 아마도 열심히 일했을 것이다. 주경야독하는 이 시대의 청년들처럼, 혹은 낮에 제 공부하고 밤에 남들 도우며 야학에서 가르치는 청년들처럼, 그는 낮과 밤의 경계를 넘어 나름대로 최선을 다해 일하면서 배우지 않았을까 싶다. 그런데 그는 그날 밤 삼층 다락방의 창에 걸터앉아 있었다고 한다. 그 공간이 너무 많은 사람들로 꽉 차 앉을 자리가 없어서 제자리를 어른들이나 노약자에게 양보했는지, 아니면 빠듯한 노동의 스케줄로 늦게 참석하여 적당한 자리가 없었는지, 그는 창에 걸터앉아야 했다. 그렇게 밤늦도록 사도의 말씀을 듣는 이 청년의 포즈엔 낭만적인 분위기가 한 올 걸쳐져 있다. 강론이 길게 지속되면서 그는 피곤하여 졸았고, 결국 그 졸음이 심하였는지 건물 뒤로 추락하여 죽었다. 죽음을 무릅쓰고 끝까지 듣기를 지속한 이 유두고라는 청년! 바울은 그에게 남은 한 줄기 생명을 붙잡아 다시 일으켰다. 그리고 새 날이 밝기까지 밤을 새며 이야기를 나눈다. 졸음과 죽음까지 무릅쓰며 말씀을 경청한 이 청년은 함께한 사람들에게 큰 위로를 주었다고 한다. 청년으로서 그의 치열함은 공동체의 희망이었을 것이다. 그 희망의 부활은 그 공동체에 위로가 된다. 이처럼 치열한 희망은 때로 졸음과 죽음도 넘어선다. 그 전위의 자리에 청년이 서 있고, 또 우뚝 서 있어야 한다.

정욕을 넘어 흉악자를 이기는 청년

바울은 젊은 디모데에게 남긴 유서와 같은 편지에서 말한다. "너는 청년의 정욕을 피하고 주를 깨끗한 마음으로 부르는 자들과 함께 의와 믿음과 사랑과 화평을 따르라"(딤후 2:22). 청년의 정욕은 가장 왕성한 욕망의 급소로 성욕이 그 원천이다. 그것은 생명의 향유와 새 생명의 창조를 위한 밑천으로 소중하고 요긴하지만, 과잉으로 범람하는 그 정욕은 탐욕의 매개로 쉽사리 청년의 에너지를 탕진하게 만들기도 한다. 정욕으로서의 욕망은 구체적이고 지속적인데, '의와 믿음과 사랑과 화평'의 가치는 추상적이고 간헐적으로 비치기 십상이다. 그러나 모든 육체적 에너지는 합리적으로 공평 분배되어 육체 내부에서 소진되지 않고 그 너머의 가치로 나갈 때 그 의미가 풍성해진다. 곧 영원한 것, 이타적인 것, 신앙적이고 윤리적인 지향점을 향해 그 에너지가 뻗어갈 때 정욕의 에너지는 하나님 나라에 합당하게 순치되고 변용된다. 한편, 장로 요한은 "청년들아, 내가 너희에게 쓴 것은 너희가 강하고 하나님의 말씀이 너희 안에 거하시며 너희가 흉악한 자를 이기었음이라"(요일 2:14)고 회고적으로 권면한다. 청년은 싸워야 할 패기의 생명이다. 싸우기 위해서는 강해야 하고 강하기 위해서는 근육운동과 체력단련 같은 것 말고 하나님의 말씀이 필요하다. 그것은 곧 지성의 힘이고 영성의 힘이다. 하나님의 말씀이 들쭉날쭉하지 않고 자기 안에 거할 정도가 될 때 청년의 내공은 풋내기 수준을 넘어 흉악자/악인 (요일 2:13)을 패퇴시키고 승리할 수 있다. 때로 청년의 패배가 아름다울 수 있지만, 그것은 시행착오의 연단과정에서나 용납될 뿐, 치명적인 싸움에서 질 수는 없다. 더구나 이 세상의 악한 권세, 불의한 체제와 부대껴 싸워 이기는 것은 청년의 특권이자 유별난 의무이다.

영원히 청년으로 살기 위해

내 육체의 나이는 이제 내 생의 반 고비를 돌아 50대 중반을 넘어서고 있지만, 내 영혼의 시계, 정신의 달력은 여전히 80년대 초의 그 팔팔하던 청년의 시점에 멈추어버린 듯하다. 그 이후로 오랫동안 나는 자주 번민하고 투쟁하고 때로 졸음과 싸우고 죽음 직전에서 귀환하며 정욕과 부대껴

왔지만, 또 한편으로는 청년을 새벽이슬처럼 부르시는 하나님의 은총에 기대어 애면글면 늙어가는 이 생명의 원기를 부추겨왔다. 지금도 나는 청년같이 상상하고 모험의 전위선상에서 읽고 분석하며 쓴다. 여전히 내 정신은 방랑하며 새롭게 탐구하는 구도자의 광야에 가깝다. 새롭게 탈주하고 발견하는 하나님 나라의 경이로운 세계가 지속되는 한, 영원한 청년살이를 향한 내 꿈도 계속될 것이다. 내 '겉사람'은 세월과 함께 후패하겠지만, 내 '속사람'은 이 땅의 발랄한 청년들과 함께 이 모진 세상, 빠른 세월을 가뿐하게 넘어가고 싶다.

일꾼과 삯꾼 사이

'일꾼'의 개념과 범위

철학자 하이데거의 말마따나 언어는 존재의 집이기도 하지만, 문화의 거울로도 통한다. 가령, '꾼'이라는 말의 양가성은 그것을 배태한 사회문화의 양가적인 토양을 반영한다. 그것이 '사기꾼', '노름꾼'과 같은 나쁜 말과 붙어 쓰일 때 교활한 술수와 간계에 능한 자라는 부정적인 함의를 지니지만, '낚시꾼'이나 '사냥꾼'처럼 특정한 업에 종사하거나 어떤 관심 분야의 숙련된 기능을 가진 자라는 긍정적인 혹은 중립적인 의미를 띠기도 한다. 그러면 '일꾼'은 어떤가. 그 일이 어떤 종류의 일이냐에 따라 다르겠지만, 대체로 사농공상의 전통적 직업분류 기준에 따르면 육체노동이나 허드렛일에 종사하는 사람을 일컬어 흔히 그렇게 부르는 경향이 있었다. 물론 정신노동도 일은 일이지만, 정신을 육체보다 고상하게 여겨온 고래의 습속에 기대자면, 거기에 '일꾼'이란 말을 붙이는 것은 어쩐지 어색하게 들린다.

직업에 귀천이 없다는 말의 실질을 수용하여 오늘날 교회 안에서 일꾼론을 펴기 위해서는 담임목사부터 일꾼이 되어야 한다. 나아가 일꾼답게 이 일 저 일 가리지 말고 낮은 자세로 섬기려 할 때, 모든 교인의 일꾼화가 가능해질 터이다. 예수께서는 '아버지께서 일하니 나도 일한다'고 말씀하지 않으셨던가. 우리의 주님이신 예수께서 일하셨으니 그의 모든 종들 역시 매사에 전천후 일꾼이 되어야 하지 않겠는가. 그런데 주변을 살펴보면 일꾼도 일꾼 나름이고, 그 일꾼의 일에도 종류가 있고 또 위계가 다른 것 같아 일꾼을 조명하는 성서의 메시지가 이 고도의 조직사회에 육화되기란 쉽지 않아 보인다.

일꾼의 어휘, 일꾼의 종류

신약성서에 '일꾼'으로 번역된 어휘는 단일하지 않다. 이 글을 쓰기 위해 내가 심심풀이로 대강 조사한 것만 포함해도 네 종류나 된다. 그 어휘의 다양한 가짓수는 동시에 이 어휘의 풍성한 신학적 의미와 연동되거니와, 그 의미와 맥락을 제대로 곱씹어보기만 해도 오늘날 일꾼론에 대한 신앙적 각성을 부추기는 넉넉한 촉매제가 될 수 있으리라 본다.

먼저, "추수할 것은 많되 일꾼이 적으니 그러므로 추수하는 주인에게 청하여 추수할 일꾼들을 보내주소서 하라"(눅 10:2)는 말씀에서 '일꾼'은 고용노동자(ergatēs)로서의 일꾼이다. 농사짓는 일터에서 수확할 적기에 집중 투여할 일꾼의 필요는 절대적이다. 자가 공급을 하지 못하는 현실이라면 일꾼을 품삯을 주고 사서라도 일을 부리지 않으면 안 된다. 예수께서 제자들을 선교의 현장에 파송하는 맥락에서 이 말씀을 하신 것에 유념해야 한다. 하나님 나라의 관점에서 그때나 지금이나 종말의 수확기이다. 사람을 낚는 어부로서 추수할 노동자로서 일꾼이 필요한 시점인 것이다. 그런데 그 일꾼이 부족하니 함께 일할 수 있도록 인력을 공급해주기를 주인에게 청하라는 것이다. 물론 그 주인은 아버지이신 하나님을 가리킨다. 여기서 일꾼 됨의 강조점은 파송이다. 특정 시점에 특정 장소로 특정한 목적과 사명을 가지고 보내야 할 일꾼이 우리에게 필요한 것이다.

둘째, "이 은혜는 곧 나로 이방인을 위하여 그리스도 예수의 일꾼이 되어 하나님의 복음의 제사장 직분을 하게 하사 이방인을 제물로 드리는 것이 성령 안에서 거룩하게 되어 받으실 만하게 하려 하심이라"(롬 15:16)는 말씀에서 '일꾼'은 특수한 의미의 일꾼으로 성전예배의 봉직자(leitourgos)를 가리킨다. 바울 사도는 이 어휘로 자신의 이방선교 사역을 성전에서 이방인을 거룩한 제물로 봉헌하는 사제의 제사행위에 빗대어 인식한다. 그것은 멋진 예복을 입고 근사하게 장식된 공간에서 우렁찬 목소리와 장엄한 제스처로 설교하고 기도하는 행위와 다른 차원의 행위이다. 동물의 몸을 칼로 가르고 피를 봐야 하는 도살장의 고역이 그 작업에 포함된다. 또 그것을 쪼개고 나누며 태우고 그 연기를 하늘의 하나님께 올려 보내야 하는 행위도 이어진다. 바울은 더구나 당시 거룩한 언약백성의 입장에서 볼 때 죄인과 다름없었던 이방인들을 맡아 그런 선교의 제사를 봉헌했으니 오죽 구질구질했겠는가. 그러나 예수의 일꾼으로서 예수의 앞길을 따르는 자는 묵묵한 순복만이 있을 뿐. 피할 수 없으니 그저 기쁨으로 감당해야 할 터였다.

셋째, "사람이 마땅히 우리를 그리스도의 일꾼이요 하나님의 비밀을 맡은 자로 여길지어다"(고전 4:1)는 말씀에서 그 일꾼은 하나님의 비밀을 맡은 계시의 담지자와 해석자인 동시에 배 밑창에서 섬기는 격군과 같은 잡부(hypēretēs)이다. 하나님의 계시와 구원의 비밀은 배 밑창의 가장 낮은 자리에서 노를 젓거나 음식을 조달하며 보이지 않게 섬기는 겸손한 노역을 통해서 비로소 이 땅에 현시되는 법! 이처럼 육체노동과 정신노동, 사제의 업무와 '노가다'의 업무 사이에 신약성서의 일꾼 관련 어휘는 위계를 파괴하고, 일의 경계를 넘나든다.

마찬가지의 논리가 넷째의 어휘에도 적용된다. "이 복음을 위하여 그의 능력이 역사하시는 대로 내게 주신 하나님의 은혜의 선물을 따라 내가 일꾼이 되었노라"(엡 3:7)는 말씀에서 일꾼 됨은 하나님의 은혜요, 그 선물의 결과이다. 여기서 그 일꾼은 식탁의 음식공궤 및 손님 발 씻어주는 일 등을 포함하는 고대 노예의 통상적 업무를 담당하는 자(diakonos)에 해당된다. 이 말에서 '집사'(deacon)라는 어휘가 파생되었고, '목회자'와 '종'

을 가리키는 어휘(minister, servant)로 이 말이 번역되기도 하였다. 일꾼은 특수한 분야를 전담하여 그 일을 겸손히, 반복적으로 준행하는 자이다. 이 모든 어휘들은 '일꾼'이란 우리말로 통하며, 그 어느 경우든, 일꾼으로 부름 받은 이들은 일꾼답게 겸손한 섬김의 자세와 성실한 순종이 필수적이다.

삯꾼을 위한 변명

저 모든 일꾼들에게 삯은 정당한 노역의 대가였지만, 그 대가 없이 봉사하는 것을 기쁨으로 여기며 생계를 위한 별도의 노동을 감당하는 경우도 있었다. 오늘날 교회의 평신도는 세상의 직업을 통해 생계를 조달하지만, 교회 내의 이른바 교역자 그룹은 똑같이 일꾼이라 해도 교회의 헌금을 통해 생계를 유지한다. 그것은 일종의 삯이기에 목회자들은 일반적 의미의 삯꾼에 해당된다. 물론 받는 삯만큼, 아니 그 이상으로 정당한 봉사와 섬김의 노동으로 일꾼의 업무를 감당한다는 전제하에서 그렇다. 미자립교회가 이 땅에 다수이고, 최저생계비에 교육비 걱정으로 힘들어하는 궁핍한 사역의 현장이 적지 않건만 또 다른 한편에서는 도회지 교회를 중심으로 받는 삯의 과잉으로 세금논쟁에 연루되고 꽤 사치스럽게 중산층 이상의 생활을 영위하는 이른바 '귀족' 성직자도 적지 않다. 문제는 일반노동자의 일상적 노역과 거기에 쏟는 에너지와 시간, 또 그것에 비례하여 받는 품삯의 기준에 비추어 오늘날 교회의 대표적 일꾼인 교역자의 노동은 양적으로 질적으로 얼마나 그 삯에 값하는 성실한 일꾼의 수준을 보여주고 있는가 하는 점이다.

저 질문을 치열하게 벼랑 끝으로 밀어붙이다 보면, 일꾼과 삯꾼 사이의 경계가 가물가물해진다. 물론 "이리가 오면 제 양을 버리고 달아나"고 "양을 돌보지 아니"하는, 예수께서 참 목자에 빗대어 비판한 불성실한 삯꾼을 닮지 말아야 하겠지만(요 10:12-13), 이 시대, 이 땅의 교회 안에 제 목숨

을 버리면서까지 극진하게 양을 챙기고 보호할 삯꾼 너머의 일꾼이 몇이
나 될지 의문이다.

섬김의 역설과 신학적 의미

'섬김'이란 말의 포괄적 범위

'은혜'라는 말처럼 '섬김'이란 말도 이즈음 거의 상투화되어가고 있다. 특정한 성서의 어휘에 사람들이 집착하는 경향을 보이는 것은 곧 그 실재의 결핍과 긴밀한 연관이 있다. 다시 말해, 오늘날 교회의 '섬김'이 제대로 작동하지 않거나 그 실질이 빈곤해질 때 이에 대한 위기적 반작용으로 이 말을 너도나도 반복하면서 집착하는 경향을 보인다는 것이다. 교회의 모든 구성원들이 너도 나도 신실한 주의 종들이 되어 겸손하게 교회 안팎에서 잘 섬기고 있는데, 이 말을 툭하면 주워섬기듯이 자주 읊조릴 필요가 없기 때문이다. 그러나 우리가 긴박한 문제의식으로 이 말을 자주 언급한다고 그 섬김의 내용이 우리 신앙생활에 자연스럽게 우러나는 것은 아니다. 그것은 마치 섬김이 교회 사역의 주된 과제가 되어야 한다는 강박적 '당위'의 반복 가운데 상투적으로 우리 의식을 과장되게 부풀리는 수준에 머물 수 있다는 말이다. 따라서 선동적인 '섬김'의 구호보다 더 절박한 과제는 섬김의 개념을 잘 헤아려 그것이 우리 신앙적 삶의 일부로 체화될 수 있도록 하는 일이다.

신약성서의 맥락에서 '섬김'이란 말의 근원은 '디아코니아'(diakonia)이다. 이 말은 평범하게 '봉사'라는 뜻이 있지만, 그 세부적 함의를 추적해보면 고대사회의 노예들이 손님을 접대하기 위해 발을 씻어주고 음식을 준비하여 식탁을 차려주는 등 구체적인 노동의 항목을 염두에 두고 있다. 가령, 교회공동체 내에 있는 과부들에게 음식으로 공궤하는 일을 이 섬김의 행위로 표현한 것이 대표적인 사례이다(행 6:1). 그런가 하면 바울은 이방인 교회의 모금활동을 통해 예루살렘교회의 가난한 성도를 구제하는 일을 이 단어를 써서 표현하였다. 이는 한글개역성경에서 '연보'라는 말로 번역되었지만, 그 원어적 맥락에 담긴 뜻은 물질적인 후원을 통해 가난한 성도를 섬긴다는 의미이다. 연보의 본래적 의미가 이렇다고 할 때 우리는 오늘날 헌금을 '섬김'의 차원에서 재조명해야 할 필요가 있을 것이다. 한편 이와 별도로 말씀을 전하고 가르치는 일 역시 또 다른 섬김의 행위로 인식되기도 하는데, 이는 이 '디아코니아'라는 말의 범위를 단순히 몸이나 물질로써 섬기는 봉사 행위(serving, service)에 한정하지 않고, 기독교 사역 전반을 아우르는 사역(ministry)의 총체적 범주로 그 개념을 확대시켜준다.

이처럼 광범위한 '섬김'의 성서적 개념은 단순히 신앙적 윤리의 실천에 국한되지 않는다. 예수는 자신의 구원사역을 압축하여 섬김의 행위로 표현한다. 자신의 생명을 대속 제물로 주기 위해 이 땅에 왔다는 그의 말씀은 곧 섬김을 받기보다 섬기고자 한 그의 의도를 극적으로 대변한다(막 10:45). 하나님의 아들이 이 땅에 섬김을 받기 위해서가 아니라 섬기려고 왔다는 것은 일종의 역설이다. 그렇게 자신의 목숨을 주기까지 사람들을 위해 섬긴 결과가 구원으로 나타났고, 그 구원의 결과, 그를 믿고 예배하면서 섬기는 사람들이 이 세상을 향해 섬겨야 할 의무를 진다는 것도 또다른 역설이다. 그것은 단순히 겸손하게 다른 사람을 높이 떠받들어야 한다는 식의 외교적 처신과 다른, 그러니까 삶의 근본적인 목적과 상관된 관심사이다. 다시 말해, 더 우월한 양질의 섬김을 받기 위해 당분간 지극정성으로 섬겨야 한다는 것이 아니다. 그러한 타산적인 논리가 깨지지 않는 한 섬김의 역설은 최종 승자가 되기 위한 게임의 메커니즘 속에 무의미하게 악순환될 것이다.

목숨으로 섬기기

섬김은 자신의 가장 소중한 것을 다 주는 것이다. 바로 예수께서 보이신 모범이 바로 이런 종류의 섬김을 대표한다. "인자가 온 것은 섬김을 받으려 함이 아니라 도리어 섬기려 하고 자기 목숨을 많은 사람의 대속물로 주려 함이니라"(막 10:45). 예수께서 이 말씀을 하신 맥락은 제자들이 예수의 좌우편에 앉기를 바라면서 자리다툼을 할 때였다. 예수는 하나님 나라의 명분과 동떨어진 자리다툼에 골몰하는 제자들의 언행에서 세상 군주들이 권력을 가지고 섬김을 강요하는 행태를 보았던 것 같다. 섬김의 생명은 자발성과 순수성이다. 그것을 가지고 특정한 '자리'를 노리거나 무슨 '감투'를 선망한다면 이는 온전한 의미의 섬김이 될 수 없다. 마찬가지로 자신의 권력을 휘두르면서 통치를 빌미로 백성들의 섬김을 강제하는 것 역시 예수께서 가르친 섬김의 본령에 미치지 못한다. 예수는 이에 대한 과격한 역할 모델로 자신의 경우를 제시하면서 자신이 섬기고자 이 땅에 온 것은 바로 자신의 목숨을 속죄 제물로 내놓는 행위와 다를 바 없음을 선포한다. 섬김이란 그 궁극적 순도의 극점에서 자신의 가장 소중한 생명을 내놓는 이타적인 행위가 되어야 한다는 것이다.

요컨대, 섬김이 극진해지기 위해서는 목숨을 거는 헌신의 발현이 있어야 한다. 제 목숨은커녕 제가 지닌 지위와 권세, 명예와 부 따위의 온갖 기득권을 움켜쥔 채 부차적인 자투리들을 내놓는 식의 섬김은, 비록 그것조차 전혀 없는 경우보다야 낫겠지만, 예수의 헌신적인 섬김의 모델에 항상 도전을 받는다. 자신이 막강한 재정과 권세를 독점적으로 주무르면서, 그것을 가능케 한 교회 공동체 성원들과의 수평적 나눔과 소통이 없는 상태에서, 부대적인 섬김을 자랑삼아 수행하고 또 섬겨야 한다고 툭하면 강조하는 것은 별 호소력도 설득력도 없다. 예수께서는 그렇게 섬기지 않았다. 한국교회 지도자들의 섬김이 사회적인 인식의 차원에서 별 호응을 얻지 못하는 배경에는 이처럼 제 일신이나 가족과 일가친척의 이권에 철두

철미하면서 대외적 슬로건이나 자기 봉사적 방어막으로 '섬김'을 입에 담는 그 자가당착이 자리하고 있다. 물론 예수께서도 제자들에게 명령도 하고 심부름도 시키면서 섬김을 받으셨다. 군중들의 환호 가운데 대중적 인기와 공공의 리더십도 행사하셨다. 그러나 그는 그것을 움켜쥐고 영속화시키는 독점적인 자기 봉사의 체제 구축을 시도하지 않았다. 그 대신 그는 제자들의 발을 씻어주는 마지막 섬김의 고비를 넘어 자신의 몸과 피를 다 나누어주는 철저한 희생의 길을 택하셨다. 시작이 좋으면 그 과정도 훌륭해야 하고 특히 그 끝이 깔끔해야 한다. 그 총체적인 삶의 이력이 섬김의 진정성을 보증하기 때문이다. 섬김이 거기까지 가야 구원론적 함의에 도달할 수 있다.

재물로 섬기기

바울 사도는 유대인으로서 이방인의 사도로 자처하였기에 동족의 질시와 핍박을 많이 받았다. 단지 이방인의 사도로 자처하였기 때문이라기보다 이방인 선교를 통해 그가 보여준 유대인의 종교전통에 대한 비판적인 입장이 그와 같이 동족 가운데 대적을 양산했을 것이다. 그가 유대인 동족의 부당한 핍박에 억하심정을 드러낸 경우가 한두 차례 있었지만, 그럼에도 그는 자신의 동족을 포기할 수 없었다. 그래서 결국 "모든 이스라엘이 구원을 받으리라"(롬 11:26)는 종말론적 비전을 투사하기도 한 것이겠지만, 그는 단순히 '비전'만으로 동족을 사랑하지 않았다. 유대인으로서 예수를 믿어 그리스도인이 된 자기와 같은 유대인 크리스천들이 궁핍한 처지에 놓이게 되었을 때 그는 흔쾌히 그들을 구제하는 모금 캠페인에 적극적으로 나섰다. 바울은 이 사역을 매우 일관된 자세로 밀고나간 것으로 보인다. 일부 이방인 교회와의 관계가 교착되었을 때조차 그는 이 사역을 포기하지 않고 마침내 소기의 성과를 거두게 되었다. 이러한 모금 캠페인의 과정은 그의 서신 곳곳에 드러나 있는데, 특히 고린도후서 8장과 9장은 이러한 목적을 위해 작성된 행정서신으로 알려져 있다. 거기서 바울은 자신이 하는 이 구제 사역을 '디아코니아'로 표현한다(고후 8:4, 9:1). 그것은 곧 '연보'요 '헌금'을 말하지만, 바울은 그 물질의 축적보다 그렇게 거둔 돈을 어떤 목적으로 사용하느냐에 초점을 맞춘다. 그래서 헌금이나 연보를 가리키는 바울의 용어가 물질적 정성을 모아 가난한 약자를 섬긴다는 의미에서 '디아코니아'라고 칭해진 것이다.

물질적인 섬김의 우선순위에 있는 것이 음식을 통해 공궤하는 사역이다. 예수께서도 기도를 가르치면서 인간을 위해 구해야 할 일순위로 '일용할 양식'을 언급했듯이, 먹어야 사는 인간의 생명에 이 양식의 부재만큼 곤란한 상황은 없다. 예나 지금이나 그 양식이 스스로 농사 지어 먹기보다 주로 사서 먹는 경우가 대부분이듯, 이를 위한 물질적 재정적 후원이 긴요한 것이다. 바울은 바로 이러한 물질적 구제 사역을 총괄하여 '디아코니아'라고 명명했고, 이를 '연보'라는 오늘날의 개념 속에 각인시켰다. 말하자면, 바울에게 연보 또는 헌금이란 신앙공동체 안팎의 연약한 지체를 일용할 양식의 제공 위주로 돕는 구제의 섬김 외에 다른 것이 아니었던 것이다. 우리는 우리 몸으로 섬기며 생명의 에너지를 나누어주어야 하듯이, 또한 우리가 소유한 물질로써 남을 섬기는 일에 익숙해져야 한다. 마찬가지로 오늘날 교회의 헌금 역시 교회라는 체제 유지와 번성이란 목적에 집중하기보다 교회 안팎의 가난한 생명을 먹이고 키우는 물질적 공여로써 구체적인 섬김을 실천해야 한다. 이러한 신약성서와 초기교회의 디아코니아 사역은 구약시대의 십일조 정신으로 소급되거니와, 바로 이 물질적 나눔의 제도야말로 십시일반의 섬김을 근본 목적으로 만들어진 것이었기 때문이다.

말씀으로 섬기기

　사람이 빵이 없이 살 수 없지만, 그렇다고 빵만으로 살 수 있는 건 아니다. '하나님의 말씀'은 인간이 인간답게 살기 위해 필요한 정신적·영적 자양분을 표상하는 기호이다. 특히 그리스도인의 입장에서 말씀은 또 다른 섬김의 주제가 된다. 우리에게 '섬김'이란 인격체가 따로 있는 것이 아니다. 바로 우리가 섬기는 사람들로 말씀을 통해 섬김을 나눌 때 섬김은 비로소 추상적인 명사이길 멈추고 구체적인 실천의 현장에서 동사가 된다. 교회의 예배에서도, 선교와 전도의 현장에서도, 나아가 양육의 자리에서도 말씀을 통한 섬김의 사역은 매우 긴요한 과제이다. 설교가 곧 말씀을 매개로 한 섬김의 행위이듯, 선교와 전도 역시 하나님의 계시적 말씀에 기초한 구체적인 메시지가 동반되어야 하기 때문이다. 신앙적 양육의 기본이 성경공부에 있음도 당연한 상식이다. 이에 따라 우리에게 섬김의 행위는 말씀의 선포와 가르침을 외면할 수 없다. 그런데 여기서 중요한 점은 그 말씀의 사역이 곧 섬김의 행위라는 지당한 사실이다.

> 내가 교회의 일꾼(diakonos) 된 것은 하나님이 너희를 위하여 내게 주신 직분을 따라 하나님의 말씀을 이루려 함이니라(골 1:25).
> 네가 이것으로 형제를 깨우치면 그리스도 예수의 좋은 일꾼(diakonos)이 되어 믿음의 말씀과 네가 따르는 좋은 교훈으로 양육을 받으리라(딤전 4:6).

　여기서 말씀을 가르치는 사역과 관련하여 두 번 사용된 '일꾼'이란 말은 그 원어가 '디아코노스'로 곧 섬김을 실천하는 종을 가리킨다. 말씀을 가르치며 양육하고 양육받는 좋은 일꾼이 되기 위해서는 이 역시 섬김의 자세로 임해야 한다는 것이다. 말씀을 가르치는 자는 선생으로서의 권위를 내세우기 쉽다. 또한 실제로 그러한 권위를 인정받지 못하고서는 가르침의 효과를 거두기 어렵다. 그러나 그 권위는 겸손한 가르침을 통한 섬김의 행위로써 자연스레 주어지는 것이지 고압적으로 강제한다고 생겨나지 않는다. 그렇게 강요된 짝퉁 권위는 결국 인위적인 권위주의의 폐습을 강화할 뿐이다. 따라서 말씀의 선포와 가르침을 주된 사역으로 삼는 오늘날의 설교자와 선생들에게는 가르침이 섬김의 행위라는 사실에 대한 각성이 필요하다. 그것은 내가 잘나거나 우월해서 뭔가 베풀어준다는 시혜적인 자기주장의 수단이 아니라 하나님이 주신 성령의 은사를 나눔으로써 피차 교통하고 배워나가는 또 다른 나눔의 장이 되어야 한다는 말이다.

섬김의 신학적 원리

앞서 살핀 대로 섬김은 그 구체적인 행위의 극점에서 극진한 정성으로 말미암아 구원론적 위상을 띤다. 그것은 예수의 모델대로 철저하게, 또한 순수하게, 이타적인 헌신의 목표를 지향하기 때문이다. 따라서 신학과 윤리가 만날 수 있는 신앙생활의 교차로 역시 섬김이란 우리 사역의 총체적 영역일 수밖에 없다. 아무리 고상한 신학이 있어도 그것이 구체적인 인간의 삶과 역사의 현장에 봉사되지 못한다면 생명이 없는 무용지물일 뿐이다. 마찬가지로 아무리 고상한 윤리적 미덕이 있어도 그것이 삶의 실질에 부응하여 유익하게 구현될 때만이 그 아름다운 덕목의 값어치를 획득하게 되는 법이다. 앞서 지적한 대로 섬김이 당위적 구호로 반복될 때 그것은 진정한 섬김의 결핍을 증명할 뿐이다. 아울러, 섬김의 제스처가 범람하는 현상은 자신의 알맹이는 빼놓고 껍데기로 섬기는 시늉을 하는 세태를 반영한다. 이렇듯, 섬김의 덩어리가 실종된 채 그 부스러기만으로 요란을 떨수록 이 시대의 섬김은 그 질적 수준에서 점점 더 감가 상각될 것이다.

섬김이 신학적 원리로 자리 잡기 위해서 우리는 예수의 교훈대로 이 세상의 주류가치와 이에 따른 각종 시류의 혼돈 속에서 가장 밑자리에 내려앉을 준비가 되어 있어야 한다. 특정한 자리를 차지하고 얼마만큼의 재정 운영권을 확보할 때만이 거창하게 섬길 수 있다고 믿는 것은 미신이다. 차라리 그 자리를 포기하고 그 운영권을 내려놓을 때 진정한 섬김의 돌파구가 열릴 수 있다. 무엇보다 자본제적 전일성의 횡포에 대결하려는 영적인 항체를 빼놓고서는 기독교 신학의 원리로서 섬김의 위상과 역할은 늘 겉돌 수밖에 없다. 자신의 가장 소중한 것을 감추어둔 채 섬김의 구호 속에 변죽을 울리는 것은 이른바 '구조'의 장벽을 넘지 못하면서 그 구조 안에서 편리한 자장가만 복창하는 격이다. 예수와 바울이 선보인 것처럼 과격한 섬김을 실천할 수 없는 구조의 자장 안에서 아무리 섬김의 메시지를 되풀이 읊어본들 그것이 한 공동체와 국가를 변혁하며 역사의 향방을 선도하는 에너지를 창출할 수 없는 것이다. 이러한 비판적 진단은 역설적으로 오늘날 진정한 섬김의 갈증을 더욱 민감하게 부각시킨다.

소박한 감사, 감사의 기적

마가복음 6:41, 8:6, 14:23

감사의 계절

바야흐로 가을로 떠나는 만물의 채비가 신속하다. 가을을 재촉하는 서늘한 비가 한두 차례 내리더니 땅바닥엔 어느새 누렇게 색 바랜 낙엽들이 뒹굴며 창조주의 섭리 아래 납작 엎드린다. 황금물결처럼 출렁대면서 들판의 곡식들은 농부의 낫을 기다리며 수확의 시점을 조율하고 있다. 가을은 무엇보다 풍요한 수확의 계절이고, 그로 인해 감사 역시 풍성해지는 시점이다. 이 계절이 풍성한 수확으로 넉넉한 표정을 지을 무렵, 추수감사절이 교회력의 한 귀퉁이에서 신자들의 눈길을 끌면서, 또 한 차례 신명나는 축제의 날을 예고하고 있다. 현재 이 땅의 경제가 죽을 쑤고 있고, 세계적인 경제파동과 그 후유증으로 소득이 시원찮은 서민들의 생활고가 만만치 않은 마당에 감사와 축제를 입에 담기조차 민망하다며 생각 있는 장삼이사들은 항변할는지 모른다. 나 역시 그런 처절한 현실을 외면한 채 의례적 감사 절기에 형식적 예의를 갖추는 게 공허할 수 있다는 걸 잘 안다. 그러나 그럼에도 불구하고 지금까지 우리의 일용할 양식은 공급되고 나눠지고 있지 않은가. 이에 따라 우리의 생명 역시 존속되고 있으니, 그것은 이 땅의 곤경을 넘어 우리를 이끄시는 하나님의 은총의 결과 아니던가. 일용할 양식의 감사만큼 절실하고 그로써 표상되는 생명의 영속성처럼 끈끈한 감사의 소재가 어디 또 있을까.

예수의 감사와 그 기적

복음서의 기록이 보여주는 대로 예수께서도 하나님 아버지 앞에 몇 차례 감사를 표현한 적이 있었다. 물론 그는 기름진 진수성찬과 화려한 주택을 얻게 되었거나 거액의 선교후원금을 확보한 것에 대하여 감사하지 않았다. 그런 적이 없었기에 그것이 감사의 대상이 될 수 없었다. 그렇다고 그가 미녀와 만나 결혼하거나 따르는 무리들이 많아져 그 인기와 쾌락을 감사의 조건으로 삼은 것도 아니었다. 그런 적이 없었기에 이 역시 감사의 배경과는 전혀 무관했다. 그렇다고 요즘처럼 무슨 사업이나 투자 결과 대박이 터져 환희 가운데 들뜬 상태로 감사한 것도 아니었다. 심지어 그에게는 자신의 대속적 죽음과 부활을 미리 예견하여 감사한 흔적도 찾아보기 어렵다. 이런 거창한 관심사들과 동떨어진 상태에서, 그는 소박하게도 황혼녘 한 끼의 저녁식사조차 챙기지 못하던 무리들을 향하여 떡 몇 개와 물고기 몇 마리의 소박한 예물을 받아들고 하늘을 우러러 감사했다. 한곳에서 오병이어라고 하고, 다른 곳에서 칠병이어라고 하는 음식이 그 감사의 조건이었다.

그 광야에 모인 사람들은 예수의 눈에 목자 없이 유리하는 양떼처럼 보였고, 그러한 정경이 그의 가슴을 쥐어짜는 치열한 연민을 자극했다. 확보된 식량은 일인분 정도에 불과했고, 먹어야 할 입은 남자 성인 수만 헤아려도 수천 명에 달했다. 그러나 이 수요와 공급의 불균형이란 현실 앞에 예수께서는 동요하거나 좌절하지 않았다. 그렇다고 그가 무슨 도깨비방망이의 요술을 부려 거기 모인 자들에게 돌로 육선이 가득한 진수성찬을 만들어 대접한 것도 아니었다. 그는 그 소박한 음식을 받아 하늘을 우러르며 감사의 기도를 드렸다. 한곳에서는 이 동작을 묘사하며 '송축'(eu1ogeō)의 어휘를 사용했고, 다른 곳에서는 마찬가지의 동작을 '감사'(eucharisteō)라는 말로 묘사했다. 하나님께 찬양과 감사의 마음을 그 떡 몇 개와 물고기 몇 마리의 양식을 매개로 표현한 것이다. 아마도 예수의 심중에는 하나님이 그것들을 지으셨으니 그 창조의 은총에 대하여 감사할 만했고, 그것이 현재의 일용할 양식으로 제공되었으니 그 또한 송축하며 기릴 만한 은총의 분깃이었으리라. 예수의 감사는 곧 그 양식을 쪼개어 나누는 행위로 이어졌고, 그것은 모든 사람들이 배불리 먹고도 남는 기적을 낳았다. 이 감사의 향연은 하나님의 풍성한 창조에 대한 기억을 불러일으키며, 그것을 더불어 나눔으로써 모두가 풍성해지는 일용할 양식에 대한 일상의 소박한 기대를 반영하는 사건이었다고 할 수 있다.

감사로 맺어진 새 언약

광야에서 예수의 감사와 함께 베풀어진 식탁은 그의 마지막 식사자리에서 되풀이되었다. 그는 사랑하는 제자들과 함께 유월절에 즈음하여 최후의 식사를 나누었다. 그것은 죽음에 임박한 특별한 식탁으로 배설되었다. 유월절이었으면 으레 그 메뉴가 양고기와 쓴 나물, 무교병 등으로 차려져야 했을 터인데, 예수께서 제자들과 나눈 식탁 위의 음식은 무교병인지 유교병인지 확인할 수 없는 빵 한 덩이와 포도주 한 잔이 고작이었다. 광야에서 식탁을 차렸을 때와 마찬가지로 그는 빵과 포도주의 잔을 들어 하늘을 향해 감사를 올렸다. 그것을 쪼개고 나누면서 그는 그 소박한 양식에 매우 소중하고 각별한 의미를 부여하였다. 그 빵과 포도주는 예수의 감사와 함께 놀랍게도 자신의 몸과 피, 즉 자신이 대속의 희생으로 내주게 될 그 몸의 살과 언약의 잔으로 승화됨으로써 구원의 상징적 매개로 자리 잡은 것이었다. 식물성의 빵과 포도주는 예수의 동물성 신체에 스며들었고, 그것은 감사와 함께 나누어짐으로써 장차 십자가 구원이란 신학적 징표로 돈을새김된 것이다.

이렇듯, 예수의 감사 행위는 소박하였고, 그 소박한 감사는 몸의 희생을 매개로 한 결속과 연대라는 교회의 미래적 초상과 함께 구원신학의 심오한 의미를 창출하였다. 대체로 호들갑스런 감사의 몸짓들은 예전적 장식으로 장황하고 생활 속의 일상사로 말미암는 감사의 조건들은 다양하지만, 그 모든 것은 기실 단 한 가지 제 존재의 밑바닥에 깃든 은총의 본질로 수렴된다. 그것을 다소의 현학을 무릅쓰고 '존재론적 감사'라고 명명할 수 있다면, 이런 유의 감사는 '나 자신이 누구이며, 나 자신 됨의 근거가 무엇인가'라는 물음과 긴밀히 연계되어 있다. 그리스도인으로서 나 자신의 정체성이 한 끼의 음식을 매개로 하든, 이 대지와 하늘의 무궁한 세계를 향한 찬미의 토대 위에 우뚝하든 그것은 나 자신의 '현재, 있음'에 대한 감사로 이어져야 마땅하다. 그 감사는 응당 담백할 수밖에 없는데, 자신의 일차원적 욕구와 감각에 부응하는 풍성한 '보너스'의 유무와 무관하게 여일하며, 이 땅의 물리적 환경과 무관하게 항존하는 영원의 가치와 통하기 때문이다.

눈에 보이지 않는 것에 감사할 수 있는 사람들에게 눈에 보이는 것에 대한 감사의 조건은 탐욕의 소출과 선명하게 구별된다. 거창하고 화려한 행사 위주의 감사보다 소박하고 자연스럽게 우러나는 감사가 하나님 앞에 그 진정성을 보증받는 이유가 여기에 있다. 오늘날 내 감사의 성찬에 내 욕심이 부려온 탐심의 찌꺼기를 자랑삼아 예물로 내놓고 있는 건 아닌지 세심하게 점검해볼 일이다. 토색, 불의, 간음과 무관하게 살고 금식과 소득의 십일조를 했다고 자랑삼아 감사하던 바리새인의 기도처럼, 자신의 사적인 의를 허풍스레 내세워 제 취약한 존재의 토대를 분칠하려는 바리새인의 허영어린 감사는 없는지, 자신의 죄인 됨으로 하늘 향해 고개조차 들지 못한 채 제 존재의 위상을 탄식하는 세리의 가난한 심령이 고갈된 게 아닌지, 이 시대의 습관적인 감사 담론의 허방을 서늘히 짚어볼 일이다.

감사의 근본 조건, 또는 무조건

감사의 거품 빼기

한여름 기승을 부리던 무더위가 숙질 무렵, 서늘한 바람결에 다시 또 감사에 대해 생각한다. 감사에 대해 아무리 깊이 생각해도 저절로 감사가 생겨나지 않을 테다. 그것은 '감사'(感謝)의 '감'(感)이 암시하듯 느낌과 함께 솟구치는 자연스런 내면의 표현이어야 하겠기 때문이다. 그러나 갈수록 '감'이 둔해지고 삶의 세밀한 결에 그 속내가 잘 포착되지 않으니 열심히 생각이라도 해야 감사가 좀 더 감사답게 우러날 수 있을 듯싶다. 감사의 대상이 하나님이든 사람이든, 자연만물이든, 가장 기본적인 전제는 '관계'이다. 서로 모종의 인연으로 엮어진 인연이 있고 주고받아온 신뢰나 온정이 있기에 뭔가 고마운 걸 느끼며 그것을 애틋한 뜻으로 표하게 되는 것이다. 그러나 이즈음처럼 관계 자체가 어그러지고 심지어 파탄나기 일쑤인 세태 가운데 감사는 종종 외교적 제스처로 전락하는 것이 아닌지 우려된다. 상투적인 감사의 언어가 아무리 풍성해도, 또 설레발치는 몸짓이 아무리 극진하고 겸손해도, 그 감사에 '무엇'과 '왜'의 진정성이 빠지거나 희미해져버리면 거기에 감사의 알맹이는 증발해버리고 껍데기만 나뒹굴 것이다.

감사 풍토의 또 다른 왜곡은 특혜를 기대하는 인사치레로서 건네는 뇌물성 '사례'(謝禮)이다. 이는 이미 발생한 은혜에 응답하여 하는 감사가 아니라 은밀한 배타적 조건을 걸고 미끼처럼 던지는 위장된 감사이다. 이러한 특혜나 선심성 관계에서 오고가는 감사는 일종의 외교적 거래이다. 그것은 감사의 순정성을 훼손할 뿐 아니라 그 거래조건이 틀어지면 언제라도 감사에 180도 역행하여 꽂히는 비수가 된다. 그래서 감사해야 할 관계는 원망하고 저주받을 원수지간으로 돌변한다. 이러한 사유로 우리는 감사로써 피차 공정해지기가 어려운 세태 속에 방치되어 있다. 마찬가지 사유로 우리는 감사로써 서로 평화를 끼치기가 쉽지 않다. 전혀 주고받는 것이 없이 냉정하게 제 몫의 폐쇄적 욕망에만 충실을 기한다면 그럴 가능성도 없지 않을 테다. 그러나 그처럼 모든 관계를 배제한 인간사회는 이미 천국도 아니고 지옥도 아닌 요지경의 세상이다. 더구나 우리는 아무리 강변해도 우리에게 사회적 생명을 선사한 하나님의 은택이라는 관계의 조건을 한시도 떠나 살 수 없는 존재이다. 그래서 감사의 근본 사유는 하나님과 인간의 관계이고 그 목적 역시 그 언약적 동반관계에 충실하려는 믿음의 표현에 있다.

은혜에 대한 예찬의 응답

신약성서에는 감사의 어휘가 꽤 많이 나온다. 검색키로 한글로 표기된 감사의 어휘는 줄잡아 62군데나 나온다. 가장 많이 사용된 감사의 보편적인 어휘는 동사 '유카리스테오'(eucharisteō)이고 명사는 '유카리스티아'(eucharistia)이다. 희랍어 접두사 '유~'(eu)는 '좋다'는 함의를 내포한다. 그 '좋음'의 암시는 도덕적 정신적 선함의 가치와 함께 신체적 삶의 건강하고 태평한 상태까지 포괄할 수 있다. 이 접두사에 달라붙은 나머지 말은 '은혜'를 뜻하는 '카리스'(charis)와 '기쁨'을 나타내는 '카라'(chara) 등과 유사한 음성적 구조를 띤다. 추측컨대 그 말의 뿌리가 이러한 어휘들끼리 공유되는 듯하다. 그렇다면 '감사'라는 희랍어 어원의 깊은 속에는 은혜에 대한 반응을 기쁨으로 표현하는 태도나 방식이 깃들어 있다고 풀어볼 수 있다. 이렇듯, 감사의 밑바닥 정서에는 은혜의 숨결이 연계되어 있었던 것이다. 아니, 그것은 단순히 '정서'의 차원으로 국한시킬 수 없다. 거기에는 영적인 인연으로서 하나님과 인간이 생명을 매개로 맺어진 깊은 유대감과 신뢰 같은 것이 깔려 있음을 본다.

따라서 우리가 감사할 때 그것은 무엇보다 하나님이 우리 자신의 생명을 포함하여 이 땅에 존재하는 모든 생명에게 내린 그 삶의 은총을 발견하여 칭송하고 기리는 예찬의 반응이 되어야 한다. 우리의 기도 가운데 가장 핵심적인 요소로 감사가 들어가야 하는 이유가 여기에 있다. 이와 같이 예수께서도 하나님께 감사를 드렸다. 떡을 들어 축사하실 때 그 '축사'는 다름 아닌 감사의 표현이었다. 그 감사는 이 땅의 생명들이 제각각 생명으로 존재하는 데서 그치지 않고 서로 엮어지는 인연을 발견하며 드린 감사였다. 한 덩어리의 빵이 사람들의 입으로 들어가기까지 거기에는 그것을 먹을 수 있도록 제공된 생명의 은총이 있었다. 나아가 하나님이 베풀어준 생명의 여건 가운데 무르익은 곡식이 추수되어 빵을 만들 재료로 준비되고 여러 손길을 거쳐 마침내 식탁에 오르기까지의 여정은 다양한 손길이 개입하여 자신을 내어주고 협조하는 기묘한 인연의 연속이다. 그래서 우리의 감사는 곧 하나님의 은혜에 터한 우리 존재의 긍정인 셈이다.

존재의 긍정이나 현재 상태에 대한 인정으로서의 감사는 신약성서에서 사용된 또 다른 어휘 '엑소몰로게오마이'(exomologeomai) 또는 '안쏘몰로게오마이'(anthomologeomai)로 표기된다. 예를 들면 전자는 마태복음 11:25—"그 때에 예수께서 대답하여 이르시되 천지의 주재이신 아버지여 이것을 지혜롭고 슬기 있는 자들에게는 숨기시고 어린 아이들에게는 나타내심을 감사하나이다"—에 쓰였고, 후자는 누가복음 2:38에서 여선지자 안나의 경배 행위를 표현하기 위해 사용되었다 — "마침 이 때에 나아와서 하나님께 감사하고 예루살렘의 속량을 바라는 모든 사람에게 그에 대하여 말하니라." 후자는 전자보다 '응답적' 맥락을 더 강조한다. 다시 말해 안나는 아기 메시아를 목전에 대하면서 하나님의 선함에 응답하여(anth-) 찬양의 형식으로 하나님께 감사를 드린 것이다. 이는 곧 메시아를 선물로 주신 하나님의 은혜를 시인하며 감사하는 행위이다. 예수의 경우도 마찬가지로 하나님께서 베푸신 지혜의 계시를 발견하며 그 가운데 역사하는 하나님의 존재를 예찬하고 있다. 그것은 우리의 언어가 가장 긍정적인 방향으로 발하면서 제 존재의 뿌리가 무의미하지 않고 유의미함을 수긍하는 것, 그것이 기쁨을 유발하는 정성어린 선물로 베풀어졌음을 시인하는 행위에 다름 아니다.

다양한 선물들, 다양한 감사들

감사의 조건은 우리에게 베풀어진 다양한 선물들만큼 다양하다. 한센병에 걸린 10명 중 사마리아 사람만은 예수께서 자신의 질고를 깨끗이 치유해주심을 감사했다(눅 17:16). 병든 사람이 그 병의 고통을 벗고 건강하게 치유받는 것은 분명 감격스럽고 감사할 만한 조건이다. 더욱이 죽은 자를 살리시는 하나님의 기적적 권능은 죽은 생명을 소생시킨다는 점에서 극적으로 감사할 만한 조건이다. 예수께서 죽은 나사로를 살리면서 하나님께 기도의 응답을 확신하며 감사한 까닭이 바로 여기에 있다(요 11:41). 바울은 벨릭스 총독 앞에서 심문 당하는 입장이었고 또 그로부터 직접적인 혜택을 받은 바 거의 없었겠지만, 나라의 정치적 지도자로서 그가 그 자리에 앉아 수행한 일에 극진한 예의를 갖추어 감사를 표한다(행 24:3). 또 다른 맥락에서 서로 행방과 처지를 모르다가 극적으로 재회하는 형제자매들의 예기치 않은 만남도 담대함을 더해주기에 하나님께 맺어준 그 우의어린 인연으로 인해 감사할 수 있고(행 28:15), 신실한 교우들이 신실한 일에 힘쓴다는 소식을 전해들을 때도 감사가 넘친다(롬 1:8). 하나님의 가장 큰 선물은 역시 구세주로 이 땅에 주신 예수 그리스도이다. 그의 대속적인 죽음으로 인해 만민에게 베풀어진 보편적 구원의 은총은 변함없이 세세에 찬미하며 기억해야 할 감사의 조건이 된다(롬 7:25). 그러나 자신에게 주어진 은사의 개인적 미덕에 관한 한, 그것을 저 홀로 하나님께 감사할 수 있겠지만, 그와 함께 그 은사를 공유하지 못하는 자들은 그 감사로 인해 실족하거나 박탈감을 느낄 수 있다. 따라서 개인적인 재능이나 자신에게 한정된 특별한 선물로 인한 감사는 다른 사람들을 배려하면서 공동체의 덕을 세우는 방향으로 이타적인 조율의 과정이 필요하다(고전 14:16-18).

감사의 또 다른 극적인 여건은 열악한 환경과의 싸움에서 조성된다. 핍박이나 극도의 억압적인 환경에서 위축되거나 굴하지 않고 담대하게 싸워 이겨낼 때 그 싸움의 승리는 대단한 감사의 마음을 불러일으킨다(고전 15:57; 고후 2:14). 은혜가 감사를 그 응답적 차원에서 유발하는 것이 통상적인 경로이지만, 역으로 감사가 은혜를 더 풍성하게 하는 매개로 작용하기도 한다. 그래서 바울은 고린도 교인들을 향해 "많은 사람의 감사로 말미암아 은혜가 더하여 넘쳐서 하나님께 영광을 돌리게 하려 함이라"(고후 4:15)고 힘주어 말한다. 그런가 하면 감사는 하나님께 드리는 헌신의 예물을 통해 드러나기도 한다. 요컨대, 모든 헌금은 다 감사예물로 통한다는 것이다. 그것은 하나님이 베풀어주신 것을 이 땅에서 균등하게 나누면서 뭇 생명의 필요에 소용되게 하는 형제 사랑의 따뜻한 관심이다(고후 9:11-12). 말로써 표현하는 감사가 감사의 가장 흔한 예이고 그것이 또 '범사'의 입버릇처럼 하나님을 향한 항상심을 드러내는 것이기에 그만큼 중요한 빈도를 차지하는 것이겠지만(엡 1:16, 5:4, 20), 말만으로는 불충분한 것이다. 헌신하는 증표로서 물질적인 나눔이 우리 현실 속에서 감사의 조건으로 필수적인 경우도 있기 때문이다. 그러나 그 물질을 넘어 감사가 탄력을 받기 위해서는 감사의 궁극적인 표준이자 모범인 예수를 힘입을 필요가 있다(골 3:17). 그가 십자가상에서 고통스럽게 죽어가면서도 아버지 하나님을 바라본 그 치열한 죽음의 자세는 곧 우리의 삶의 자세에도 되살아나서 우리가 품은 감사의 조건이 조건 없음의 조건이 되는 또 다른 사례를 현시해준다.

무조건의 감사 조건

앞서 언급한 대로 우리의 감사 조건은 생명이란 존재 자체로 소급된다. 자신의 존재가 곧 감사해야 할 일이라면 이는 차라리 조건 없음의 조건이라고 말할 수 있다. 타자를 향한 가치판단과 인식 역시 마찬가지다. 타자를 유의미한 존재로 받아들이고 형제자매로 환대할 때 그리스도인의 감사는 그 존재의 특정한 조건과 형편에 구애받지 않고 감사할 수 있다. 성도로 인하여 감사한다는 것은 그 존재 자체가 감사의 근본적 배경이나 원인이라는 의미도 되지만, 그 감사는 결국 그들을 위한, 그들을 향한 '나'라는 주체의 감사가 되기도 한다(살전 1:2; 살후 1:3, 2:13). 이와 같이 '나'와 타자는 감사를 매개로 하나님 안에서 굳게 결속되며 소통한다. 이러한 보편적이고 호혜적인 감사의 코이노니아는 결국 선택적인 조건을 초월하여 공동체의 하나 됨을 지향한다. 그 하나 됨이 그리스도의 몸 된 교회를 토대로 삼아 하나님의 통일성과 우주적 충만의 경지를 향해 뻗어나감은 물론이다. 거기서 감사의 고백은 성숙한 영성의 미래를 전망한다.

가령, 로마서 14:6의 다음 구절을 살펴보라. "날을 중히 여기는 자도 주를 위하여 중히 여기고 먹는 자도 주를 위하여 먹으니 이는 하나님께 감사함이요 먹지 않는 자도 주를 위하여 먹지 아니하며 하나님께 감사하느니라." 특정한 날을 절기로 인식하여 중히 여기는 사람이나 모든 날을 거룩한 하나님의 날로 간주하여 균등하게 소중히 생각하는 사람 모두 제 믿는 바 소신대로 감사의 조건을 세울 수 있다. 그러나 그 제각각의 조건이 자신의 우월한 위상을 세워 자신의 입장과 다른 이들을 정죄하는 것이라면 그 감사의 조건은 배타적이고 폐쇄적인 조건이 된다. 다시 말해 우주적 충만을 향해 무한대로 열려 있는 하나님의 미래를 외면하는 행태라는 것이다. 마찬가지로 특정한 음식을 먹거나 먹지 않는 입장 역시 거기에 담긴 제 확신대로 하나님께 감사할 수 있겠지만 그 감사의 조건은 하나님의 무조건적 은총과 같이 조건 없음의 조건을 향해 나갈 때 담백한 존재 자체와 소박한 은혜에 대한 순정한 감사의 신앙으로 진보할 수 있다. 이렇듯, 성서 속의 수많은 신앙 증인들이 보여준 길은 그와 같이 별스럽지 않은 평범함 속에서 비범함을 찾아 은근히 감사하는 마음이었다. 그 정점에 예수 그리스도가 위치한다. 그에게 고난이나 역경에 굴하지 않고 외려 하나님을 우러르는 마음은 곧 감사의 진정성으로 직통하는 여백이었다. 일상의 자잘한 틈새 속으로 번득이는 하나님 나라의 기미를 포착하여 가르친 주옥같은 그의 교훈은 범사에 하나님을 긍정하고 시인한 감사의 포즈로 그의 삶과 죽음 가운데 자리한다. 이러한 연유로 우리는 저 홀로 힘들고 지칠 때, 원망과 불평에 찌들수록, 예수를 힘입어 하나님께 감사하는 입술과 마음의 훈련이 필요한 것이리라.

미래를 선취하는 감사

이 무한경쟁의 피로한 시대에 치여 살면서 이즈음 내 새침하던 20대 청춘의 한 모퉁이처럼 감사할 게 별로 없다고 뇌까리는 울적한 사람들이 적지 않을 것이다. 그래서 오늘도 우리는 자주 무뚝뚝하고 무덤덤하게 상대방의 얼굴을 외면한다. 그 피로한 침묵과 외면의 시선은 서로의 존재를 향해 여전히 어색하여 하나님을 우러러보지도 못한 채 자신을 감추는 소심한 소시민의 세상을 더 강화한다. 그래서 '미안합니다'라는 말과 함께 가장 간단하게 표현할 만한 '감사합니다'가 여전히 인색하게 우리 입술에 달싹거린다. 감사의 이유나 목적을 여전히 지각하지 못하는 사람들이 많아서 그럴 것이다. 게다가 감사를 당연지사로 여겨 그 심성을 무미건조하게 인습화해온 탓도 크다. 그리하여 그 발화되지 못한 인습적 감사의 과거와 현재는 화석처럼 굳어져 우리의 무거운 혀를 짓누르게 되는 것인데, 그만큼 감사의 미래도 닫혀 있다.

그 갑갑한 현실에 맞서 옥중의 바울은 이렇게 권면한다. "아무 것도 염려하지 말고 다만 모든 일에 기도와 간구로, 너희 구할 것을 감사함으로 하나님께 아뢰라"(빌 4:6). 이 말씀이 강조하는 그 '아룀'의 비범한 의미를 새기기도 전에 그렇게 구한 것을 모두 이루어주신다는 성급한 결과에 우리는 쉽게 도취하여 만사형통의 조갈증에 시달리곤 한다. 그런데 여기서 모든 염려를 제쳐두고 기도와 간구로 구할 것을 구하는 기도의 자세에 반드시 '감사함으로'가 전제된다. 그것은 그렇게 하나님께 간구하며 아뢴 것이 아직 이루어지지 않은 상태에서 그 성취의 여부나 그 내용과 무관하게 그렇게 구할 수 있는 나의 존재를 수긍하며 바라보는 감사의 미래이다, 또 그 아룀을 바치는 하나님의 존재, 나아가 양자 간의 신실한 언약적 관계로 인하여 이런 감사는 아직 이루어지지 않은 미래의 삶을 조건 없이 신뢰하며 나아갈 수 있는 선취된 미래의 기쁨을 동반한다. 우리의 감사가 여기까지 나갈 수 있다면, 있는 그대로 사소한 것에 감사할 수 있는 자의 현재는 그 가운데 선취된 풍성한 미래를 담보로 신령한 은혜와 기쁨의 시간으로 누려질 수 있으리라.

처음 같은 마지막으로

빌립보서 3:12-16

'마지막'의 여운과 여유

'마지막'이란 말은 사람의 마음을 숙연하게 한다. 사실 신학적 종말론의 관점에서 보면, 모든 순간이 '처음'이자 동시에 '마지막'이다. 하나님이 매일 새롭게 제공하시는 시간들이 태초의 사건처럼 우리 삶 가운데 개입하듯, 그것은 종말을 향한 하나님의 원대한 구원 역사를 이루어나가는 또다른 차원의 시간이기도 할 테니 말이다. 이렇듯, 마치 뫼비우스의 띠처럼, 태초와 종말의 시간은 하나님의 사건을 매개로 서로 긴밀히 삼투하며 교접한다. 그래도 아날로그의 체계에 맞춰 구획되는 물리적 시간인 크로노스(chronos), 곧 12진법의 시계와 달력의 마지막 시간들은 새로운 희망의 저편을 향해 기묘한 여운과 함께 우리의 심사를 제법 웅숭깊게 만들곤 한다. 그러나 그 여운이 꼭 여유로 이어지는 것은 아니다. 마지막의 시간은 불안과 후회의 시간대이기도 하기 때문이다. 다 지난 시간, 저무는 한 해의 끝자락에서 그런 아쉬움의 회한 한 조각 없이 마냥 당당한 사람이 어디 있으랴. 아직 갈 길이 먼데, 뒤에 성급하게 두고 온 시간들이 영혼의 뒷덜미를 잡는 것이니, 그로 인해 너무 황망해하지 말 일이다. 그 결핍으로 인한 회한이 충분히 이룬 포만한 성취의 자의식보다는 더 나을 터이기 때문이다. 사도 바울은 그런 깨우침을 옥중경험을 통해 빌립보서 3: 12-16에 잘 풀어놓았다.

뒤에 있는 것 잊어버리기

바울이 뒤에 있는 것을 잊어버리겠다고 작심한 것은 과거의 교훈을 망각하겠다는 것도, 성찰의 근거를 지워버리겠다는 것도 아니었다. 그것은 궁극적인 것의 목표를 위하여 궁극 이전의 모든 가치들을 상대화할 준비가 되어있었다는 말이다. 그 궁극 이전의 모든 것들은 바울에게 충분히 성취감을 줄 만한 것이었다. 그러나 그는 그 모든 유혹의 빌미를 떨쳐내면서 말한다. "내가 이미 얻었다 함도 아니요 온전히 이루었다 함도 아니라…" (빌 3:12). 그는 이 대목에서 아마 불현듯 자신이 개척한 교회와 전도한 사람들을 생각했을지 모른다. 실제로 그는 이방인들을 그리스도 안에서 하나님의 백성으로 만들기 위해 숱한 고생을 했고, 그만큼 성과도 있었다. 인간적인 마음에서 그는 그것을 자랑할 만했고, 특히 그를 업신여기던 사람들을 향해 공치사의 분위기를 조장할 만도 했다. 그러나 그는, 어찌 보면 인정욕구의 발로란 견지에서 자연스러울 수도 있는 그런 유혹의 미끼를 덥석 물지 않았다. 그럴 경우 그런 외형적 성과주의와 업적주의의 발상이 자신의 여정을 현재에 묶어두고 거기서 자신의 성채를 지으며, 궁극적인 것을 향해 나가는 그의 발걸음을 궁극 이전의 것들 속에서 겉돌게 할 우려가 있었기 때문이다.

바울에게는 얻어야 할 삶의 궁극이 있었고 온전히 이루어야 할 신앙의 목표가 있었다. 그것은 한 마디로 부활이었다. 예수 그리스도의 부활을 향하여, 그 권능을 확신하며, 거기에 이르기까지 예수의 죽으심을 본받아 자신도 고난으로 부활을 미리 연습해야 할 필요가 있었던 것이다(빌 3:10).

그것이 뒤에 있는 것을 군이 잊어버린다고 말한 까닭이다. 또 그것이 현재의 성취에 들떠 스스로 공치사하기를 사양한 이유이다. 예수의 죽으심을 본받는다는 것은 살아생전 완성이 불가능하다. 그것은 죽기까지 감당해야 할 고난 어린 십자가의 길이다. 바울은 "죽는 것도 내게 유익이라"는 각성과 함께 이 점을 옥중에서 뼈저리게 깨달았을 것이다. 그렇게 죽어야, 또 그 죽음이 예수의 죽으심을 본받는 수준으로 나아가야, 예수 그리스도의 부활에 동참하여 자신의 부활을 맛볼 수 있을 터이기 때문이다(빌 3:10-11).

앞에 있는 것 잡기

예수의 죽으심을 본받아 자신의 미래 완료적 부활로써 그리스도의 부활에 동참하리라는 소망은 막연한 기대사항이 아니었다. 앞을 향해 별 목표 없이 죽어라고 고생만 하는 것이 예수의 죽으심을 본받는 것이 아닌 셈이다. 바울은 그 소망의 내용에 관해 "그리스도 예수께 잡힌 바 된 그것"이라고 말한다. 그것을 잡으려고 달려간다는 것이다. 자신이 무언가를 잡기 전에 그는 먼저 예수 그리스도에 의해 붙잡혔다. 그 붙잡힘의 자의식이 그에게는 이방인의 사도라는 정체성 속에 강화되었고, 그 이방인들에게 복음을 전하고자 하는 불굴의 소명감으로 표출되었다. 그렇게 부활하신 예수 그리스도는 바울을 붙잡았고, 바울은 그로부터 받은 부르심을 좇아 그것을 잡기 위해 달려간다는 것이다. 달려가는 것은 어슬렁거리면서 걷는 것과 다르다. 그것은 목표 지점을 향해 고도의 집중력을 가지고 신속하게 질주하는 동작이다.

바울에게 앞에 있는 것은 이와 같이 선교의 목표였지만, 동시에 붙잡고자 한 것은 그것의 종말론적 완성 이후 드러날 그 선교의 결실과 그로 인한 '부름의 상'이었다. 그 상은 하나님이 예수 그리스도 안에서 주는 하늘의 상으로, 가령 이 땅의 우승자가 받는 면류관 따위와는 현격히 다르다. 그 마지막 목표지점에 도착하기까지 지금까지 해온 일을 자꾸 떠올리는 것이 외려 그 궁극을 향한 여정에 심리적 장애물이 되었을 것이다. 그래서 그것을 잊어버린다고 그는 말한다. 이미 지난 뒤의 것을 잊어버려야 앞에 있는 것을 잡을 수 있다. 푯대를 향하여 집중하려면 과거의 성취조차 성가신 방해가 된다는 사실의 자각은 평범하지만 현실화하기가 그리 쉽지 않다. 사람들은 제가 머문 곳에서 이루어온 만큼 인정받기를 끈질기게 갈망하고, 그로 인한 공치사로 자신의 이름을 떨치고 싶어 하기 때문이다. 그러나 예수를 본받아 충분히 죽지도 않고, 겉멋에 들떠 부활의 영광만을 챙기려는 자세는 성급하다 못해 불경스럽다. 아니, 불온하기까지 하다. 과거와 현재의 시간을 영원의 팻말 위에 비끄러맨 채 지금까지 해온 모든 일들을 과장하여, 하나님의 공적인 성취가 아닌 자신의 삿된 성취임을 시위하려는 불순한 동기가 그 저변에 작용하기 때문이다.

푯대를 향하여

하나님의 사건을 중심으로 자리매김되는 '카이로스'(kairos)의 시간대에서 마지막은 늘 맨 처음으로 열려 있기에 싱그럽다. 바람은 자기의 자취와 흔적을 남기지 않는 것을 미덕으로 한다. 그런데 성령으로 거듭난 자는 대개 바람과 같다고 한다. 가령, 공터에 보이지 않게 약동하는 생명의 신진대사에 바람은 소리 소문 없이 개입한다. 그렇게 공을 이루고 몸은 빼고, 공을 이루지만 그것에 붙들려 그 안에 거하지 않은 채 훨훨 새로운 곳으로 떠나갈 때, 그게 바로 푯대를 향한 삶이고, 그리스도 예수 안에서 붙잡힌 바 된 영혼의 자유스런 행방이다. 바로 그 사람이 하나님이 예비하신 부르심의 상을 받을 자격이 있다. 마지막 달, 세모에 누구나 소란스럽기 쉽다. 황혼녘의 인생일수록 하늘의 푯대를 망각한 채 이 땅의 성취감에 들려 각종 공치사의 미끼에 들뜨는 경향이 있다. 제 생의 마지막을 멋지게 장식하려는 충동이 강하기 때문이다. 그러나 그 멋진 장식의 본질이 누추함이란 걸 알아차린 영혼은 뒤에 있는 것들을 향해 하등의 미련을 남기지 않는다.

나누고 먹고 찬미하는 공동체

사도행전 2:43-47

교회의 원형 혹은 모체

신약시대의 교회는 확실히 구약시대의 성전이나 회당과 다른 체제였다. 하나님의 영광(또는 그것을 빙자한 왕조적 권력의 영광)을 자랑하는 거대하고 화려한 건축물이 아닌, 그렇다고 디아스포라의 민족적 정체성을 묶어주는 회합의 전당도 아닌, 그것은 분명 새로운 현상이었다. "주는 그리스도시요 살아계신 하나님의 아들이시니이다"(마 16:16)라는 예수에 대한 신앙고백의 기초 위에 교회를 세운다는 것이 마태복음에서 밝힌 교회의 기원이었다. 그렇다. 그것은 필시 한 시대가 마감되고 새로운 시대가 출현하는 역사적 전환의 산물이었다. 예수 그리스도와 하나님의 나라라는 신기원의 출현과 함께 새롭게 진수된 구원의 무대에서, 성령으로 충만한 개인들이 외형적 울타리에 구애됨 없이 모여 삶을 나눈 공동체였던 것이다. 교회에 대한 마태적 예언은 마침내 예수의 부활 승천 이후, 그의 부활 신앙을 공유하는 무리들에 의해 실현되었다. 그들은 예의 신앙고백과 함께 약속받은 성령을 기다렸고, 그것은 오순절 성령 강림 사건으로 이어졌다. 그것이 '사건'일 수밖에 없는 것은, 먼저 12지파의 연합체로서 이스라엘의 구원사를 회복시키는 표상과 함께(가룟 유다 대신 맛디아를 보충하여 12 사도 체제를 재구성한 일), 바벨의 재앙 이후 혼돈된 모든 인류의 꿈과 환상과 언어가 다시 살아나는 획기적인 소통의 물꼬를 터주었기 때문이다. 교회는 그렇게 패역한 세대의 회개와 예수 그리스도의 구원 사건으로 발현된 하나님의 주권이 역사 속에 발진 에너지를 얻으면서 생겨났다. 흔히 '초대교회'라고 칭하는 교회의 원형은 그렇게 하나님의 구원사적 주권에 대한 성령 받은 이들의 신실한 응답과 함께 이 땅에서 구체적인 꼴을 갖추게 된 것이다.

통용하고… 나눠주며

그 응답은 사도행전의 상기 본문(2:43-47)에서 일반 대중들의 '두려움'과 사도들로 말미암은 '기사와 표적'으로 압축되어 표현되고 있다. 그 두려움은 부정적 맥락에서 패역한 세대를 향한 하나님의 의로운 심판 앞에 망연자실하는 공포스런 심경이자 구원의 희망 앞에 간절히 목말라하는 군상들의 경외감의 표현이기도 했으리라. 그러나 두려움만으로 구원은 맛볼 수 없고 더구나 교회의 형성까지는 역부족이다. 그것은 다만 회개의 분위기를 진작시키는 정서적 반응에 가깝다. 이어지는 '기사와 표적'은 그 구원의 확실성을 웅변으로 증언하는 동시에 예수의 사역이 성령을 매개로 사도들에 의해 지속되고 있음을 드러낸다. 건축적 구조에 빗대어보자면, 교회는 이렇게 신자들의 신앙고백과 성령의 체험, 이어지는 두려움의 심정적 반응과 하나님의 구원사적 주권이 증빙된 기사와 표적이라는 하부 구조 위에 정초되었던 것이다.

중요한 것은 그러한 토대 위에서 신자들이 교회를 이루어나간 방식, 또는 그 실천적 방향이다. 이 대목은 오늘날 교회의 이름으로 내거는 다양한 목표나 구호가 그 본질적 정체성에 얼마나 부응하고 있는지를 성찰하기 위해서도 매우 소중한 기준이 아닐 수 없다. 본문은 초대교회의 신자들이 신앙공동체의 삶을 드러내는 첫째 방식으로 "믿는 사람이 다 함께 있어 모든 물건을 서로 통용하고 재산과 소유를 팔아 각 사람의 필요에 따라 나눠주"(행 2:45)었다고 증언한다. 공동소유와 공동분배는 고대의 수도원 공동체 모델과 근대의 공산주의 이데올로기, 오늘날 소규모의 공동체 모델 등에서 지속적으로 탐지되는 한 가지 공동생활의 방식이거니와, 이렇듯 그 원형은 다분히 이 땅의 첫 교회에서 비롯된 것이었다. 이러한 삶의 신학적 의미와 역사적 의의와 관련하여 수많은 변설이 가능하다. 그러나 간단명료하게 짚어보면, 보물 있는 곳에 마음이 쏠리는 견물생심의 인간적 욕망을 치열하게 반성하고 지극하게 넘어서지 못하면 성령 체험이 성령의 열매로 이어지기 어렵고, 교회다운 교회는 불가능하리란 섬뜩한 메시지가 이 첫 반응에 도사리고 있는 것이다. 믿는 사람이 다 함께 존재하는 터전 위에서 그 '함께'의 기치가 허울뿐인 명분이 아니라면 구체적인 나눔의 진정성이 유지되어야 하겠기 때문이다.

떡을 떼며… 음식을 먹고

모든 물건의 상호 융통과 각자의 필요에 따른 재산과 소유의 나눔은 '다 함께'와 '모든'이란 총체적 규모를 전제로 한 것이었다(행 2:44). 그리하여 표출된 첫 교회의 또 다른 반응은 날마다 마음을 같이하는 모임과 함께 떡을 떼고 음식을 나눠먹는 공동식사의 예식이었다. 이 역시 총체적으로 '날마다'의 차원으로 나타난 셈이다. 아울러, 물질적 소통은 '마음을 같이하는' 심령의 소통으로 이어졌다. 성전에 모이길 힘썼던 것은 그로써 표상된 구약시대 신앙 전통과의 단절이 아니라 연속임을 시위한 결과로 보인다. 집에서 모여 떡을 뗀 것은 '나를 기억하라'는 예수의 유산을 계승하여 그의 한 몸에 동참하기 위한 노력이며, 나아가 기쁨과 순전한 마음으로 음식을 먹은 것은 그의 사랑을 나누는 공동식사의 모체였을 터이다.

시쳇말로 인간의 모든 몸부림이 다 먹고살자는 걸로 귀착된다 하지만, 예수께서 일용할 양식의 대중적 희망에 얼마나 곡진했는지는 두말하면 잔소리다. 그렇게 먹고 먹이는 사역에 애쓴 예수의 모범을 좇아 초대교회는 한 집에서 떡을 떼며 더불어 먹고 마시는 식사의 행위 가운데 그의 영적 임재를 체현해나갔다. 예수께서 배설한 광야의 풀밭 식탁과 마지막 식사의 전통은 이렇게 서서히 '애찬'(agape meal)이라는 공동식사와 '주의 만찬'이라는 성례전적 실천을 통해 계승·발전되어간 것이다. 더불어 먹고 마시는 그 식탁공동체의 자리에 같이하는 '마음'이 있었고 나아가 그 마음은 '기쁨과 순전한 마음'으로 나타났다. 그 마음은 억눌릴 수 없는, 그래서 맘껏 표현되어야 할 마음이었을 것이다.

하나님을 찬미하며

아니나 다를까. 그렇게 먹고 마시면서 그들은 하나님을 찬미하였다고 한다(행 2:47). 식탁공동체는 곧 예배공동체와 연동되었던 것이다. 그 찬미가 너무 예전적인 냄새를 풍기지 않는 것은 앞서 그들이 보여준 식사의 기쁨과 순전한 마음 때문이다. 아니, 그에 앞서 흔쾌한 물질적 통용과 나눔의 정신 때문이기도 하다. 바로 그런 연유로 그들의 하나님 찬미는 건조하고 공허한 예전적 반복과 무관하게 싱그러운 삶의 예배로 승화될 수 있었을 것이다. 그러한 예배는 사회적 반향을 일으켜 "온 백성에게 칭송을 받"는 기현상을 일으켰고, 하나님도 감동시켜 "주께서 구원받는 사람을 날마다 더하게 하"였다고 한다(행 2:47).

바람직한 교회상은 이와 같이 공통된 신앙고백과 언어적 소통의 기초 위에 물질적 나눔의 일상적 차원과 영적인 예배의 차원이 겉돌지 않고 연계된다. 교회라는 공동체적 삶의 실천이 떡을 떼고 음식을 나누는 일상적 체감의 세계와도 유리되지 않는다. 이 지점에서 우리가 당면한 문제인즉, 그 교회의 원형에 터하여 2000년을 굴러오며 몸집을 부풀린 오늘날의 교회에 얼마나 그러한 전통이 선한 영향력을 발휘하며 살아남아 있느냐는 것이다. 우리의 교회, 당신의 교회는 얼마나 '다 함께'와 '모든'의 총체성을 전제로 모든 물건과 재산과 소유의 필요 지향적 융통과 나눔에 애쓰는가. 이 질문은 통렬하다. 더구나 그것이 우리네 신앙고백이나 기사와 표적의 진정성을 증명하는 핵심 기준이라면 말이다. 또한 교회의 회중은 날마다 마음을 같이하는 모임인가, 아니면 눈앞의 사적인 욕망을 좇아 이합집산하는 부나방들의 소용돌이인가. 기쁨과 순전한 마음으로 나누는 일용할 양식의 눈물겨운 식사가 교회라는 이름으로 우리 신앙의 자리에 매일 생동하는가. 아니면 기름진 성찬으로 물려 화려한 조명 아래 게트림하고 있는가. 그 일용할 양식의 일상적 공유가 하나님을 찬미하는 진정한 예배로 이어지는가, 아니면 지루하게 반복되는 예전의 휘장 뒤에 자신의 영적인 권태를 분식할 뿐인가.

길 위의 교회에서 우주적 교회로

애물단지 교회?

이즈음 교회가 많은 공격을 받고 있다. 자업자득이란 말도 들린다. 교회가 교회로서 감당해야 할 제 몫을 제대로 감당하지 못한 채 교회답지 못한 행태를 일삼아왔기 때문이란 것이다. 일리 있고 많이 반성해야 할 지적이다. 실제로 한밤중 불빛이 반짝이는 도회지를 높은 곳에서 내려다보면 십자가가 곳곳에 빨갛게 서 있다. 이렇게 대도시는 물론 시골 구석구석까지 이 땅에 교회가 가득 들어차 있다. 그것은 교회의 영광처럼 비치고 얼핏 하나님의 영광인 양 보이기도 한다. 그런데 낮은 곳으로 내려와 그 교회를 세밀히 살피기 시작하면 교회는 예수 그리스도의 향기를 발하는 몸처럼 거룩한 위엄을 보여주기보다 어쩐지 초라한 몰골로 노쇠한 구멍가게 같은 인상을 주곤 한다. 엄청나게 화려하고 대단한 규모로 들어선 대형교회도 그 외양에 비해 속내는 늘 골칫덩어리를 끌어안고 신음과 탄식을 토해내기 일쑤이다. 오해하지 말자. 교회 역시 인간들이 모이는 조직인 터라 그 현실 가운데 사람살이가 겪어내야 할 갈등과 각종 문제로 범람하는 것이 당연하다는 지적의 타당성도 염두에 두자. 그러나 그것이 적나라한 현실이라고 할지라도 그 현실에 안주하거나 그것을 액면 그대로 정당화하는 것이 교회가 보여야 할 자랑스러운 태도는 아닐 터이다.

교회의 역사가 증언해주는 확고한 진실이 하나 있다면 그것은 개혁되지 않는 교회는 늘 소멸할 수밖에 없는 운명에 처한다는 것이다. 그래서 개혁교회는 항상 개혁한다는 구호도 생겨났다. 그 개혁의 방향은 물론 교회다운 교회를 지향하는 것이고, 그 본래의 태생적 배경과 목적에 부응하여 '그리스도의 몸' 된 기관으로서 제 역할을 성실하게 감당하는 것이다. 교회가 이 세상의 의식 있는 자들에 의해 애물단지 취급받는 것은 분명 정상이 아니다. 하나님이 이 세상의 민심과 여론을 통해 자신을 계시하시는 측면이 있음을 수긍한다면, 교회는 이 세상에서 아스라한 창조적 긴장의 관계를 유지하면서 그 열매로써 칭송을 받음으로 하나님의 영광을 높여야 할 것이다. 이를 위해서는 교회의 태동기, 그 생성기의 자취에 민감해야 한다. 교회는 어디서 왜 무슨 목적으로 이 땅의 역사에 탄생했던가? 그 교회의 영욕이 교차하며 오늘날까지 장구하게 교회란 이름을 달고 이 기관이 생존하며 부흥해온 여정은 무엇을 시사하는가?

반석 위의 교회, 길 위의 교회

신약성서에서 교회를 언급할 때 종종 거론되는 것은 마태복음 16장에 나오는 예수와 베드로의 대화이다. 가이사랴 빌립보에서 자신의 정체성을 묻는 예수의 물음에 대한 대답으로 베드로가 제시한 고백은 복음서의 대표적인 신앙고백으로 꼽는다. "주는 그리스도시요 살아계신 하나님의 아들이니이다"(마 16:16)라는 그의 고백에 대한 칭송과 함께 예수는 대뜸 교회 설립을 언급했다: "너는 베드로라. 내가 이 반석 위에 내 교회를 세우리니 음부의 권세가 이기지 못하리라"(마 16:18). 이 약속을 근거로 가톨릭 교회에서는 베드로를 초대교황으로 승격시켜 그의 사도적 권한을 극대화하였다. 더구나 "천국의 열쇠를 네게 주리라"는 약속까지 이어지는 점을 증거로 내세워 이 말씀의 강조점이 '교회'에 있기보다 '베드로'에게 있는 것처럼 종종 오해하는 사태가 생기기도 하였다. 그러나 이 구절은 마태복음에만 나오고 다른 곳에서는 베드로를 위시한 열두 제자들의 무지와 오류를 비판하면서 심지어 익명의 대안적 제자상(가령, 요한복음의 '사랑받는 제자')을 제시하기도 한다. 그 기원과 배경에서 일종의 마태적 특수성이 반영된 구절인 셈이다. 이에 대해 개신교 쪽에서는 베드로라는 특정한 개인의 위상보다는 그의 신앙고백에 방점을 찍어 교회의 토대가 바로 예수를 그리스도와 하나님의 아들로 인정하는 그 사실에 정초한 것임을 강조한다. 특수한 개인의 권세와 영광을 위한 교회가 아닌 그리스도의 교회, 하나님의 교회라면 이러한 계통의 인식이 보다 합당한 것이라 여겨진다.

이와 같이 교회는 아무런 토대 없이 세워지지 않았다. 거기에 반석이 있었고 그처럼 견고한 토대가 있었다. 그것이 경우에 따라 문서로 공식화된 경우도 있었지만, 그 문서의 기본은 예수 그리스도에 대한 신앙고백이었다. 교회는 이처럼 하나님 나라를 위해 헌신하신 예수의 삶과 교훈, 그의 대속적인 죽음과 부활 사건, 나아가 그의 재림과 심판의 약속에 기초하여 그의 꿈을 믿고 따르는 자들이 피워 올린 희망의 전당으로 시작된 셈이다. 그러니 애당초 교회는 건물이 아니었다. 교회는 이러한 특수한 선교적 목적으로 부르심을 받은 무리들이 모여 제자가 되고 그들이 움직이면서 하나님 나라의 복음을 전파하는 역동적인 결합체였다. 초기 교회가 길 위의 교회로 자리매김될 수밖에 없는 이유가 여기에 있다. 두세 사람이 결합하여 움직이는 동체로 성령의 이끌림을 받아 복음을 전하는 길 위에서 그들은 저절로 교회가 되었다. 사도행전의 저자는 이를 '광야 교회'에 빗대어 설명한다(행 7:38). 스데반의 설교 도중에 나오는 이 개념은 모세와 출애굽 백성들이 시내산을 중심으로 행군하고 다시 또 떠나는 그 광야에서의 여정이 비록 장막의 거주로 늘 움직이는 삶의 스타일을 추구했지만 거기에 바로 교회가 있었다는 인식에서 비롯되었을 것이다. 광야 교회는 단순히 광야의 그 장막 가운데 교회가 있었다는 공간적 개념이 아니라 그 하나님 백성의 연합체로서의 교회가 광야에서 사위로 열린 길 위로 약동했음을 암시한다. 광야 생활을 마냥 방황과 타락의 여정으로 보는 부정적 시각에서는 도저히 이러한 관점을 이끌어내기 어렵다. 비록 척박한 환경 가운데 숱한 시행착오가 있었지만, 그럼에도 불구하고 그 광야의 여정인즉 온전히 하나님의 은혜에만 의지하며 하루의 삶을 이어갈 수 있었던 자족과 자생의 공동체였던 것이다.

따라서 반석 위의 교회는 필연적으로 길 위의 교회를 지향해야 한다. 반석은 흔들리지 않는 불굴의 신앙적 기초를 표상한다. 교회가 그 반석 위에 서 있다는 것은 교회의 영속성과 견고성을 가리킬망정 반개혁성과 경직성을 뜻하지 않는다. 교회는 견고하게 세워져 활기차게 기동하며 끊임없이 움직여야 한다. 광야 같은 세상의 한복판에서 그 광야 속의 교회로 활약하며 하나님 나라의 파수꾼이 되어야 한다. 아무리 물질자본의 문명이 탐욕의 이데올로기를 번성시키는 세태라지만 교회는 광야의 정신으로 무장하여 다시 속을 비워내고 홀연히 가난한 삶의 자리로 내려서는 자기겸비와 자기 부정의 유산을 되살려야 한다. 배부르고 태만한 교회는 빛과 소금의 사명을 진작하여 가난한 이 세상의 희망이 될 수 없기 때문이다.

탈가족교회, 가정교회의 모델

예루살렘 교회가 오순절 성령사건과 함께 태동한 최초의 모(母)교회였다는 점에서 그 역사적 의의를 과소평가할 수 없다. 거기에는 선교의 추동 엔진을 달아준 강력한 에너지의 폭발이 있었고, 또 열국의 방언으로 소통하는 사건이 있었다. 이는 초대교회가 선교공동체로 출발했음을 강력히 시사한다. 이를 위해 그들에게는 뜨거운 확신이 필요했고 배타적 경계를 넘어서기 위한 소통의 공간이 요청되었다. 오순절에 함께 모여 기도에 힘쓴 제자들에게 강림한 성령은 바로 그 시대적 요청에 부응하며 교회를 열린 소통의 공간, 역동적인 선교의 전초기지로 구축해나갔다. 물론 그 뜨거운 열기 내부로는 성도의 교제라는 다감한 우의와 온정이 유무상통의 생활 스타일을 통해 베풀어졌다. 더이상 이 세상의 관습이 부여한 기준이 아니라 하나님 나라의 기준으로 사람들은 모여 하나가 되길 꿈꾸기 시작한 것이다. 거기에서 유대인과 헬라인의 경계가 허물어졌고 자유인과 노예의 구별이 무의미해졌다. 남자와 여자의 고질적인 차별도 넘어서, 바울이 일찍이 선언한 대로 그리스도와 합하여 세례를 받은 자들이 그리스도의 한 몸을 이루는 역사가 발생했던 것이다. 비록 열두 리더십이 존재했고 세 명의 '기둥들'(베드로, 요한, 야고보)이 특출한 리더십으로 교회를 이끈 것이 사실이라 할지라도 그 내부의 조직과 운영에 관한 한 초대교회는 매우 평등 지향적인 우정의 공동체였다. 그것은 탈가족적인 공동체로서 교회의 기초를 확고히 세우는 원동력이 되었다.

예루살렘 교회의 정원이 120문도로 대표되는 규모였다면 그들이 모인 다락방은 꽤 널따란 공간이었을 것이다. 그러나 그것은 한 가정이 자신의 집을 모임의 공간으로 제시한 이른바 가정교회의 형태를 띠고 있었다. 이후에 몰려들어 팽창한 교회의 성원들은 성전에서 모여 기도했다고 하지만 예루살렘 성전조차 다 수용하기 어려웠을 것이다. 이후의 선교적 발전 과정에서 엿보이는 대로 예루살렘 교회에 대한 박해와 함께 흩어지기 시작한 선교적 디아스포라의 무리들은 복음이 정착하는 곳마다 가정이나 일터에서 교회를 이루게 되었다. 그러나 그것은 특정 가족의 혈통적 기반과 상관없이 열린 가정으로서의 공동체를 지향하는 구조를 띠었다. 일찍이 자신을 찾는 가족들을 향해 예수는 "누가 내 어머니이며 동생들인가?"(막 3:33)라고 물으신 바 있다. 하나님의 뜻대로 행하는 제자들이 바로 대안적 하나님의 가족을 구성하는 지체들이라고 설파하신 예수의 유산이 이렇게 근사하게 탈가족교회로서 열린 공동체라는 기틀 위에 자리 잡아가게 되었던 것이다.

물론 여기서 우리는 이 초대교회의 모습을 마냥 낭만적으로 이상화하려는 유혹에 빠지지 말아야 한다. 그토록 성령이 충만했던 그 시절 그 교회도 난맥상은 늘 있었고 문제점도 적지 않았다. 예루살렘 교회만 해도 히브리파와 헬라파 과부들의 공궤 문제를 놓고 서로 다투는 상황이 발생했다. 교회 내 예산문제를 놓고 벌이는 밥그릇 싸움의 뿌리가 이다지도 깊다. 아나니아와 삽비라의 부정직한 행태로 발생한 비극적 재앙도 초대교회의 흠결이었다. 시몬 마구스처럼 은사를 금전적 타산으로 여기는 신앙의 물화 내지 세속화 현상도 심상찮은 전조였다고 볼 수 있다. 바울이라는 그 위대한 사도가 개척한 교회 역시 문제투성이였는데, 특히 고린도 교회는 여러 가지 문제로 바울의 속을 썩인 대표적인 교회였다. 그러나 이 모든 구조적인 결함과 현실적인 문제에도 불구하고 사도들은 교회의 거룩한 위상을 포기하지 않았다. 오히려 그리스도의 몸으로서 그 교회의 위상을 더욱 우뚝 세워 교회를 향한 하나님의 사랑을 구현하였고 그 내부의 교인들을 향한 성숙을 도모해나갔다. 그 애틋한 전통 아래 대대손손 오늘날의 교회들이 생겨났고 또한 번성하고 있는 것이다.

'그리스도의 몸'에서 하나님의 우주적 충만으로

신약성서의 대표적인 교회론은 사도 바울이 조형한 '그리스도의 몸'이라는 은유적 표상으로 제시된다. "너희는 그리스도의 몸이요 지체의 각 부분이라"(고전 12:27). "이제 지체는 많으나 몸은 하나라"(고전 12:20). 이러한 진술에서 우리는 교회가 유기체적 조직임을 확인하게 된다. 모든 구성원이 하나의 운명공동체로 서로 각자의 고유한 몫을 가지고 있을 뿐 아니라 다른 지체의 생존과 건강에 밀접한 영향을 끼친다는 것이다. 따라서 하나의 지체라도 불필요한 것이 없고 하찮아 보이는 지체가 외려 요긴한 역할을 수행하는 이치를 우리는 여기서 발견한다. 이는 처음이 나중 되고 나중이 처음 되는 하나님 나라의 전복적 원리와 상통하기도 한다. 바울은 서로 단합하지 못한 채 겉돌고 자기자랑으로 제 은사의 우월함을 배타적으로 강조하던 고린도 교회의 문제에 조언하면서 이러한 교회론적 원리를 제시한 것이다. 그것은 교회가 제각각의 개인주의로 분열하여 소멸하느냐, 그리스도의 건강한 몸으로 든든히 세워져나가느냐의 갈림길에서 소박하지만 중요한 지침이 되었다. 그리하여 유대인 그리스도교와 이방인 그리스도교 세력이 할례와 음식규례 등의 율법에 대한 이질적인 입장에도 불구하고 서로 상이한 분파로 갈리지 않고 하나의 교회로 그 정체성을 보존하고 꾸준히 발전해나갈 수 있는 발판을 구축하기에 이른 것이다.

그리스도의 몸으로서 교회의 가장 중요한 의미는 곧 출신 배경상의 다양한 지체가 그 은사의 다양성을 존중하고 존중받으면서 한 몸으로서의 통일성을 유지한 데 있다. 이는 곧 서로 간의 차이를 차별의 조건으로 내세우지 않고 피차 업신여기기보다 용납하면서 조건 없이 긍정하는 사랑의 공동체를 지향한 것이었다. 그 사랑의 원리에 입각하여 교회는 가정 단위로 뿌리내린 지교회의 반경을 넘어 보편적 교회, 공간을 뛰어넘는 우주적 교회로의 도약을 예비하고 있었다. 그리하여 이후에 진일보한 교회론에서 그리스도는 단지 교회의 몸으로 머물지 않고 그 몸의 머리로서 교회의 질서를 잡아주는 유일한 표준적 권위로 확대 해석된다. 그것은 교회가 화석화된 조직이 아니라 생동하는 유기체로서 끊임없이 성장하고 발전해나가야 하는 목표를 정당화한다. 그 성장의 에너지는 물론 사랑이고 그 원리는 서로 연결되고 결합되는 것이다. 나아가 그 궁극적인 지향점은 만유를 통일하시는 하나님의 선교를 이루는 것이고 그리스도의 충만한 분량에까지 도달하는 개방적 생명력을 확보하는 것이다. 그리하여 에베소서의 다음 교훈은 적실하게 이러한 교회론의 정점을 이룬다. "오직 사랑 안에서 참된 것을 하여 범사에 그에게까지 자랄지라. 그는 머리니 곧 그리스도라. 그에게서 온몸이 각 마디를 통하여 도움을 받음으로 연결되고 결합되어 각 지체의 분량대로 역사하여 그 몸을 자라게 하며 사랑 안에서 스스로 세우느니라"(엡 4:15-16).

이렇듯, 미래로 성장하는 교회는 우주적 차원을 아우르며 하나님의 충만을 도모하는 방향으로 성장, 성숙해나가야 할 사명이 있다. 외형적 몸집을 부풀리는 데 집중하는 가시적 차원의 개교회주의에 함몰하여 그리스도의 몸을 옹색하게 만드는 오늘날 교회의 현실은 이러한 우주적 교회의 비전을 내다보며 그 성찰의 기제를 얻고 치열하게 거듭나야 할 것이다.

사랑을 먹고 자라는 교회

오늘날 일각에서 애물단지처럼 취급받는 교회의 현실에 우리는 경각심을 가져야 한다. 마치 유행처럼 번지는 교회 비판은 교회 내부에서도 전염병처럼 번져나가는 경향이 없지 않다. 그러나 모든 유기체가 그렇듯 교회 역시 사랑을 받아야 건강하게 자랄 수 있다. 과장된 흠집 내기와 일방적인 정죄의 뿌리에는 역사 속에 존재한 적 없는 이상주의적 모델을 투사하여 저마다의 날카로운 무기를 들고 회오리처럼 달려드는 무모한 일반화의 위험이 도사리고 있다. 먼저 사랑을 품고 일단 용납하는 자세로 사안을 섬세하게 살피는 균형 있는 비판이 요청된다. 더구나 이 땅의 교회가 그 역사적 제약에도 불구하고 하나님의 교회이고 그리스도의 몸임을 인정할진대 교회에 대한 사랑으로 서로 상합하여 친밀하게 연대하는 포용의 미덕은 그 어느 때보다 절실하다. 교회가 쇠퇴하고 있다는 풍문이 사실로 확인될수록 기존의 폐단을 넘어 추구하는 교회의 대안적 성장은 향후 이 땅의 모든 그리스도인들에게 생존의 문제가 될 것이다.

다른 한편으로 교회는 이 시대가 안겨준 과제를 직시하여 고질적인 분열의 병통을 치유해나가야 한다. 회개와 개혁의 쌍두마차를 타고 삿된 이해관계의 갈등으로 피차 정죄하고 그리스도의 이름으로 형제자매를 포용하지 못한 과거의 범죄를 회칠한 무덤으로 만들지 말고 과감하게 털어내야 한다. 사람 숫자의 증가와 자본의 축적을 성공의 복으로 포장함으로써 세속적 주류가치에 안이하게 편승하거나 그러한 밑천으로 구축한 정치권력이 복음을 부끄럽게 만드는 행각에 철퇴를 가하는 성숙한 신앙적 품성이 교회의 목회와 선교를 통해 증폭되어야 한다. 사랑은 안이함을 도저히 봐주지 못한다. 그것은 제 생명의 에너지를 끝까지 불태우며 끝까지 책임지는 사랑이어야 하기 때문이다. 그것이 그리스도께서 십자가를 통해 남겨주신 유산이라면 교회를 향한 우리의 사랑도 그렇게 남김없이 다 타야한다. 더구나 교회의 종말을 서슴없이 외쳐대는 이 험하고 거친 세태에 있어서랴!

구원에 이르는 교제

누가복음 19장 1-10절

어떤 성도의 어떤 교제인가?

성도의 교제는 성령과의 교제의 연속선상에서 실행되어야 한다. 성령의 교제는 성령과 성도 사이의 교제이면서 동시에 성도 사이에 발생하는 교제이기도 하기 때문이다. 신약성서의 맥락에서 '교제'(koinonia)는 무엇보다 '소통'(communication)이며 '나눔'(sharing)이자 또한 '참여'(participation)이다. 통하지 않는 사람과 교제할 수 없고, 통하지 않으면 아예 교제다운 교제가 발생하지도 않는다. 교제는 구체적인 관계로 결실하게 마련이다. 그것은 서로 긴밀한 대화와 친애하는 관심을 통해 서로가 하나의 유기체로 '그리스도의 몸' 안에 엮어져 있다는 믿음 아래 가능한 관계이다. 그 관계가 형성된 마당에 나누지 못할 까닭이 없다. 서로 의지하고 신뢰하는 관계의 사람들과 제 몫의 소유물은 물론 삶의 갖가지 관심사에 온정을 담아 순결하게 나눌 수 있게 되는 것이다. 그 소통과 나눔은 당연히 참여를 유발한다. 서로의 삶에 믿음과 소망과 사랑으로 동참함으로써 우리는 비로소 '성도'의 본분에 부응할 수 있다.

성도는 바로 그렇게 친밀하게 교제하는 사람들이다. 아니, 그런 교제를 개척하는 사람들이다. 오늘날 교회가 커지면서 이런 종류의 교제는 바라기는 할망정 실현하기 어려운 형국이다. 예배의 공동체로 함께 만난 사람들끼리 옆에 앉은 사람이 누구인지도 잘 모르고 형식적 인사로 악수를 건네기조차 어색하고 민망한 것이 사실이다. 소규모 구역모임이 가정적인 분위기에서 그 결점을 보완한다지만, 그것이 온전한 성도의 교제란 관점에서 현실 교회의 교회다움을 마냥 보장해주는 것은 아니다. 왜 이렇게 되었는가. 성도의 교제는 어떠해야 하는가. 아니, 먼저 어떤 성도가 되어 어떤 교제를 나누어야 할 것인가.

예수의 호의와 삭개오의 신뢰

누가복음 19:1-10에 나오는 예수와 삭개오의 만남은 복음서에서도 신기하고 감동적인 유형의 이야기에 속한다. 세리장이요 부자인 삭개오와 예수는 그 성향과 기질로 볼 때 전혀 안 어울리는 것 같았다. 당시 세리라는 직종이 식민지 백성들의 고혈을 짜먹는 죄인 중의 죄인 부류로 간주되어 사회적 질타가 심했기도 했지만, 그들이 하나님 나라에 합당한 자로 거듭나기를 기대한다는 것은 낙타가 바늘귀 통과하는 것보다 더 난망했기 때문이다. 여리고로 지나간다는 예수의 소문을 듣고 아마도 만나고 싶어 했겠지만, 삭개오는 키가 작고 또 주변에 사람들이 많아 돌무화과나무에 올라갔다고 한다. 예수가 누군가 궁금하여 나무 위에 숨어 그 모습이라도 슬쩍 엿보고자 하는 심산이었을 것이다. 그는 부자였지만, 키가 왜소한 콤플렉스와 사회적 냉대 속에 그리 건강한 자아감의 소유자는 아니었으리라 짐작된다. 세리라는 직업은 그 정도로 감당하기 어려운 불명예의 기호였던 것이다. 이런 처지와 신분에서는 누구라도 정도의 차이야 있겠지만 대인기피증에 시달리는 경향을 보인다. 사람들이 많았다는 것도 핑계거리는 될 수 있겠지만, 몰려드는 사람들이 별로 없었어도 그는 냉큼 예수 앞에 나서기 어려웠을 것이다.

그런데 예수께서는 역시 형형한 시선으로 주변을 서늘하게 통찰하는 안목이 있었다. 그는 나무에 초라하게 숨어보는 삭개오를 먼저 발견한 것이다. 삭개오를 예수께서 쳐다보는 동작과 함께 그의 초대는 작열한다. "삭개오야 속히 내려오라. 내가 오늘 네 집에 유하여야 하겠다"(눅 19:5). 아니, 이건 예수께서 주인으로 한 초대라기보다 삭개오 쪽의 초대를 거의 강요하는 형국 아닌가. 이처럼 도발적으로 예수께서는 삭개오라는 익명의 사내를 향해 교제의 지형을 개척한 것이다. 그것은 평범한 교양도 벗어나고 합리적인 타산도 빗겨간 엉겁결의 뜬금없는 교제에의 초대이다. 누구의 집에 유한다는 것은 매우 친밀하고 다정한 교제의 극점이다. 더구나 믿을 만한 놈 하나 없다고 하는 지금이나, 험악하기론 다를 바 없던 그때나, 익명의 사람을 자기 집에 들여 함께 먹고 자는 일을 허락하기란 쉽지 않다. 그런데 집주인도 아닌 예수께서는 그것을 삭개오에게 강권하듯이 제안한 것이다.

더 놀라운 것은 삭개오의 반응이다. 그는 흔쾌히 그 역제안을 수락하여 "즐거워하며 영접"하였다고 한다. 예수께서 자기를 발견하고 사귐을 허락한 것이 내심 기뻤던 모양이다. 동족들 사이에 사람다운 사람대접 한번 제대로 받지 못하던 상황에서 가뭄 끝에 단비 만난 격이었을지 모른다. 이에 대한 사람들의 반응은 당연히 뜨악했다. 그들은 수군거리며 예수가 죄인의 집에 유하러 들어갔다고 통박을 놓았다. 그러나 그 교제의 자리에서 삭개오는 자기가 못된 짓하여 불린 재산의 절반을 가난한 자들에게 나눠주겠고, 누구의 것을 속여 빼앗은 일이 있으면 갑절이나 갚겠다며 아주 구체적인 회개의 액션을 보여주었다. 예수께서 친히 그것을 요청한 대목은 적어도 본문에서 눈에 띄지 않는다. 도둑이 제 발 저리는 심정으로 그는 예수께서 자신을 알아보고 발견해주신 것에 내심 감읍하여 이런 획기적인 신뢰로 그의 개방적 호의에 응답한 것이다. 이에 대한 예수의 반응은 더더욱 놀랍게도 "오늘 구원이 이 집에 이르렀으니 이 사람도 아브라함의 자손임

이로다"(눅 19:9)라는 화답이었다. 이처럼 어떤 교제는, 반복적으로 되풀이되는 탄식과 후회로서 회개의 반쪽인 '회'의 단계를 넘어 '개'의 경지를 열어가고 마침내 구원의 선물로 이어지는 것이다.

교제와 구원

어떤 만남은 이렇듯 그 질펀한 사귐 가운데 한 인간의 운명을 순식간에 뒤바꾸어놓을 수 있다. 그것은 '성도' 혹은 '아브라함의 자손'이라는 기득권의 울타리 안에서 누이 좋고 매부 좋고 식의 자폐적 담합의 즐거움에 도취하기보다 그 울타리를 활짝 열어 성도의 지평을 확장해나가는 데서 비롯된다. 구원은 이런 맥락에서 진정한 교제를 통한 치유이며 한 인간의 총체적 변화이다. 그것은 잃어버린 인간을 찾아 그 본래의 모습을 되돌려주는 하나님의 은혜의 선물이다. 예수께서는 그렇게 활수한 소통과 나눔, 도발적 참여의 동선을 통해 당시의 사회적 인습과 보수적 관행에 맞서 새로운 교제의 가치관을 창출했다. 그는 거리에서, 우물가에서, 시장에서 사람들을 기탄없이 만나고 그들과의 사귐을 즐거이 누리셨다. 마침내 그 열린 교제의 자리는 구원이 샘솟는 삶의 자리였고, 성령을 통한 성도의 교제에 원형적 모델을 제공하였다.

오늘날 한국교회 내에서 이루어지는 성도의 교제는 엄밀히 말해 '이루어지기'보다 '시늉해 보이는' 차원에 가깝다. 예배 중에 인도자의 권고로 엉거주춤 건네는 형식적인 인사치례가 고작이고 공동식사를 할 때도 친한 주변의 지인들 몇 사람들 터울을 건너뛰어 획기적으로 이 시대의 삭개오를 발견하고 초청할 준비가 되어 있지 않다. 누구를 집안에 들여 유하게 할 정도로 활달한 소통과 친밀한 사귐의 자리가 준비된 사람들도 찾아보기 어렵다. 그러니 그 와중에 이행되고 선포되는 회개와 구원인즉 얼마나 허술하겠는가. 그러나 성도의 교제가 성도끼리의 폐쇄적 교제가 되어서는 그 교제의 활력이 구원에 미치지 못함을 깨달아야 한다. 성도 너머의 성도를 개척하여 알아봐줄 때, 회개는 화끈하게 전복적인 사건이 되고 구원은 내실 있게 발견되는 법이다. 한 시인의 통찰대로, 그대가 나를 알아보기까지 나는, 우리는 정처 없는 사람이기 때문이다.

부활 신앙의 부활

누가복음 24:13-35

행사로서의 부활절?

특별한 예외적 경우가 아니라면 부활절 찬송은 부활주일에만 국한하여 부르곤 한다. 아마 어색함 때문이겠지만, 누가 시킨 것도 아닌데 그것을 평범한 주일에 부르는 걸 보기 어렵다. 마찬가지로 부활 관련 성경 구절도 부활주일 이외의 예배에서 봉독되고 강해되고 선포된다면 생뚱맞게 생각할 것이다. 이렇게 언제부턴가 우리 가운데 부활 신앙은 부활절의 추억처럼 일정한 의례적 패턴에 맞추어 행사화되어왔다. 그것은 신앙생활의 관습에 의해 더 부추겨져 우리의 부활 신앙조차 부활절의 예전적 장식품인 양 가지런히 관리되어온 것이 아닌가 의문이 생길 정도이다. 그러나 그관습에 순치된 '어색함'과 '생뚱맞음'이 우리의 망각과 무지, 편견과 오해의 산물이라면 어쩔 것인가. 단지 부활절 행사의 구색을 맞추기 위해 우리의 부활 신앙이 표백되고 전시된다면 그 망령됨의 현실을 어떻게 배겨날터인가. 부활 신앙이야말로 기독교의 역사적 기원이자 존재 의의 자체이며, 나아가 주일예배의 원초적 뿌리가 아닌가. 그런데도 여전히 부활 신앙이 부활절의 테두리 안에서만 전전하다가 일 년 내내 신앙생활의 주제에서 소외된다면 그것은 오래 뿌리내린 우리네 관습의 장막이 기독교 신앙의 본질을 흐려오면서 부활 신앙을 행사장 바깥으로 나가지 못하도록 봉쇄한 탓이리라. 그렇다면 부활 신앙이 어떻게 우리의 일상 가운데 다시 수용되고 재발견될 수 있을까. 부활 신앙의 부활이 21세기 이 땅의 교회 곳곳마다 감당해야 할 쑥스러운 과제라면 그것은 어떻게 실행될 수 있을까.

눈이 가리어진 행인 둘

이른바 '엠마오 이야기'로 알려진 누가복음 24:13-35의 본문은 부활을 단지 소문으로만 들어온 두 사람이 부활하신 예수를 발견하고 부활 신앙을 갖게 된 내력을 압축적으로 보여준다. 그들은 예루살렘에서 이십오 리 떨어진 엠마오라는 마을로 걸어가고 있었다. 예수의 하나님 나라 사역이 그랬듯이 많은 창조적인 일들은 대개 길 위에서 발생한다. 그들 앞에 홀연히 나타난 예수는 그들과 동행하며 그들의 대화와 토론에 동참하였다. 이처럼 예수께서는, 슈퍼맨이나 배트맨이 위태로운 상황에서 갑자기 나타나 해결사로 종횡무진 활약하는 것과는 달리, 우리 인생들의 이야기에 동참하여 더불어 대화하는 분이시다. "서로 주고받는 이야기가 무엇이냐?"(24:17). 알면서도 모른 척 이렇게 물어오시며 슬쩍 우리의 실존적 상황과 코드를 맞추는 예수의 자세는 자신을 한꺼번에 화끈하게 드러내며 '내로라!'하는 과시적 계시의 스타일을 지양하고 있다.

여기서 예수는 이미 부활하여 그들과 함께 동행하고 있건만 그들은 눈이 가리어져 그 사실을 알지 못한다. 예수는 다만 익명의 객으로 그들의 이야기를 듣고 대화할 뿐이다. 그들은 아이러니컬하게도 당사자인 예수 앞에서 예수 이야기를 한다. 그의 십자가 죽음과 이로 인한 '이스라엘을 속량할 자'에 대한 기대와 희망의 좌절을 얼굴의 '슬픈 빛'을 띠며 읊조린다. 아울러 '어떤 여자들'이 새벽에 무덤에 갔다가 경험한 빈 무덤의 이야기와 그가 다시 살아났다는 천사들의 계시를 그저 '소문'으로만 전한다. 그 소문 속에 다시 살아났다는 '예수'는 부재한다. 무덤 속에 부재한 예수는 천사들의 간접적 전언을 통해서 현존할 뿐, 직접적인 실체로 경험되지 못하는 상황이다. 부활은 이미 하나의 사건으로 발생하였지만, 그것이 아직 그들의 사건이 되지 못한 것이다. 마찬가지로 그 사건이 하나의 역사적 사실로, 객관적 사건으로 아무리 논의되고 선포된다 할지라도 그리스도인 각자에게 하나의 주체적 사건으로 경험되지 못한다면 그들에게, 또 우리에게 신앙은 인습적 장식에 불과할 것이다. 그것은 눈이 가리어진 상태에서 '각성'이 안 된 탓이고, 미련하고 더디 믿기 때문이다(24:25).

성경공부와 성만찬

부활 신앙이 간접적 소문의 차원에서 다만 부활에 대한 인식일 뿐이라면 그것만으로 부족하다. 그것이 직접적이고 주체적인 체험의 신앙으로 부활하기 위해 요청된 예수의 처방은 성경공부와 떡을 떼며 나누는 식탁 교제였다. 이는 초대교회에서 부활 신앙을 일상화하기 위한 실천적 양상을 요약하고 있거니와, 당시의 예배인즉 곧 예수의 부활을 기념하는 자리 이상도 이하도 아니었기 때문이다. 먼저 예수께서는 모세의 율법과 선지자들의 글을 필두로 성경의 내용 가운데 자신의 경우와 관련된 것들을 자세히 설명함으로써 그들의 무지와 몽매함을 깨우쳐주었다. 이는 곧 구약 성경의 예언을 예수의 메시아적 사역이란 관점에서 변증함을 암시한다. 이러한 성경 해석은 초대교회에서 예수에 관한 것을 이해하는 중요한 방법이었다. 예배의 자리에서도 특별히 예수의 수난과 부활에 관련된 성경 구절이 낭독되고 새롭게 조명되었다. 이로써 예수 그리스도의 신학적 정체성의 토대 위에 성립된 구원론과 함께 기독교의 역사는 비로소 '이스라엘의 속량'이라는 기존의 유대교 역사를 벗어나기 시작한 것이다. 이러한 시도는 물론 당시의 제자들에게 눈에 더이상 가시적인 육체로 현존하지 않는 예수를 인격적으로 만나고 그의 부활을 재현하는 채널이 되었다. 기독교 역사의 태초에 성경공부가 있었던 것이다.

그 성경공부의 계시적 효능은 두 사람이 여관에 들어 예수와 함께 유숙하며 음식을 나눌 때 만찬의 형태로 이어진다. 그때까지 긴가민가하던 그들이 예수께서 떡을 떼어 그들에게 주실 때 비로소 눈이 밝아져 부활하신 예수를 알아봤다는 것이다. 이는 초대교회 성만찬 신앙을 반영한다. 함께 떡을 떼며 음식을 나누는 주의 만찬이 곧 그 떡과 음료 가운데 임재하는 예수의 영적 현존을 경험하는 자리였으리라는 것이다. 그러나 그 깨달음과 함께 예수는 홀연히 바람처럼 사라진다. 다만 그 깨달음의 흔적만이 남아 "성경을 풀어주실 때에 우리 속에서 마음이 뜨겁"게 타오르던 감각의 추억과 만찬을 나눌 때 영안이 화들짝 열린 각성의 기억만이 남아 예수의 살아나심을 증언하고 있는 것이다. 이와 같이 초대교회는 성경 말씀의 공부와 성만찬의 교제를 통해 부활하신 예수를 공식 예배는 물론 모일 때마다 새롭게 경험하였다. 그들에게 수시로 고백하고 갱신해야 할 신앙이란 이러한 부활 신앙 그 자체였던 것이다.

부활 신앙의 부활을 위해

우리에게도 뾰족한 묘수는 없다. 타임머신을 타고 예수께서 부활하신 빈 무덤의 현장을 방문할 수 없는 노릇 아닌가. 그런 현실에서 우리 역시 성경의 말씀을 공부하고 성만찬과 식탁교제의 자리에서, 또 함께 걷는 일상의 길 위에서 우리의 부활 신앙을 갱신하면서 그것을 행사의 포장에서 벗겨내야 할 것이다. 엠마오로 가던 제자들의 깨달음과 함께 홀연히 사라진 예수의 뜻을 헤아린다면, 그 예수를 자꾸 억지로 붙잡아두려는 나태와 자폐적 이기심을 떨치고 우리도 그들처럼 주께서 살아나심을 선포하고,

우리 인생의 길 위에서 발생한 일과 만남의 사연을 전할 수 있어야 할 것이다. 이렇듯, 부활 신앙은 예수를 내 안에 붙잡아두지 않고 내가 만나고 아는 예수를 말로 전하는 데서부터 부활하기 시작한다. 대뜸 멀리, 바깥으로 전하기 어려우면 먼저 우리가 말씀을 듣고 나누는 자리, 떡과 포도주로 거룩하게 교제하는 바로 그 예배의 자리에서부터 나지막한 언어로 고백하며 증언해보는 것은 어떻겠는가.

두세 사람의 저력

마태복음 18:18-20, 누가복음 10:1-2

소그룹의 성서신학적 기원

한 사람은 외롭다. 그래서 하나님도 맨 처음 인간을 만드실 때 아담이 독처하는 것을 좋지 않게 여겨 그 동반자로 하와를 주셨다. 단순히 외로움 때문이 아니다. 인간은 적어도 둘이 모여야 관계라는 것이 생겨난다. 그 최소치의 관계는 '타자'의 존재를 전제로 한다. 그 타자는 자아를 비추어주는 거울의 역할을 하며 내가 모방해야 할 표본이 되기도 한다. 혹 이와 반대로 그 타자가 형편없는 상태로 추락할 경우라 할지라도 반면교사로 삼으면 더 나은 길을 추구할 수 있게 된다. 그러나 나와 타자의 관계가 일대일로 팽팽하게 맞서는 갈등의 경우, 더구나 냉큼 한쪽에서 압도적인 사랑으로 상대방을 포용하지 못한 채 긴장을 지속시킬 때, 일대일의 관계는 위태롭게 된다. 그 갈등의 관계를 조율하는 제3자의 출현이 이 지점에서 필수적인데, 그로 인해 갈등의 관계는 비로소 긴장과 함께 균형을 유지할 수 있게 된다. 그래서 사람은 일대일의 부부로 만나서 자식을 두는 것이고, 하나님도 삼위일체의 다층적 관계로 그 존재론적 균형을 유지한다. 이러한 맥락에서 "삼겹 줄은 쉽게 끊어지지 않는다"(전 4:12)라는 지혜의 어록도 탄생하였으리라. 그러니까 '두세 사람'은 모든 관계의 은유적 모형이라 할 만하다. 사람을 가리키는 한자어로 '인간'(人間)을 말할 때도 둘이 만나 서로 기댈 수 있어야(人) 사람이고 그런 관계의 사이에(間) 비로소 진정한 의미의 인간됨을 구현할 수 있는 계기가 생기는 법이다.

두세 사람의 모임과 예수의 이름

물론 무작위로 아무런 사람이 아무렇게나 어슷비슷 어울리며 대강 뭉쳐 있다고 저절로 관계다운 관계가 발생하는 것은 아니다. 그런 어울림과 뭉침은 이합집산의 과정에서 우발적으로 생겨나는 스침에 불과하기 때문이다. 예수께서는 소그룹의 원형과 관련하여 두세 사람이 그 관계의 최소치로써 어떻게 해야 하늘을 감동시키고 아버지 하나님의 마음을 움직일 수 있는지 말씀해주셨다. 마태복음 18:18-20은 이와 관련하여 적절한 신약성서 본문이다. 여기서 두세 사람은 '예수의 이름'으로 모일 때 비로소 소통적 관계가 형성된다. 나아가 그 이름으로 모이는 이 관계는 예수의 초월적 현존을 가능케 하는 신학적 토대가 된다는 것이다. 이 말씀은 마태복음의 맥락에서 형제가 죄를 범할 때 그것을 교정하는 방식에 대한 논의의 연장선상에서 제시된다. 이 상황에서 그 형제의 죄를 풀려면 그것을 발견한 사람이 먼저 은밀하게 권고해야 한다. 그 권고가 용납될 때 두 사람은 서로 형제로서 용납하며 상합할 수 있는 관계의 밑천을 얻게 되는 셈이다. 그러나 그 말을 듣지 않고 물리칠 때 조금 단수를 높여 한두 사람을 데리고 가서 권고하여 압박의 수위를 강화함으로써 그 죄를 확증하는 단계가 있다. 그러한 치리의 수단도 먹혀들지 않으면 마지막으로 교회가 나서서 공개적으로 그 사안을 다루게 하라는 것이다.

예수께서 이와 같은 상황을 염두에 두면서 강조하는 말씀인즉, 온전한 관계에서 가능해지는 화해와 소통의 이치이다. 요컨대, "무엇이든지 너희가 땅에서 매면 하늘에서도 매일 것이요 무엇이든지 땅에서 풀면 하늘에서도 풀리리라"(마 18:18)는 것이다. 여기서 '맨다'는 것과 '푼다'는 것이 무엇을 의미하는지, 또 왜 땅과 하늘은 매고 푸는 것으로 상호 감응하는지, 나아가 그렇게 풀고자 하는 목적이 무엇인지 의문이 생긴다. 그렇게 심중에 맺힌 의문은 이어지는 19절에서 풀린다. 그 매임은 이 땅에서 사람들이 서로 마음과 뜻을 합하지 못한 채 관계 이전의 지리멸렬한 낱개의 상태로 혹은 피상적인 불통의 관계로 겉돌거나, 더 심하게는 사람들이 피차 버성기며 갈등과 분쟁의 상황을 연출하는 것을 암시한다. 반면 풀림은 두세 사람이 피차 합심하여 하늘 아버지를 향해 무엇이든지 구함으로써 그 소원을 응답받는 것을 가리킨다. 여기서 그 소원이나 기대는 따로따로의 관심사에 집중한 개인적인 차원일 수 없다. 적어도 두세 사람이 공명하는 관심사로서 하늘 아버지의 뜻에 부합하는 것이어야 할 터이다. 그것은 하나님의 뜻과 나라를 이루는 목적 지향적인 관계의 토대 위에서 가능해지는 연대이고 소통이다. 그런데 보라! 놀랍게도 그 신실한 관계의 구축은 예수의 이름으로 모이는 자리에서 예수의 영적인 현존을 가능케 함으로써 신앙적 정체성을 확립시킨다. "두세 사람이 내 이름으로 모인 곳에는 나도 그들 중에 있느니라"(마 18:20). 이로써 목적 지향적인 신앙적 연대와 소통은 내가 누구이며 내가 어디에 있는지를 투시하는 존재론적 통찰을 낳게 되는 것이다.

두 사람씩 짝을 지어 파송하신 까닭

단순히 화해와 영적인 소통의 차원에서만 이와 같은 두세 사람의 관계가 작동한 것은 아니다. 예수께서는 하나님나라 복음의 전파를 위해 제자들을 파송할 때에도 두 사람씩 짝을 지어 보내셨다. 칠십 명의 제자들을 둘씩 짝을 지어 각 동네와 지역으로 앞서 보내셨을 때 거기에는 35개의 소그룹이 선교적 동체로 조직되어 움직였다고 볼 수 있다. 그 두 명의 선교 소그룹은 물론 충분한 조건이 아니었다. 다만 필요한 선교적 연대를 위한 최소치의 구조였을 것이다. 그래서 예수께서는 그들을 그러한 소그룹으로 보내면서 "추수할 것은 많되 일꾼이 적으니 그러므로 추수하는 주인에게 청하여 추수할 일꾼들을 보내 주소서 하라"(눅 10:2)고 요청하셨다. 이는 곧 추수할 일꾼의 풍성한 모집을 위한 일종의 선교적 전위부대로서 그 소 그룹에 고유한 존재 의의를 부여하셨다는 뜻이기도 하다. 그들은 그렇게 하나님나라 복음 선교의 도상에서 서로의 생사와 성패를 증언하며 서로 지탱하는 힘이 될 수 있었을 것이다. 아울러, 이 땅에서 어그러진 관계들 마다 찾아가 치유와 화해의 능력으로 매인 곳을 푸는 복음의 해결사로서 그 소그룹의 존재 자체만으로도 하나님나라의 모델을 제공할 수 있었을 것이다.

그러니까 두세 사람의 힘은 하나님나라 백성들이 하나님과 신실하게 소통함을 시위하는 충직한 인간관계의 원형이자 그로부터 발생하는 일종 의 영적인 저력(底力)이었다고 볼 수 있다. 그것이 선교적 저력이 되고 목 회적 저력이 되기 위해서는 인간관계의 목적론적 지향점을 성찰하고 그 존재론적 층위를 헤아려야 한다. 우리 주변의 가장 가까운 사람들과의 연 대와 소통에 얼마나 진지하고 충실한지 이른바 소그룹의 목회적 실용성이 나 교회성장론적 전략적 가치를 따지기에 앞서 찬찬히 짚어봐야 한다. 나 아가 그 관계의 밀도가 예수의 이름으로 모이는 그 모임을 얼마나 착실하 게 추동하며, 그로부터 하나님 나라의 선교를 제대로 잘 견인하고 있는지 신중한 성찰이 요청된다. 오늘날 주변의 대인관계가 충실하지도 못한 채 그 땅의 매임을 외면하고 하늘의 풀림을 위해 안달하는 사례가 너무 많기 때문이다. 동료 목회자들이나 교우들과의 관계가 망가지고 가족이나 이웃 들과의 관계가 '두세 사람'의 차원에서 어그러져 있다면, 거기서 무슨 신통 한 힘이 나와 하늘 아버지의 마음을 움직이며 매인 것들을 풀 수 있겠는가. 하나님은 주 예수의 이름으로 모이는 자리에서 그들이 맺은 것을 푸실 준비가 되어 있다. 그런데 자기들끼리 풀지 못하고 또 풀 준비가 되어 있지 않다면 하늘의 반응은 감감할 뿐이다. 매일의 삶 가운데 숱하게 부대끼는 '두세 사람'은 가벼이 여기면서 '세계'와 '만민'을 거론한다면 그것은 신앙적 허풍 아니겠는가. 결자해지(結者解之)라는 말대로 맺은 당사자들이 먼저 풀어야 한다. 두세 사람의 관계에서 충실성을 회복하여 피차 긴밀히 연대하고 소통할 때 교회 내의 분열, 교단 내의 이전투구로써 맺힌 것들을 풀어낼 수 있다. 모든 갈등과 혼란의 심장부로 치고 들어가면 늘 두세 사람이 미꾸라지처럼 물을 흐리고 있지 않는가.

회복의 원근법

무엇을 어떻게 회복하는가

'회복'이란 다시(回) 원상태로 돌려 복원한다(復)는 말이다. 그렇다면 그렇게 회복해야 할 대상은 지금 뭔가 잘못되어 있다는 말이 된다. 망가졌거나 고장 나서 본래 의도된 제 몫의 구실을 못한다는 것이다. 왜 그런 상태로 추락해버렸는가. 신약성서는 이와 관련하여 인간의 타락을 말하고 죄를 지적하며 이 생명 세상의 근본적 뒤틀림을 질타한다. 한 마디로 하나님이 지으신 이 세상과 그 안의 뭇 생명들이 그 창조의 뜻을 제대로 살려 온전하게 존재하지 못하기 때문이란 것이다. 그래서 뒤틀린 세상은 똑바르게 서야 하고 망가진 생명은 치유받아 본래의 구실을 감당해야 한다. 그것이 회복으로서의 구원이다. 회복되어야 할 대상은 많다. 거창하게 말해 이 세상의 모든 피조 생명이 회복되어야 한다. 그리스도인도 비그리스도인도 회복해야 할 목표가 있다. 인간도 동식물도, 심지어 각종 오염과 파괴로 일그러진 채 신음하는 무기물의 피조 세계도 온전히 창조의 선함과 아름다움을 회복해야 한다. 개인도 집단도, 심지어 갖은 기형적인 몰골로 험한 모습을 보이고 있는 오늘날의 교회도 회복이 필요하다. 그런데 신약성서는 가르친다. 그 회복이 그 당사자 혼자의 힘만으로 어렵다고. 가만히 회복을 꿈꾼다고 해서 저절로 회복될 리도 없지만, 그렇다고 기를 쓰고 회복을 갈망한다고 다 그 목표를 달성하는 것이 아니다. 회복의 방법과 관련하여 하나님의 도우심, 곧 그 능력을 의지해야 한다. 그것이 신앙이고 희망이다. 그것이 바로 믿음으로 의롭게 되었다는 의미이고 소망으로 구원을 얻는다는 말의 뜻이다. 하나님은 이 망가진 세상을 당신의 순결한 능력으로, 말씀의 권능으로 회복하길 원하신다. 그것이 우리의 능력이 되고 또 소망이 된다.

무감각에서 생동감으로

신약성서의 모든 메시지는 '회복'이란 꼭짓점으로 수렴될 수 있다. 물론 이 말이 그렇게 인기 있는 어휘는 아니다. 가령, '구원'이나 '믿음'만큼 많이 나오지 않는다. 신약성서에는 우리 말 '회복'이란 뜻에 해당되는 가장 적절한 어휘로 '아포카띠스테미'(apokathistēmi)가 나온다. 이 단어는 '다시 확립하다', '복구하다', '치유하다', '좋게 만들다', '되돌려 보내다' 등의 함의를 아우른다. 그런데 이 어휘는 두 가지 부류의 대상을 설정한다. 그 첫째는 병든 몸이다. 특히 손이 마른 한 환자를 예수께서 고친 복음서의 이야기에 이 어휘가 대표적으로 사용된다. 공관복음에 죄다 나오는 이 이야기(막 3:1-6; 마 12:9-14; 눅 6:6-11)에는 한 익명의 손 마른 사람이 나오는데, 예수께서는 그 사람을 일으켜 세운 뒤 고쳐주셨다. 손을 내밀라고 하더니 내밀매 '회복'되었다는 것이다(막 3:5). 안식일에 이러한 일을 행하는 것을 못마땅하게 여긴 사람들이 시비를 걸어오자 예수께서는 이렇게 말씀하였다. "안식일에 선을 행하는 것과 악을 행하는 것, 생명을 구하는 것과 죽이는 것, 어느 것이 옳으냐?"(막 3:4) 바로 이 말씀 가운데 예수께서 생명의 회복이란 차원에서 무엇을 염두에 두고 있었는지 그 뜻이 밝히 드러난다.

예수께서는 안식일의 각종 규례조차 생명의 회복에 이바지하는 부대가치로 여겼다. 그의 안목에 따르면 안식일에 생명을 회복시키는 것이 그것에 대한 인습적 준수보다 우선되는 선한 가치였다. 손이 말라 감각이 죽은 이 환자에게 그 무감각의 답답함을 해소하여 활력을 되찾아 생동감 있게 살 수 있도록 해주는 것이 생명을 살리는 선교의 본령이었다. 그런 일을 제쳐둔 채 관행을 답습하고 반복하는 제의적 실천은 아무리 안식일이란 계명의 휘장을 걸쳐도 생명을 죽이는 일에 속했던 것이다. 누구한테는 '사느냐 죽느냐' 그것이 문제였지만, 예수께는 '살리느냐, 죽이느냐' 바로 그것이 무엇보다 급선무였다. 회복이 바로 그 급선무였다. 모든 개체 생명은 하나님의 은총의 분깃으로 이 땅에서 그 생명을 누리게 되어 있는데, 그것은 잠시도 보류해서는 안 되는 구원의 과제이다. 하나님의 창조 생명을 생명답게 풍성히 누리도록 하는 일, 마른 손이라는 지체라고 함부로 업신여겨서는 안 된다는 것, 바로 그것이 생명 회복으로서의 구원이 깃드는 자리이다.

억압에서 자유로, 절망에서 희망으로

한 영특한 신학자는 '도덕적 개인과 비도덕적 사회'라는 제목의 책에서 신실하고 도덕적인 개인의 전체집합이 도덕적인 사회공동체를 만들어내지 못하는 곡절을 심각하게 분석한 바 있다. 마찬가지로 모든 개별 생명의 온전한 회복을 이룬다고 해서(그것이 과연 실현 가능한 목표일지는 제쳐두더라도), 그것의 총합이 이 사회와 역사의 온전한 회복으로 귀결될지… 글쎄, 기대 난망이다. 그래서 신약성서는 위와 같은 어휘를 개체 생명이 아닌 하나님의 통치가 관여되는 역사의 총체, 곧 나라와 민족의 회복에 연계시킨다. 마태복음 17:11은 예수께서 메시아로 오기 전 엘리야가 먼저 와서 성취하게 될 회복을 언급한다. 그것은 자기정당화를 넘어 회개의 회복으로 선포되었고, 상투적 절망을 넘어 희망의 회복으로 기대되었다. 식민지 백성으로서 주권을 잃은 치떨리는 설움 가운데 당시 민중은 회복을 꿈꾸었다. 정치·경제·사회·종교의 각종 영역에서 경험하는 억압으로부터 해방의 자유를 얻어 누리는 것이 바로 그 회복의 내용이었다. 그렇게 그들의 희망은 절망을 딛고 나라와 민족의 회복을 갈구하였던 것이다.

사도행전 1:6에 "이스라엘 나라를 회복하심이 이 때니이까"라고 제자들이 부활하신 주 예수께 물었을 때, 그들의 심중에는 이와 같은 거시적 회복의 꿈이 서려 있었을 것이다. 그들은 그 회복의 '때'에 관심이 많았지만, 예수께서는 그 회복의 내용과 과정에 초점을 맞추었다. 그러나 그 '때'에 조바심을 낸 제자들은 오순절에 성령을 경험한 이후 애당초 집착한 민족주의적 관심을 넘어 이제 '만물의 회복'을 전망하기에 이른다(행 3:21). 물론 그것은 아직 미완성의 미래에 속하는 종말론적 희망사항이다. 그러나 그 만물의 회복을 꿈꾸던 희망이 있었기에 지금 여기서의 회복에 끗발을 세울 수가 있었던 것이다. 이와 같이 회복은 원근법으로 돌고 돈다. 회복의 꿈도 원근법으로 뻗어나가고 그 실현도 원근법으로 조율된다. 누구나 개인의 회복을 말하고, 특히 건강의 회복만을 집중적으로 강조하는 편이지만 그렇다고 그 강조의 미시적 이면에 나라와 민족, 만물의 회복이란 거시적 꿈이 뭉개지는 것은 아니다. 물론 그 반대의 경우도 사실이다.

회복해야 할 사람들

모처럼 찾게 되면 내게 신기한 관찰의 대상이 되곤 하는 오늘날 서울의 지하철 객실은 병든 닭처럼 조는 사람들 일색이다. 교회에서도 예배 도중 조는 사람들을 심심찮게 발견한다. 모두 피곤하기 때문이리라. 회복이 필요한 사람들이다. 또 겉으로는 멀쩡해 보이지만, 속으로 지치고 병들어 회복이 필요한 개인, 가족, 공동체가 적지 않다. 날마다 신문과 방송 뉴스의 제목을 장식하는 호들갑스런 소식들은 오늘날 우리에게 왜 회복이 필요한지, 어떤 영역에서 회복되어야 하는지 여실히 증언한다. 이건 팔이 안으로 굽는 이치와 관련되는지 모르겠지만, 무엇보다 회복이 필요한 부류가 영적 리더십의 일선에 선 목사들이다. 교회의 형편이 여유 낙낙하고 목사에 대한 인간적 배려가 충분한 극소의 경우를 제외하면 대다수 목회자들은 지쳐 있고 다양하게 앓고 있다. 더 심각한 것은 그 병증을 외면하거나 숨기는 경우가 허다하다는 것! 그래야 체통이 서고, 더 신령하게 비치고, 강건한 믿음이 있어 보이기 때문이리라. 그러나 아픈 것을 아프다고 말하고 피곤할 때 피곤하다고 말하는 것이 진정한 믿음 아닐까. 병들어 회복이 필요할 때, 더 악화되어 금식하며 울부짖기 전, 미리 상황을 파악하고 성심으로 자신의 회복을 구하는 것이 어디 목사들한테만 절박한 일이랴. 오늘날 개인과 공동체, 이 나라와 민족의 곤경과 탄식은 생명의 회복이란 절체절명의 과제를 우리에게 던지고 있다. 그 과제가 신앙의 명목하에 여러 가지 잡된 논리로 은폐되고 더디 진행된다면 가까운 현안을 치밀히 살피는 노회한 전략은 있을망정, 멀리 내다보며 생명을 경영하는 신학적 감수성은 버려진다. 회복은 이렇게 쉬우면서도 어려운 과제이다.

회복되어야 할 지친 생명들

떨어져 앉기 — 회복의 기초 자세

　사람들이 많이 지쳐 있다. 비신자들뿐 아니라 그리스도교 신자들도 여러 모로 지친 기색이 역력하다. 사람뿐 아니라 동식물들도 인간의 죄악으로 인해 망가지고 자주 탄식하는 느낌이 든다. 이 땅을 스쳐가면서 400만 마리의 돼지와 소를 떼죽음으로 몰아간 구제역 파동만 해도 이 땅에 생명으로 살아가는 것이 얼마나 고단하고 위험한가를 여실히 증명한다. 이 전염병의 상당한 사유가 있겠지만 그중에 대표적인 것이 인간의 탐욕이라니 이 땅에서 유독 심각하게 패역한 것이 인간의 탐욕스런 마음인 듯하다. 인간이 자신이 놓은 그 탐욕의 올무에 걸려 탄식하고 시들어가니 이 역설의 아이러니를 어떻게 설명할 수 있을까. 그 원인과 배경을 캐고 '왜'를 묻기 이전에 이 시대에 시급한 것은 그 지치고 병들어 죽어가는 생명의 총체적 회복이다. 그러고 나서 우리는 따질 수 있다. 왜 회복이 필요한가. 회복이란 무엇인가. 또 어떤 회복이 되어야 하는가.

　무엇이, 누군가 회복되어야 한다고 할 때 그것은 지금 현재 상태가 바람직하지 않음을 전제한다. 몸이 망가졌거나 한 체제가 붕괴된 경우, 또는 한 국가나 민족이 멸망당한 상태에서 우리는 회복을 언급한다. 곰곰이 따져보면 타락한 시대에 회복이 필요하지 않은 경우란 존재하지 않는 것 같다. 심지어 이즈음 회복의 전당이 되어야 할 교회조차 회복의 대상으로 자주 거론되고 있는 실정이다. 그러니 모든 만물이 지금의 상태를 넘어 돌아가야 할 태초의 상태, 곧 순전하게 하나님의 샬롬을 닮은 상태가 회복의 지향점이 되는 것도 무리가 아니다. 그것이 어떤 상태일까. 조급한 결론보다 먼저 신약성서에서 언급되는 회복의 개념을 반추해보자. '회복하다'라는 뜻으로 번역되는 희랍어 동사는 '아포카띠스테미'(apokathistēmi)이고 그 명사형은 '아포카타스타시스'(apokatastasis)이다. 동사를 분절해보면 '이탈'과 '분리'를 뜻하는 전치사 '아포'(apo)와 '위치시키다', '지정하다', '임명하다'라는 의미의 '카띠스테미'가 결합된 형태이다. 나아가 '카띠스테미'는 '앉다', '정하다', '임명하다'라는 유사한 의미의 동사 '카띠조'(kathizō)와 상통한다. 그렇다면 이 단어의 분절적 의미는 '따로 떨어져 앉다' '별도로 배치하다'로 읽힌다. 왜 떨어져 '별도'의 존재가 되어야 하는가. 그것은 현재 있는 삶의 자리가 상쾌한 기운을 제공하지 못하기 때문이다. 현재의 상태에서 지치고 낙망하고 있기 때문이기도 하다. 그래서 그곳으로부터 탈피하여 다른 곳에, 가령 앉아 쉴 만한 자리에 앉아야 한다. 그렇게 해야 안식하고 치유를 경험하면서 방해받지 않고 회복될 수 있기 때문이다. 복잡하고 어지러운 시간과 장소, 낙후된 삶의 형편으로부터 벗어나 일단 새롭게 자리 잡아야 한다. 그리고 서서 황망하게 떨기보다 몸을 낮추어 차분하게 앉아야 한다. 떨어져 앉기! 그것이 바로 회복을 위한 기초 자세인 셈이다.

마른 손의 회복

이에 그 사람에게 이르시되 손을 내밀라 하시니 그가 내밀매 다른 손과 같이 회복되어 성하더라(마 12:3).

복음서에는 예수께서 손 마른 사람을 고쳐주신 이야기가 나온다. 마태복음의 상기 본문 외에 마가복음(3:5)과 누가복음(6:10)에도 같은 이야기의 평행문이 발견된다. 본문의 전후 맥락을 살펴보면 이 치유 사건은 안식일에 일어났다. 회당에서 한 손 마른 사람의 장애 상태를 고쳐주려는 예수를 고발하는 사람들이 있었다. 안식일에 병을 고쳐주는 것이 옳으냐는 것이 그들의 질문이었고, 그 질문의 이면에 고발의 신학적 근거가 도사리고 있었다. 예수께서는 이 도전에 우회적인 수사적 질문으로 응수하셨다. 이를테면 자기 양 한 마리가 구덩이에 빠진 사람이 있다면 안식일이라도 그 구덩이에서 끌어내지 않겠느냐는 것이었다. 사람이 양보다 소중할진대 신체적 불구의 상태에서 고생하는 사람을 치유하여 회복시켜주는 것이 바람직하지 않겠느냐는 것이 예수의 메시지였다. 이 메시지를 깊이 숙고해보면 예수의 생각 속에는 안식 없는 안식일보다는 진정한 생명의 안식을 보장하는 그 실질이 중요하다는 통찰이 담겨 있다. 안식일이 단순히 제도가 아니라면, 다시 말해 그것이 인간의 삶을 속박하는 율법적 억압의 장치가 아니라면, 인간의 복지에 기여하는 것이 되어야 한다. 기실 하나님이 율법을 주시고 특히 안식일을 허락하신 까닭도 하나님의 안식에 참여함으로써 그것을 누리는 생명복지의 실현에 있었다. 예수께서 보시기에 그것이 곧 '선을 행하는 것'에 다름 아니었다. 안식일에 거리낌 없이 참여하기 위해서라도 신체적 장애를 지닌 당사자에게는 치유와 회복이 필수적이었을 것이다.

이 이야기는 예수께서 이러한 소신에 의거하여 그 병자에게 '손을 내밀라'고 말씀하시자 그가 그 손을 내밀매 다른 손과 같이 회복되었다고 결말지어진다. 회복이 치유의 형태로 실현된 사례이다. 그것은 원래 하나님이 지으신 창조의 온전한 상태로 되돌아감을 의미한다. 이러한 회복과 함께 안식일은 단지 제도적 장치나 자신의 의를 세우려는 허울이 아니라 구체적으로 그것을 누리는 해당 생명들이 진정한 안식 가운데 하나님과 연합하는 기쁨의 사건이 되는 것이다.

기실 이 땅의 생명들은 망실한 하나님의 태초를 회복해야 할 필요가 있다. 신체적 장애뿐 아니라 죄악과 타락으로 비뚤어진 인간의 심성을 고침 받아 하나님의 안식에 동참해야 한다. 그것이 치유의 근본이고 회복의 전제이다. 아니, 회복은 오로지 치유를 통해서만 가능해진다. 몸의 에너지가 축나고 신체적 기능에 작은 이상이 발생할 때 이를 방치하면 그 에너지는 고갈되고 그 기능은 아예 통째로 망가지는 불상사가 잇따른다. 그 뒤에 후회하고 다시 회복을 도모하지만 쉽지 않다. 하나님의 능력을 갈구하지만 그것은 참 미련한 짓이다. 하나님은 이미 그 전에 회복의 기회를 숱하게 많이 주었기 때문이다. 쫄딱 망하고 나서 신앙에 의지하는 것이 극적인 반전의 기대를 높이는 것이 사실이지만 하나님은 우리 생의 변두리에서 그렇게 구질구질하게 천부 앞에 손들고 나오는 것보다 그 생의 한복판에서 회복의 일상적 기회를 선용하길 원하신다. 그래서 날마다 노동하는 낮을 주시듯, 안식하는 밤을 허락하시는 것이리라. 그 밤중에 잠들어 꿈꾸면서 의식이 쉬고 무의식이 약동하는 중 하나님은 우리 신체의 과욕이 저지른 많은 어긋남을 질서로 되돌리시면서 태초의 시간과 원래의 생명 상태로 회복하시는 것이리라.

이스라엘의 회복

그들이 모였을 때에 예수께 여쭈어 이르되 주께서 이스라엘 나라를 회복하심이 이 때니이까 하니(행 1:6).

예수의 제자들은 대체로 둔감했다. 예수께서 보이신 전혀 예기치 않은 삶의 행적과 어록을 보고 들었으면서도 자주 그의 의도를 헛짚었고 종종 그의 말씀을 오해했다. 심지어 십자가에 돌아가시고 다시 부활하신 시점에서도 그들의 상기 질문을 보면 그 관심이 제자로서의 신실한 삶과 만민을 향한 선교적 소명이 아니라 '이스라엘 나라'의 회복에 국한되어 있었다는 것을 알 수 있다. 여기서 '이스라엘의 회복'이란 문구가 풍기는 암시는 이스라엘 족속의 식민지 억압이 종료되고 마침내 영광의 해방을 맞는 경험이다. 옛적의 영웅 다윗 같은 제왕적 모습으로 예수께서 군림하여 로마의 제국주의 세력을 다 쫓아버리고 억압에 찌든 식민지 백성 이스라엘을 다시 영광스럽게 회복시키는 민족주의의 이념이 바로 그 회복의 기대치였다. 그래서 그들에게 회복인즉 곧 민족의 회복이요 나라의 회복이었을 것이다. 그래서 부활하신 주님의 승천에 즈음하여 제자들이 물었던 것이다. "주께서 이스라엘 나라를 회복하심이 이 때이니이까?" 그것은 하나님 나라가 오로지 선민 이스라엘의 전유물처럼 인식된 신학적 사고의 소산으로 비친다. 그 사고의 밑바탕에는 선민주의의 고고한 비전이 잠재되어 있었을 것이다. 이러한 관점의 하나님 나라 이해는 유별난 것이 아니었다. 당시 이스라엘 백성들의 신산한 삶은 늘 이와 같은 종말론적 희망을 동반했다. 예수의 초림에 앞서 세례자 요한에게 기대된 비전 역시 민족의 또 다른 영웅 엘리야의 귀환과 이를 통한 옛적 영광의 회복이었다. 따라서 "엘리야가 과연 먼저 와서 모든 일을 회복하리라"(마 17:11)는 예수의 말씀이 이스라엘 백성들과 제자들에게는 이스라엘 민족의 해방과 부흥이라는 현실적인 메시지로 다가왔을 것이다. 그들에게 그 '모든 일'은 모든 족속의 보편적인 구원을 가리키기보다 이스라엘 민족의 해방으로 들렸을 터이기 때문이다.

그러나 진정한 의미의 '회복'은 예전의 상태로 되돌아가는 '복구'와 차원이 좀 다르다. 그것은 전혀 새로운 질서로의 진입과 갱신된 피조세계의 도래를 가리키기 때문이다. 우리가 되돌아가야 할 대상은 저 망실된 원시의 고향 에덴동산이 아니다. 그것은 또한 아브라함과 이삭과 야곱의 후손에게 약속되고 모세를 통해 구체화된 이스라엘 민족공동체의 선민주의적 이념과 배타적 자랑도 아니다. 그것은 이 모든 역사의 굴절과 진보를 넘어 하나님의 충만을 향해 지속되는 구원사의 종말론적 궤적 모두를 아우르는 하나님 나라의 미래, 곧 진정한 샬롬의 성취이다. 물론 그리로 전진하는 과정에서 나라도 회복되어야 한다. 한시절 이스라엘의 회복이 신학적 테마로 뜨겁게 달구어졌듯이, 우리가 몸담고 살아가는 이 땅의 나라 두 쪽도 70여 년 분단의 사슬을 끊고 다시 온전히 하나 되어 회복된 공동체로 거듭나야 한다. 동서의 지역으로 갈리고 중앙과 지방, 강남과 강북 등으로 대립하는 소지역주의의 병폐가 극복되고 온전히 한 민족으로 융합되는 역사(役事)가 이루어져야 한다. 지구상 거의 유일한 분단국가로 남아 역사의 비극을 온몸에 안고 사는 민족이 진 이 십자가의 끝이 부활이라면 그것은 곧 너와 나의 원수가 친구로 돌변하고 형제자매로 용납하는 상처의 치유와 함께 안식을 누리는 회복의 복음으로 구현되어야 한다. 이 땅의 백성들이 하나님을 경외한다고 하면서 병든 한반도의 몸통을 두 동강 낸 상태로 동일한 몸의 반쪽 지체들이 따로 노는 역사의 장난을 이제 더이상 지속할 수 없기 때문이다.

만물의 회복

하나님이 영원 전부터 거룩한 선지자들의 입을 통하여 말씀하신 바 만물을 회복하실 때까지는 하늘이 마땅히 그를 받아 두리라(행 3:21).

개인 생명의 신체적 회복과 민족의 회복만으로는 부족하다. 그 회복의 지평은 하나님의 충만을 정점으로 모든 만물을 향해 뻗어가는 것이 섭리적 순리이기 때문이다. 하나님의 말씀이 약동하는 시간대는 자그마치 '영원'으로 소급되고 '영원'으로 뻗어간다. 그토록 영원의 초시간적인 차원을 아우르는 까닭은 오로지 만물의 회복을 기다리며 이 땅의 구원사적 사명을 이루어나가기 위함이다. 앞의 예문은 예루살렘 성전 미문에 앉아 구걸하던 걸인을 일으켜 회복시킨 베드로가 체포당하고 나서 솔로몬의 행각에서 한 설교의 일부이다. 베드로의 영적 통찰에 의하면 한 걸인의 신체적 회복은 단지 그 개인만을 위한 이기적 사건이 아니었다. 그것은 만물의 회복을 향해 영원 전부터 기획된 것이고 영원을 향해 열려 있는 우주적 사건이었다. 그 팽창과 확대의 한가운데 예수의 십자가 사건이 놓여 있었다. 죄 없는 구세주를 죽인 사람들이 회개하여 이러한 신적인 회복의 파노라마에 눈뜰 때 비로소 생명이 온전히 새롭게 되는 통전적 구원의 희망은 조금씩 우리 삶의 현실이 된다.

회복의 대상으로 참 거창하기까지 한 만물의 까마득한 지경에 우리 안목이 미칠 때 우리의 신앙은 비로소 그리스도의 분량까지 자라나면서 그 자폐적 질곡에서 벗어날 수 있다. 이를 위해 먼저 이웃생명의 존재를 소중히 영접하고 환대하며 그들의 현실을 영생의 세계로 안내하는 선교적 소명에 대한 각성이 긴요하다. 실제로 이웃의 생명은 이스라엘 동족의 동질성과 거리가 먼 이질적인 타자이다. 우리 현실 속의 이웃은 말의 엄정한 의미에서 익명의 존재이고 혼란스런 방외인이다. 지척지간의 공간이 무색하게 우리는 문만 닫으면 망하든 죽든 상관없는 차가운 타자로 살아간다. 그것은 마귀적인 관계의 지옥이고 나아가 무관계의 강팍한 경계이다. 개체 생명의 위안물로서의 구원이 주님의 종말론적 구원이 지향하는 궁극적인 목표가 아닌 까닭이 여기에 있다. 이웃생명의 범위는 21세기의 오염된 지구환경과 변화무쌍한 우주환경으로 확산되면서 인간중심주의의 한계에 대한 반성을 추동하고 있다. 인간 중심의 인본주의가 제도권 기독교와 어깨를 나란히 하면서 이웃 피조생명에 대한 파멸을 재촉해온 것이 근대 서구의 물질문명이 초래한 참담한 현실이다. 하나님의 축복은 오로지 이러한 인간의 탐욕에 의해 정당화되기라도 하는 양 지구생명이 한가지로 극심한 고통 가운데 탄식하는 지경에서 하나님의 아들들이 도래할 종말론적 미래는 더욱 절박해지고 있다.

예수의 십자가 사건은 구원의 중추적 표징으로 제 생명을 공여하면서 인간의 생명을 먹여 살리는 주변의 이웃생명에 대한 신학적 성찰을 촉진

하는 핵심 매개이다. 이와 함께 우리 믿는 자들은 오늘도 사랑의 회복을 갈구하는 형편에 처해 있다. 그래서 베드로의 절규 어린 회개에의 요청은 단순히 예수를 십자가에 못 박아 죽인 일부 유대인들의 먼 과거 행실에만 국한되지 않는다. 오늘날 여전히 예수의 십자가 공로에 걸맞은 삶을 살지 못한 채 만물의 회복을 위해 희생한 그의 생명의 유산을 낭비하거나 제멋 대로 사유화하는 모든 자리는 부끄럽다. 이에 대해 우리는 치열한 회개의 감수성 속에 거듭나야 한다. 그런 기다림의 세월을 쌓아가면서 만물이 회복되는 날까지 부활 승천하신 예수께서는 하늘에서 애절한 심정으로 인간 세상을 굽어 살피시리라.

치유와 안식의 역동성

회복은 치유와 함께 실현된다. 치유는 생명의 본래적 질서가 어긋나 있다는 자기 성찰적 의식에 비롯된다. 잘못을 잘못으로 알지 못하고 일탈을 일탈로 인정하지 못한 상태에서 회복은 불가능하다. 아예 회복될 필요를 느끼지 못하는 마당에 그런 의욕을 부릴 수 없기 때문이다. 안식은 그렇게 회복의 지난한 과정을 통과한 생명이 누리는 은총의 분복이다. 역으로 하나님의 안식을 위해 모든 것을 내려놓을 준비가 된 자만이 회복의 지름 길에 들어설 수 있다. 치유와 안식을 위해 투여하는 시간과 삶의 에너지는 그 생산성이란 점에서 점수를 낮게 받을지 모른다. 오로지 일하고 생산해야 하는 기계로서 이 시대의 문명은 쉼의 가치에 인색한 편이다. 이즈음 교회 역시 다소 성찰적 의식을 갖게 되긴 했지만 여전히 앞만 보며 달려가는 직선의 의식으로 팽배한 상태이다. 그 목표가 교인들의 수적 팽창에 집착하는 부흥 성장이든, 헌신과 희생의 강박에 휩쓸려가는 전체주의적 일사분란이든, 교회 역시 정신을 차리고 차분하게 제 삶의 자리를 톺아봐야 할 때가 되었다. 우리의 신앙이 이 광기의 시대에 어떻게 일상적 삶의 버릇

속에 문화화될 수 있는지 겸손하게 성장의 그늘을 살필 때가 되었다. 우리 사회 역시 돌진근대화의 후유증을 성찰하면서 이제 선진적인 삶의 의식이 무엇인지, 성숙한 삶의 누림이 어떻게 구체적인 생명들의 일상 가운데 착근해야 하는지, 전시성 구호와 주인 없는 선동적 말들이 난무하는 세태 속에 어떻게 소통 가능한 대화와 만남의 진정성을 살릴 수 있을지 대안적 인간관계의 밑절미를 구축해야 할 시점이다. 여기에 바로 '떨어져 앉아' 제 입지를 바꾸고 제 삶의 근본을 재구성하는 회복의 정당성이 있다.

　교회의 관습적 예배에 지친 이들, 헌신의 이름 아래 눌린 자들, 특정 개인의 카리스마에 세뇌되어 봉사하느라 피로한 생명들, 혹은 그 반대편에서 세속의 향락에 빠져들어 심신이 병들어가는 사람들 그리고 한갓 일장춘몽에 불과한 명예와 권력, 자본의 미끼에 걸려 영원의 저 편에 눈길이 미치지 못하는 자들이여! 모두 다 십자가 그늘 아래 그 짐을 내려놓아라! 치유와 안식의 세례를 받아 회복의 길에 접어들라! 먼저 마른 손가락의 경련을 풀고 태초의 감각을 회복한 은총 어린 몸을 만드세. 마음까지 상큼하게 거듭난 지성의 촉수를 이 불쌍한 민족의 회복에 맞추어 70여 년 분단과 소모적인 쟁투를 그치자. 민족도 소멸하고 인간 공동체의 영화도 퇴락한 미래의 한 지점에서 하나님의 충만을 향해 뻗어가는 만물의 회복을 꿈꾸어보자.

"이렇게 기도하라"

마태복음 6:9-13

기도의 천태만상

기도로 별의별 말을 다 할 수 있고, 기도에 대하여 온갖 이야기를 다 쓸 수 있다. 기도의 자세와 방법, 그 역사와 전통, 기도의 유형과 종류, 그 내용과 형식 등등 이루 다 말할 수 없는 말들이 기도와 관련하여 넘쳐난다. 어떤 이는 기도를 하려면 열심히 지속적으로 하는 게 중요하다고 역설하고, 또 다른 이는 기도를 오래, 길게 하면서 몰입할 때 하나님과의 영적 교감이 깊어진다고 목청을 높인다. 혹자는 기도 중에서도 방언기도가 특히 신령하다고 말하지만, 이즈음에는 하나님의 음성을 들으면서 자신을 살피는 관상기도의 열풍이 높아져간다. 그 어떤 기도를 어떤 맥락에서 말하든, 기도가 경건훈련과 그 열매의 핵심 요체임에는 틀림없다. 예수 당시에도 신앙적 경건의 3대요소로 기도와 금식, 구제를 꼽았는데, 그중에서도 기도의 비중이 단연 컸다. 그런데 그 기도는 공적인 표준이 없이 사유화되거나 그 표준이 왜곡되면서 종교적 위선의 온상이 될 우려가 있었다. 그 우려가 현실화되었을 때 예수께서는 그것을 바로잡지 않으면 안 되었다. 예수께서 산상수훈의 기도에 대한 가르침에서 질타하신 핵심은 기도가 종교적 자기선전의 수단으로 전락하여 기도를 하나님께 드리기보다 사람들한테 보이려고 장식적인 폼으로 기도했기 때문이었다. 그것이 '큰 거리'의 기도였고 '많은 말'로 꾸미는 기도였으며 '중언부언'의 기도였다. 예수께서는 이러한 행태를 본받지 말라고 엄히 훈계하셨다(마 6:8). 기도가 하나님과의 은밀한 대화로 나가지 못한 채 정치적인 자기 시위가 될 위험을 이렇게 엄중히 단속하신 것이다.

사유화된 기도의 우상들

하나님께 정보를 전달하는 것이 기도의 목적인 양 우리는 시도 때도 없이 우리의 정황을 하나님께 알리고자 안달하면서 기도하기에 급급하다. 그렇게 힘주어 알리지 않으면 하나님이 우리 사정을 잘 모르는 것처럼, 혹은 그 사정에 대한 호소를 진중하게 듣지 않으실 것처럼, 특히 열심히 한다는 우리의 기도는 너무 호들갑스럽고 자기감정의 흥분에 도취되는 경향이 있다. 그러나 예수께서는 그런 기도를 본받지 말라고 했다. 왜냐하면 기도가 자신의 욕망에 따라 무엇을 달라고 자꾸 구하려는 자기중심적 간구로 집약되면 그것은 하나님의 전능한 주권을 무시하는 격이 되기 때문이다. 아울러, 그런 기도의 행태는 아버지 되신 하나님의 신실함을 의심하는 자신의 속셈을 은연중 드러내는 셈이다. 이렇게 기도의 신학과 그 언어가 빗나가기 시작하면 그 기도의 열정은 결국 사유화된 기도를 낳는다. 그것은 기도로 타파해야 할 자신의 우상들을 기도의 휘장 아래 보호하며 세워가는 폐단을 낳고, 거기에 정당성을 부여하면서 인습화한다. 이 세상에 수많은 질고가 있지만, 신앙의 이름으로, 특히 그 밑바탕에 기도의 열심을 깔고 번지는 질고만큼 무서운 것도 없다.

우리가 많은 말을 더욱 빡센 어조로 달구어진 감정과 함께 토해낼 때 하나님이 더 잘 들으실 줄 생각하는 것은 다분히 인간적인 발상이다. 예수께서는 이를 '이방인/이교도'가 기도하는 습성이라고 꼬집는다. "그들은 말을 많이 하여야 들으실 줄 생각"한다는 것이다. 그런데, 이에 대한 대안으로 제시하는 하나님의 입장은 극히 지당하고도 단순하게 "은밀한 중에 보시는 네 아버지께서 갚으시리라"(마 6:6)는 것이고, "구하기 전에 너희에게 있어야 할 것을 너희 아버지께서 아시느니라"(마 6:8)는 것이다.

아버지와의 진솔한 대화

사유화된 기도의 우상을 타파하고 정치조종술적 매체로 퇴락한 우리 기도의 언어를 회복시키려면 무엇보다 기도를 하는 대상을 잘 이해해야 한다. 즉, 신론과 신관이 제대로 정립되어야 하고, 거기에 기초한 기도의 신학적 본질이 바로 서야 한다. 그것은 곧 '아버지'로서의 인격적인 하나님을 전혀 새롭게 발견하는 것이고, 그 아버지와 더불어 자녀로서 진솔하게 대화하는 것이다. 그 아버지는 물론 사사로운 당파성과 무관한 '우리' 모두의 아버지이고, 인간세계의 욕망을 뛰어넘은 '하늘(들)에 계신' 아버지이다. 이어지는 주기도문은 그 아버지를 기리는 찬양과 영광의 언어로 기도의 첫마디를 채운다. 그것은 곧 우리의 먹고사는 일상적 욕구와 별 상관이 없고 거기에 도움이 되지도 않을 그 아버지의 거룩한 이름과 뜻, 그분이 왕이 되시어 우리를 직접 다스리시는 그 제왕적 직할통치의 꿈이다. 이와 같이 하늘에서 이루어진 그 신정통치가 이 땅에서도 편만하여 하나님의 주권이 천지간에 가득차길 열망하는 간구들이 주기도문의 첫대목을 장식하고 있다. 이런 기도의 메뉴로는 너무 싱거워 밥 한 끼 사먹지 못할 것 같고 별로 실용적으로 써먹지도 못할 것 같은데, 예수께서는 "이렇게 기도하라"는 준엄한 훈계와 함께 공변된 기도의 표준을 제시하였다.

그런가 하면 이어지는 그 기도의 내용은 욕심을 부리지 않은 소박함의 극치를 달리며 신앙이란 이름의 근본적 관심사를 아우른다. 인간을 위해 구해야 할 첫대목이 고작 오늘 하루 먹을 '일용할 양식'을 달라는 것이다. 내일 모레 몫까지, 아니 일주일, 한 달의 생활필수품을 한꺼번에 쇼핑하는 데 익숙한 우리에게 이 '일용할 양식'의 기도는 우리를 너무 부끄럽게 한다. 현재의 수준도 모자라 '더 많이' '더 크게'를 악다구니처럼 복창하는 우리의 기도는 기실 주기도문의 신학에 얼마나 반역적인가. 그런가 하면 '시험'에 들지 말게 해달라는 기도와 '악'에서 구해달라는 간구가 이어진다. 그 시험이 우리를 연단시키는 좋은 시험이라면 굳이 이렇게 사양할 이유가 없을 터이다. 그런데 하나님이 우리를 혹 잘못 판단하여 쓸데없이 불필요한 시험에 빠트리는 것은 아닐지 그런 일말의 의혹을 담아 자녀로서 우리는 아버지께 따지듯, 정녕 그렇다면 그렇게 하지 않는 게 아버지다운 처신이라고 상기시켜드릴 수 있다는 것이다. 이것이 기도에서 우리가 차지하는 자녀로서의 사명이다. 물론 '시험'과 '악'의 문제는 우리의 연약함과도 상관이 있다. 그 연약함으로 인해 자초하는 그런 시험과 악을 이겨낼 수 있는 힘을 달라는 간구가 그 배음으로 깔리는 것은 그래서 당연하다. 하나님이 다 잘 알아서 처리하시겠지만, 그럼에도 불구하고 하나님의 이런 아버지다운 '역할'을 제대로 잘 수행해주시길 간구하는 것이 기도라는 이름의 우리 '작업'이다. 그렇게 쌍방이 마주쳐야 기도가 진솔한 대화가 된다. 그런 '하나님의 가족'(familia Dei)관계에서 이루어지는 나눔 가운데 자녀들이 아버지 눈치 보지 않고 발언할 수 있고, 아버지가 그들의 당찬 모습을 건방지다고 힐난하기는커녕 기특하게 여기신다.

신앙적 도전으로서의 기도

이렇듯, 진솔한 기도는 열린 대화를 지향함으로써 소박해진다. 그렇게 소박하고 간결한 기도는 감추어진 우리의 폐부를 찌르는 예리한 언어로 우리의 종교적 가식과 위선의 꺼풀을 벗겨내는 성찰의 연습으로 나아간다. 그런 기도는 상투적으로 후회만 하지 않고 실질적으로 개혁을 이루는 동력을 제공한다. 주기도문이 위대한 까닭은 다른 한편으로 그 기도 안에 우리 인간이 신앙적으로 제기할 수 있는 가장 근원적인 물음을 머금고 있기 때문이다. 아울러, 그 물음을 붙들고 씨름함으로써 자신의 현 상태를 초극하며 하나님의 현존을 그 벼랑 끝에서 탐문하려는 신학적 결기를 담고 있기 때문이기도 하다. 그런데 주기도문에 미치지 못하는 우리의 기도는 자신이 몸담고 사는 체제와 그 내부적 논리에 순치된 상태에서 그것을 정당화하기에 급급하다. 해석 없이 주문처럼 되풀이하는 주기도문조차 그런 정당화 과정의 장식품으로 치부되는 위험도, 세상에… 그게 위험인 줄도 모른 채 무모하게 무릅쓴다. 그러나 진정한 기도의 본령은 자기의 현 상태를 넘어가는 데서 빛난다. "이렇게 기도하라"는 그 단호한 명령이 우리의 기도가 나가야 할 궁극적인 방향을 제시한다면 오늘날의 기도는 주기도문을 참조하여 참신한 신앙적 도전의 면모를 시급히 되찾아야 한다.

'얼마나'보다 '어떻게'가 중요한 기도

기도에 대한 편견과 오해

한국교회의 기도 풍토 중에서 대표적인 편견은 기도는 많이 할수록 좋다는 것이다. 지성이면 감천이니 극진한 정성으로 최대한 많이 기도하여 하나님을 감동시키는 것이 기도의 전략이라는 식으로 가르치기도 한다. 그 기도 시간의 분량은 열심의 강도와 결합되어 한편 뜨거운 기도를 강조하기도 한다. 그러나 그러한 기도의 이해는 하나님을 마치 '용왕 신' 수준으로 전락시킬 위험이 있다. 열심히 바치고 드리고 지극한 정성의 강도와 분량에 비례하여 감동하신 하나님이 그렇게 기도한 사람에게 복을 주시고, 그 감동의 상한선에 못 미치면 하나님이 폭풍과 재난으로 분노하신다는 생각이 그 배후에 깔려 있는 것이다. 기도를 전략적 타산의 방편으로 인식하여 하나님을 그렇게 유치하게 만들어버리는 것은 기도의 신학이 잘못 자리 잡았기 때문이다. 오랫동안 기도하는 그 개인의 열심히 왜 나쁘겠는가. 그러나 신약성서는 기도의 왜곡된 열심이 인간의 종교적 위선을 부채질하기 쉬운 약점을 경계한다. 그 대신 예수와 신약성서의 저자들이 강조하는 것은 기도의 신실한 자세와 절제된 언어의 선택, 나아가 기도하기 이전에 삶으로써 드러내야 하는 그 자세의 일관된 진정성이다. 이러한 요소에 대한 신학적 고려가 결여된 막무가내의 기도는 기독교 신앙을 일천하게 만들고 하나님을 인간의 욕망에 포로로 묶어두려는 심각한 실수를 저지른다. 고쳐야 할 문제점이다. '얼마나'보다 '무엇을'과 '어떻게'를 중시해야 성숙한 기도의 문이 열린다.

종교적 시위수단과 중언부언의 문제

예수는 당시 경건한 유대인들이 기도하는 습관에 대해 비판적 일갈을 한 바 있다. 특히 사람들에게 보이려고 장식적인 제스처와 위선적인 자기선전의 방편으로 기도를 왜곡하는 것이 문제시되었다. 회당과 큰 거리 어귀에서 자신의 경건을 자랑이라도 하듯이 기도하는 자들은 이미 자기 상을 받은 외식하는 자라는 것이다(마 6:5). '외식'(hypokriton)이란 말의 문자적 함의는 연극배우가 자신의 본심과 다르게 자신을 표현하는 연기행위를 가리킨다. 그것은 기도를 하면서 하나님을 빙자하는 행위이고, 하나님의 영광을 자기가 인위적으로 차지하려는 신성모독적인 발상을 깔고 있다. 예수는 그러한 기도가 진정한 기도와 거리가 멀다는 것을 지적했다. 아울러, 이러한 불순한 의도와 함께 이러한 현장에서 드려지는 기도자의 함정은 중언부언한다는 것이다(마 6:7). 예수의 이 비판은 같은 말을 반복하면서 별 의미도 없는 주술적인 언어로 하나님을 들먹이며 사람을 미혹시키는 기도의 미신적인 요소를 겨냥한 것이다.

우리 시대에 공적인 모임의 자리에서 드려지는 모든 기도에는 이와 같은 정치 조종술적이고 자기 시위적인 위선과 기만의 가능성이 깃들어 있다. 예수는 이 모든 위험을 넘어서는 대안으로 은밀한 사적인 경건의 실천을 강조했다. 기도 역시 은밀한 골방에서 은밀한 중에 보시는 하나님 앞에 드리는 것이 옳다고 보았다(마 6:6). 공적인 모임의 자리에서 설교로써 제일신의 이해관계를 변론하거나 자신의 의로움을 시위하는 것이 설교의 타락이듯이, 기도로써 자신의 경건함을 드러내거나 신령함을 과시하려는 술

수는 기도의 가장 추악한 타락이다. 하나님은 우리가 기도드리기 전에 우리에게 필요한 모든 것을 다 아신다(마 6:8). 하여 우리가 생각하고 상상하는 것 이상으로 채워주시는 하나님의 은혜는 특정한 유형의 기도 행위에 속박되지 않는 자유의 영역에서 보편적으로, 개방적으로 행사된다. 그 은혜를 독점하기 위해, 그 축복을 남보다 더 많이 받기 위해 기도로써 하나님을 회유할 수 있다고 생각한다면 그것은 예수의 기도 신학적 기준에 역행하는 어리석은 오해이다.

주기도문 — 공동기도의 모범

그렇다고 공중 모임을 갖지 않을 수 없고, 그 공적인 모임의 자리에서 기도를 드리지 않을 수 없다면 어떻게 해야 하는가. 예수께서는 '이렇게 기도하라'고 그런 집단적 회합의 자리에서 드려야 할 공동기도의 모범을 가르쳐주었다(마 6:9-13). 우리에게 '주기도문'으로 알려져 있는 이 기도는 예수의 신학사상을 가장 극적으로 대변할 뿐 아니라, 오늘날 기도의 잘못된 인식으로 비롯된 모든 폐단을 일거에 수습할 수 있는 단순한 기도의 언어와 투명한 기도신학의 품위를 보여준다. 이 기도의 정석은 하나님을 하나님으로 인식하여 공동체 성원들과의 인격적인 교제 가운데 그 하나님을 '우리 아버지'로 호명하는 것으로부터 시작된다. 그 하나님을 영화롭게 하는 것이 기도의 으뜸 순위이다. 그것이 바로 하나님의 이름을 거룩하게 일컬어지도록 배려하는 간구이고, 그 하나님의 뜻과 나라가 이 땅에 임해 온전히 이루어지도록 청원하는 기도이다. 하나님이 알아서 다 하시겠지만, 그래도 하나님과의 언약적 동반관계에 있는 그 자녀들이 하나님의 그 신성한 의무를 상기시켜드림으로써 피차 대화하고자 하는 것이 이 기도의 신학적 토대이다.

이어지는 서너 개의 간구 사항은 인간의 일상적 삶에 대한 간소한 필요로서 '우리의 일용할 양식'의 공여, 인간관계의 왜곡된 현실을 교정하기 위해 서로가 서로의 빚을 탕감해주는 상호간 죄의 용서, 이 땅의 사특한 시험과 악으로부터 자유로워지기 위해 하나님의 개입과 도움을 구하는 순서로 이어져나간다. 이 모든 기도의 내용은 필수적인 핵심을 짚어주면서 군더더기를 배제한다. 턱없이 탐욕스러운 언어와 혼란스런 자세로 온갖 세목들을 잡다하게 늘어놓으면서 '~주시옵소서'를 연발하는 우리 시대 기도의 풍속도와는 거리가 멀다. 더구나 이 기도는 '우리'의 공동체적 필요와 기원을 담아 전하는 단아한 예전적 리듬으로 양식화되어 있다. '나'의 욕망을 배설하는 구구한 오염된 언어들이 철저하게 정제된 자리에서 주께서 가르쳐준 이 '우리'의 기도가 드려질 수 있다.

바리새인과 죄인의 기도 ─ 겸손한 기도

예수께서는 또 다른 기도의 비유를 통해 세리와 바리새인의 두 가지 유형을 설정하여 하나님 앞에서 드리는 개인의 기도가 어떻게 해야 진정한 의미를 담을 수 있는지 가르쳤다. 누가복음 18:9-14에 나오는 이 이야기에는 당시 경건한 신앙인의 자부심이 높았던 바리새인이 먼저 등장한다. 그는 성전에 올라가서 따로 자리를 마련한 뒤 서서 감사기도를 드렸다. 그 감사의 조건은 자신이 불의, 토색, 간음 등을 행하는 불의한 자들과 차별적인 존재이며 금식과 십일조를 통해 우월한 경건의 위상을 갖춘 자라는 것이었다. 결국 그의 감사기도는 '감사'라는 형식을 빌려 자기 자신을 자랑하며 자기의 영광을 높이려는 수작에 불과했다. 주변에 있는 '세리'를 특정하면서 '이 세리'와 자신이 같지 않음을 감사한다고도 기도했다. 그것은 감사가 아니라 저주이고 비난이다. 반면 세리는 죄인다운 고통스러운 심사로 고개도 들지 못한 채 가슴을 치며 "나를 불쌍히 여기소서. 나는 죄인이로소이다"라고 기도했다. 그의 기도는 애통하는 마음의 정직한 표현이었다. 바리새인의 기도는 그의 의로움을 과시하는 기도였다. 그는 그 의로운 부류에 속하기 위해 매우 성실하게 노력한 사람이었을 것이니 그러한 감사가 틀리지 않은 것이라고 인정해줄 수도 있다. 반면 세리는 당시의 악질적인 죄인으로서 죄인다운 애통함을 드러낸 것이니 그의 기도가 대단하지 않다고 볼 수 있다. 그러나 종교는, 예수의 신학은, 기독교의 신앙은 그러한 정상적 의식을 뛰어넘는 초월의 차원을 지향한다. 세상의 평판과 자신의 기준으로 아무리 의인이라 해도 하나님 앞에서 부족한 죄인이며, 아무리 극악무도한 죄인이라 할지라도 하나님 앞에서는 자비와 은혜를 받을 만한 소중한 존재라는 이 역설적 이치를 그 바리새인은 알지 못했던 것이다. 응답의 결과인즉, 바리새인이 아니라 세리가 그 기도와 함께 의롭다 여김을 받고 돌아간 것으로 드러난다. 오늘날도 마찬가지다. 우리가 드리는 기도의 99%가 하나님의 쓰레기통에 들어간다는 농담 아닌 농담이 있듯이, 우리의 기도에는 하나님보다 사람을 의식하고 제 욕망에 집착하는 불순물이 많다. 제 실존의 심연에 눈을 뜬 세리와 같은 이들이라면 하나님 앞에 기도의 이름으로 내뱉어야 할 말이 그리 많지 않다는 데 공감하게 된다. '불쌍히 여기소서', '영광을 받으소서'… 그 정도면 족하지 않은가.

그 밖에 여러 유형의 기도

예수께서는 그밖에도 여러 유형의 기도에 대해 가르치셨다. 그는 과부와 재판관의 비유(눅 18:1-8)를 통해 우리가 삶 가운데 당하는 여러 곤경에서 낙심하지 말아야 할 에너지의 근원으로 지속적이고 끈기 있는 기도의 필요성을 역설하기도 했다. 고을의 재판관이 불의했지만 자신의 억울한 원한을 끈기 있게 하소연하여 청원을 거듭하고 마침내 신원의 기회를 얻어냈듯이, 지속적인 기도는 낙심을 넘어 하나님을 향한 신뢰를 훈련하는 기회가 된다는 것이다. 하나님을 신뢰하는 일은 날마다, 매시간 기도로 연습한 결과로 찾아오는 것이지 '믿습니다'라는 자기 최면의 주술적 각오로 저절로 생기지 않는다. 아무리 하나님이 불의한 재판관과 비교하여 천차만별의 전혀 다른 분이라 할지라도 그 하나님이 정의의 하나님이라고 끝까지 믿고 붙잡으며 낙심하지 않기란 쉽지 않다. 특히 오늘날 이 세상에 관영한 불의와 부정의 현실을 날마다 목도하는 경험 가운데 불의를 신원하는 공의의 하나님을 신뢰한다는 것은 치열한 기도의 싸움이 아니고서는 감당하기 어렵다. 믿음의 제스처만 있고 그 믿음의 실질을 놓쳐버리면 이 세상의 불의를 대적하는 싸움의 현장이 되어야 할 기도가 자동화된 기계장치의 주술적 담보로 변질된다. 이유는 두 가지다. 우리가 저 억울한 일을 당한 과부의 생존 위기처럼 심각하지 않은 현실 가운데 살거나, 그 현실을 심각하게 파악하지 못한 둔감한 실존적 자의식 때문일 것이다.

다른 곳에서 예수는 자신의 죽음을 통과하는 치열한 기도의 유산을 남겨놓으셨다(막 14:32-42). 그것은 자신의 살고 싶은 욕망을 적극 피력하면서도 자신의 뜻을 아버지의 뜻에 복종시키는 결단과 함께 매듭지어졌다. 예수의 겟세마네 기도는 자신의 마지막 운명을 놓고 하나님과 대화하는 과정의 진솔성과 치열함을 압축하여 보여준다. 그것은 자신의 죽음에 엉겁결에 치이지 않고 성실하게 준비하는 배려의 수순으로 볼 수 있다. 고래로 좋은 죽음은 섬세하게 준비된 죽음이었다. 그것은 자신의 살아 있음을 꾸준히 의식하고 자각하면서 그 순간을 의미화할 뿐 아니라, 그 삶의 한계 넘어 펼쳐질 하나님의 뜻을 전망하는 신실한 기도의 현장에서 나타나곤 했다. 겟세마네 기도의 유산은 이처럼 기도가 하나님의 침묵을 무릅쓰고 자신의 마지막을 배려함으로써 하나님을 배려하는 열린 대화와 소통의 모범을 제시한다.

그밖에 사도행전에서는 베드로가 감옥에 갇혀 있는 위급한 상황에서 온 예루살렘 교회 성도들이 당면한 환란을 극복하는 기도를 드린 사례가 발견된다(행 4:23-31). 그런데 이 공동기도에서 그들은 감옥에 갇힌 베드로를 빼내달라고, 현재 휘몰아치는 핍박의 태풍을 멈추어달라고 원색적으로 간구하지 않는다. 그 대신 그들은 모든 상황에 하나님의 섭리적 뜻이 있다고 수긍하고 "그들의 위협을 굽어보시옵고 또 종들로 하여금 담대히 하나님의 말씀을 전하게 하여"달라는 기도를 드린다. 그 모든 위협에도 불구하고, 그것을 무릅쓰면서, 그들의 목표는 하나님 말씀, 곧 복음의 증언으로 조준된다. 이처럼 그들은 환란을 극복하는 방식으로서 기도를 통해 환란의 현실이 그치는 것보다 더 중한 그들의 공적인 사명을 완수하는 데 생각이 미쳤던 것이다.

바람직한 기도신학의 정립을 위하여

한국교회는 여전히 기도의 열심이 부족하여 문제라고 지적한다. 그것도 문제라면 문제일 테다. 그러나 아무리 기도를 열심히 하더라도 그 기도의 방향이 잘못 조준되거나 그 기도의 밑바탕에 불순물이 깔려 있으면 그 기도의 열정은 도리어 위험하다. 기도한 만큼 삶을 통해 실천해야 응답이 온다는 말도 있지만, 여기서도 무엇을 어떻게 기도해야 하는지에 대한 고민은 사장되어 있다. 한국교회는 툭하면 대형집회로 모여 통성기도로 천지가 진동할 정도로 기도해왔는데, 여전히 옛날의 문제를 그대로 앓고 있다. 교회는 교회 바깥의 세상을 향해 하나님의 공의의 실현에 대해 무기력하며, 더구나 교회 내부에서도 숱한 갈등으로 홍역을 앓고 있다. 기도의 내부 함성이 큰 교회일수록 시련도 많고, 그 내용도 더 추하다. 차라리 하나님 앞에서 잠잠해짐으로 그분이 우리의 기도와 무관하게 당신의 뜻을 이루어나가도록 하는 게 더 바람직한 선택일지 모른다. 그래서 역사의 전승 가운데 내려온 가장 궁극적인 기도, 모든 기도들을 다 합쳐놓은 가장 경건한 기도는 이렇게 요약될 수 있을 것이다. "하나님, 우리가 아무리 극성맞게 구해도 당신의 뜻이 아니라면 절대로 이루어지지 않게 하시고, 우리가 전혀 입에 담지 않고 마음에도 없고 그래서 한 번도 구하지 않았다고 할지라도 당신의 뜻이라면 죄다 이루어지게 하소서."

은밀한 골방에서 하나님과 영적으로 교제하고 소통하면서 우리의 기도는 이미 충분하게 베풀어진 하나님의 감춰진 은혜, 계발되지 않은 은사에 눈뜨게 될 것이다. 나아가 이 땅의 음지에서 공의와 사랑이 부족하여 신음하는 연약한 생명들과 연대하면서 이 시대의 기도는 우리의 몸과 함께 삶의 실천으로 성육화되어 나타나야 할 것이다. 그러나 우리는 아무리 열악한 이 땅의 불의함 속에서도 낙심하기보다 기도의 힘으로 날마다 시간마다 신뢰를 연습해야 한다. 우리의 신앙이 '노로 저어가는 배'가 아니라 '바람이 밀어주는 돛단배'에 올라탈 때, 우리는 스스로 생각하고 상상하는 것을 넘어, 또 우리가 기도하고 간구하는 이상으로 하나님이 당신의 뜻을 이루어왔고 지금도 묵묵히 이루고 계심을 깨닫게 될 것이다.

빛의 성탄, 거부된 생명

요한복음 1:1-14

성탄절 풍경 가로지르기

해마다 12월, 성탄의 절기에 접어들면 전형적인 풍경들이 스친다. 성탄 트리와 구세군 종소리, 거리에 고풍스럽게 울려 퍼지는 캐롤의 선율들…. 그리고 그 틈새를 휘젓는 멀건 군상들의 물결, 마치 이때를 기다려 왔다는 표정으로 쌍쌍이, 또는 삼삼오오 어울려 동동거리는 즐겁기 위한 몸짓들…. 돌이켜보건대 나는 이런 풍경을 사무치게 그리워했던가보다. 특별한 날이라 특별히 잘 보내기가 특별히 더 어려워 방구석에 이불 뒤집어쓰고 훌쩍이던 시절의 청춘이었기에 보상심리가 발동한 탓인지 성탄절 풍경에는 늘 애증의 쌍곡선이 교차한다. 그런가 하면 교회의 연탄난로 위에 얹힌 양동이에 가루우유가 끓으면서 뿜어내는 구수한 냄새, 차가운 본당에서 칸타타를 연습하는 찬양대원들의 추운 얼굴들이 느린 영상으로 희미하게 떠오르기도 한다. 갈라진 목소리와 서툰 음악성이었지만 다들 진지하게 준비하며 열심히 불렀다. 근대 신학의 아버지 슐라이어마허가 한 소품에서 그려 보여준 성탄절 풍경에도 음악이 있었다. 그 선율과 함께 길게 퍼지는 성스러운 세계의 아우라가 있었다. 비루한 천품과 헛헛한 가슴을 추스르며 구원을 향해 다가서고 싶은 '절대 의존의 감정'이 있었고, 구질구질한 한 해의 추억을 망각하고 싶은 초월적 직관의 에너지가 늘 그 계절의 언저리에 머물고 있었다.

빛과 어둠의 불화

성탄 이야기는 마태복음과 누가복음의 독점물처럼 여겨지고 또 그럴 만한 까닭도 분명하다. 하지만 세밀하게 들여다보면 요한복음에도 그 성탄의 신학적 흔적이 없지 않다. 그것은 채 서사화되지 못한 것이라서 희미하지만, 외려 그렇기에 더욱 심오한 통찰의 여지가 있다. 요한복음 1장에 의하면 예수 그리스도는 태초의 '말씀'(logos)으로 묘사된다. 그는 태초의 창조사역에 동참하였고 그 안에 생명의 근원을 머금고 있었다고 한다 (1:3-4). 그 로고스로서의 생명은 곧 뭇 생명을 진정한 생명이게 하고 풍성한 생명으로 살게 만드는 생명의 원형 같은 것이었을 테다. 그렇게 생명의 본원적 가치를 깨닫게 해주는 생명이기에 그 생명은 곧 '사람들의 빛'이라는 진리 계몽적 이미지로 현시될 수 있었을 것이다. 생명이 곧 빛이고, 빛이 곧 생명이라는 사실은, 이 땅에 태어난 뭇 생명이 환하게 진리의 대변자 역할을 수행해야 된다는 당위적 전제이다. 그러나 이 땅의 생명들은 그 빛과의 만남에서 소외된 역사를 일구어왔다. 그래서 "빛이 어둠에 비치되 어둠이 깨닫지 못하였다"는 것이다(1:5).

빛의 소외는 빛과 어두움과 불화로 인한 비극이다. 관계의 파탄은 깨달음의 여유를 선사하지 못한다. 깨달음은 일단 따라잡는 행위(katelaben)이다. 따라잡아야 보이고 이해하며 그것을 실체화하여 깨닫는다. 그런데 불행하게도 어둠은 빛을 따라잡을 수 없는 상극의 관계이다. 다가서면 저만치 물러가고 소멸하는 것이 빛과 어둠의 본질이다. 그렇다고 어둠이 아주 빛에 굴복하는 것이 아니다. 그것은 깨닫지 못한 까닭에 더 천연덕스럽게 어둠의 짓을 맘 놓고 한다. 제멋대로, 빛의 존재에 아랑곳하지 않은 채, 빛의 꽁무니를 따라다니면서 숨으면서 논다. 그 숙명적인 불화를 무릅쓰고 빛은 인간의 암흑 세상에 인간의 몸을 입고 오셨단다. 그래도 되는 걸까? 어둠이 빛을 알아볼 희망이 한 조각이라도 있기나 한 걸까? 마침내 예수라는 생명, 그 생명의 말씀은 사람들의 빛으로 어둠을 제거할 수 있는 걸까? 그 이전에 그랬듯이, 그 이후로도 오랫동안 그 불화의 골은 외려 깊고 넓었다.

혈통과 육정을 넘어

아니나 다를까. 예수는 참 빛으로 이 세상에 왔건만, 또 각자의 생명을 비추어주었지만, 세상은 그의 존재에 대해 감감했다. 그가 누구인지, 왜 왔는지 도통 알 수 없었고 알 길이 없었다. 그 무지와 무감각의 가장 명징한 표현이 바로 영접하지 않은 것이다. 사람이 누군가를 순전히 받아들이는 것은 그 가치를 제대로 파악할 때이다. 그런데 그렇지 못할 경우 영접하는 것은 기대난망이다. 영접 여부가 '하나님의 자녀'가 되고 못되고의 기준으로 갈리는데도 말이다. 영접이 불가능한데 낯선 타자를 환대할 리 없다. 서글프게도 예수는 하나님이 일찍이 불러 언약을 맺은 그의 백성들 가운데 낯선 타자로서의 이방인이 아니었다. 그는 혈통상 그들의 동족이었다. 그런데도, 아니 어쩌면 바로 그러했기 때문에 그들은 예수의 오심을 탐탁찮게 여겼고, 탄생의 초장부터 살해의 위협을 가했다. 비록 '할례의 수종자'로 오셨고 동족을 위해 '이스라엘의 잃어버린 양들'에게 집중했건만, 애당초 빛의 선교는 경계를 넘어설 운명이었다. 만유의 진리로서의 빛이 혈통에 매여 있을 수 없었기 때문이다.

요한복음의 저자는 이 대목에서 그의 백성들이 생명의 빛을 영접하지 못한 까닭을 간단히 '혈통과 육정'에서 찾는다. 또 '사람의 뜻'도 덧붙인다

(1:13). '혈통'(haima)은 피를 통한 생명의 유전이고, '육정'(thelēma sarkos)은 육체의 본능적 의지이다. '사람의 뜻'(thelēma andros) 역시 역사를 혈육의 유전적 연고관계에서 이해하는 성향이다. 그것은 예수의 성탄과 무관한 인간의 인습적 안목이다. 예수의 성탄 복음을 은혜와 진리(1:14)의 차원에서 이해하지 못하는 혈육의 안목은 성탄의 신학적 의미를 이룰 수 없다. 육신이 육신을 낳아 유전하는 생명세계에 밀착된 관점으로는 말씀이 육신이 되는 하강초월적 성육신의 신비를 헤아릴 길이 없는 것이다. 이에 비해 은혜와 진리는 범우주적 보편성을 지향한다. 진리라는 이름은 모든 얽매인 인위적 제도적 속박에서 생명을 자유롭게 하는 깃발이다. 은혜라는 선물은 인간이 그어놓은 각종 차별의 장벽을 허물고 배타적 경계를 넘어 아름다운 '차이들의 연대'를 가능케 하는 또 다른 보편성의 이름이다. 혈육과 육정에 근거한 자폐적 연고주의는 이런 관점에서 보면 은혜와 진리의 성탄신학적 메시지에 최대의 적이 될 수 있다.

다시, 최초의 성탄절을 위해

이제 그 아련한 성탄의 아우라를 스치면서 되묻고 싶은 것이 선명해진다. 그것은 성탄절에 얽힌 '습속'의 문제이다. 우리는 혹 그 '거룩한 탄생'에 묻혀 거룩하지 못한 제 불우한 실존의 허방을 위장하는 영구적인 알리바이를 만들어온 것은 아닐까. 성탄절의 메시지가 하나의 체제존속을 위한 담론으로 이 땅에 태어난 생명들의 거룩하지 못한 현장을 은폐하려는 구실을 제공해온 것은 아닐까. 아니면 태어나지도 못한 채 죽어간 숱한 암흑 속의 태아들을 망각하고 태어났더라도 환영받지 못한 음지의 생명들을 방치한 죄의식을 달래고자 하는 교활한 자족적 이성의 간지가 거기에 개입한 것은 아닐까. 성탄절은 이러한 독한 회의와 성찰적 물음을 통과한 뒤에 그 존재 의미가 되물어져야 비로소 빛의 진정성을 살려낼 수 있다. 성탄절이 특별한 생명을 겨냥한 제의적 환대라면, 그 특별함이 보편성으로 확산되는 생활의 지평 위에서 아기 예수는 나이브한 탈을 벗고 명실공히 하나님의 구원사에 주역으로 우뚝 서게 된다. 그 과정에서 넘어야 할 최대의 난제는 바로 '혈통과 육정'으로 똘똘 뭉친 인간의 자기동일성이란 망집이다. 그것은 본능적 욕망의 차원이라서 아주 넘어설 수 없는 실존의 족쇄로 머문다. 문제는 그것을 어떻게 은혜와 진리의 영역으로 승화하여 빛의 탄생이 제 혈통과 무관하게 뭇 생명을 향해 '거부'하지 않고 '환대'할 수 있는가이다. 이는 곧 어둠과 불화하면서도 빛으로 오신 예수를 '영접'하는 우리의 믿음이 특정한 절기의 '습속'을 추인하는 장식품이 아니라 진정한 믿음임을 입증해 보이는 관건이 될 터이다.

동방박사와 목자들의 성탄 사례

헤픈 선물의 시대, 낡은 축하의 행렬

　감사가 의례적 인사치레로 범람하듯이, 선물도 공허하게 낭비된다. 우리 시대의 자본제적 세속이 그러한 현상을 부추기고 사람들의 심리를 그런 쪽으로 몰아간다. 무릇 충실성은 극진한 삶의 진국에서 비롯되는 법인데, 사람들 사이의 관계는 극진함의 자취를 상실해버리고 극소의 허례 가운데 자맥질한다. 약속은 깨버리기 위해 하는 것 같고 신뢰도 저버리기 위해 흉내 낼 뿐, 제 몸은 그 입술의 언어를 자주 배반하며 핑계거리로 '죄송'과 '미안'을 남발하니 진득한 감격의 사건을 만나기가 점점 더 어려워진다. 물론 생명은 계속 새로 태어나고 또 짝을 만나 새로운 가정도 부단히 생겨나며 죽어가는 망자의 추모 자리에 검은 겉옷을 걸친 사람들의 발걸음도 부산스럽게 움직인다. 그러나 거기에 진정한 축하와 애도의 몫은 얼마나 될까. 제도화된 틀에 맞추어 우리는 으레 그렇게 해야 할 교양적 형식에 따라 조문하고 축하의 말을 건네는 것 아닐까. 그만큼 일률적 체계로 마름질된 이 땅의 축하 문화와 애도의 풍토는 한 생명을 어떤 방식으로든 극진하게 기리며 그 오고감의 의미를 새기기에 턱없이 못 미치는 듯하다.

　또 다시 성탄의 절기가 찾아와 사람들의 귓전엔 익숙한 캐롤의 선율이 스치고 트리장식을 꺼내들 것이다. 가족끼리, 성도들 간에 선물이 오가고 성탄감사헌금의 명목으로 아기 예수에게도 일정한 현금 선물이 바쳐질 것이다. 그러나 그것은 구세주 탄생을 진정으로 감사하는 뜻으로 아기 예수에게 바쳐지는 선물인가? 아니면 교회의 재정 확충을 위해 명목상 아기 예수의 성탄을 빌미로 삼은 것인가? 복음서에 딱 두 군데에 묘사된 첫 성탄절의 이야기는 매번 써먹어도 결국 되풀이될 수밖에 없는 설교 메뉴로 등장한다. 그것은 올해도 어김없이 헨델의 '할렐루야'나 성탄칸타타의 찬양과 함께 다시금 예수의 탄생 후일담으로 전파를 탈 것이다. 그런데 첫 성탄의 목격 증인인 마태와 누가의 그 등장인물들이 과연 어떻게 아기 예수의 오심을 맞았는지, 그들이 드린 선물의 예법에는 무슨 깊은 뜻이 있는지 새삼스럽게 다시 반추해보는 것도 나쁘지 않으리라. 이 땅의 사람들이 범한 죄와 허물을 다 가리고 거기서 구원할 자로 고대한 메시아가 예수임을 확신하였을 때 그들의 마음자세는 어떠했는지, 오래 기다린 그 역사적 만남의 성취가 그들에게 어떤 희망의 메시지를 전했는지 다시금 더듬어보고 싶어지기 때문이다. 더구나 성탄상업주의라는 말이 이상하지 않게 들릴 정도로 성탄의 기원에 깃든 복음의 기원이 희미해진 이 21세기의 쓸쓸한 허공에 맨 처음의 사연을 귀담아보는 것은 적절한 요청일 터이다. 그만큼 우리는 성탄이 절기로서의 사실성만을 강조한 채 그 사실의 진정성을 확인하는 점에서는 엇비슷한 축하행사로 반복되는 인습을 넘어 참신한 태도를 보여주지 못하고 있다.

낯선 타자의 계시와 선물의 순정 ― 동방박사의 동선

마태복음에서 예수 탄생의 첫 공식 증인으로 등장하는 사람들은 동방박사들이다. 성서학자들은 대체로 그들이 페르시아 쪽에 근거를 둔 점성술사들이었을 것으로 추측한다. 별을 정밀하게 관찰하여 천기를 예견하고 역사의 향방이나 특정 위인의 운명을 살피는 일이 그들의 주된 업무였을 것이다. 점성술에 호의적이지 않은 정통 유대교의 환경에서 그들의 등장은 뜨악한 해프닝처럼 보일 소지가 있다. 그들은 먼 거리를 이동하여 예루살렘에 도착했다. 그들의 길을 안내한 것은 그들의 직업을 반영하듯 하늘의 큰 별이었다. 그들에게 그 별은 '유대인의 왕'으로 탄생한 인물을 가리키는 징조였다. 그들은 경건한 심성을 지닌 자였던지 그에게 경배할 목적을 가지고 그 먼 여정의 거친 길을 마다하지 않았다. 물론 그 여정에는 치러야 할 비용이 있었을 것이다. 단순히 여행비용뿐 아니라 그 별이 인도하는 지점을 하늘과 땅의 대칭적 구조 아래 정확하게 짚어내기 위한 탐구와 조사, 확인 작업이 필요했을 터이기 때문이다. 그것이 아무리 '박사'라 하더라도 쉽지 않은 시도였음은 그들의 첫 방문지가 베들레헴이 아니라 예루살렘이었다는 점에서도 확인된다. 당연히 헤롯왕은 그들이 말한 '유대인의 왕'이라는 말에 소란스럽게 반응했고 이는 장차 대량 유아학살이라는 비극을 잉태하는 예비비용의 복선으로 깔린다. 헤롯궁의 대제사장과 서기관들은 성경을 아는 자들로서 선지자의 기록 가운데 예수의 탄생지를 구체적으로 지목한다. "또 유대 땅 베들레헴아 너는 유대 고을 중에 가장 작지 아니하도다. 네게서 한 다스리는 자가 나와서 내 백성 이스라엘의 목자가 되리라"(마 2:6; 미 5:2). 그들이 제시한 이 정보가 도움이 되었는지 그 동방의 박사들은 베들레헴을 향해 길을 틀어 마침내 그 별이 머문 곳에서 큰 기쁨으로 아기 예수를 만났다는 이야기다.

어떻게 동방박사의 긴 여정이 그 적잖은 비용을 지불하고서도 큰 기쁨의 순정한 반응을 야기할 수 있었을까. 왜 하필 마태복음의 첫 성탄 증인으로 이들이 설정된 것일까. 왜 헤롯왕과 그 휘하의 대제사장들, 서기관들은 베들레헴의 메시아 탄생지를 정확하게 지목했음에도 불구하고 아기 예수를 찾지 못하고 그에게 경배하지도 못한 것일까. 동방박사의 출현은 예수의 탄생을 향한 낯선 타자의 시선을 강조한다. 점성술사라는 그들의 직업도 유대교의 종교적 전통에서 이질적 타자의 전승에 잇닿아 있다. 그것은 변두리의 타자가 전혀 예기치 않은 동선을 이끌고 출현하여 던지는 낯선 시선의 소중함을 강조한다. 나아가 이는 그 낯선 타자성 가운데 출현하는 메시아의 존재에 담긴 특이한 신학적 희망을 투사한다. 그들은 당대의 지형에 비추어 종교적 타자였고 민족적 타자였다. 나아가 그들은 유대교의 온상을 중심으로 보면 지역적으로도 동떨어진 타자였으며 직업적으로도 결코 환영받기 어려운 타자였다. 당시 예루살렘 성전이라는 공간적 중앙에서 이스라엘 백성이라는 민족적 중앙은 유대교라는 종교적 중심을 낀 대제사장과 서기관이라는 직업적 중심의 후광을 업고도 예수의 메시아 탄생에 전혀 호의적으로 작용하지 않는다. 차라리 변두리에서 낯설게 출현한 동방박사들이 그들의 역사 전통과 무관한 익명의 자리에서 그 영롱한 별빛의 세례를 받으며 신성의 계시적 후광을 매개한다. 예수 당시의 유대교라는 관점에 비추어볼 때 그들의 직종과 배경은 매도당하고 정죄 받을지언정 결단코 환영받을 만한 형편이 못되었다. 그러나 그 낯선 타자의 이질적 배경에서 출현하는 머나먼 동방박사들은 그 극진한 여정이 마무리되는 최종 목적지에서 그 별의 멈춤과 함께 예수를 발견하고 크게 기뻐한다. 그 기쁨은 순정한 경배의 행위로 이어지고 그 경배에 예물이 빠지지 않는다. 그 선물의 물질적 가치는 그 상징적 의미와 연계되어 성탄에 임하는 자들의 진정성이 무엇인지를 역으로 깨우쳐준다. 황금과 유향과 몰약 각각의 선물에 담긴 상징적 의미도 대수롭겠지만, 그 선물을 전하기 위해 치러진 부대비용의 극진한 정성이야말로 그들이 바친 성탄선물의 백미(白眉)라 할 만하다.

동방박사라는 낯선 타자들은 그들의 선물과 함께 출현하고 예물의 증여와 함께 사라진다. 그들의 그 선물에는 아무런 정치적 동기가 없다. 그들은 다만 경배하기 위해 왔고 극진한 정성으로 보배합을 열어 진귀한 물건을 선물로 건네줄 뿐이다. 거기에 대한 아무런 반대급부가 없었다는 점에서 그들의 이 선물은 불순물이 제거된 선한 물건이다. 여기에 저급한 축복의 신학을 들이대는 것은 민망한 노릇이다. 이처럼 순수한 증여 행위는 일생의 가장 큰 기쁨을 위해 정밀한 기획과 함께 이루어진다. 이를 추진하는 과정에 바쳐지는 기회비용을 무릅쓰고 그저 선연히 치러짐으로써 그 행위는 군더더기 없는 역사적 사건이 된다. 이 선물의 영적인 의미를 부각시키기 위해 그 물질의 순수성을 외면할 필요는 없다. 인간은 누구나 생명의 귀한 자리에서 부분적으로 사치적 존재이다. 이 물질이 사치품으로서 지닌 값어치는 간명한 신학적 알레고리를 넘어 한 생명이 품고 있는 향유적 의의를 현시한다. 황금이라는 희귀물건은 왕의 존엄한 권세를 내포한 것이지만 잡탕의 광물질에서 골라내고 솎아낸 보배로운 엑기스라는 점에서 예수의 존재성에 담긴 희소가치를 암시하기도 한다. 유향과 몰약 역시 예수의 어린 생명이 고난의 십자가를 들이대기에 앞서 누려져야 할 향유의 대상임을 축하의 분위기와 함께 높이 선양한다. 이처럼 예수는 죽음에 임박하여 값비싼 나드 향유의 세례를 통해 자신의 온몸이 극진한 선물을 용납하였듯이, 그 삶의 출발점에 임하여 세 가지 사치품의 공궤로써 그가 단순히 인간의 구원을 위해 바쳐질 무슨 일회용 소모품이나 기계장치가 아니라 존귀한 하나님의 걸작임을 시위하고 있는 셈이다.

천사의 노래로 따스해진 메시아의 밑자리 — 목자의 시선

누가복음의 성탄 이야기는 초장부터 누추한 배경을 깔면서 전개된다. "첫아들을 낳아 강보로 싸서 구유에 뉘었으니 이는 여관에 있을 곳이 없음이러라"(눅 2:7). 그는 그렇게 여관의 방 한 칸 얻지 못한 채 짐승의 자리에서 낮고 천한 포즈로 이 땅에 몸을 드러냈다. 그때 그 베들레헴 지역에서 밤이 늦도록 밖에서 양 떼를 지키던 목자들이 그 성탄의 증인으로 등장한다. 목자라는 그들의 직업은 그들이 사회경제적으로 비천한 하류인생이었음을 암시한다. 그래서 남들이 다 잠든 밤에 실내에 머물지 못하고 바깥에서 양 떼를 지키고 있지 않았겠는가. 그들이 지키던 양 떼는 그들의 소유재산이 아니었다. 그들은 그 가축의 소유주에게 그것을 한시적으로 위탁

받은 고용노동자에 불과했을 것이다. 그들은 낮의 존재가 아니었고 밤의 파수꾼이었다. 실내의 안온한 생명이 아니라 밤에도 옷을 입고 추위를 견디며 야수의 위협으로 두려움과 싸워야 하는 거친 생명이었다. 한 마디로 그들은 '바깥'의 존재였다. 내부가 아닌 외부로부터 출현한, 동방박사들과 유사한 타자로서의 존재였다. 아니, 성탄에 즈음하여 출현한 것은 주의 사자와 주의 영광이었고, 그들은 본래 그곳 외부에 머물면서 그냥 그 타자성을 일상으로 살던 사람들이었다. 그러니까 그들은 동방박사들과 달리 멀리 낯선 타지에서 별을 쫓아 그 별의 주인공을 찾아가던 사람들이 아니라 그냥 그 태생적 현장 바로 그곳에 머물다가 영광의 빛을 마주한 자들이었다. 이 대비적 구도를 예수의 비유로써 적용해보자면, 마태복음의 동방박사들이 가장 값비싼 진주를 찾아 자신의 가산을 정리하여 먼 여정을 떠난 상인들이었다면, 누가복음의 목자들은 남의 땅을 붙여먹으며 늘 하던 대로 날마다 그 땅에서 일상의 고단한 노동을 감내하다가 보물단지를 발견해 횡재한 소작농이라 볼 수 있다.

그들에게 천사의 출현은 하늘로부터 나타난 경이로운 사건이었다. 깜깜한 한밤중에 환한 영광의 빛에 감싸여 등장한 그들이 목자들에게 두려운 존재로 비친 것은 어찌 보면 당연했을 터이다. 그러나 그들은 '두려워하지 말라'는 천사들의 일성에 집중하며 그들이 전하는 "온 백성에게 미칠 큰 기쁨의 좋은 소식"을 주시한다. 동방박사들이 예수를 찾아 만나는 구도는 지상에서 또 다른 지상으로 움직이는 수평적 구도이다. 그러나 예수의 나심을 전하는 천사들의 목자 방문은 하늘에서 땅으로 전달되는 수직적 구도를 보여준다. 그러나 양자 공히 '큰 기쁨'이 그 만남의 분위기를 압도한다. 목자들에게 이러한 예기치 않은 기쁨은 졸리고 추운 밤중의 노동 현장에서 그 빤한 반복적 일상을 벗어날 수 있는 비범한 징조의 특이성을 보여준다. 그것은 물론 천사들의 선언과 함께 베일을 벗고 뚜렷한 메시지로 전달된다. "오늘 다윗의 동네에 너희를 위하여 구주가 나셨으니 곧 그리스도 주시니라. 너희가 가서 강보에 싸여 구유에 뉘어 있는 아기를 보리니 이것이 너희에게 표적이니라"(눅 2:13).

　가만히 보면 천사들의 등장은 마태복음의 대제사장과 서기관들처럼 예수의 탄생 소식을 알리는 도우미 역할을 위한 것이다. 그러나 그들은 헤롯이라는 세속권력의 주문에 대한 응답이 아니라 하나님의 메신저답게 자발적으로 목자들의 길잡이 역할을 수행한 것이다. 마태복음이 표현한 '유대인의 왕'으로서보다 누가복음은 예수께서 이 땅에 목자들처럼 불우하고 고단한 '너희를 위하여' 구주로 태어났음을 명시한다. 또 "강보에 싸여 구유에 뉘어 있는 아기"의 모습이 그 구세주의 정체성을 보여주는 '표적'이라고 말한다. 그렇다면 이 메시아의 탄생 목적은 나중에 보다 밝히 드러나지만 가난한 자를 위한 복된 소식을 전하려는 데 있음이 분명해진다. 그래서 그는 가난한 자 중에서도 가장 가난한 자처럼 지상의 그토록 낮은 바닥에 뉘어 있었던 것이다. 강보로 똘똘 말려 싸여 있기에 제멋대로 움직일 수도 없다. 그저 하나님이 보내신 대로 순종하는 자세로 그렇게 밑바닥의 생명으로 누워 있는 것이다. 그 표적을 확증하기라도 하듯, 홀연히 수많은 천군이 천사들과 함께 하나님을 찬송하는 광경도 펼쳐 보여준다. 그 찬송의 내용은 우리 귀에 익숙한 문구로 하늘과 땅에 가득한 하나님의 영광과 뭇 생명의 기쁨을 대변한다. "지극히 높은 곳에서는 하나님께 영광이요 땅에서는 하나님이 기뻐하신 사람들 중에 평화로다"(눅 2:14).

　천사들의 메시지와 천군의 찬송 광경을 거쳐 마침내 목자들의 시선은 마리아와 요셉, 구유에 누인 아기를 향한다. 그들의 선물은 극진한 정성을 담아 드린 사치품이 아니라 그들의 증언, 곧 말로 나타난다. 그들은 바깥의 파수꾼, 밤의 전령으로 주의 영광을 가득 담은 빛의 메시지를 언어로 전한다. 그 메시지가 예수의 부모에게 놀라운 것이었기에 그것은 비범한 선물이 된다. 실내에 머물러 있는 사람들은 바깥의 소식에 둔하다. 안온한 내부에서 잠들거나 휴식하는 사람은 빈들이나 거친 산기슭에서 졸음을 쫓아가면서 양 떼를 지키는 사람들의 깨어 있는 의식과 거리가 멀다. 그 야행성의 의식에 서늘하게 꽂히는 계시의 주파수를 따라잡기 쉽지 않다. 그러나 그 목자들은 분명히 바깥의 깨어 있는 의식으로 하늘의 놀라운 소식을 들었고 곧장 아기 예수를 찾아 그 가난한 자리에 영광의 그 소식을 전한 것이다. 이 휘황한 메시지의 언어는 가난한 밑바닥 생명에 놀라운 희망의 미래를 선사하였으니 가난한 생명들끼리 공명했을 그 구원의 소식이 왜 아니 '기쁨의 좋은 소식'이었으랴.

밤과 바깥, 먼 곳의 타자를 기다리며

우리에게 박제가 된 그리스도의 모조품은 도처에 충만하다. 맥락을 잃은 모범적 복음의 맹랑한 도식도 지겨울 정도로 주변에 산만하게 넘쳐난다. 전기 에너지를 끌어다 인공의 불을 밝히는 현란한 장식적 빛줄기도 우리끼리는 충분히 영광스럽다. 그러나 우리에게 아쉽고 결핍된 것은 밤중의 파수꾼을 자처하는 목자의 실존이고 그들의 시린 숨결에 담긴 '바깥'의 진정성이다. 그것은 또한 멀리 이질적인 타자로 전혀 예기치 않게 다가오는 동방박사들의 발걸음이고, 그들의 보배합을 열어 아무런 대가없이 전달한 감사의 예물이다. 그들은 이스라엘 백성의 중앙에 있지 않았다. 정통 유대교의 산실, 그 화려한 예루살렘 성전에서 출현하지도 않았다. 대제사장과 서기관들의 예전과 머릿속 성서해석학에도 그것은 잠깐 반짝였을 뿐 깊이 머물지 않았다. 헤롯의 정치권력도 아기 메시아의 등장에 감감하였고 그는 다만 자신의 권력에 위해(危害)가 될지 모를 '유대인의 왕'이라는 기호에만 전전긍긍하였다. 그 성탄의 기쁜 소식은 전혀 다른 곳에서 다가와 전혀 예상할 수 없는 타자의 얼굴을 달고 계시되었다. 가장 낮은 이 땅의 자리, 짐승스런 구유 안에 꼼짝도 못하는 순종의 몸으로 태어난 아기 예수는 하늘의 영광스런 별빛을 그 비천한 생명들의 밑바닥 체온 가운데 담아내고 있었다. 우리가 되살아야 할 성탄의 복된 소식은 그 아련한 심령의 밑자리를 온몸으로 체감하는 기쁨과 함께 다시 재생되어야 한다. 아무도 모를 심야의 고요 가운데 하늘의 영광과 이 땅의 평화를 읽어내는 깨어 있는 파수꾼의 의식과 함께 목자들의 성탄은 다시 이 세상에 부활해야 한다. 멀리 탐구의 열정을 불태우며 구도의 자세를 흐트리지 않고 별을 찾아 길을 나섰던 그 행복한 동방박사들의 모험과 순정한 선물, 또 그와 함께 나타난 그 우직한 충실성과 담백한 낙관의 신뢰가 이 땅의 성탄절을 지키는 사람들의 심령 깊은 곳에 다시 솟구쳐야 할 것이다.

심령의 부흥 - 회한을 넘어 개혁으로

'부흥'의 본질

신약성서에는 '부흥'이란 말이 나오지 않는다. 그리스도교의 '태초'를 다루고 있는 신약성서에 나오지 않는데도 이 말은 교회, 특히 한국교회가 가장 선호하는 말 중 하나로 굳어져 버렸다. 곰곰이 생각해 보니 그 내막인 즉, 신약성서의 특정 현상에다 오늘날 교회의 욕구, 더 적나라하게 말하면 그 교회의 주동자가 갈망하는 목표와 목적을 뒤집어씌운 결과가 아닌가 싶다. '부흥'이란 말과 함께 떠올리는 가장 상투적 이미지는 교회가 커지는 것이다. 교회가 커진다는 것은 대개의 통념 속에 교회를 구성하는 교인들이 적은 수에게 큰 수로 급성장하는 것을 암시한다. 그러나 '부흥'이란 말의 그 원초적 개념을 살펴보나 그 실제의 역사적 현장을 더듬어보나 그런 부흥은 부흥의 본질에 턱없이 미치지 못한다. 다만 우리가 최고로 갈망하는 그런 종류의 부흥은 부흥의 피상적 현상이자 한 결과였을 뿐이다.

그렇다면 부흥의 본질은 무엇인가? 그것은 이 말을 액면 그대로 새기면 금세 드러난다. '부흥'이라는 한자 표기 '復興'은 말 그대로 '다시' '흥'하는 것이다. 다시 흥한다는 말은 원래는 흥했는데 쇠락했다가 다시 그 '흥함'의 상태를 회복한다는 의미다. '부흥'의 영어 번역어 'revival'이란 말도 대등한 함의를 갖는다. 이 영어 단어의 의미 역시 원래 상태로 '복원'시키는 것이고 퇴락한 생명이나 조직이 '소생'하고 '부활'하는 것이다. 다시 말해, 하나님이 우리를 지으셨을 때 지녔던 그 태초의 싱그럽고 풍성한 생명성을 다시 깨우치고 되찾아 생명답게 살아가는 것이다. 그렇다면 여기에 가장 걸맞은 신약성서의 개념어는 '구원'이라 할 수 있다. 마치 구약성서의 '부흥'이 하나님의 창조와 재창조, 또는 창조의 회복과 연계되어 있다면 신약성서의 부흥은 그 창조를 '새 하늘과 새 땅'의 수준으로 견인하는 구원과 연동된다. 예수 그리스도의 말씀대로 '생명을 얻되 풍성하게 얻는' 그 구원의 매개이자 절정이 바로 부흥의 본질인 셈이다.

'신도 수 삼천'의 동인과 후일담

오늘날의 통념대로 신약성서에서 부흥을 말할 때 가장 많이 인용되고 설교되는 말씀은 사도행전 2:37-41이 아닐까 싶다. 이 구절은 베드로의 오순절 설교가 가져온 반응을 요약한다. 오순절 사건을 기점으로 성령이 충만해진 사도 베드로가 예루살렘에 모인 군중을 향해 사자후의 설교를 발했더니 그 사람들이 세례를 받고 신도로 변한 수가 3,000명이나 되었다는 것이다. 그런데 그 반응의 내용을 세밀히 분석해보면 3,000명이라는 신도 수 증가로서의 부흥에 대한 오해로 괜스레 머쓱해진다. 이 숫자는 모든 것을 타산적으로 따지고 산술적으로 이해하는 오늘날 자본주의적 심성에 잘 부응하는 듯하다. 그러나 이는 기실 하나님의 구원 역사에 한 치의 오차도 있을 수 없음을 표상하는 풍성함과 온전함의 수치이다. 더 중요한 부흥의 본질은 그 '신도 수 삼천'의 현상을 유발한 근저에 작동한 동기와 원인이다. 당신들이 구세주인 줄 몰라보고 예수를 죽였다고 추궁하고 그 죽은 예수가 다시 부활했다고 선포한 베드로의 설교에 마음이 찔려 그들은 '우리가 어찌할꼬' 애통하는 심령이 되었다고 한다(행 2:37). 이에 반응하여 베드로는 회개, 예수 그리스도의 이름으로 받는 세례, 죄 사함을 요구했고 그 증표로 성령이란 선물을 약속했다. 또한 그는 이 모든 항목을 포괄하여 '구원을 받으라'는 단 한마디로 압축했다. 마침내 그 회개에 따른 구원의 결실이 풍성했다는 의미가 '삼천 명의 신도 수'로 표현된 것이다. 그러나 예루살렘 교회는 이 모든 숫자를 수용하여 예배할 대형 공간이 없었고 그들의 신앙적 욕구를 다독일 양육과 목회의 전당이 따로 없었다. 그들의 상당수는 사도들의 발 앞에 가져다놓은 공동의 재산을 나누며 쓸 혜택이 주어졌을 테지만 그 재산 또한 오래 가지 못했다. 그래서 피차 유무상통하던 공동체에 가난한 자가 하나도 없던(행 4:34) 경제적 상황은 이후 '가난한 자'(갈 2:10)라는 꼬리표가 따라붙을 정도로 획기적인(?) 변화의 현실을 감내해야 했다.

그렇다면 부흥의 본질은 간단하다. 예루살렘 초기 신앙공동체의 부활은 결국 회개한 모든 자들이 '두세 사람'으로 엮여져 각자 흩어지는 선교의 길 위에 선 것이다. 그것은 '어찌할꼬'라는 감정적 회한과 탄식을 동반했지만, 거기서 끝나지 않고 삶의 체질을 개선하여 마침내 '부흥'의 공동체를 이룩한 것이다. 그 내실은 함께 모여 가르치고 배우는 진리 탐구의 공동체, 자신의 재산과 소유를 내놓고 각자의 필요에 따라 나누는 평등한 공동체, 함께 음식을 먹고 하나님을 찬미하는 종말론적 삶의 스타일로 귀결된다. 그것이 바로 회개의 진정성이다. 후회와 탄식 속에 뭉클(!)하는 정서의 반복적 자맥질(悔)에 머물지 않고 화끈하게 삶의 체질과 버릇, 스타일을 변혁하는 결과(改)가 초대교회 부흥의 본질이었던 셈이다.

심령의 부흥에서 보는 시대의 전조

이와 같이 한 사람의 심령이 부흥하여 한 역사적인 신기원을 이루는 사례는 신약성서에 많다. 그중에 삭개오는 그런 역전의 전형을 이룰 만한 인물이다(눅 19:1-10). 키 작은 세리장이었던 그를 말할 때 흔히 열등감과 콤플렉스라는 어휘가 따라붙는다. 또 당시 식민지의 억압적 상황에 비추어 세리장이란 직업의 모멸적 함의도 꼭 지적된다. 아울러 돌무화과나무에 올라가서라도 예수를 만나보고 싶었던 그 동선에서 독자들은 그가 품었던 인생의 갈증도 추적한다. 그러나 이 이야기의 백미이자 절정은 '삭개오야, 속히 내려오라'는 예수의 명령과 삭개오의 영접, 그리고 이어지는 그의 결단이다. 그 결단은 정서적 포즈가 감추어진 대신 자신의 소유 절반을 가난한 자에게 나누어주고 남의 것을 속여 빼앗은 전력을 네 갑절이나 부풀려 되갚는 전복적 회개의 행동을 통해 구체화된다. 그렇게 꿈같은 변화가 현실이 된다. 자신의 삶이 통째로 뒤집어지며 그 습성과 체질을 바꾸는 변혁의 감동적인 파노라마를 우리는 이 지점에서 확인할 수 있다. 삭개오는 돌무화과나무에서만 내려온 것이 아니었다. 제 삶 전체가 송두리째 내려앉았다. 기존의 일그러진 삶을 파탈하고 하나님의 형상을 입은 존재로 되돌아간 것이다. 예수를 통해 생명의 풍성함을 회복하여 다시 '부흥'된 것이다.

이렇듯 한 사람의 획기적인 변화는 하나님의 구원 역사에 본보기가 된다. 그 발본적인 심령의 부흥은 후회를 넘어 개혁의 비전을 제공한다. '신도 수 삼천 명'이라는 오늘날 우상은 역사 속에서 디아스포라의 선교 현장으로 뿔뿔이 흩어지고 사라져갔다. 추풍낙엽?! 그렇지만 그들이 용감하게 일구었던 가정교회의 그 조촐한 식탁과 나눔의 귀감은 피둥피둥 살찐 제 몸집을 과시하며 타자의 하소연을 들을 줄 모르는 오늘날 사회와 교회의 자기 방종적 행태에 서늘한 도전과 자극이 되고 있다. 이는 다시금 진정한 부흥의 필요성을 역설적으로 우리에게 진작시킨다. 부흥의 진정성! 그 역사의 밑절미에는 심령의 부흥이 자리하고 있다. 다만 상투적 포즈로 쿨쩍거리며 후회와 탄식의 행태를 반복하는 타성 속에 맴돌아서는 안 된다. 제 삶의 터를 뿌리째 뒤흔드는 모험을 감수하더라도 삶의 체질적 변화와 그 삶을 안팎으로 포박하는 구조와 체제의 개혁을 향해 나가는 제대로 된 부흥의 길이 그 너머에 있다.

샬롬을 이루는 아름다운 성장

무한성장? 지속 가능한 성장!

성장은 살아 있는 유기체 생명의 운명이고 필연이다. 생명의 씨앗에 하나님이 기입해놓으신 성장의 코드에 맞춰 모든 생명은 자라나게 되어 있고, 자라나야 마땅하다. 성장이 지탄의 대상이 되어온 저간의 사정에는 자연스러운 성장을 배려하는 하나님의 창조법칙을 무시하는 인간의 오만함이 자리하고 있다. 그러다 보니 인간적인 억지로 성장을 조직 이데올로기로 퇴락시킨 점이 통렬한 비판의 대상이 되곤 한다. 성서가 말하는 성장을 주로 '교회 성장'이란 구호 속에 협량하게 축소시켜 이해하는 경향도 그런 흐름 가운데 생겨났다. 교회도 유기체이기므로 성장하는 것이 마땅하겠지만, 무엇을 위해 성장하는가, 누가, 왜 성장하고 어떻게 성장하는 게 바람직한가 등에 대한 근본적인 물음을 제쳐두고서는 건강한 성장을 말하기 어렵다. 더구나 물리적인 성장 일변도의 신념을 강압하다 보니 '무한 성장'이란 자본제적 물신주의의 수렁에 빠져버리고 만 것이다. 이 세상에 개입하시는 하나님의 창조 섭리에 관한 한, 단일 개체의 생명이나 유기체 조직이 무한하게 성장할 수 있는 경우란 없다. 모든 개체 생명과 조직은 자랄 만큼 자라고 그 성장의 극대점에서 고개를 숙여 성숙의 길로 영글어간다.

물론 그 성숙은 퇴락과 해체의 과정을 밟아 또다시 성장의 씨알을 예비한다. 그것이 역사가 보여주는 성장의 선순환 과정이다. 모든 것을 자신의 욕망에 집중시키고, 모든 조직의 성장을 자신의 세대에 한정할 때 우리는 성장이란 우상 앞에 모든 생명의 근원이시고 그 생명의 성장을 주관하시는 하나님의 존재조차 망각하기 쉽다. 따라서 우리에게 필요한 것은 하나님의 온전한 뜻을 이루며 평화롭게 성장하는 생명의 조화이고 조직의 화합이다. 그리하여 모든 지체가 어그러짐 없이 화목하며 지속 가능한 성장이 되어야 하는 것이다. 누가 주로 성장의 열매를 누리는지도 중요하다. 특정 개인이나 소수 집단이 독점하는지, 아니면 모든 지체들이 평등하게 그 열매를 골고루 나누는지, 나아가 그 바깥의 연약한 생명들에게 그 열매가 풍성한 하나님의 은혜로 베풀어지면서 건강하게 선순환하는지 등의 기준이 성장의 문제에서 외면된다면 그 성장은 성장을 위한 성장이 되거나 특정한 우두머리에 상납하는 희생자들의 고혈이 될 것이 빤하기 때문이다.

하나님 나라의 성장 원리

예수께서는 성장을 강조하되 이를 주로 하나님의 나라(천국)와 연계시켰다. 특별히 하나님 나라의 성장을 비유로 이야기하면서 그는 겨자씨의 사례를 들어 그 이치를 설파하셨다. 마태복음 13:31-32의 비유가 바로 그것이다.

> 또 비유를 들어 이르시되 천국은 마치 사람이 자기 밭에 갖다 심은 겨자씨 한 알 같으니 이는 모든 씨보다 작은 것이로되 자란 후에는 풀보다 커서 나무가 되매 공중의 새들이 와서 그 가지에 깃들이느니라(마13:31-32)

예수께서는 이 짧은 비유에서 성장의 가장 중요한 원리를 두루 보여주고 있다. 씨앗 중에서도 매우 작은 겨자씨 한 알은 아직 성장과 무관해 보이는 잠재된 미래의 희망 같은 것이다. 그러나 그 작은 것이 생명의 우주를 품고 있음은 곧바로 드러난다. 그것이 땅에 뿌려져 싹을 틔우고 놀랍도록 성장하기 때문이다. 그 성장은 그 씨알의 한계를 넘어서는 데서 경이로운 생명의 기적을 맛보게 한다. 고작해야 푸성귀에 불과한 이 겨자의 생명은 그것이 최대한 자라난 성장의 극점에서 '나무'로 변신하기 때문이다. '나물'에서 '나무'로의 변신은 식물학적으로 불가능한 꿈이지만 하나님 나라의 신학적 상상력 속에서는 얼마든지 가능한 성장의 신비이다. 여기서 주목해야 할 중요한 요점은 겨자씨의 발아와 함께 시작되는 겨자나물의 성장이 겨자나무로의 도약과 변신을 통해 성숙으로 나간다는 것이다. 따라서 모든 건강한 성장은 반드시 성숙한 자기변신을 향해 나아가야 하는 이치가 여기서 설명된다.

그렇게 최대한 성장해봐야 겨자는 고작 2-3미터의 크기로 자랄 뿐이다. 더구나 물관과 체관의 구조를 따져볼 때 우리가 '나무'라는 어휘로 떠올리는 통상적인 식물체의 규모와 조직에 비한다면 여전히 연약한 생명임에 틀림없다. 실제로 들겨자는 제 한 몸으로 나무의 위엄을 풍기지 못한다. 구약성서에 마치 세상의 중심처럼 우주수(宇宙樹)로 백향목이 등장하고 그 그늘에 많은 동물들이 피하여 안위를 도모하는 풍경은 웅장하다. 그러나 이는 비록 꿈꿀 만하지만, 겨자의 체통으로서는 도저히 이룰 수 없는 현실이다. 그저 노란 꽃을 피우며 군락으로 재배되는 이 식물은 여러 몸체들이 합하여 작고 소박한 숲을 이룰 수 있을 뿐이다. 그런데 그 가녀린 겨자군락의 오밀조밀한 숲 속에 새까지 찾아들고 그 가지에 깃든다는 것이다. 매우 연약한 겨자가 합세하여 자기보다 훨씬 고등한 조류를 품을 수 있다는 이 기적 같은 풍경이라니! 가지에 깃든 이질적인 타자 생명과 함께 겨자의 소박한 숲으로 일구어내는 생명의 향연! 그것이 바로 성장의 최대치 결실이고 하나님의 창조섭리에 순응하는 성장의 미학이다. 예수께서 이로써 하나님의 나라를 설파하신 까닭은 명백하다. 성장의 절대치 규모란 없다는 것! 다만 성장과 함께 누리는 생명들의 아름다운 어우러짐과 공존이 중요하다는 것이다. 그리고 좋은 성장에는 반드시 자기 변신의 질적인 도약이 뒤따른다는 것이다.

신앙 성장의 단계

하나님 나라의 현실태를 교회로 한정시키고 그 교회의 구성원인 신자들의 삶과 신앙과 관련해서도 성장은 긍정적인 덕목이다. 우리가 하나님을 의지하고 예수 그리스도를 믿는 신앙은 그 구체적인 실천의 행위와 함께 견고하게 자라나야 하나님께 영광을 돌리는 자녀로 살 수 있게 된다. 아울러, 이러한 신앙의 성장은 그 신앙이 자족적인 목표에 머물지 않고 '이웃 사랑'을 추구하는 타자 지향적 신앙으로 발전할 수 있게 한다. 이는 곧 이 땅의 뭇 생명을 사랑하는 하나님의 신적인 성품에 참여하는 길이고, 우리가 빠지기 쉬운 세상의 정욕을 극복하여 하나님의 뜻을 이루어나가는 방식이다. 베드로후서 1:5-9의 말씀은 이 점에서 그 목표와 방법과 관련하여 시사적이다.

> 그러므로 너희가 더욱 힘써 너희 믿음에 덕을, 덕에 지식을, 지식에 절제를, 절제에 인내를, 인내에 경건을, 경건에 형제 우애를, 형제 우애에 사랑을 더하라. 이런 것이 너희에게 있어 흡족한즉 너희로 우리 주 예수 그리스도를 알기에 게으르지 않고 열매 없는 자가 되지 않게 하려니와 이런 것이 없는 자는 맹인이라. 멀리 보지 못하고 그의 옛 죄가 깨끗하게 된 것을 잊었느니라(벧후 1:5-9).

그러니까 신앙적 성장의 대전제는 자기 존재의 기원에 대한 민감한 자의식이다. 내가 어떤 존재였는지, 또 어떻게 죄악된 삶에서 변화를 받아 예수 그리스도 안에서 새로운 존재가 되었는지 그 은총의 사건을 회고하면서 미래를 멀리 내다볼 줄 알아야 한다는 것이다. 또 성장은 현재 진행 상태이지만, 지난 과거의 토양을 점검하고 먼 미래의 결실을 낙관적으로 전망할 때 그 과정이 순조롭다는 것이다. 이러한 맥락에서 신앙의 성장은 결국 인격의 성숙이며, 삶의 심화 과정과 긴밀하게 연동된다. 그 과정은 먼저 우리 믿음에 덕을 쌓는 노력에서 진일보한다. 믿음이 덕스러워지지 않고서는 자기강박이나 고집과 구별하기 어렵다. 자신의 믿음이 자폐적 신념이 아닐진대 선한 덕을 끼치며 공동체에 기여하는 에너지로 순화되어야 한다. 다시 말해 우리의 믿음이 자기 성찰적인 믿음으로 이타적인 지향성을 가져야 한다는 것이다. 이렇게 성장하는 믿음은 나아가 지식을 필요로 한다. 그 지식의 가장 윗길에 있는 것이 하나님과 예수 그리스도에 대한 지식일 터이다. 우리가 믿는 하나님, 우리가 구주로 고백하면서 또 제자로 따르는 예수 그리스도의 존재와 품성, 그 온전한 뜻과 섭리를 분별하여 깨치는 자기 계몽적 지식이 없이는 우리의 믿음과 덕조차 자기봉사적인 동기로 전락할 수 있다.

아울러, 그 믿음과 덕이 실천되고 적용되는 삶의 제반 환경에 대한 지식도 필요하다. 우리가 사는 이 세상은 결국 하나님의 그 뜻이 발현되는 계시의 전당이요, 교회가 역사 속에 자리한 현실적인 삶의 공간이기 때문이다. 그런데 그 지식이 방만해지기 쉬운 터라 절제 또한 필요하다. 지식의 산만함과 방만함이 때로 교만을 자초하기 쉬운 탓이다. 절제는 반드시 인내를 수반한다. 절제가 내부적 필요라면 인내는 내부뿐 아니라 외부적 상황과 연계되어 요청되기도 한다. 우리는 자신의 지식을 절제하며 겸손해지기 위해 노력하듯, 남의 지식, 남에 대한 지식을 경청하는 인내가 필요한 것이다. 이 모든 성장의 요소들에 더하여 경건을 힘써야 하는 까닭은 신앙적 성장이 장식품이 아니라 실질적인 삶의 능력으로 치환되어야 하기 때문이다. 경건은 자신의 신앙을 인격과 합치시키는 능력이고 그 인격이 사회적 삶의 결실로 나타날 수 있도록 추동하는 에너지인 셈이다. 그것이 뒷받침되어야 우리는 신앙의 이름으로 관계를 원만하게 운용할 수 있으며 이로써 형제 우애와 사랑을 실천하는 데까지 이를 수 있다.

이러한 신앙의 단계적 진보 모델에서 확인할 수 있듯이, 그리스도인의 신앙 성장과 영적인 성숙은 반드시 고매한 인격과 풍성한 삶의 열매를 전제로 한다. 그리고 그것이 지향해야 하는 궁극적인 지점은 형제 우애를 거쳐 만인을 향해 나타내 보여야 할 보편적인 사랑이다. 사도 바울은 이것을 압축하여 '사랑으로 역사하는 믿음'이란 문구 속에 유사한 논지를 전달했다. 우리의 믿음이 성장해서 남의 눈살을 찌푸리게 하는 저만의 열정으로 겉돌거나 까칠한 자세로 남을 정죄하고 심판하는 도구로 변질되어버리면 그것은 이미 성장하는 믿음과 상관없을 터이다. 덕과 지식과 절제와 인내가 빠지고 경건의 기반 위에 형제 우애와 사랑의 길로 진보하지 못하는 그리스도인의 믿음과 삶인즉 기실 아무런 공력도 이루지 못한다. 그것을 실천하는 주체의 인격적인 성숙을 무시할 때, 거기서 맺어지는 관계에는 아무런 영광도 기쁨도 생겨나지 못하기 때문이다.

온전한 그리스도의 분량으로

성장의 최종 단계에 이르러 우리가 설정할 수 있는 가장 좋은 모델은 그리스도 예수의 경우이다. 그래서 바울은 에베소서에서 온전한 성장을 그리스도의 분량에 이르는 성장과 동일시하였다. 이에 대하여 언급한 에베소서 4:13-16의 말씀은 다음과 같다.

> 우리가 다 하나님의 아들을 믿는 것과 아는 일에 하나가 되어 온전한 사람을 이루어 그리스도의 장성한 분량이 충만한 데까지 이르리니 이는 우리가 이제부터 어린 아이가 되지 아니하여 사람의 속임수와 간사한 유혹에 빠져 온갖 교훈의 풍조에 밀려 요동하지 않게 하려 함이라. 오직 사랑 안에서 참된 것을 하여 범사에 그에게까지 자랄지라. 그는 머리니 곧 그리스도라. 그에게서 온몸이 각 마디를 통하여 도

움을 받음으로 연결되고 결합되어 각 지체의 분량대로 역사하여 그 몸을 자라게 하며 사랑 안에서 스스로 세우느니라(엡 4:13-16).

　'온전한 사람'은 곧 성숙한(teleios) 사람이다. 그는 단 한 번의 믿음의 결단으로 하나님의 은혜 가운데 '옛사람'을 벗어버리고 '새사람'이 된 것을 아는 자이며, 꾸준한 자기 수양과 기도의 공력으로 '겉사람'에 함몰하지 않고 '속사람'의 양육을 위해 투자할 줄 아는 사람이다. 그는 무엇보다 하나님의 아들을 아는 것과 믿는 것에 하나가 되는 사람이다. 앎과 믿음은 이렇게 긴밀하게 소통하며 접속된다. 그 어느 한쪽이 기울어져도 우리의 성장판은 닫히거나 위축되어버린다. 결국 온전한 사람이 추구해야 할 성장의 기준은 예수 그리스도의 장성한 분량이고 이로써 뻗어가는 하나님의 충만이다. 이로써 우리는 세상의 풍조에 휩쓸리지 않고 툭하면 변덕을 부리며 뒤집히는 어린아이의 유치증을 벗어버린 채 그리스도의 장성한 분량만큼 자랄 수 있다. '그리스도의 장성한 분량'은 하나님의 충만을 향해 무궁히 열린 우주적인 규모를 가리키기도 하지만, 무엇보다 이 땅에서 그가 보여준 삶의 모범과 죽음의 방식, 나아가 죽음을 넘어선 부활 생명의 소망과 연계되어 있다. 그것을 다시 한마디로 줄이면 이타적인 존재 방식이고, 참된 진리가 사랑 가운데 나타나는 선교적 사명이다. 따라서 이러한 신학적 이념에 접맥되어 온 지체들이 연대하고 소통할 때 교회 안에 속한 모든 구성원들은 다 사명자로 나설 수 있어야 한다. 그래야 사랑 안에서 스스로의 몸을 세울 수 있고, 그 몸이 유기체로 엮어져 건강하게 자랄 수 있다.

　이 시대에 성장의 목표를 '선교적 사명'에 두는 것은 기본적으로 정당하지만, 그 내용은 그리 간단치 않다. 그러나 분명한 것은 그 사명이 궁극적으로 이 세상의 뭇 생명을 향하여 하나님의 공의로우신 뜻을 이루고 고난당하는 영혼들을 위해 그의 평강을 회복시키는 방향으로 나아간다는 것이다. 그렇다면 우리가 꿈꾸며 계획하는 모든 개인적 집단적 성장은 하나님의 샬롬에 부응하여 더불어 삶의 유익함을 증진시키는 데 기여해야 한다는 결론이 나온다. 마치 하나의 세포가 기형으로 커져서 막무가내로 다른 세포를 잡아먹고 그 폭력적인 독식으로 해당 지체의 올바른 성장을 위한 영양의 균형이 망가지고 결국 암 덩어리처럼 흉측한 몰골로 변이되어 버린다면, 그것은 성장의 이름으로 자행되는 또 다른 죄악의 함정일 것이다. 그 함정을 피해 하나님의 창조 섭리와 생명의 자연스런 순리에 따를 때 우리는 둥글게 퍼져나가는 샬롬의 기원을 재현하며 아름다운 성장의 도상에 오를 수 있다. 지금도 추한 몰골로 변해버린 기형적 성장의 끝자리에 온갖 스캔들이 들끓고 있지만, 누가 저 소박하고 아름다운 성장을 폄훼하겠는가.

고난과 함께, 고난을 넘어

고난의 신학적 좌표

솔직한 욕망의 감각에 관한 한, 고난은 좋은 것이 아니다. 아니, 선악간의 판단에 앞서 아무도 고난을 원하지 않는다. 욕망이 그렇게 말한다. 그래서 그것은 가급적 피해가는 것이 상책이다. 아무리 고난을 미화해도 결국 누구나 대체로 고난 가운데 지속적으로 거하길 바라지 않는다. 내장이 뒤틀리는 복통의 고난 가운데 때굴때굴 뒹구는 형편 속에서 어느 인간이 태연하랴. 어떻게 해서라도 그것을 벗어나려 발버둥치지 않던가. 그러나, 그러나 말이다. 그럼에도 불구하고 인생살이에 고난이 아주 없어지지 않는다. 아이러니다. 원하지 않아도 찾아오는 이 고난의 삶을 어떻게 해명할수 있을 것인가. 물론 고난도 가지각색이다. 베드로전서 2:19-10을 참조하면 죄가 있어 매를 맞고도 참아야 하는 그런 답답한 종류의 고난이 있다. 여기엔 아무런 칭찬도 없다. 그런가 하면 부당하게 당하는 고난도 있단다. 이 경우는 하나님을 생각하면서 그 슬픔을 참으면 아름답다고 한다. 그러면서 부연한다. 이렇게 아름다운 고난을 위해서 너희가, 또 우리가 부름을 받았다고 말이다. 그 밑바탕에는 그리스도가 우리를 위하여 자발적으로 당하신 고난이 있다. 그것이 우리가 따라야 할 '본보기'였단다. 그렇다. 이렇게 이타적인 고난, 자기를 희생하여 타인을 이롭게 하는 종류의 고난도 있는 것이다.

물론 삶의 이름으로 거론되는 모든 고난은 고난 자체를 위해 존재하지 않는다. 고난과 함께 고난을 넘어가야 마땅하다. 예수의 경우도 십자가의 고난과 함께 마침내 그것을 넘어 부활의 영광에 이르지 않았던가. 오늘날 고난은 '희생'이란 포장과 함께 너무 터무니없이 미화되는 경향이 없지 않다. 마치 생명이 그런 목적으로 태어나기라도 한 것인 양, 헌신과 희생의 신학은 향유와 영광의 신학을 압도한다. 그 역전의 위험이 경계되어야 하듯, 이런 식의 왜곡된 고난 신학 역시 위험하다. 그 현실적 극단에는 한 무리의 인간(또는 개인)이 또 다른 무리(또는 개인)의 생명을 이용하여 제 잇속을 챙기려는 이데올로기의 음험한 간계가 작용하기 때문이다. 그러나 아무런 전제조건도 없이 순전히 헌신하는 고난의 연대는 그 자체로 가상하고 아름답다. 문제는 그런 고난의 진정성을 얼마나 자주 우리 현실 가운데 볼 수 있느냐는 것이다.

운명의 표정을 띤 고난, 또는 십자가

한 마가복음 연구자는 이 복음서가 수난사화의 확대 증보판이라고 해석한 적이 있다. 그만큼 이 복음서에 드리운 수난신학의 그늘은 넓고 깊다. 가이사랴 빌립보에서 '주는 그리스도'라는 베드로의 저 유명한 신앙고백이 있고 나서야 예수는 비로소 자신이 받을 고난을 본격적으로 예고한다. 마가복음 8:31에서 시작된 그 예고는 예수께서 "많은 고난을 받고 장로들과 대제사장들과 서기관들에게 버린 바 되어 죽임을 당하고 사흘 만에 살아나야 할 것"에 대한 내용이었다. 유사한 패턴으로 9:31, 10:33-34에서 변용되면서 거듭 피력된 이 예고는 수난사화의 복선으로 작용한다. 그리하여 예수를 따르는 그 제자도가 고난의 현실과 직결됨을 시사한다. 이 문장에 사용된 주동사는 '필연'(dei)이라는 운명적 표정을 띠고 있다. 그것은 하나님이 명하신 길이라 빠져나갈 방도가 없다. 누구에게는 우발적인 해프닝도 필연의 운명으로 수렴된다. 더구나 이타적 고난의 경우가 그렇다면 이는 빼지도 박지도 못하는 난해한 과제가 아닐 수 없다. 예수께서는 그 운명적 여정의 필연성을 이 반복적 예고와 함께 거듭 되뇌며 제 앞에 주어진 십자가의 길을 통과해나갔다.

타자의 고난을 대리한다는 점에서 이러한 예수의 십자가 고난은 구약성서에 나오는 속죄염소나 희생양의 그것과 유사하다. 다만 반복적이지 않고 일회적 구원의 완성을 가리키는 절대적 표상이라는 점에서 다르다. 한편, 예수께서 무죄한 이로서 그런 고난과 죽음을 '죽임'으로 당했다는 점이 의미심장하다. 복음서는 이 점을 확연한 사실로 까발리며 당당히 선언한다. 죄 없는 예수께서 죄 많은 인간들을 위해 대신 고난의 십자가를 지고 참혹하게 돌아가셨다고 말이다. 그 십자가 고난이 '본보기'라면, 이는 다들 회피하는 십자가를 불가피한 고난의 현실로 수락하고 아무런 대가 없이 감당하려는 미덕이란 점에서 그렇다. 로마서의 바울이 간파한 대로 의인이나 선인을 위해 죽는 자가 거의 없거나 별로 없는 현실 속에서 죄인을 위해 고난을 자초했다는 것은 특이한 역전의 사건이기 때문이다. 그러나 그런 예수를 빌미로 툭하면 제2의, 제3의 예수를 양산하려는 문화는 다분히 폭력적이다.

고난의 코이노니아, 그 우의적 연대

필연적 운명의 자의식을 가지고 십자가를 수락하여 고난의 본보기가 된 예수의 사례는 사도 바울에게 창조적으로 계승되었다. 그것은 '고난의 코이노니아'라는 개념을 통해서 가능했다. 이 개념의 함의를 바울신학의 맥락에 비추어 최대한 우려내보면, 아무개(여기서는 일단 예수 그리스도)의 고난에 동참하고 함께 그 고난을 나누며 그 고난을 매개로 교제하면서 우의적 연대를 공고히 한다는 뜻이다. 바울은 이러한 사도적 삶의 자세를 견결하게 곧추세워 이렇게 표현한다: "나는 이제 너희를 위하여 받는 괴로움을 기뻐하고 그리스도의 남은 고난을 그의 몸된 교회를 위하여 내 육체에 채우노라"(골 1:24). 이를 피상적으로 읽어 오해하면 바울이 고난 자체를 즐기고 탐하는 가학성 변태심리자라도 되는 양 몰아세울 수 있다. 또 교리적으로 곡해하면 그리스도의 십자가 고난이 결핍을 지닌 불완전한 것인 양 엉뚱하게 판단할 수도 있다. 그러나 바울은 여기서 자신의 몸을 동원한 고난의 코이노니아를 말하고 있을 뿐이다. 그것이 자발적이기에 기뻐할 수 있고 교회를 향한 이타적인 것이기에 당당할 수 있다.

게다가 바울은 빌립보서에서 자신의 옥중체험을 반추하며 "내가 그리스도와 그 부활의 권능과 그 고난에 참여함을 알고자 하여 그의 죽으심을 본받아 어떻게 해서든지 죽은 자 가운데서 부활에 이르려"(빌 3:10-11)한다고 고백한다. 그에게 고난은 최종 목적이 아니라 부활에 이르는 과정의 진실이었던 셈이다. 아울러 부활의 권능이 고난의 코이노니아를 통해 더욱 선명해지는 이치도 어렴풋이 비치는 듯하다. 바울의 확신은 고난이 부활의 영광으로 직통하는 지름길이었다는 데 있다. 그러한 확신 가운데 그는 고난을 미화하지 않았지만 동시에 회피하지도 않았다. 그는 옥중에서, 또 고난의 여타 현장에서 많이 고뇌했다. 마침내 그 속으로 온몸을 던져 치열하게 자신의 신앙을 확증했다. 그 이후 그의 부활은 여전히 유예되는 종말론적 희망 가운데 빛을 발하지만, 그의 고난은 우의적 연대의 뜨거운 상징으로 우리 앞에 오롯하다.

우리는 고난의 경험까지도 이해관계의 타산 속에 값어치를 환산하는 시대에 살고 있다. 그래서 고난의 진정성에 터한 이타적 고난을 점점 보기 어려워지고 고난을 과장하거나 치장하는 세태에 익숙하다. 그러니 부활의 희망이 요원하게 느껴지는지 모르겠다. 넘어야 할 위기이다. 뚫어야 할 장벽이다. 현실 속의 고난은 결코 아름답지 않다. 그러나 그 예외 가운데 십자가의 표상이 자리한다. 불가피한 신적 운명의 표정이 그 자리에 명멸한다.

바람과 불의 영, 비둘기와 보혜사의 영

성령을 좁게, 또 넓게 말하기

신약성서에서 성령을 간단히 말하기란 쉽지 않다. 성령은 일단 '영' (pneuma)이다. 그 영 가운데는 인간을 구성하는 한 요소 또는 특징으로서 의 '영'이 있다. 인간이 생기를 얻어 활동할 수 있도록 만드는 게 바로 이런 종류의 '영'이다. 그런가 하면 사탄이나 마귀와 연관되어 쓰이는 '악한 영' 도 있다. 반면 그 영이 하나님께 붙으면 하나님의 영이 되고, 그리스도와 같이 붙으면 그리스도의 영이 된다. 대개 성령을 말할 때는 이 마지막의 경우를 주로 일컫는다. 본래 히브리어로 '루아흐'(ruah)는 이 땅에 생명을 내시고 북돋는 하나님의 운동력 또는 생기를 뜻했다. 그것은 신령한 에너 지였고 생명을 북돋고 역사를 일구는 하나님의 숨결이었다. 그런데 신약 성서에 들어와 이 영은 하나님의 본질을 표상하는 거룩한 영으로 나타나 단순히 물질적 이미지가 아니라 인격체로서 묘사되기에 이른다. 특히, 사 도행전에 나타난 오순절 성령 강림 사건을 계기로 성령은 성부 하나님과 성자 예수의 시대를 넘어 하나님이 인류의 역사 가운데 개입하되 초자연 적이고 인격적인 신적 현존의 증거로 인식되기 시작했다.

그래서 성령을 넓게 말하면 하나님 자체가 된다. 우리가 눈에 볼 수 없 는 절대자 하나님을 경험하는 매개 방식이 바로 그 신령한 영, 곧 성령이라는 것이다. 그래서 하나님은 영이시며 그 영이 거하는 곳에 하나님의 가장 심오한 속성인 자유가 임한다(고후 3:17). 그 영은, 하나님이 한 분이듯, 하나가 맞다. 그런데 그 하나이신 성령은 많은 개인들, 다양한 공동체들 가운데 여러 모양으로 제각각 경험된다. 마치 오순절 불의 형상을 한 성령이 그 혀와 같이 갈라져 사람들에게 임하였다고 하듯이, 성령은 개인의 인격체를 통해 역동적으로 체험된다. 따라서 성령을 좁게 말하면 그것은 우리 각자가 그리스도인으로 하나님을 경험하는 소통의 채널, 나아가 그 채널을 가동시키면서 부지런히 활동하는 영이다. 인간의 영이 하나님의 영과 만나 발생하는 소통의 자리에 성령은 하나이면서 다양하게 발현되고 경험된다. 반면 성령은 개인의 경험 속에 속박되지 않는 자유를 본질로 삼는다. 성령은 얼핏 하나님과 그 백성들 간에 주고받는 선물로 소유물처럼 보이지만 인간의 사사로운 욕망에 얽매이지는 않는다. 그리하여 성령은 개인과 공동체 내부에서 생명을 풍성하게 활성화하고 적극 구원의 길로 인도하면서 동시에 바깥에서 그 사이의 복잡하고 다양한 관계를 '기도'와 '선교'로써 매개해주는 역할을 한다. 그 모든 일에 자유롭게 역동적으로 참여하면서 모든 인간 세상의 덫을 초월하는 성령은 그 오묘함에 걸맞게 여러 흥미로운 문학적 이미지로 신약성서에 현시된다.

바람과 같은 자유와 생기의 영

요한복음 3장에서 예수는 니고데모와의 대화 가운데 '거듭남'을 언급하는 대목에서 성령을 바람에 빗대어 설명한다. "바람이 임의로 불매 네가 그 소리는 들어도 어디서 와서 어디로 가는지 알지 못하나니 성령으로 난 사람도 다 그러하니라"(요 3:8). 여기서 앞의 '바람'과 뒤의 '성령'이 희랍어로 모두 '프뉴마'(pneuma)로 표기되어 있다. 요한복음에 의하면 '거듭남'이라는 것은 '위로부터의 남', 곧 성령으로부터 비롯됨을 가리킨다. 성령으로

난 사람은 바람을 닮았다. 바람은 임의로 부는 특징을 가지고 있다. 그것은 곧 자유의 표현이다. 바람은 딱히 붙박여 얽매이는 것도 없고 아무것도 얽어매지 않는다. 그래서 불고 싶은 대로 불고 그 자취를 떠들며 선전하지도 않는다. 소리는 들리고 감촉은 느껴지지만 인간적 감각으로 우리는 그 바람이 지나는 길을 가늠하기 어렵고 그 시종과 자취를 헤아릴 수 없다. 우리가 성령 충만한, 성령의 사람이 된다는 것은 바람과 같이 이 땅에 얽매이기 쉬운 모든 것을 초월할 수 있게 되는 상태를 암시한다. 그것은 또한 제 존재가 온전히 그 기원과 종말에 있어 바람과 같은 자유의 영을 닮아 사는 전복적인 자기변혁을 가리킨다. 이로써 우리는 성령으로 우리 존재의 기원과 토대가 혈통과 육정, 또 그로 인한 수많은 집착의 삶을 제어하고 극복할 수 있다. 따라서 아무리 성령 충만하다고 주장해도 여전히 그 삶의 행태가 혈통적 가족주의의 연고 언저리에서 맴돌고 주류 가치의 인습적 구조에서 자유롭지 못하다면 그는 바람과 같은 자유의 영에서 거리가 멀다고 봐야 한다.

요한복음에서 성령 강림 사건은 예수의 부활 사건과 거의 동시에 나타난다. 엄밀히 말해서 이는 '강림'이라고 하기보다 '주입'이라고 표현하는 쪽이 더 정확할 것이다. 요한복음 20:19-23에 의하면 예수께서 부활하신 뒤 제자들 가운데 처음 찾아 오셔서 그들 가운데서 숨을 내쉬며 '성령을 받으라'고 명령했다. 여기서 성령의 등가어로서 그 '숨'은 입의 바람이었다. 이는 마치 최초의 인간을 만들 때 하나님이 흙으로 지은 아담의 몸에 생기를 불어넣은 동작을 연상시켜준다. 그것이 성부 하나님에 의한 제1의 창조였다면 예의 본문에서 예수께서 제자들에게 불어넣은 숨의 성령을 통한 이 주입 장면은 부활의 소망 가운데 그리스도인들을 새로운 생명으로 조성하기 위한 제2의 창조라고 볼 수 있다. 인간들 사이의 모든 육적인 장벽을 넘어 영의 통일성을 추구하기 위해 무엇보다 긴요한 것은 용서와 용납, 나아가 이를 통한 화해이다. 그래서 이 성령 주입 사건을 매듭짓는 예수의 어록은 좀 생뚱맞게도 "너희가 누구의 죄든지 사하면 사하여질 것이요 누구의 죄든지 그대로 두면 그대로 있으리라"(요 20:23)는 말씀이다.

사도행전 2:2에서 묘사된 오순절 성령 강림 사건에서도 "홀연히 하늘로부터 급하고 강한 바람 같은 소리가 있어 그들이 앉은 온 집에 가득하며…"라는 진술을 통해 성령이 '바람'의 이미지로 묘사되는 것을 확인할 수 있다. 그 바람은 모든 제자들이 땅끝까지 복음을 전하는 증인이 되고 그 임무를 속히 완성해야 하는 긴박한 종말론적 사명으로 인해 급할 수밖에 없다. 또한 이 땅에 강고한 인간 세상의 죄악과 인습의 장벽을 뚫고 복음의 능력을 떨치기 위해서 그 바람은 강해야 한다. 실제로 사도행전에 펼쳐지는 선교의 역정은 성령의 인도하심 가운데 매우 신속하고 강하게 사방으로 뻗어 나갔다. 성령은 그렇게 남자를 넘어 여자에게로, 유대인을 넘어 이방인에게로, 자유민을 넘어 노예에게까지 뻗어갔다. 또 그 모든 복음 전파의 행로를 앞장서서 선도했을 뿐 아니라 복음을 영접한 그들 가운데 충만했다. 이 모든 성취가 '홀연히' 하늘에서 나타난 그 바람 같은 성령의 소리처럼 순전히 하나님의 예기치 않은 은혜의 우발성에서 비롯되었다. 물론 그 '홀연히'의 출현이 있기까지 성도는 온전히 기도에 힘쓰고 있을 뿐이었다. "바람이 분다, 살아봐야겠다"라고 프랑스 시인 발레리가 노래했다지만, 진정 바람과 같은 성령은 지치고 메마른 생명을 다시 북돋우며 활기를 공급하는 하나님의 숨결이 아닐 수 없다.

불과 혀, 소멸과 갱생과 소통의 영

예수께서는 니고데모와의 대화 가운데 거듭남을 언급하면서 "사람이 물과 성령으로 나지 아니하면 하나님의 나라에 들어갈 수 없느니라"(요 3:5)고 말씀하셨다. 여기서 물과 성령은 둘 다 세례의 표상이다. 물은 세례자 요한이 이스라엘 백성들을 정결케 하는 의식으로 시행하여 기존의 언약을 갱신한 바로 그 세례운동의 물질적 매개였다. 그것은 유대교의 정결

예법에 기원을 두고 있으며 죄를 씻고 '회개에 합당한 열매'를 맺게 하려는 데 목표를 두었다. 그런 '물'의 세례에 대비하여 예수께서는 성령의 세례를 나란히 언급하고 있다. 한쪽을 배제하지 않고 둘 다 나란히 병기한 것으로 미루어 이 세례는 외형적 의식과 내면적 변화를 두루 강조하는 하나의 세례를 가리키는 듯하다. 즉 물로써 세례를 받은 사람들이 성령으로 그 내면의 모든 죄를 씻음 받고 새로운 영혼으로 거듭나는 중생을 그 목표로 삼았으리라는 것이다.

그런데 공관복음에서 성령은 물 대신 불의 이미지와 결부되어 등장한다. 세례자 요한은 자신의 물세례를 언급하면서 이를 예수의 불세례, 곧 성령에 의한 세례와 대비하는데 그것이 성령과 불의 결합을 나타내는 대표적인 사례이다. 보라! "나는 너희로 회개하게 하기 위하여 물로 세례를 베풀거니와 내 뒤에 오시는 이는 나보다 능력이 많으시니 나는 그의 신을 들기도 감당하지 못하겠노라. 그는 성령과 불로 너희에게 세례를 베푸실 것이요"(마 3:11; cf. 눅 3:16). 여기서 성령과 불은 별도의 세례를 일컫는 독립된 항목으로 보이지 않는다. 성령은 곧 불이요 불이 곧 성령이란 뜻으로 새겨야 하리라. 다시 말해, 예수께서 베푸실 세례가 불과 같은 성령, 불의 형상과 효능으로 특징지어지는 성령의 세례라는 의미이다. 불은 무엇보다 소멸의 능력을 자랑한다. 작은 불씨가 크게 번지는 특성도 있다. 그것은 사물을 태워버리듯이 인간의 죄악을 태워 소멸하는 영의 권능을 상징한다. 물론 그 소멸의 역사는 소멸 자체를 목적으로 하지 않을 것이다. 마치 산불이 번져 모든 산허리를 새까맣게 태운 뒤 그것을 헤치고 다시 싹트는 생명의 신비한 이치대로 소멸 뒤에 새로운 생성을 전망하게 된다. 더구나 불길이 바람을 타고 놀라운 기세로 번지듯, 성령도 그처럼 거침없는 기세로 복음 전파의 행로를 급속도로 달구게 되리라는 예시가 그 이미지에 담겨 있다. 이 모든 사실은 사도행전을 통틀어 제자들의 선교 활동이 성령의 지시와 인도에 따라 얼마나 역동적으로 신속하게 이루어지고 있는지 그 많은 증거와 함께 확연히 드러난다.

사도행전 2장에서 묘사한 오순절 성령 강림의 사건도 바람 소리와 함께 대표적인 성령의 표상으로 '불의 혀'라는 흥미로운 이미지를 제시하고 있다. "불의 혀 같이 갈라지는 것이 저희에게 보여 각 사람 위에 임하여 있"(행 2:3)었는데, 그것이 바로 성령으로 충만하며 방언으로 말하는 사건의 징조였다는 것이다. '불의 혀'는 불꽃이 일렁이며 타는 외양을 '혀'의 이미지로 형상화한 것이다. 아울러, 희랍어에서 '혀'(glōssa)가 곧 '언어'를 의미하므로 성령이 불의 혀처럼 임했다는 것은 그 영이 소통의 영임을 암시한다. 그리하여 제자들이 말하는 그 방언을 다양한 지역에서 온 여러 족속들이 그들의 모국어처럼 잘 알아듣게 되었던 것이다. 언어의 소통은 인간이 문화의 이름으로 구축해놓은 모든 배타적 장벽을 뚫고 넘어서는 막강한 능력이 된다. 이는 종족과 계층의 차이까지 극복하고 마침내 복음이 이방인 사회에 깊숙이 침투하여 그들을 변화시키는 동력으로 펼쳐지는 것이니 '불의 혀'와 같은 성령의 임재는 바로 이러한 선교 행전의 창창한 미래를 예시하는 징후인 셈이다.

비둘기와 보혜사 같은 영

성령은 다른 한편으로 비둘기의 형상으로 그 외관을 갖춘다. 특히, 예수께서 세례를 받으실 때 그 메시아 인준식과 같은 그 자리에 성령은 비둘기 같이 강림하여 그를 하나님이 '사랑하는 아들과 기뻐하는 자'로 확증하였다. "그때에 예수께서 갈릴리 나사렛으로부터 와서 요단강에서 요한에게 세례를 받으시고 곧 물에서 올라오실새 하늘이 갈라짐과 성령이 비둘기 같이 자기에게 내려오심을 보시더니 하늘로부터 소리가 나기를 너는 내 사랑하는 아들이라. 내가 너를 기뻐하노라 하시니라"(막 1:9-11). 여기서 비둘기 같은 성령의 강림과 하늘의 갈라짐은 연속적인 장면으로 비친다. 즉, 하늘이 침묵을 깨고 무언가 중요한 메시지를 전하는 계시적 사건에 연동시켜 성령을 묘사하고 있는 것이다. 또한 여기에 나타난 비둘기의 형상은 예수께 직접 나타나 보인 성령의 이미지로서도 그 의미가 중요하다. 이는 예수의 눈에 비친 그의 주관적 성령 체험의 표현이라고 볼 수도 있겠다. 그러나 바로 그런 까닭에 신약성서의 이 구절은 역설적으로 그 깊고 높은 예수의 주관성이야말로 성령의 본질을 이해하는 기준이 됨을 시사한다.

비둘기는 평화와 위안의 함의를 지닌 조류이다. 창세기 7장의 노아 홍수 이야기가 암시하듯, 비둘기는 표류하는 노아의 방주에 새로 난 감람나무 잎사귀를 물어다줌으로써 새로운 삶의 희망을 제공하였다. 구약의 제사법에 따르면 비둘기는 새로서는 드물게 가난한 자들의 제물로 용인되기도 하였다. 그만큼 인간의 삶에 친화력을 가진 새로서 비둘기의 특별한 의미가 있는 것이다. 또한 예수의 파송 설교에 나오는 한 어록대로 비둘기는 뱀의 교활한 지혜에 대비된 순결함의 표상으로 인식된다(마 10:16). 다시 말해 비둘기의 순결함은 뱀의 지략이 표상하는 생존 지향적인 지혜의 심층에서 예수의 제자들이 받들어야 할 신앙적 정체성의 표지이자 윤리적 모범의 잣대인 것이다. 이러한 비둘기의 신학적 암시를 성령에 빗대어 풀어보면 성령은 무엇보다 혼잡하고 분요한 세상의 한가운데서 우리 삶을 질서지우고 공적인 사명을 확인해주는 순결한 정체성의 표상으로 이해된다.

비둘기 같은 친화력에 나란히 자리를 같이 할 수 있는 성령의 또 다른 중요한 이미지는 '보혜사'(paraklētos)이다. 이 어휘 가운데 내장된 문자적 함의를 풀어보면 '곁으로 불러온 자'란 뜻이 나온다. 왜 부르는가? 물론 도움을 받기 위해서다. 그래서 이 단어는 '조력자', '옹호자', '중개자', '중보자', '상담자' 등의 다채로운 의미망을 걸치고 있다. 요한복음에 특유한 이 성령의 칭호(요 14:16, 26, 15:26, 16:7)는 성령이 인격체이며 친밀하게 하나님의 백성과 동행하고 동거함을 보여준다. 보혜사는 그리하여 "영원토록 너희와 함께 있"(요 14:26)을 하나님의 현현이라 할 수 있다. 뿐 아니라 보혜사로서의 성령은 예수 대신 우리에게 "모든 것을 가르치고" 예수께서 말씀한 "모든 것을 생각나게" 하는 기억의 촉매제가 되는 동시에 예수를 대변하는 증언자의 역할도 수행한다(요 14:26, 15:26). 요컨대, 보혜사 성령은 우리를 예수와의 인연 가운데 돈독하게 묶어두는 망각의 치유자이다. 망각은 관계의 연속성과 신실성을 훼손하는 주범이다. 보지 못하면 잊게 마련이고 잊으면 친밀한 관계는 점점 둔화되어 파탄에 이르게 된다. 신앙생활도 마찬가지다. 사물이 풍화되듯 세월 따라 몸도 마음도 연약해지는 인간의 실존 가운데 우리네 믿음은 망각과 함께 퇴락할 위기에 늘 봉착한다. 보혜사 성령은 그 순간 우리에게 예수와의 신앙적 인연을 상기시키고 예수를 충실하게 증언해줌으로써 다시 상호간 인격적 신뢰를 갱신할 수 있도록 도와주는 것이다.

성령의 신학적 이정표

우리는 성령에 대한 운동이 거세게 이 땅을 휩쓸고 가면서 생긴 특이한 징후에 집착하며 시달려왔다. 거기에는 강하고 급하게 번지는 바람이 있었고 뜨거운 소멸의 불도 있었다. 때로 비둘기처럼 온유한 성령의 속삭임도 경험하곤 했다. 신앙의 유일한 대상으로 예수와의 관계가 거듭 강조되었기에 우리의 정체성을 세워주는 보혜사 성령의 기여가 없었다고 할 수 없다. 그러나 이 모든 성령의 표상이 제각각의 맥락에 걸맞게 풍요하게 증폭되고 심오하게 심화되어 우리네 신앙생활을 성숙의 결실로 이끌었다고 자신하기에는 미진한 감이 있다. 성령의 강림은 많은 경우 이른바 '뜨거운 체험'으로 전유되거나 천사방언과 결부된 '신비 체험'과 같이 배타적으로 강조되는 경향이 있었다. 그것은 일각에서 곧잘 '체험을 위한 체험'으로 겉돌면서 중생의 초기 증상을 지루하게 되풀이하는 인습을 낳았고 그에 따라 신앙생활의 패턴을 고착화시킨 혐의를 품고 있다. 그러나 초기 증상의 되풀이는 그 자체로 건강한 것이 아니다. 특히 특정한 틀에 매여 고착되는 것은 성령의 본질상 납득하기 어려운 배반 현상이다. 이 점은 우리 가운데 경험된 성령에 대한 비판적 성찰을 요청하거니와, 무엇보다 성서에 풍요하게 제시된 성령의 다양성과 그 신학적 역동성에 눈뜨는 것이 필요하다. 이를테면 바람과 불의 형상으로 덧입혀진 성령이라 해도 그 표정은 이미 신약성서의 여러 맥락 속에서 다채롭게 빛난다. 비둘기와 보혜사로서 성령의 역할도 이 시대의 복잡한 상황에 따라 우리의 삶을 추스르고 안돈시키는 여러 맥점을 가지고 있을 것이다.

무엇보다 공동체의 영으로서 바울이 강조한 성령의 통일성 문제는 이 시대 이 땅의 교회가 심각하게 숙고해야 할 신학적 난제이다. 개인뿐 아니라 인간사회와 역사를 통합하는 하나님의 구원사적 여정에 성령의 행로는 불과 바람의 자유와 해방을 지향하면서 비둘기와 보혜사의 정체성과 안돈을 동시에 추구한다. 또 그 물질적, 동물적, 인간적 이미지의 틈새로, 그 제한된 표상을 넘어 성령은 보다 광범위하고 다양한 형태로 분신하면서 이 땅의 생명을 일구고 돌보며 새롭게 하는 일에 매진할 터이다. 따라서 성령은 우리의 구원이 완성되기까지 여전히 현재진행형이며 미래완료형으로 지금 여기 우리 가운데, 우리와 함께 다양하게 활동하고 계신다. 그러나 동시에 그 성령은 우리를 넘어 저기 저편에 왕성하게 하나의 영으로서 이 세상을 두루 아우르고 계신다.

탄식하는 성령의 '공감' 사역

로마서 8:22-27

공감의 소통 지향성

상담학에서 자주 거론되는 개념으로 '공감'(empathy)이란 말이 있다. 이는 상대방의 사정에 대한 시비곡직을 따지기보다 그의 입장에서 그 사정을 헤아리는 것으로 '감정이입'으로 번역되기도 한다. 파토스의 공유를 통해 상대방의 위치에서 역지사지하고 동정적 혜안을 창출하는 발상은 결코 쉽지 않다. 사람들은 모두가 자기중심적인 욕망을 축으로 그 생각과 느낌이 선회되고 또 자주 그 틀 속에 자폐되기 때문이다. 따라서 동정적 공감(sympathy)이란 일단 자기내면의 감옥을 벗어나 타자를 순정하게 만나고자 하는 의욕의 토대이다. 타자를 만나서 열린 마음으로 대화하며 그를 포용하고자 한다는 점에서 이는 또한 사랑의 표현이라고 할 수 있다. 이러한 공감으로서의 사랑이 없기에 우리는 자기주장과 의견을 앞세워 자주 타인과 충돌하며 그 자기중심주의의 마성 앞에 곧잘 마음의 문을 닫게 된다. 특히, 자신의 내면을 가득 채우고 있는 정서가 명랑한 삶의 영광이 아닌 경우가 잦기에 우리는 우울과 탄식의 내면을 드러내기보다 감추는 경향이 있다. 굳이 탐탁찮은 제 속내를 내비치어 수빠지고 싶지 않기 때문이다.

본문의 말씀은 이처럼 더불어 탄식할 이웃이 드문 세상에서 그리스도인들과 함께 구원의 완성을 향해 함께 탄식해주는 성령의 공감 사역을 조명한다. 하나님의 영으로서 성령은 "하나님의 뜻대로 성도를 위해 간구하심"으로 말할 수 없는 탄식 중에 그들의 처지에 개입하신다는 것이다. 아무리 솔직하고 개방적이 되어도 살다 보면 남들에게 까발리기 어려운 저만의 탄식 어린 사연들을 다 가지고 있다. 더구나 그것을 콕 집어 말로 설명하기도 난감하고 씩씩하게 표현할 의욕도 생기지 않은 채 의기 소침하는 경우, 우리는 그저 한숨 쉬며 탄식하지 않는가. 마치 막다른 골목에 마주친 낭패스런 상황처럼 우리의 그런 탄식에 공명하며 다가오는 영적 원군이 있으니 곧 우리의 인간적 연약함을 체휼하시는 성령의 중보 사역이다.

배경과 구조

로마서가 바울의 마지막 편지였고 고린도에서 모금캠페인을 일단락한 뒤 예루살렘으로 떠나기 전에 쓰였으리라는 추론에는 학자들이 대체로 일치한다. 그 모금한 돈을 예루살렘의 가난한 유대인 성도들에게 전달해준 연후에 멀리 스페인까지 선교 여행을 떠나려는 구상 속에 로마교회에 들러 신앙적 교제를 하고 물질적 후원을 받고자 이 서신을 쓰게 되었을 것이라는 사실도 두루 공감된다. 그밖에 다른 소소한 목적으로 바울이 이방인 교회의 대표 사도로서 비록 자신이 개척한 교회는 아니었지만 적잖은 교우들과 친분이 있고 자신의 사도적 권위를 어필하려는 의도와 함께 로마교회의 이런저런 현실적 또는 잠재적 문제에 개입하여 조언을 주고자 하는 목회적 선교적 목적도 이 서신의 또 다른 이면으로 수긍할 만하다. 본문의 말씀과 관련하여 톺아볼 만한 또 다른 의도인즉, 바울의 근심이다. 바울은 예루살렘으로 떠나기에 앞서 이방인 교회의 성금이 예루살렘의 보수적인 유대인 교우들에게 순탄하게 수용될지, 자신의 율법 비판적인 선교

행적으로 인한 부정적인 소문으로 행여 거부당하지는 않을지 내심 근심
어린 상태에서 로마교회의 중보기도를 요청하였다는 것이다. 그 중보기도
에는 로마교회가 이방인교회의 상징적 대표로서 특히 그곳의 유력한 몇몇
지도자들이 어떤 방식으로든 영향을 끼쳐 예루살렘교회의 유대인 성도들
에게 있었을 법한 자신에 대한 부정적 소문을 해명해주고 자신의 입지를
뒷받침해줄 정치 외교적 포석이 필요했으리라는 추론까지 나와 있다. 그
렇다면 본문의 초점이 되는 성령의 탄식이란 주제는 종말론적 구원을 향
한 간절한 기대와 하나님의 격려하심이란 보편적 관심을 바탕에 깔고 있
지만 혹여 바울의 말하기 어려운 탄식 어린 정황이 잠재되어 있었을지 모
를 일이다. 게다가 그는 유대인과 이방인의 틈바구니에 끼어 경계인으로
서 누구보다 많은 고난을 겪으면서 생사의 고비를 많이 넘기지 않았던가.
스스로 군데군데 고백하고 있듯이 그의 삶 자체가 인간적인 성정으로 볼
때 탄식 자체였다고 말할 수도 있으리라. 탄식은 시편의 유구한 전통이 내
면화된, 유대교-그리스도교 신앙전통에서 구원이 완성되기까지 감내해
야 할 이 땅의 실존적 역사적 현실이다. 나아가 이는 문제 많은 세상을 살
아가는 모든 생명 있는 존재의 특질이자 일상적 현실이 아닐 수 없다.

　　본문의 말씀은 로마서 전체의 맥락에서 이신칭의의 교설로 말미암아
파생되는 구원의 혜택이란 논의의 말미에 위치해 있다. 그 혜택의 주요 내
용은 곧 죄로부터의 해방, 율법으로부터의 해방, 죽음으로부터의 해방 그
리고 하나님과의 종말론적 연합이다. 그 연합이 가능해지기 위해서는 하
나님과 그 백성들 사이에 가로놓인 장애물이 없어야 한다. 그러나 이 세상
내에서의 삶 자체는 그렇게 투명하지도 깔끔하지도 않다. 단지 인간뿐 아
니라 이 세상의 모든 피조물들이 함께 '하나님의 아들들'의 나타나심을 고
대하며 탄식하고 있다고 하지 않는가. 이러한 범우주적 탄식의 연장선상
에서 성도의 탄식 어린 상황에 개입하는 성령의 탄식이 주제화되어 본문
을 채우고 있다.

　　로마서 본문 8:22-27은 크게 세 단락으로 나눌 수 있다. 먼저 8:22-

23은 모든 피조물과 함께 탄식하며 고통을 당하는 이 땅의 성도들이 처한 지상적 삶의 현실을 서술한다. 여기서 그 성도의 신분과 지위는 "성령의 처음 익은 열매"로 표현되고, 그들이 탄식 끝에 얻어 누릴 영광의 결실은 "양자될 것 곧 우리 몸의 속량"으로 비유된다. 이어지는 8:24-25에서는 그 탄식 어린 상황을 견뎌내야 할 근거로 '소망'이 제시된다. 그리스도인의 구원은 소망의 인내를 통해 성취된다는 것이다. 그런데 그 소망은 눈에 보이는 것이 아니라 보이지 않는 미래의 꿈과 같다. 우리가 구원이라 말하는 그 여정은 그처럼 막연하지만 그래서 더 소망 중에서 기다리면서 참아내야 할 가치가 있다는 것이다. 두 번째 단락에 연이어 바울은 26-27절에서 성령의 탄식을 언급한다. 우리의 연약함이 탄식으로 표출된다면 성령께서도 수준을 낮추어 우리의 탄식에 동참한다는 것이다. 그것은 '말할 수 없는 탄식'의 간구라는 방식으로 드러나는데, 이것이 방언기도를 의미하는지 아니면 또 다른 성령의 중보방식인지는 논란의 여지가 있다. 이 전체 문단은 "하나님을 사랑하는 자 곧 그의 뜻대로 부르심을 입은 자들에게는 모든 것이 협력하여 선을 이룬다"(8:28)는 유명한 요절을 디딤돌 삼아 교리의 장 전체를 마무리하면서 그리스도와 하나님의 사랑에 대한 예찬의 송영시 (8:31-39)로 전개되어간다.

신학적 의미의 자장

우리는 인간의 탄식을 부정적인 요소로 간주하는 경향이 있다. 특히 신앙인이 탄식을 일삼으면 믿음이 약한 것으로 치부되기 십상이다. 그래서 마음속에 깊은 고민이 있는데도 아무렇지도 않은 척 위장해야 교양 있는 사람으로 대접을 받는다. 자신의 속내를 쉽사리 까발리는 사람은 신앙의 여부와 무관하게 경박하고 체면을 모르는 사람처럼 보이기 쉽다. 물론 탄식이 습관이 되면 건강에도 해롭고 신실한 삶에 장애물이 된다. 그리스도인이 추구해야 할 궁극적인 삶의 모델이 일상적 명랑함과 상쾌함과 연동되어 있기에 우울한 탄식이 미덕이 될 수 없을 것이다. 그러나 누가 탄식을 억지로 하는가. 탄식할 수밖에 없는 저마다의 고유한 사정이 있기 때문에 저절로 한숨이 삐져나오고 탄식이 솟구치는 것 아닌가. 구약성서 시편의 상당 부분을 차지하는 탄식시편이란 게 있다. 그 탄식시편에 담긴 탄식의 어조는 때로 섬뜩할 만큼 치열하고 과격하다. 그만큼 그 시편 기자들의 삶의 현실이 모질었고, 이에 따라 그 내용이 대부분 생명의 위기상황에서 죽기 아니면 까무러치기의 심정으로 토해낸 절규의 언어로 채워진 것이리라. 그런데 우리는 예수의 영성에 이러한 탄식시편이 끼친 영향을 무시할 수 없다. 예수 역시 이 세상의 곤경 앞에 탄식하며 눈물을 흘렸고, 자신이 져야 하는 십자가의 운명 앞에서 적잖이 고뇌하고 슬픔과 두려움에 떨지 않았던가. 우리는 그것을 비겁한 인간의 참새가슴이라고 타박할 수 없다. 연약한 인간은 그 누구도 신의 위엄을 흉내 낼 수 있을망정 신이 아니기 때문이다. 예수께서는 눈물과 통곡으로 호소하는 탄식기도(히 5:7)를 통해 인간의 연약함을 당신의 연약한 육체로 치열하게 체험하면서 인간의 실존에 깊이 관여한 것이다.

본문의 말씀이 조명하는 인간의 탄식은 그러나 대책 없는 넋두리와 무관하다. 그것은 소망을 품은 탄식이기 때문이다. 그리하여 그 탄식은 구원의 마지막 판에 '몸의 속량'을 바라며 기다리는 인내의 과정일 뿐이다. 특히 그 탄식에 중보자로 개입하는 성령의 탄식은 성령이 어떻게 우리의 수준과 맞추어 당신의 사역을 조율하는지 잘 보여준다. 이는 예수께서 선례를 보여준 성령에 의한, 성령을 통한 성육신의 또 다른 발현 양태인 셈이다. 성령은 하나님의 영으로서 이 땅의 구질구질한 인간의 실존과 차원이 다른 존재이다. 또한 성령은 그리스도의 영으로서 정확한 '말씀'으로 임한다. 그런데 그 성령께서 마치 우리의 어눌함에 공명하여 말을 더듬듯이 우리의 탄식에 개입하여 '말할 수 없는' 방식으로 도움을 베푼다고 한다. 그렇다고 성령께서 우리가 처한 상황에 매몰되거나 제약을 받는 것은 아니다. 우리의 탄식에 이끌려 성령의 사역을 폐기하지도 않는다. 왜냐하면 성령이 "하나님의 뜻대로" 성도를 위하여 간구하기 때문이다.

실존적 재맥락화

우리는 신앙적 확신의 극대점에서조차 의문의 꼬리를 자를 수 없다. 일어섰다 넘어지고 강한 결단 직후 다시 허물어진다. 바울의 탄식대로 우리 속에는 하나님의 뜻대로 행하려는 자아와 자신의 육체적 성정에 사로잡힌 또 다른 자아가 싸우고 있다. 그 싸움에서 우리는 자주 패배의 쓴맛을 본다. 이러한 경험은 신앙의 방패를 지닌 그리스도인의 실존에도 무관치 않게 자주 틈입한다. 인간이기 때문에 외롭듯이 인간이기 때문에 그리스도인도 종종 실수하고 미끄러진다. 세상에 살면서 세상에 속하지 않는 것이 그리스도인이라고 하지만 누구나 예외 없이 인간의 연약한 굴레를 아주 벗어날 수 없는 상태로 이 땅에서 살고 있는 것이다. 그런데 우리의 탄식이 대체로 속에서 이루어지기 때문에 그것을 시원하게 깨놓고 말하지 않으면 아무도 헤아릴 길이 없다. 그래서 감정의 억압으로 우리의 심신은 자주 지치고 병이 들기도 한다. 크고 작은 스트레스의 영향도 마찬가지다. 이 세상에서 산다는 것 자체가 스트레스의 부담을 지고 있는데, 그것을 제때에 적절하게 풀지 못할 경우 그리스도인들 역시 탄식의 상습화를 피할 길이 없다.

그러나 소망인즉 성령의 탄식은 탄식을 위한 탄식과 다르다는 것이다. 그것은 우리의 연약함을 긍휼히 여기는 탄식이고 하나님의 뜻을 이루어나가는 역동적인 에너지이기 때문이다. 어느 시인의 언표대로 '슬픔도 힘이 된다'는 주장이 일리 있다면 탄식 역시 자신의 실존을 명료하게 밝히고 그 자리를 성찰하면서 그 너머의 밝은 내일을 안내하는 이정표가 될 수 있다. 물론 성령께서 그것이 하나님의 뜻이라는 걸 깨닫게 해주고 확신을 줄 때 그러한 전복적인 도약이 가능하다. 감정의 절제는 미덕일 수 있다. 그러나 연약함에 대한 탄식의 욕동을 억누르면서 자신의 신실함을 포장하는 억압적 자아 관리는 외려 성령의 도우심을 훼방할 수 있다. 표현이 자유를 준다. 그러나 말로써 표현할 수조차 없는 상황에서 우리의 실존이 봉착한 난국에서도 우리는 좌절할 필요가 없다. 성령께서 목소리를 낮추고 우렁찬 말 없이도, 말할 수 없는 탄식으로 우리의 가장 음울한 자리에 함께하기 때문이다.

케리그마의 성서적 연계망

성령의 사역은 풍성하고 다양하다. 에스겔 37:1-14에 보면 성령은 '생기'로 표현된다. 하나님이 생기를 불어넣으니 골짜기에 널브러진 뼈들이 서로 연계되어 큰 군대를 이루는 환상적인 장면이 거기 나온다. 이는 하나님의 숨결이 어떻게 생명을 생명답게 피어나게 하는지 잘 보여준다. 에스겔의 이 환상은 패망한 이스라엘이 다시 회복하여 강성한 민족으로 발돋움하리라는 희망의 메시지를 담고 있다. 그 역사적 상황은 오늘날 회복이 필요한 이 땅의 개인과 민족 집단 모두에 적절히 상응한다. 여전히 피로하고 지쳐 있는 도시의 군상들, 분단 70년이 넘어서도 통일의 비전이 오락가락하는 이 갈지자의 파행상태에 처한 이 민족은 다시 하나님의 생기인 성령의 충만이 간절히 요청된다. 마치 태초의 인간 아담이 진흙으로 빚어진 무기력한 육체였지만 하나님의 생기를 받아 생명이 되었듯이, 우리 모두는 신령한 하나님의 생기가 필요하다. 마찬가지로 요한복음의 부활 기사에서도 예수께서는 '성령을 받아라'는 말씀과 함께 자신의 호흡을 낙담한 제자들에게 불어넣음으로써 생기로운 영으로 세례를 베푼 적이 있다.

이와 함께 사도행전 2:1-21의 오순절 성령강림 사건은 교회에 초석을 놓은 획기적인 이정표로 유명하다. 여기서 은유된 성령은 '불의 혀'이다.

모든 사람들이 구약의 바벨 재앙 이래 말이 통하지 않는 혼란 속에 살아가다가 마침내 예수 그리스도를 통한 구원사의 본격적인 행보와 함께 각기 다른 말을 해도 서로 통하는 기적이 발생한 것이다. 불통에서 소통으로, 격절에서 융합으로 이어지는 성령의 역동적인 행전은 선교의 활성화를 부추겼고, 이로 인해 교회가 곳곳에 설립되었음을 보여준다. '보혜사'라는 독특한 이름으로 언표된 요한복음의 성령은 무엇보다 예수의 영광을 드높이고 예수의 정체성을 증언하는 예수 그리스도의 영으로 묘사된다. 요한복음 15-16장에 산재된 기록에 의하면 보혜사 성령은 죄와 의와 심판에 대하여 세상을 책망할뿐더러 장래 일을 알려주는 예언의 역할을 수행한다. 이처럼 성서를 통틀어 성령은 진리와 생명의 영으로 돋을새김된다. 그의 사역은 죽어가는 연약한 생명의 낮은 자리에 임하여 그 생명을 북돋아주는 데 기여한다. 이는 하나님의 긍휼과 사랑을 실천하는 방식이기도 하다. 나아가 성령의 사역은 한 개인의 실존적 상황뿐 아니라 한 공동체와 민족, 나아가 모든 만물을 새롭게 하시는 하나님의 구원사역에 총체적으로 관여함으로써 늘 비틀거리고 어긋나는 이 세상의 혼란을 질서 있게 회복시키는 데 힘쓴다. 특히 성령은 오늘날 이 세상의 죄악상에 담합하는 교회의 무기력한 현실에 말할 수 없는 탄식으로 임하여 교회를 생기로운 활력으로 가득 찬 변혁의 주체로 우뚝 세우길 소망하리라.

메시지의 얼개와 방향

본문에 기초한 설교의 큰 얼개는 인간의 탄식과 성령의 탄식으로 정하는 것이 적절하다. 먼저 인간의 탄식이 얼마나 감추어져 있으며 얼마나 공감이 어려운지 조명하는 데서부터 시작한다. 이와 함께 개체 인간의 실존적 제약을 먼저 현대인의 심성구조를 분석적으로 통찰하는 작업이 필요하다. 오늘날 이웃사촌이라는 말이 무색하도록 바로 앞집에 사람이 어떤 사정으로 무슨 고민과 탄식을 끌어안고 사는지 우리는 대체로 무감하다. 심지어 교인 수백 명만 되어도 그 교인들이 제각각 어떤 실존의 정황에 처해 있으며 삶의 고단한 내용들이 무엇인지 그 외면만 봐서는 알 길이 묘연하다. 그렇다고 다그치듯 그 속내를 까발려 이실직고하라고 강요할 수도 없는 노릇이다. 이러한 폐쇄된 사람들 사이의 관계에서 누구나 탄식할 수밖에 없는 삶의 다양한 상황을 인정하는 것이 중요하다. 인간의 연약함이 딱히 자랑할 것은 못되지만 그 연약함을 억지로 감춘다고 저절로 강해지는 것도 아님을 상기시켜야 한다. 무엇보다 성도로서 당하는 신앙적 곤경이나 신앙으로 인해 겪는 여러 가지 고난에 대해 그것이 그냥 대책 없는 탄식의 상황이 아님을 주지시켜야 한다. 본문의 지적대로 성도가 성령의 첫 열매로서 감당해야 할 과제가 있기 때문이다. 그것은 예수 그리스도의 구원의 공로로 양자되는 것에 초점을 둔다. 다시 말해 우리의 연약한 몸이 속량을 받아 영원한 생명을 누리리라는 소망을 포기하지 않아야 할 명분이 확고하다는 것이다. 이와 함께 인내 어린 기다림의 와중에 튀어나오는 탄식의 신앙적 매개 기능과 그로 인한 공감대 형성의 이점을 소개하면 좋다. 예컨대, 스트레스를 쌓고 살기보다 탄식의 표현으로 풀어낼 수 있는 심리치료의 묘안도 숙지할 수 있다. 아울러, 구약성서의 수많은 탄식시편과 예수께서 보여준 고뇌 어린 탄식과 절규의 적나라한 표현 방식도 우리 자신의 내면을 잘 살펴 적절하게 표현하는 게 얼마나 중요한지 가르쳐준다.

그러나 그것이 적절한 언어로 표현하기조차 힘든 상황에서 마침내 성령의 탄식이 효력을 발휘한다. 성령의 탄식은 우리의 탄식에 공감하면서 우리의 연약함을 도우시는 하나님의 방식이다. 무엇을 어떻게 기도해야 할지 모르는 난감한 상황에서 성령은 말할 수 없는 탄식으로 우리를 위해 친히 중보하며 간구한다는 것이다. 마치 어린아이의 옹알이에 부모가 그 뜻이 뭔지도 모르면서 감응하여 함께 웃고 우는 심정 그대로 하나님의 영은 우리의 아연실색하는 형편을 나무라지 않고 적극적으로 개입하여 돕고자 한다. 이는 하나님이 우리의 삶에 응답하시는 섬세한 지혜와 사랑의 증거에 다름 아니다. 그 지혜와 사랑을 아끼지 않는 까닭은 하나님이 우리를 포기할 수 없기 때문이다. 이처럼 성도는 믿음의 열매로 그리스도의 핏값을 치른 소중한 생명인 것이다.

오늘날 탄식은 개체 교인의 실존에 국한되지 않는다. 바울은 선교사로 교회를 개척하면서 탄식할 만한 교회공동체의 열악한 현실에 자주 좌절했다. 로마서를 쓰면서도 그는 당면한 모금 전달사역으로 인해 적잖은 근심에 눌렸던 것으로 추리된다. 그동안 겪은 숱한 선교의 역정과 신산한 삶의 궤적에도 불구하고 그를 기다리고 있는 것은 아직도 끝나지 않는 고난의 가시밭길이었다. 그러하기에 그는 탄식할 수밖에 없었을 것이다. 이러한 탄식과 그 너머 소망의 메시지는 오늘날 한국교회의 열악한 현실에도 그대로 적용된다. 바울은 나아가 모든 피조생명의 공동 탄식을 상정한다. 그 묵시적 비전 앞에 우리는 인간의 탐욕으로 인해 지독한 고통에 처한 지구촌의 동식물과 자연환경이 토해내는 신음과 탄식에도 귀를 열 수 있어야 한다. 우리는 탄식하는 주체라는 견지에서 개인일 수밖에 없지만 그 탄식에 개입하여 중보자로 간구하는 바람 같은 성령의 사역은 그 개체의 장벽을 넘어 경계 없이 활약하기 때문이다.

만민의 구원을 바라시는 하나님

디모데전서 2:1-7

본문의 상황과 배경

디모데전서를 비롯한 이른바 '목회서신'(Pastoral Epistles)은 외견상 바울이 제자 디모데에게 보낸 서신의 형식으로 되어 있지만, 실제로는 신앙 공동체가 제도화되어가면서 안팎의 요청으로 마련된 교회의 규례를 담고 있다. 그 규례는 한 마디로 교회 내부의 질서를 확립하고 지키기 위한 것이었다. 그러나 그것은 동시에 교회 밖 세상과의 온건한 관계를 유지하기 위한 대외적 목적을 가지고 있었다. 특히, 로마제국이라는 거대한 국가체제 속에서 교회가 어떤 관계를 맺고 그 제국의 권력을 표상하는 황제 및 그 하부 권력자들의 존재를 어떻게 인식해야 할지의 문제는 어떤 식으로든 다루어져야 할 사안이었다. 더구나 로마제국이 황제숭배라는 종교적 제의를 온 백성들에게 강제하는 형국에서 교회는 마냥 맥 놓고 있을 처지가 아니었다. 그것은 유일신 하나님께 경배하고 예수 그리스도를 유일한 구세주로 고백하는 그리스도교 신앙의 존속에 치명적인 장애가 될 수 있었기 때문이다. 또한 바울뿐 아니라 초기 그리스도교의 사상적 종교적 고향이었던 유대교 내부에서도 로마제국의 신상 앞에 경배한다는 것은 용납되기 어려운 갈등의 요소였다. 그렇다고 다짜고짜 대들면서 매사에 싸울 수도 없는 노릇이었다. 요한계시록과 일부 유대교 문헌에서 증언하듯, 로마 제국은 이런 점에서 자신의 신앙적 정조를 지키기 위해 목숨을 걸고라도 대항해야 할 세력이었고, 실제로 제국은 '음녀 바벨론'의 이미지 속에 사악한 권력집단으로 묘사되기도 하였다.

그러나 그러한 극단적인 대응 양상은 교회에 대한 핍박이 대대적으로 발생한 일정 기간에 국한되었고, 평상시에 늘 그런 입장 일변도로 나갈 수는 없었을 것이다. 일찍이 강대국 틈바구니에서 잦은 식민 체험을 겪은 디아스포라 유대인들은 생존적 자구책 차원에서 제국의 강한 권력자를 향해 자신의 생존권과 종교적 자유를 보장받는 선에서 적절한 타협점을 모색해 왔다. 흔히 '정치적 정적주의'(political quietism)로 운위되는 그러한 현실적 타협책은 바울의 초기 선교 정책에도 반영되어 그리스도교 신자들이 공권력자들의 권세에 그들이 하나님의 정의를 위탁받아 집행하는 한 순복할 것을 명령한 바 있다(롬 13장). 바울은 그들이 하나님의 정의와 배치되는 악행과 폭력의 도구로 그 권력을 오용할 경우에 대해서는 침묵함으로 묘한 여운을 남기고 있지만, 이러한 사도의 규범은 이후 교회 전통에 일관된 패턴으로 전승되어간 흔적이 역력하다.

디모데전서 2:1-7 본문 배후의 상황도 교회의 대외적 관계라는 문제의 연장선상에서 초기 신앙공동체의 생존과 안녕을 지키기 위한 교회의 규례를 담고 있다. 그 생존과 안녕과 관련하여 저자는 "모든 경건과 단정함 중에 고요하고 평안한 생활을 하려 함이니라"(2:2)고 상술하고 있다. 그러나 국가의 권력자를 위한 중보기도는 신자들의 신앙적 정체성을 훼손하는 대가로 단순히 육체적 생존이나 물질적 이득을 얻고자 함이 아니었다. 그들이 하나님의 공복으로 이 땅을 통치하는 권세를 한시적으로 허락받았다는 국가에 대한 신학적 인식이 그 배경에 깔려 있었기 때문이다. 그들을 매개로 하나님의 의로운 통치가 최대한 구현된다는 전제하에 그리스도교 신앙의 궁극적 관심은 모든 사람이 진리를 깨닫고 구원을 받기를 원하시는 하나님의 뜻이 이루어지는 데 있었던 것이다. 그리하여 본문은 그 하나님이 어떤 존재인지, 또 하나님과 사람 사이의 중보자로서 예수 그리스도의 위상이 어떠한지, 나아가 그를 통한 구원의 방식이 어떻게 나타났는지 간결한 예전적 문구 속에 제시하고 있다. 아울러, 세속의 정치적인 이해관계와 무관하게 사도로 부름받은 바울 자신이 '이방인의 스승'으로 어떤 역할을 수행하며 어떤 사역에 주안점을 두고 있는지 분명히 못박아두고 있다.

본문의 구조와 개요

앞의 본문은 디모데전서 교회 규례 대목의 첫 번째 단위를 구성하는 2:1-3:13 중에서 도입부에 해당된다. 그 내용의 핵심 요지는 하나님의 가족 구성원으로 어떻게 자신의 삶을 경영해야 할지에 초점이 모아진다. 여기서 그 규례의 선포 및 전달 형식은 '권면'으로 드러나고, 그 가운데 2:1-2는 기도와 관련된 조항이다. '모든 사람'을 위한 기도가 그 권면의 내용이다. 물론 그 기도의 형식도 분화하여 간구와 중보기도, 감사기도 등의 다양한 요소를 포괄한다. 여기서 '모든 사람'은 흔히 사용하는 상투적 문구이지만, 하나님이 구원의 대상으로 만민을 향해 보편적 관심을 표한다는 뜻을 담고 있다. 그 '모든 사람'은 물론 교회 안의 신자들과 바깥의 잠재적 신자들을 두루 포괄하는 개방적 범주이다. 그리스도인들은 그들을 위해 하나님 앞에 간구하고 중보하며 감사해야 할 존재이다. '모든 사람'의 존재에 대하여 감사한다는 게 얼핏 이상하게 들리는 것 같지만, 그들은 신자가 아닐지라도 그리스도인들의 선교적 사명을 필연적인 것으로 정당화해주는 타자이고, 또 사랑해야 할 이웃이다. 또 신자라면 더불어 그 사명을 나누어야 할 동반자일 터이다.

한편, 그 기도의 대상은 당시 그 '모든 사람'을 국가라는 체제하에 다스리는 통치자로서 '황제들'과 '권세자들'로 구체화된다. 여기서 이 두 어휘가 모두 복수로 사용된 것은, 일부 학자들이 주장하듯, 로마황제들이 여러 명이 난립하던 AD 137년 이후의 역사적 상황을 반영하는 것이라기보다, 제국의 공권력을 집행하는 중앙과 지방의 다양한 정치 군사 지도자들을 아우르는 상용구의 패턴에 의거한 표현으로 보인다. 그리스도인들이 그들을 위하여 기도한다는 것은 하나님의 통치가 그들의 권력을 매개로 이 세속의 제국에 이루어지길 바란다는 뜻이다. 가령, 그들은 외적의 침입을 방어함으로써 체제의 안전망을 제공하고 사회적 혼란을 수습하며 일상생활의 질서를 유지하기 위해 기강을 세우고 그것을 지키는 데 공권력을 동원한다. 이러한 국가의 순기능에 대하여 교회는 감사함으로 수용하고 그 담당자들을 위하여 기도할 필요가 있다는 것이다. 이는 그들의 세속적 권력의 야욕을 마냥 정당화해주는 것과 차원이 다르다. 이어지는 문장이 밝혀주듯, 이와 같이 기도를 통한 그들의 공적인 인준은 그리스도인들의 사회적 삶이 "경건과 단정함 속에 고요하고 평온하게" 이루어지도록 하는 데 목적이 있기 때문이다. 여기서 '경건'(eusebeia)은 종교적 제의적 규례의 준수에 머물지 않고 한 국가의 시민으로서 순탄한 사회적 관계를 영위해나가는 정상적인 삶의 내용을 포함하는 가치이다.

본문 2:1-2에 이어지는 두 번째 소단락 2:3-4는 이와 같은 삶의 방식에 대한 신학적 추인에 해당된다. 바로 그러한 삶을 하나님이 원하시며 하나님이 기뻐하신다는 것이다. 왜냐하면 하나님의 궁극적 관심사는 모든 사람들이 다 구원을 받는 데 있기 때문이다. 다시 말해, 순탄한 대국가적 대사회적 관계에서 교회가 평온을 유지함으로써 그리스도인들이 본연의 선교적 사명을 감당할 수 있고, 이로써 외인들도 복음의 진리를 깨우치고 구원받을 수 있게 된다는 것이다. 하나님은 현재 그리스도인들의 구원만으로 만족하지 않는다. 그는 모든 인류의 창조주답게 그들을 향한 무한 책임을 가지고 그들 모두의 구원을 원하시고, 그 목적을 향해 당신의 선교 역사를 이루어나가고자 하신다. 이는 그리스도교의 복음이 지향하는 바와 일치한다. 갈라디아서의 유명한 세례신학적 공식(갈 3:27)에서 설파된 대로, 유대인과 이방인의 종족적 경계를 넘고, 남자와 여자의 성적 장벽 그리고 자유민과 노예의 계급적 차별을 넘어 모든 사람이 그리스도 안에서 하나라는 믿음이야말로 보편적 구원신학의 마땅한 진로였다. 그 가운데는 포악한 독재자가 없지 않고 권력을 과신하여 오만방자한 지도자도 자주 등장하는 편이지만, 그들 역시 구원이 필요하고 하나님의 긍휼로 불쌍히 여겨야 할 '모든 사람'의 범주에 포함된다는 것이다.

세 번째 소단락 2:5-6은 만민의 구원을 바라시는 하나님의 본질에 대한 예전적인 수식 문구이다. 이 세상에는 다양한 사람들이 다양한 기준으로 구획되고 차별받고 있지만, 그 모든 사람들의 차별 없는 구원을 바라시는 하나님은 한 분이라는 것이다. 이는 전통적인 유일신 신앙의 되풀이 같지만, 그것이 구원론적 맥락에서 조명되고 있다는 특징이 있다. 하나님이 한 분이시기에 그가 창조한 인간 세계는 결국 구원의 목표에서도 하나 되어야 하고 하나일 수밖에 없다. 더구나 그 구원을 중개하는 중보자인 그리스도 예수도 한 분이시라는 것이다. 굳이 그를 '사람'이라 강조한 것은 인자의 전통으로 소급되는 것처럼 보이지만, 동시에 예수의 인간성을 부인했던 당시 일부 종파의 이단적 가르침을 의식했을 가능성도 없지 않다. 다신교적 전통에서처럼 신이나 중보자가 여럿이면 그 신들이 경합하는 천상의 질서가 지상에 그대로 이식되어 파당을 짓고 서로 다투는 모습을 보인다. 그러나 그리스도교 복음의 세계에서 한 분 하나님과 한 중보자 예수 그리스도는 그런 가능성을 신학적으로 사전에 차단한다. 예수 그리스도의 중보적 역할은, 그 역시 '모든 사람'을 위해 자신을 대속물로 내어준 희생의 공로로부터 주어진 것이다. 그는 그렇게 하나님과 사람 사이를 매개함으로써 하나님의 때에 맞추어 새로운 언약의 증거가 되었다.

그 보편적 구원사역은 이제 2:7 마지막 단락에서 바울의 선교적 책무로 연계된다. 그는 그 차별 없는 구원의 복음을 전파하기 위해 차별의 대상이 되기 쉬운 '이방인의 스승'이 되었다. 그가 처음부터 그렇게 '스승'이 된 것은 물론 아니었을 것이다. 그는 먼저 복음을 전하는 전파자와 사도로 세움을 받았다. 이 직책에 목숨을 건 그의 삶은 그 진정성으로 말미암아 그를 마침내 '믿음과 진리 안에서' 이방인의 스승으로 인증해주었던 것이다. 이는 다분히 회고적 관점에서 바울의 선교적 성취와 신학사적 교회사적 의의를 추인하는 인상을 준다. 아울러, 그의 복음 사역이 종국적으로 만민 구원을 바라시는 하나님의 뜻과 만민을 위해 죽으신 예수 그리스도의 보편적 구원에 이바지하였음을 내비치고 있다. 그가 그처럼 이방인의 스승으로 자리매김된 기준으로서 '믿음과 진리'는 어떤 파당적 원리가 아니라 그 모든 차별의 장벽을 넘고 인위적 경계를 가로지르는 만민 구원의 신앙이자 우주적 진리였던 셈이다.

메시지의 얼개와 방향

이 본문으로 설교를 구성할 때 다음의 몇 가지 맥점이 참조될 수 있으리라 본다.

첫째, 그리스도인의 신앙 의식과 교회 생활의 규범 첫 대목에 모든 사람을 위한 중보적 역할로서 '기도'가 강조되어야 한다는 것이다. 우리는 대체로 개교회의 관심사를 넘어 기도의 영역을 확장하지 못하는 경향이 있다. 개인이 드리는 기도는 물론이고 교회의 주일예배에서 드려지는 대표기도 역시 교회 기관이나 사업 홍보 차원을 맴돌곤 한다. 이는 교회의 위상을 스스로 편협하게 만드는 자충수와 같다. 우리의 하나님은 만민을 위해 존재하시며, 만민의 구원을 바라신다. 그 하나님의 뜻을 헤아려 먼저 부름받은 그리스도인들은 모든 사람을 위한 기도에 충실해야 한다. 특히, 국가를 통치하는 정치지도자들을 위한 중보기도가 그 만민 가운데 포함되어야 한다. 그들이 오판하거나 그릇된 길로 가면 그로 인해 신자 비신자 구별 없이 백성들이 당하는 피해와 곤경이 심각하기 때문이다. "경건과 단정함"이나 "고요하고 평안한 생활"은 모든 신앙적 기획을 받쳐주는 일상의 토대이다. 그것이 허물어지면 예배가 그치고 선교가 가로막히며 신앙 교육의 꾸준한 실행도 차단당하기 십상이다.

둘째, 이와 관련하여 그리스도인의 하나님이 한 분이시고 중보자도 예수 그리스도 한 분이라는 진술의 이 시대적 의미를 간파해야 한다. 그것은 그리스도교의 복음이 그 창조론적 구원론적 맥락에서 두루 보편적 가치를 지니고 있다는 뜻이다. 인간사회에 설정된 각종 인위적 경계나 파당적 이해관계를 내세워 하나님을 편협한 신으로 전락시키지 말아야 한다. 또한 특정 교파와 교단, 특정 교회의 교리적 편향성을 표나게 강조함으로 예의 신학적 보편성을 훼손하지 말아야 한다. 반대로 오늘날 교회는 지금껏 지나치게 분열과 갈등을 일삼으며 스스로 자기 의를 내세워 그 현상을 정당화하는 자가당착의 일그러진 모습을 살필 수 있어야 한다. 그 틀에 맞춰 하나님조차 왜소하게 찌그러진 신으로 전락시키는 실수를 피해야 한다. 단 한 분이신 중보자 예수 그리스도를 계급적으로 전유하려는 폐쇄적 배타성도 극복해야 한다. 이를 위해 그가 왜 굳이 '사람'으로 오셔서 온갖 구질구질한 인간사의 밑바닥을 겪어내셨는지 면밀한 신학적 통찰이 요청된다.

셋째, 설교자는 바울이 "믿음과 진리 안에서 이방인의 스승이 되었노라"고 고백한 사연의 이면을 드러낼 수 있어야 한다. 이방인은 유대인 바울에게 이질적인 타자였고, 그 존재와 위상 자체만으로 '죄인'에 해당하는 무리였다. 그들 이방인은 곧 이교도를 의미했기 때문이다. 그런데 그는 그 경계를 과감하게 넘어 단지 '믿음과 진리'로써 그들의 스승이 되었다. 그것은 대단한 모험이고 도전이었을 것이다. 물론 계시 체험과 신학적 각성이 작용했다. 또한 그의 선교적 열정이 동력을 제공했다. 그러나 무엇보다 중요한 것은 모든 사람의 구원을 바라시는 하나님의 뜻을 우주적으로 헤아릴 줄 알았던 그의 미래지향적 비전의 보편성이었다. 그는 그만큼 하나님을 닮을 수 있었다. '하나님 닮기'(immitatio Dei)가 신앙의 궁극적 본질이라면 이것 하나로만 봐도 그는 제대로 된 신앙인이었던 셈이다. 오늘날 그리스도인들이 무력하거나 왜소하게 비치는 것은, 다분히 '나를 닮는 사람이 되라'고 말하지 못하는 신앙적 자긍심의 결여에 있다. 그 현실은 곧 바울과 같은 위대한 신앙의 스승을 닮지 못하기 때문이고, 나아가 바울이 닮은 예수 그리스도, 예수께서 닮은 하나님을 닮고 본받지 못하기 때문이다.

생각을 가지고 생각을 길들이는 법

천태만상의 생각들

"나는 생각한다; 고로 나는 존재한다"라는 데카르트의 명제와 함께 근대가 시작되었다. 그렇다고 그 이전에 생각이 없었던 것은 아니다. 사람이 하나님의 형상을 지녔다고 할 때 그 실체가 여러 가지로 해석되는 모양인데, 그중에 생각의 지분도 전혀 없지 않을 터이다. 하나님이 아무런 생각 없이 천지를 지으셨을 리 없으니, 하나님의 창조적 생각은 필시 인간의 창조활동에도 적잖은 영향을 발휘했을 것이다. 성경에 숱하게 많이 나오는 '생각'은 원문에 쓰인 그 어휘가 비록 다양할지라도 인간의 지각 작용이라는 공통점을 갖는다. 그것은 머릿속을 스치는 수많은 관념들의 올을 뽑아 직조해낸 지적인 활동의 총화이다. 사물을 지각하고 상황을 분별하며 사태를 판단하는 작용이 바로 생각의 기능이다. 일찍이 이 시대의 근대가 몸부림칠 때 변방의 예언자로 활동한 함석헌 선생은 "생각이 없는 백성은 망한다"고 부르짖었거니와, 실로 그런 기본적 사유의 역량을 정련되게 발전시키지 않고서는 '배부른 돼지'의 동물적 자족을 넘어 인간답게 살기 어렵다. 관념이 추상적이라면 생각은 그 추상의 망토를 좀 벗고 틀과 결을 갖춘 상태로 우리의 삶을 계획하고 향도한다. 예측 가능한 청사진으로 앞날의 일들을 예견하고 장애물을 대비하며 잡다한 이해관계의 미로를 계산한다.

자기 내부에만 국한된 생각이 아니고 관계에 대해 또 생각하려니 생각이 가지를 칠 수밖에 없는 노릇이다. 그래서 생각은 늘 천태만상으로 뻗는 하나님의 무한을 닮았다. 아니, 하나님이 무한한 터라 우리는 그 무한을 공경하며 영원을 꿈꾸는 생각하는 존재로 태어났다. 그 생각의 홍수에서 빠져죽지 않고 생환하는 지혜는 무엇인가. 생각에 의한, 생각에 대한, 생각의 신학이 생각을 넘어 필요한 까닭이 여기 있다.

절제된 생각

생각의 촉수가 워낙 다양하게 뻗다 보니 그 기본 방향을 조율하지 않고서는 자기 생각 속에 자신이 길을 잃게 된다. 로마서에서 사도 바울은 이와 관련하여 다음과 같이 말씀하셨다. "마땅히 생각할 그 이상의 생각을 품지 말고 오직 하나님께서 각 사람에게 나누어 주신 믿음의 분량대로 지혜롭게 생각하라"(롬 12:3). 이 말씀은 "하나님의 선하시고 기뻐하시고 온전하신 뜻이 무엇인지 분별하라"는 말씀 바로 뒤에 나온다. 아울러, 그 말씀은 한 몸에 많은 지체를 가졌지만 그것들이 다양한 기능을 담당하고 있음을 역설하는 내용을 받아내고 있다. 그러면 무엇인가. 생각의 분수대로 지혜롭게 생각한다는 것은 '그리스도의 몸'으로서 교회를 구성하는 일원으로 자신이 전체가 아니라 부분임을 늘 명념하라는 것이고, 그렇게 교회의 통일성을 유지하기 위해서는 생각의 절제가 필요하다는 말 아니겠는가. "하나님께서 나누어주신 믿음의 분량"을 '제 분수껏 살아야'라는 자조 어린 소극적 탄식의 연장선상에서 보지 말자. 또 이로써 하나님이 모든 사람들을 불평등하게 창조한 공정하지 못한 분이라고 쉽게 판단하지 말자. 그것은 제 몫의 고유한 생각의 영역을 뒷받침하는 은사의 주체적 토대라고 볼 수 있다. 바울이 고린도후서(4:13)에서 말씀하듯, 우리는 믿는 고로 믿는 만큼 말할 수 있고, 그 말하는 만큼 우리의 생각은 결실하게 마련이다. 그 절제의 규모를 망실할 때 우리의 생각은 좌충우돌하면서 허망해지고 허세와 허영과 허풍의 포로가 되기 쉽다. 또 습관적으로 교만해진다. 저 혼자 그러면 그 피해가 자신에게만 돌아가겠지만, 교회라는 공동체 내에 확산될 때 '누룩'이 따로 없다. 그런데 그런 누룩의 확산은 하나님의 온전한 뜻이 될 수 없다는 것이다. 생각의 절제를 잃으면 제가 지닌 은사의 발견에는 눈멀고, 남의 일에 간섭하길 즐겨한다. 그 결과는 빤하다. 갈등이며 분열이다. 제 자신의 현주소를 분별하지 못하는데 다른 사람에게 간섭하는 일이 유익할 리 없다. 하물며 절제된 생각을 잃은 신자가 하나님의 뜻을 분별하는 것이 가당키나 할 것인가.

발전의 토대

물론 생각의 '절제'는 생각의 '억압'과 다르다. 그것은 차라리 생각의 '훈련'이다. 하나님은 우리의 생명을 억압하지 않고 풍성하게 누릴 수 있게 복을 주시듯, 우리의 생각이 꿈을 향해 활짝 열리길 기대하신다. 그래서 바울 사도는 하나님을 묘사하기를 "우리 가운데서 역사하시는 능력대로 우리가 구하거나 생각하는 모든 것에 더 넘치도록 능히 하실 이"(엡 3:20)라고 말했다. 주지하듯 하나님은 권능의 주님으로 능치 못한 일이 없으시다. 그 능력이 우리 가운데 역사한다는 것인데, 그 전제조건은 우리가 그것을 원하느냐는 것이다. 그 바람을 적극적인 갈망으로 표출하는 것이 구하는 행위이고 그 구함이 내적으로 간절해지는 것이 바로 생각이다. 그런데 하나님은 우리가 생각하는 모든 것을 더 넘치도록 부풀려준다고 한다.

하나님의 생각은 마치 동이 서에서 멀듯이 우리의 생각과 다르며 우리의 예상을 초월한다. 그래서 하나님이 우리의 생각 안에 머물거나 가둬지면 안 된다. 물론 하나님은 우리의 기대와 무관하게 절대로 그럴 수 없다. 다만 우리의 생각이 하나님의 생각을 향해 열려 있으면, 하나님의 생각이 우리의 생각을 확장시키고 그 틀을 넘어서기를 기대해야 한다. 그 생각의 잉여가 바로 발전의 기반이다. 우리가 생각할 수 있는 것만 생각하고, 생각해야 한다고 배운 것만을 생각해서는 그 생각의 출구를 열어나가지 못한다. 그것은 그 생각에 기름처럼 부어지는 하나님의 생각이 있다는 사실을 부인하는 불신앙이다. 하나님은 우리의 생각도 더욱 풍성하게 넘치도록 그 너머의 지평을 열어 보여주신다. 그게 바로 생각하는 자의 도전적 자세이고 하나님의 그 넓이와 높이를 사모하는 열정이다. 여기서 생각은 비로소 이 땅의 지평을 뛰어넘어 하늘로 뻗게 된다. 이처럼 생각과 함께 생각의 초월이 없으면 발전의 토대도 부재한다. 하나님의 풍성한 생각을 거부한 채 우리의 생각이 진보하지 못하고 옛것을 보수하는 데만 급급하다면 그 비사유의 강박 가운데 자기 발전의 미래는 닫힐 수밖에 없다.

생각에 싹이 나면?

그리하여 생각도 씨앗처럼 우리 삶 가운데 뿌려진다. 어떤 씨앗을 얼마나 신실하게 뿌리느냐에 따라 그 결실이 달려 있듯, 생각의 씨앗도 잘 뿌려져야 좋은 싹이 나서 잘 자랄 수 있다. 생각에 피어나는 싹수가 노랗다면 앞으로 어떻게 자라날지 기다려보지 않아도 명약관화하다. 그래서 바울은 다른 곳에서 생각의 싹을 굳이 말하고야 만다. "내가 주 안에서 크게 기뻐함은 너희가 나를 생각하던 것이 이제 다시 싹이 남이니 너희가 또한 이를 위하여 생각은 하였으나 기회가 없었느니라"(빌 4:10). 이 말씀의 배경인즉 이렇다. 바울은 옥중에서 지금 빌립보 교인들에게 편지를 쓰고 있다. 자신의 옥바라지를 위해 빌립보 교회가 에바브로디도를 파송하여 일종의 '영치금'을 넣어준 것에 대해 이 대목에 여러 모양으로 감사의 예를 표하고 있는 것이다.

바울이 보기에 그들이 자신을 향해 품었던 '생각'은 곧 사랑과 돌봄의 관심이었다. 그는 빌립보 교인들이 자신을 향해 일관된 애정과 배려가 있었음을 의심하지 않는다. 다만 워낙 멀리 떨어져 있었기에 그동안 직접 도와줄 '기회'가 닿지 않았다는 것이다. 그런데 바울을 향한 그리움 가운데 품었던 그들의 생각은 마침내 '싹'이 나서 이제 그 실현을 보게 되었다. 그게 바로 에바브로디도의 파송이었고 바울이 하나님 앞에 '향기로운 예물'로 표현한 영치금이었다. 이렇게 생각이 싹이 나면 없던 돈도 생겨난다. 물론 하나님의 역사가 있었겠지만, 그 생각이 일관되게 지속될 때 땅 속에 진득하게 견디는 씨앗이 발아하듯, 그 생각도 애정 어린 관심의 싹을 틔우는 법이다. 생각은 이런 견지에서 곧 그리움이다. '사랑'의 어원은, 물론 하나의 설명에 불과하지만, '사량'(思量)이라고 한다. 다시 말해, 사랑은 얼마나 많이 그 대상을 그리며 생각을 품느냐에 비례한다는 것이다. 그런 생각이라면 생물처럼 왜 아니 싹이 트겠는가.

마음의 지향

씨앗이 싹을 틔우려면 땅속에 심어져야 하듯, 생각도 마찬가지로 특정한 방향을 향해 집중되어야 한다. 집중되지 못하는 생각은 믿음을 만들지 못하며 유의미한 행동으로 결실하기 어렵다. 이 세상의 모든 곳을 다 헤맨 뒤 결국 자기 자신을 헤매야 하는 것이 인간이 아닌가. 그렇다면 자신을 전부 헤맨 벼랑 끝에서 결국 바라봐야 할 곳은 저 위의 하늘이고 그 하늘 위의 하나님이다. 신앙은 지상의 가치가 닳아빠진 곳에서 천상의 초월을 꿈꾸는 생각의 결단에서 비롯된다. 이는 생각이 곧 마음의 지향과 다를 바 없음을 시사하거니와, 골로새서의 바울 사도가 이와 관련하여 안성맞춤의 말씀을 남겼다. "위의 것을 생각하고 땅의 것을 생각하지 말라"(골 3:2). 이 말씀은 그리스 성지순례 도중 들른 메테오라 수도원(Meteora Monastery)의 출입구에 써 붙어 있었다. '공중에 떠 있다'라는 말의 뜻 그대로 이 세상의 모든 번잡함을 떠나 하늘과 가장 가까운 곳에서 세상과 단절될 채 살았던 옛 시절, 그들은 과연 위의 것을 향한 생각으로 수도의 열심에 평생을 걸었을 것이다.

물론 '땅의 것을 생각하지 말라'는 말씀은 지상의 사람살이가 무가치하다는 뜻이 아니다. 이 세상의 현실이 무의미하다는 말도 아니다. 하나님의 뜻은 항상 하늘에서와 같이 이 땅에서도 이루어져야 하기 때문이다. 다만 이 말씀의 핵심 교훈인즉, 땅의 유한한 것에 집착하여 영원한 가치를 잃지 말라는 것이다. 이 땅의 유한한 것들 중에는 신자들을 죄와 악에 물들게 하기 쉬운 전염성 강한 독소들도 많다. 그런 것들로부터 스스로 경계하며 시험에 빠지지 않기 위해서는 무엇보다 생각의 결기를 세워 마음의 궁극적 지향점을 위의 것에 두는 것이 바람직하다. 그것이 바로 '위의 것을 생각하라'는 교훈의 요체이다. 이는 천상적 삶의 환상에 막무가내로 착념하는 묵시주의적 열정이 아니다. 이 땅의 삶에 대한 윤리적 결단을 내팽개치는 도피적 타계주의로 오해되어서도 안 된다. 여기서 생각은 오로지 하나님의 영원을 닮고자 하는 마음의 지향일 뿐이다.

생각의 합리적 조율

이렇게 생각의 계통을 가르고 그 위상의 좌표를 조망해도 생각은 쉽사리 포획되지 않는다. 그것은 미끄럽게 한 생각의 틀을 벗어나 또 다른 생각의 결을 어루만진다. 때로 외부의 자극을 강하게 받으라치면 생각은 마치 흉포한 바람처럼 길길이 날뛰는 감정에 가려져 제 존재의 자리를 잃어버린다. 그래서 생각은 합리적으로 조율되어야 한다. 그것은 끊임없이 언어적 분별을 거쳐 우리 삶의 다종 다기한 현장 속에 되먹임됨으로써 스스로 성찰하는 메타적 생각으로 거듭나야 한다. 하나님이 복 주시는 신령한 생각, 자신을 낮추며 남들을 저보다 낫게 여기는 겸손한 생각, 불쌍한 자들을 다독여 위로하고 오만한 자들을 낮은 자세로 일깨우는 계몽의 생각…
이런 생각들이 모아져 제 삶을 갈무리하고 체계를 세워나갈 때 우리는 생
각이 성숙한 지성으로 온축되고 불후의 영성으로 승화하는 또 다른 국면
을 발견한다. 그때 우리의 생각은 '성령의 생각'(롬 8:27)에 최대한 근접해
지리라 믿는다. 그런 생각으로 산다면 우리 삶은 지금보다 훨씬 더 풍요로
워질 수 있을 것이다. 이를 위해 우리의 생각은 오늘도 훈련되고 지켜지며
일상 가운데 뿌려져 더욱 견실한 마음의 지향점을 확보하여 탄력적으로
조율되어야 한다. 경직된 생각만큼 생을 녹슬게 하는 것도 없기 때문이다.

천변만화하는 말들의 풍경

말에 대한 말로써 신학하기

　말에 대해 한두 마디 말로써 말한다는 것은 매우 어려운 일이다. 오늘날 인간의 언어행위는 그 자체로 세분화된 탐구의 심오한 영역으로 자리 잡을 정도로 복잡하고 난해한 세계이다. 성서와 신학의 세계에서도 말은 신적인 기원을 지니고 있는 만큼 조명의 각도를 맞추기가 쉽지 않다. 신약성서에서 모든 말은 결국 하나님의 '말씀'(logos)을 모사하거나 그리로 수렴된다. 인간이 언어를 사용한다는 것은 무엇보다 그 언어로 사유한다는 것이다. 제 생각의 골을 파면서 인간은 언어로 내면의 세계를 확보하며 그 언어로써 제 존재의미를 규명하고 확충하는 언어구속적인 존재이다. 또한 사람들은 제 나름의 언어로 자신을 다채롭게 표현하면서 감추기도 한다. 따라서 인간이 이성적 존재라는 것은 언어적 존재라는 말과 유사한 맥락을 걸치고 있다. 그만큼 말씀의 계시 없는 하나님을 생각하기 어렵듯, 말의 행위가 빠진 인간의 모습이란 상상하기 어려운 그림이다. 무엇보다 우리는 그 언어를 특정한 개별 언어로 말할 수밖에 없다는 한계를 지닌다. 신학도 결국 언어로 직조된 담론의 세계에서 그 의미와 의의를 낳는다. 그 중에 '말씀의 신학'이란 것이 있다면 그것은 말에 대한 말로써 신학하는 차원의 작업일 테다.

실제로 신약성서에는 하나님의 말씀과 인간의 말 사이에 숨은 그림 찾기라고 할 만한 진풍경이 펼쳐진다. 하나님의 말씀에 반응한 인간의 말이 다시 하나님의 말씀으로 회귀하면서 다양한 말들의 자태가 거기 드러나는 것이다. 따라서 신약성서의 말과 관련해서도 한두 마디 말로써 이러쿵저러쿵 그 신앙적 교훈을 따지고 신학적 의미를 논하는 작업 역시 버거운 일이다. 나는 이처럼 천변만화하는 말들의 풍경을 부득불 신약성서 내에서 몇 가지로 계통을 간추리고 그 대강의 의미를 새겨보고자 한다. 성육한 말씀이고 창조주 하나님이며, 성령의 도래와 함께 역동적인 인간의 혀로써 은유되는 그 내부의 세계, 또한 믿음의 표현과 함께 담대하게 자신의 존재를 드러내고 선포하며 시인해야 할 말들의 투척, 아울러 오염된 인간의 죄악이 깃드는 숙주이며 종말의 책임을 모면할 길 없기에 서둘러 갱신되어야 할 말들의 숙명… 이 모든 것들의 단면을 수박 겉핥기식이라도 한번 건드려보고자 하는 것이다.

말의 구원론적 위상

불가에서는 이심전심의 선험적 소통을 말하지만 그리스도교, 특히 그 뿌리인 신약성서에서는 여전히 구원과 관련하여 언어적 표현이 중요하다. 신약성서의 이곳저곳에 명시 또는 암시된 대로 초기 그리스도교의 전통은 믿는 자들의 신앙을 '고백'하는 행위를 중시했다. 그것은 묻고 답하는 교리문답의 형식 가운데 발전해나갔지만, 처음부터 그런 고백은 제 존재의 지향점과 내면 의지의 결단 여부를 드러내는 주요한 기준이 되어 있었다. "누구든지 주의 이름을 부르는 자들은 구원을 받으리라"(행 2:21; 롬 10:13)는 말씀 가운데는 자신의 신앙을 표현하는 언어적 행위의 중요성이 암시되어 있다. 복잡한 인간의 내면적 심리와 꼬물거리는 욕망의 현란한 입자들을 다스리고 다독여 한마디 말로써 제 심중의 의지를 토로하는 언어적 고백은 곧 평생의 존재론적 무게를 지니고 자신의 삶을 의탁하며 규정짓는 동력을 산출했던 셈이다. 가령, 다음의 말씀을 주목해보자. "사람이 마음으로 믿어 의에 이르고 입으로 시인하여 구원에 이르느니라"(롬 10:10). 믿는 것은 마음의 행위이다. 그 마음의 믿음만으로 의에 이른다는 것은 명분을 선점하는 일종의 수표나 어음과 같은 종류이다. 그러나 그 믿는 마음이 그 의의 현실태로서 구원으로 드러나기 위해서는 입으로 표현하여 그 마음의 믿음을 확증하는 행위가 필요하다. 마음속에 잠겨 있는 의는 공공연히 선포된 사실로서 구원의 지경에 미치지 못하는 법이니, 입으로 시인하는 행위가 필요하고 중요한 까닭이 여기에 있다.

믿음과 말의 상관관계는 꼭 교리문답적인 맥락이 아니더라도 확실히 심리적인 연동성을 띤다. "기록한바 내가 믿는 고로 말하였다 한 것 같이 우리가 같은 믿음의 마음을 가졌으니 우리도 믿는 고로 또한 말하노라"(고후 4:13). 여기서 믿음은 개인의 사인성(私人性) 차원을 벗어나 신앙공동체가 공유한 '우리의' 믿음으로 확장된다. 바울은 이 대목에서 시편 (115:1)의 한 구절을 인용하여 어떻게 사람의 믿음이 말의 신뢰 어린 토대가 되는지, 또 반대로 한 사람의 말이 어떻게 그 믿음의 정당한 귀결이 되는지 자신이 펼친 논의의 맥락에서 개진한다. 그 믿음의 내용은 죽은 자의 부활에 대한 것이다. "예수를 다시 살리신 이가 예수와 함께 우리도 다시 살리사 너희와 함께 그 앞에 서게 하실 줄을 아노라"(고후 4:14)는 것이 바울이 믿음에 터하여 굳이 말로써 표현한 고백이다. 그것은 믿음의 내용이지만 이를 말로써 고백하고 선언할 때 그 내용은 울타리를 얻어 규범성을 획득한다. 이때 말은 자신의 소감이나 막연한 생각을 주절주절 읊어대는 것이 아니라 관념의 틀을 벗어나 구체적인 형식을 부여하는 신앙의 숙주가 된다. 그 '숙주'는 얼마나 든든한가. 그래서 믿음과 말은 상호작용을 통해 상대방을 담대하게 고양시키고 발화시키는 되먹임 효과를 낳는다. 따라서 우리는 믿는 고로 말하는 동시에 말함으로써 그 믿음의 정체를 드러낸다고 할 수 있다.

말의 종말론적 책임

그러나 말로써 토로하는 우리 내면의 믿음이 순간적인 눈속임을 위한 기만적 가면이라면 어쩔 것인가. 눈 속임수만 있는 게 아니라 말 속임수도 있다. 이 세상에서 당하는 모든 사기의 구조를 해부해보면 대체로 말(또는 글/문서)에 대한 그릇된 보증으로 넘어간 사례들이 대다수이다. 그래서 말씀의 원형을 상실한 인간의 말들은 제 탐욕의 포로가 되어 그 초월적 신성을 상실한 채 겉돌거나 맹랑해지기 십상이다. 그렇게 헐거운 말들은 딱딱한 자기기만의 포장술로 가짜를 진짜로 믿게 만들고, 진짜를 가짜로 도태시키기도 한다. 그래서 말들의 위기는 곧 타락하고 오염된 말들이 무책임한 공수표를 남발하며 폐허가 된 현실 속에서 장밋빛 청사진을 남발하는 자기 과장의 미끼로 더욱 극성을 부린다. 이에 대한 예수의 가르침은 예나 지금이나 경청할 값어치가 크다. "오직 너희 말은 옳다 옳다, 아니라 아니라 하라. 이에서 지나는 것은 악으로부터 나느니라"(마 5:37). 이는 모든 맹세의 언어가 과장된 자기기만에서 비롯됨을 교훈한 맥락의 연장선상에서 그 진의가 파악된다. 명료하고 담백한 언어의 표현이야말로 일상생활에서뿐 아니라 신앙적 제의적 맥락에서도 그 진정성을 담보한다는 것이다. 그리하여 기도할 때조차 중언부언함으로써(마 6:7) 제 경건을 그 단순 소박한 수위를 넘어 허황되게 분식하려는 충동에 넘어가곤 하는 것이리라. 이렇듯 자신의 옳음을 지나치게 강변하고자 하는 것은 그 내면의 진정성에 흠집을 내는 어리석은 짓이다. 설사 그 강변의 주장이 옳을지라도 그 과장된 맹세의 언어는 이 세상의 언어가 타락하여 더이상 액면 그대로 신뢰하기 어렵게 된 현실을 냉정하게 증언할 뿐이다.

이러한 현실 가운데 우리는 자신의 말이 결국 담백한 자기 증언을 넘어 과장된 허영의 빌미가 될 때 파생되는 종말론적 심판의 위험에 대한 경고를 듣는다. "내가 너희에게 이르노니 사람이 무슨 무익한 말을 하든지 심판 날에 이에 대하여 심문을 받으리니…"(마 12:36). 마태복음의 맥락에서 예수께서 이 말씀을 하신 배경은 눈멀고 말 못하는 장애인을 고쳐준 예수의 치유 기적을 트집 잡아 바알세불을 힘입어 귀신을 쫓아냈다며 비난하는 바리새인들의 위선된 모습을 질타하려는 데 있었다. '독사의 자식들'과 같은 그들은 결국 내면의 악독이 가득하여 도무지 좋은 것을 말할 수 없는 자들이라는 것이다. 열매로써 그 나무를 알 수 있는 이치대로 그들은 나쁜 나무로서 좋은 열매를 맺을 수 없는 셈이다. 그런데 그 열매의 일차적 표상이 말이라는 점이 의미심장하다. 말은 태초의 씨알일 뿐 아니라 종말의 열매인 것이다. 그래서 최후의 심판에 이르러 심문 대상으로 우리가 입으로 내뱉은 말들이 포함된다고 한다. "네 말로 의롭다 함을 받고 네 말로 정죄함을 받으리라"(마 12:37)는 것이다.

이와 같이 누구든지 자신이 하고 싶은 말을 할 자유가 있지만, 그 모든 말은 종말론적 책임 소추에서 자유롭지 못하다. 특히 말로써 먹고살며 말로써 제 존재의 의미를 시위하는 선생들, 오늘날의 목사들은 말이 은총의 통로이자 화근의 불씨가 된다는 점에 크게 경성해야 할 것이다. 그래서 야고보서는 말하지 않았던가. "우리가 다 실수가 많으니 만일 말에 실수가 없는 자라면 곧 온전한 사람이라 능히 온몸도 굴레 씌우리라"(약 3:2)고 말이다. 따라서 말로써 선생 노릇하는 자에게 더 큰 심판이 있으리라는 점은 명약관화하다. 더구나 많은 경우 이 타락한 말들의 세상 속에서 오염된 일상의 말들은 '불의의 세계'로서 기능한다. 마치 배의 키처럼, 온 산을 태우는 작은 불씨 하나처럼 말은 탐욕으로 가득 찬 '생의 바퀴'를 굴려가면서 우리의 혀로 하여금 지옥의 불을 닮게 만든다(약 3:4-6). 이에 따라 야고보서는 구약성서에 풍성한 신중한 말에 대한 지혜 잠언들의 계보를 쫓아 신속한 듣기와 함께 더디게 말하기의 미덕을 강조한 것이다(약 1:19).

소통과 화합의 언어 — 불의 혀

'불의한 세계'로 빠져 들어가는 혀의 장난이 무서워질 때 우리는 아예 입을 닫고 혀를 묶히는 선택을 한다. 거기서 웅변이 은이 되고 침묵이 금이 되는 이치가 정당화되고 우리는 말이 만들어내는 병통을 사전에 예방하여 온갖 언어적 실수를 줄일 수 있다. 그것은 개인의 영성수양뿐 아니라 사회적 병리현상을 줄이는 좋은 개인적 선택이지만, 소극적인 선택이기도 하다. 마치 구더기 무서워 장 못 담그는 양태처럼 침묵 속에 자신을 숨기는 언어의 퇴각 행위는 구더기 세상을 넘어 병든 말들의 풍경으로 나가야 할 사명까지 망각할 우려가 있다. 그래서 이 세상의 병들고 오염된 말을 치유하는 것도 또 다른 말이라는 전향적 판단이 요구된다. 침묵으로의 일방적 침잠이 '말씀'으로 이 땅에 오신 예수 그리스도의 언어적 미션을 무력화할 수 있다는 경계의식이 필요한 것이다. 따라서 '불의의 세계'로서 혀의 진로는 필연적으로 '불의 혀'라는 소통적 언어 세계를 통과해야 한다.

사도행전의 오순절 성령강림 사건 가운데 묘사되는 '불의 혀'는 야고보서의 경우처럼 '지옥불'을 상정하지 않는다. 그것은 외려 성령의 불이며, 불과 같은 성령의 표상이다. 사도행전 2장의 기록에 의하면 오순절 날이 이르러 한 곳에 모인 제자들은 홀연히 하늘에서 내려오는 '급하고 강한 바람 같은 소리'와 함께 온 집에 충만한 성령의 기운을 느꼈다. 그때 성령은 '불의 혀'처럼 갈라지는 형상으로 그들의 눈에 비쳤다는 것이다. 이것이 바로 성령의 충만함을 나타낸 그들의 그림 언어였다. 불의 세계를 떠난 불의 혀! 그것은 곧 소통의 질서를 세우면서 꽉 막힌 불통의 세계를 변혁시키려는 하나님의 오랜 숙원을 담아낸 이미지였다고 할 수 있다. 주지하듯, 창세기 11:1-9에 묘사된 바벨 사건은 인류가 각기 갈라진 언어를 갖게 됨에 따라 서로 불통의 장막이 생기고 이로 인해 불신의 장벽이 두터워지게 된 비극적 역사를 설명한다. 이러한 갑갑한 상황은 결국 갈등과 대립을 반복적으로 양산하면서 서로 죽고 죽이는 하극상의 역사를 연출해온 것이다. 하나님의 나라는 그 불통의 틈새를 비집고 들어와 멸망의 역사를 뒤집어 구원의 역사로 만들어냈다. 성령의 강림은 거기에 급격한 발진 엔진을 달아준 격이었다. 바로 '불의 혀'로서 임한 성령이 사람들 사이의 막힌 담을 헐어 그리스도 안에서 하나가 되는 선교의 여정을 이어갔던 것이다.

성령의 불길은 이처럼 제자들의 불붙은 혀를 통해 회개와 중생을 낳는 원동력이 되었고 서로의 말을 알아듣는 소통의 패러다임을 제시하였다. 이와 함께 전개된 '불의 혀'는 그리스도 안에서 하나가 되는 전복적 화해와 통일의 신학적 비전을 발전시켜 유대인과 이방인, 자유인과 노예, 남자와 여자 등등의 각종 인위적 장벽을 철폐함으로써 보편주의 신앙의 신기원을 이루었다. 그리하여 주의 이름으로 선포된 제자들의 언어적 메시지는 성령의 케리그마로 승화되어 인간 역사를 변화시키는 구체적인 동력이 되었고, 그렇게 변화된 무리들이 모여 구성한 공동체는 교회의 토대로 뿌리내려 하나님 선교의 이정표를 찍었던 것이다. 그 이후로도 오랫동안, 심지어 지금까지, 이 세상에 불통과 불화의 장벽은 허다하거니와, 크고 작은 이러한 걸림돌에 넘어지지 않고 다시 일어나야 하는 신학적 사유는 명백하다. 바로 '불의 혀'가 헤쳐 온 장구한 성령의 행전이 아직 끝나지 않았기 때문이다. 특히 지구상의 유일한 분단국가라는 한반도의 통일과제와 가장 현란한 자체 분열을 겪어온 한국개신교회의 역사는 오늘날 시국 속에 무엇을 시사하는가? 침묵의 경계를 가로지르며 온갖 파당적인 사특한 말들의 독소를 제거하고 하나님의 말씀을 온전히 회복하는 불의 혀가 다시 용광로가 되어 이 땅의 보편적 언어를 담금질해내야 하지 않겠는가. 그것은 다시 화합과 소통의 말로 우뚝 서서 우리의 공동체를 단합시키고 이 땅의 숙원과제인 화해와 통일을 달성하는 데로 나아가야 할 것이다.

순결한 말, 올곧은 마음

끝으로 우리 일상의 세세한 언어생활에 대한 성찰이 긴요하다. 오늘날 이 땅의 혀들 가운데 범람하는 말들의 풍경은 회의적이고 냉소적인 말, 부정적인 말, 누추하고 남루한 자학의 말 등으로 특징지어진다. 이러한 세태는 거짓과 허세의 언어로 관영한 이 땅의 권세 잡은 무리들의 기만적인 언행에 눌리거나 실족한 비틀어진 심사의 발로로 더욱 기승을 부려왔다. 나아가 별로 심오한 의미도 없는 독신적(瀆神的) 언어의 습관은 이 세상의 언어를 점차 폭력적 욕설의 난장판으로 물들여간다. 하나님의 이름을 그 가운데 끌어들여 굳이 오용하려는 심사는 예나 지금이나 변함없는 죄악상의 일단이다. 그래서 예수께서도 아버지로서 하나님의 이름이 거룩히 여김을 받으시길 간구하였을 것이다. 이는 하나님의 이름을 망령되이 일컫지 말라는 구약의 계명을 재해석한 것이니, 곧 하나님의 이름을 어떻게 대하는가 하는 점이 우리 일상의 언어생활에 성패를 가늠하는 중요한 잣대라 할 수 있다. 하나님의 존재나 하나님과 저 자신의 상호관계에 대한 아무런 신중한 인식이 없는 사람들에게 그 이름은 인격이 아니라 사물로 다가온다. 그래서 그 이름을 함부로 막 대하고 비틀어 조롱하며 비루한 제 삶을 분식하는 휘장처럼 부린다. 그렇게 절대 권위를 절대로 무시함으로써 제 삶의 온갖 번잡한 농담을 정당화하고 싶어 하는 것이리라.

에베소서의 다음과 같은 경고성 말씀은 이에 상응하여 적절한 교훈을 준다. "누추함과 어리석은 말이나 희롱의 말이 마땅치 아니하니 오히려 감사하는 말을 하라"(엡 5:4). 누추함(aischrotēs)은 부정적 자의식을 드러내는 내면적 정서이다. 그것은 죄악의 깊은 뿌리에 잇닿아 있어 늘 자신과 타인을 향해 파괴적인 충동을 부추기는 요인이 된다. 그 폭력적인 파괴의 작용은 흔히 '어리석은 말이나 희롱의 말'로써 표출되기 쉽다. '어리석은 말'(morologia)은 절제되지 않는 충동적인 언사이다. 그것은 사람이 제 감정에 함몰했을 때 지나치게 흥분하여 과격하게 토해내는 무분별한 췌언들이다. 이러한 말은 주변의 다른 사람들까지 자극하여 비루한 감정을 증폭시키기 십상이다. '희롱의 말'(eutrapelia)은 경우에 따라 적절한 재담일 수 있지만 여기서는 나쁘게 활용되는 경우를 가리킨다. 상황에 잘 부합하여 윤활유 역할을 하는 유머와 농담이 있지만, '썰렁 개그'도 못되고 외려 상대방을 은근히 비꼬는 파괴적인 농담이 곧 그 '희롱의 말'이다. 이 모든 부정적 언사들은 사람을 과격하게 만들고 폭력적인 충동을 주입시키며 교만한 자의식에 도취하게 만든다.

그 모든 말의 빈자리를 채우는 적절한 대안이 있다면 그것은 '감사하는 말'일 것이다. 감사하는 말은 무엇보다 자신을 낮추는 겸양의 말이고, 타인을 공대하며 존중하는 따스한 말이며, 하나님 앞에 선 자로서 자신의 유한한 존재와 상호 신뢰어린 관계를 긍정하는 말이다. 이와 같이 자신을 성찰하는 겸허하고 따스한 말, 신뢰가 가득한 말이 넘칠 때 우리는 올곧은 마음으로 이 혼탁한 세상에서 갈피를 잡을 수 있다. 말은 배의 '키'와 같다고 하지 않았던가. 마음은 미꾸라지보다 더 미끄럽고 생각은 먼지처럼 가벼워 옆 사람의 재채기 소리에도 날아갈 것 같으니, 착한 말로써 우리는 마음을 다스려야 한다. 냉정한 이 정글의 시대에 우리는 동물과 다르게 살고자 말로써 따스한 인간의 심성을 굳이 북돋아야 한다. 그것이 순결한 것이 없는 이 세상의 한복판에서 한 올의 순결한 언어를 희망하는 방식이다.

변덕스런 말들을 십자가에 못 박기

그러나 저도 모르게 튀어나오는 일상의 말은 여전히 그것을 반성하는 말보다 급하게 요동친다. 이 세상에는 왜 그리 실언과 망언이 많은지 날마다 설화를 겪는 군상들의 초췌한 얼굴이 떠날 줄을 모른다. 설교단상의 말들도 가끔 제 원고의 말을 딛고 톡톡 튀어오르며 과장과 허세의 기운을 발한다. 거기서 협박과 기만의 말까지 그 수위가 넘실대다 보면 거룩한 하나님의 말씀과 세속의 시정잡배들이 뇌까리는 잡된 말의 난장 사이의 경계까지 모호해질 지경이다. 우리의 언어는 욕망에 가장 민감하게 즉흥적으로 반응하는 요물이 되기도 한다. 특정한 욕망의 촉수가 혀를 낚아채면 거침없이 쏟아지는 것이 언어의 홍수이다. 거기서 우리는 영혼의 중생과 함께 가장 민감한 그 밑자락에서 언어의 거듭남을 갈구해야 할 필요성을 느낀다. 요컨대, 변덕이 죽 쑤듯 요동치는 우리의 말들을 거침없이 다시 십자가에 못 박는 훈련에 힘써야 한다는 것이다.

우리는 무엇보다 스스로 내뱉는 말들을 고백의 언어로 정련시켜 하나님의 구원역사에 이바지하는 파트너로 삼아야 한다. 온갖 의심을 물리치고 입으로 '시인'하는 긍정의 변화로써 우리에게 언어의 실존적 구속성(拘束性)은 마침내 그 초월적 구속성(救贖性)으로 진보해나가야 할 것이다. 아울러, 말의 종말론적 책임을 깊이 숙고하여 우리는 장차 심판의 대상이 될 말의 열매에 민감하게 반응하고 책임질 줄 아는 신중한 언어적 표현의 훈련에 힘써야 한다. 이는 곧 신실한 소통의 필연성을 상기시켜주거니와, 곧 언어적 편견으로 인해 생긴 마음의 장벽과 온갖 차별심을 무찌르는 '불의 혀'가 다시 성령의 활력과 함께 우리 삶 가운데 번성해야 할 것이다. 그렇게 '불의의 세계'를 넘어 복음을 증폭시키는 '불의 혀'에 이끌려 우리 신앙이 성숙해나갈 때 우리의 일상 언어들까지 순결한 말씀의 원형을 닮아 점차 때를 벗으면서 섬세하고 부드러워지리라!

심연에서 샘솟는 '은혜'의 넓은 바다

'은혜 받았다'라는 말의 성서적 기원

한국교회의 특이한 신앙적 수사 중 대표적인 것이 '은혜 받았다'는 표현일 것이다. 이 말을 가장 많이 하고 듣는 경우는 예배와 설교 이후 회중들이 그 감동과 감사의 뜻을 담아 목회자에게 전하는 통상적 인사의 자리이다. 무엇인가 자극을 받고 기쁨이 생겼을 내면풍경을 그러한 수사적 문구로 정형화한 것이 언제 어디서 누구에 의해 발원한 한국교회의 유풍인지 확인할 길이 막막하지만, 그 인습적 수사에는 일말의 성서적 진정성이 없지 않다. 은혜라는 신약성서의 어휘가 '카리스'(charis)이고 그 이웃하는 단어가 기쁨을 뜻하는 '카라'(chara)이고 보니 '은혜'와 '기쁨'은 그 개념적 속내에서 서로 통하는 측면이 있다. 또 '감사하다'라는 의미로 사용되는 '유카리스테오'(eucharisteō)라는 말 속에 그 말의 뿌리로 '카리스'라는 말이 박혀 있는 것으로 미루어 '감사' 역시 은혜에 대한 반응이거나 은혜의 작용과 무관치 않으리라는 추론이 가능하다. 아울러, 모든 은혜 관련 어휘가 신약성서에서 하나님을 그 출처로 못 박고 있으니 '은혜 받았다'라는 말의 밑바닥에는 자신의 신앙적 충만이 결국 하나님의 호의적인 개입과 역사로 말미암은 선한 결과라는 암시가 깔려 있는 셈이다. 그렇다면 설교자나 예배 인도자가 애쓴 바 하나님의 은혜를 매개하는 그 수고에 대한 우회적인 감사 인사가 예의 수사적 표현 속에 작동하는 것이라고 볼 수 있다. 따라서 이 말의 표현 동기와 작용 효과는 따져 보면 그리 나쁘지 않은 것이다. 다만 그런 속사정과 '은혜'라는 어휘의 총괄적 배경을 충분히 헤아리지 못한 채 그저 그런 외교적 인습의 차원에서 남용되는 것이 문제라면 문제이다.

'은혜'라는 어휘는 신약성서에서만 조망해도 대양과 같이 매우 넓은 개념의 군락을 거느리고 있다. 어떤 맥락에서 사용되느냐에 따라 그 말은 다채롭고 역동적인 함의를 풍긴다. 그런데 신약성서는 '은혜는 무엇이다'라는 식의 개념적 정의를 한 번도 수행하지 않고 그 말을 당연한 전제처럼 여기저기서 사용한다. 마치 마냥 베푸시는 하나님의 지당한 속성처럼, 영원으로 잇닿은 우리 구원의 전제처럼, 또 공동체가 평화롭게 살아갈 수 있는 유일한 기초인 양 말이다. 그만큼 은혜는 신령한 가치로서 고갈되는 법이 없다. 그것은 무궁하게 샘솟는 샘물과 같다. 그 샘물은 그런데 쉼 없이 퍼지고 스미어 단숨에 대양을 이룬다. 그처럼 샘물이며 대양인 은혜의 세계가 있기에 우리는 오늘도 숨 쉬며 살고 있다. 그 샘물에 목말라하는 인간은 모두 그 신령한 은혜 앞에 갈증의 포로가 된다. 그 바다의 광활함을 바라 그 시원함을 갈구하는 인간은 누구나 그 무한과 영원을 향한 동경의 날개 아래 있다. 우리는 예외 없이 밑천이 쉽게 드러나는 제한되고 변덕스런 존재이기 때문이다.

조건 없는 순수 증여

은혜라는 말의 사전적 의미를 살펴보면 그것은 무엇보다 '증여' 곧 주는 행위이다. 그 조건과 이유를 알 수 없는 증여야말로 은혜의 속뜻을 가장 내밀하게 간파하는 개념이다. 무엇을 주는가? 그 주는 내용은 불특정하지만 그 결과는 기쁨과 즐거움, 사랑스러움이다. 전혀 받을 자격이 되지 않는데도 베푸는 호의적인 선물, 그것이 바로 은혜요 그 은혜의 결과인 것이다. 복음서에서 '은혜'라는 어휘의 사용은 누가복음과 요한복음의 몇 군데에 집중되어 있다. 먼저 누가복음에서 이 어휘는 마리아의 예수 잉태 사건과 결부되어 두 차례 반복하여 등장한다. 마리아는 당시의 사회계급과 신분상의 체계에 비추어 비천한 여인이었다. 그런데 '왜 그녀가 하필…?'이란 물음에 아무런 정당화할 만한 사유나 조건 없이 그녀는 하나님의 아들을 잉태하는 '은혜'를 입는다. 하나님의 그 신비한 자유에 따른 선택이 그무명의 비천한 여인을 은혜의 숙주로 찜한 것이다. 그래서 마리아는 졸지에 '은혜를 받은 자'가 되고 천사도 그녀에게 "네가 하나님께 은혜를 입었느니라"(눅 2:30)고 말한다. 마리아에게 임한 그 은혜는 어린 아들 예수에게도 임하여 그가 무럭무럭 자라나며 강해지고 지혜로워지는 성장의 과정에 개입한다. 곧 은혜는 메마른 현실 속에 풍성한 생명을 창조하고 그 생명을 자라게 하시는 하나님의 뜻이 발현되는 방식이자 그 자리라고 볼 수 있다.

요한복음에서는 이 땅에 성육한 예수 그리스도께 은혜의 초점이 맞추어진다. 그 예수는 신적인 존재로서 하나님의 충만을 표상하는 인물로 묘사되는데, 그것이 바로 '은혜 위에 은혜'(요 1:16)라는 문구 속에 집약된다. 아울러 요한복음은 두 차례 이 '은혜'라는 말을 '진리'라는 말과 나란히 병기하면서(요 1:14-17) 그것이 모세의 율법 시대와 구별되는 하나님의 특별한 계시적 전환점을 가리키고 있음을 암시한다. 그도 그럴 것이 모세의 율법은 조건부의 언약을 전제로 이스라엘 백성에게 국한된 은혜의 성격을 띠었기 때문이다. 그러나 예수를 통해 계시된 은혜는 보편적 진리로서 그 강역을 가히 우주적인 차원으로 확대시켜 하나님의 사랑이 그 세상(kosmos) 전체를 포용하는 형세를 이루었다.

요한복음에서 초점을 맞춘 은혜의 존재론적 층위는 사도행전에서 도합 12군데 사용된 '은혜'의 맥락에서 다분히 선교론적 측면으로 이동한다. 사도행전에서 하나님의 은혜는 '복음', '말씀', '권능' 등의 어휘와 결합되어 증언해야 할 복음의 메시지로, 또 의탁해야 할 권능의 보루로 나타난다.

그 복음은 사람들의 생활양식에 획기적인 변화를 가져온다. 지리멸렬한 개인들은 공동체로 구축되고 그 공동체는 복음으로 말미암은 은혜에 기대어 풍성한 나눔의 삶을 실천한다. "사도들이 큰 권능으로 주 예수의 부활을 증언하니 무리가 큰 은혜를 받아 그중에 가난한 사람이 없으니 이는 밭과 집 있는 자는 팔아 그 판 것의 값을 가져다가 사도들의 발 앞에 두매 그들이 각 사람의 필요를 따라 나누어 줌이라"(행 4:33-35). 이처럼 은혜 받은 결과는 곧 유무상통의 나눔이고 이를 통한 공동체의 활성화이다. 다시 말해, 하나님의 은혜는 독점되는 것이 아니고 독점될 수 없는 것이다. 그것은 순전한 하나님의 증여로 베풀어진 것이니 이 땅에서 또한 막힘없이 순환되어야 한다. 물질적인 삶의 영역에 이르기까지 구체적인 증여 행위로써 나누어지고 베풀어져야 한다. 그래야 은혜가 모두를 위한, 심지어 그 은혜를 모르는 사람들까지 포함하여(눅 6:35) 구원의 가능성이 될 수 있기 때문이다.

보편적 구원의 신학적 기초

한편 그 은혜는 모두가 받아 누려야 할 구원의 선물을 가리키는 보편적인 구원론의 공간이 된다. "지금 너희가 어찌하여 하나님을 시험하여 우리 조상과 우리도 능히 메지 못하던 멍에를 제자들의 목에 두려느냐? 그러나 우리는 그들이 우리와 동일하게 주 예수의 은혜로 구원 받는 줄을 믿노라 하니라"(행 15:10-11). 보편주의와 특수주의의 대립은 인간의 삶의 현장 그 어디에나 존재한다. 이제 그만 울타리를 쳐야 할 순간에 또 다른 타자의 얼굴은 출현한다. 그것을 받아들여야 할지, 내쳐야 할지, 기존 공동체의 성원들은 고민하게 되어 있고 거기서 갈등이 생겨난다. 정체성의 강화를 내세울 때 사람들은 기존의 울타리에서 내면의 결속을 강화하게 되지만 그 타자의 얼굴이 하나님의 계시적 얼굴로 전환될 때 다시 내부적 진통을 거쳐 문을 열 수밖에 없기 때문이다. 이러한 갈등과 봉합의 과정이 초기 그리스도교 역사에서도 발생했다. 예의 지문에 나타난 예루살렘 공의회의 주요 의제도 바로 구원에 작용하는 은혜의 범위였고 그 실천적 기능이었다. 당시 모인 초기 교인들 사이에 유대인들의 토라와 할례라는 당대의 구원론적 경계지표를 넘어 주 예수 그리스도를 통해 나타난 구원의 복음이 어떻게 은혜의 차원에서 이방인들에게 조건 없이 확대될 수 있는가가 바로 신학의 쟁점이 되었던 것이다. 그런데 베드로의 육성을 통해 분명히 확인되듯이 은혜의 보편주의 앞에 율법의 특수주의를 내세우는 것은 분명 하나님을 시험하는 짓이었고 자신들도 감당하기 어려운 멍에를 이방인의 목에 매는 불공평한 처사였다.

이후로 '구원'의 항목과 '은혜'의 범주는 밀접하게 결합되어 보편적 구원의 토대로서 하나님의 은혜는 늘 약방의 감초처럼 따라붙게 되었다. 바울은 우리가 의롭게 되는 것, 곧 구원의 상황은 '율법의 행위'가 아니라 '믿음'으로 발생한다고 보면서도 '은혜 안에서'라는 신학적 토대를 첨가한다. 우리가 믿음으로 의롭게 된다는 것 자체가 곧 하나님의 은혜가 나타난 결과라는 논리인 셈이다. 신약성서의 은혜 관련 어휘는 바울에 이르러 비로소 신학적 기초와 함께 신앙고백의 어휘로서 그 공고한 위상을 다지게 되었다고 볼 수 있다. 실제로 신약성서에 나오는 '은혜'라는 낱말의 대다수가 바울 서신에서 발견된다(로마서 20회; 고린도전후서 23회; 나머지 바울서신 48회). 바울에 의하면 그리스도인이 새 시대의 언약백성으로 택함을 받은 것도 은혜이고(롬 11:5), 자기가 사도로 부름받은 것도 은혜이다(롬 1:5). 칭의의 매개가 되어 은혜 위에 서도록 지탱해주는 신자들의 믿음 역시 은혜에 들어가기 위해 은혜로 베풀어진 것이다. "또한 그로 말미암아 우리가 믿음으로 서 있는 이 은혜에 들어감을 얻었으며 하나님의 영광을 바라고 즐거워하느니라"(롬 5:2). 그런가 하면 그 은혜는 '값'이나 '보수' 또는 '삯'에 길항하는 그 반대 개념이고(롬 5:2), "죄가 더한 곳에 그 은혜가 더욱 넘"칠 정도로(롬 5:20) 은혜는 성속(聖俗)의 경계까지 넘나들며 광활하게 산포된다.

그렇다면 성도의 삶 안과 밖에서 은혜 아닌 것이 없다는 말인가? 적어도 바울 서신은 그렇다고 말하는 것처럼 보인다. 죽은 자를 산 자로 부르는 하나님의 생명 창조 능력으로부터 죄인을 의인으로 뒤바꾸는 중생과 구원의 역사에 이르기까지 하나님의 은혜가 작용하지 않은 구석이 없으니 말이다. 아울러 육체의 가시로 인한 고난 중에서도 '내 은혜가 네게 족하다'는 응답을 내세워 자신의 은혜 받은 삶을 고백할 정도이니(고후 12:9) 그에게는 충만뿐 아니라 결핍 역시 은혜의 근거였을 테다. 영광뿐 아니라 고난도 은혜요, 부활뿐 아니라 십자가도 은혜였으니 그는 곧 진정한 의미의 은혜 만능주의였던 셈이다. 이는 그만큼 바울에게 은혜로 말미암는 구원의 여파가 그의 삶 전반은 물론 교회를 거쳐 범우주적인 영역에 이르기까지 세밀하면서도 광대하게 미쳤음을 우회적으로 방증한다. 그래서 '은혜'는 그의 말끝마다, 또 편지의 서두마다 따라붙는 일상의 인사말이 되었다.

공동체적 평화의 전제, 종말론적 희망의 보루

바울은 자신의 편지에서 예외 없이 인사말 가운데 '은혜'를 포함시킨다. 물론 하나님의 은혜이고 주 예수 그리스도의 은혜이다. 동시에 예외 없이 그 은혜는 이어지는 '평강'(또는 '평화')이란 말과 나란히 붙어 쓰인다. 나아가 그의 모든 편지는 그 말미에 예외 없이 '은혜'의 기원과 함께 마무리된다. 여기서 예외적인 경우는 디모데전서와 디모데후서의 서두 인사말 중에 은혜와 평강 사이에 끼어든 또 다른 어휘로 '긍휼'이 사용된 것이 전부이다. 나머지 모든 서신은 이 편지의 형식적인 틀을 정확하고도 일관되게 준수한다(진짜로 그런지 내가 시간을 들여 확인한 다음의 예문들을 직접 확인해보시라: 롬 1:7/16:20; 고전 1:3/16:23; 고후 1:2/13:13; 갈 1:3/6:18; 엡 1:2/6:24; 빌 1:2/4:23; 골 1:2/4:18; 살전 1:1/5:28; 살후 1:2/3:18; 딤전 1:2/6:21; 딤후 1:2/4:22; 딛 1:4/3:5; 몬 1:3/1:25).

이러한 형식적인 구조는 당연히 다음의 질문을 유발한다. 바울은 왜 은혜와 평강의 어휘로써 그의 교회 공동체 성원들에게 문안한 것일까? 여기서 '은혜'와 '평강'은 어떤 내포적 함의를 전하는 것일까? 왜 '은혜' 다음에 '평강'이 예외 없는 순서로 배치된 것일까? 왜 마무리 인사말에는 '평강'이 빠지고 '은혜'만을 그 어휘로 남겨둔 것일까? 바울의 인사말이 당시의 편지쓰기 관행을 무조건적으로 답습한 것이 아니라면, 또 이러한 일관된 형식적 체제와 구조가 우연의 일치가 아니라면 이는 매우 신기한 현상이 아닐 수 없다. 가장 흔히 지적하는 대로, 바울은 헬라적 인사말로 '은혜'를 선택하였고 히브리적 인사말로 '평강'(곧 샬롬)을 사용하였다는 분석에 일리가 있다. 따라서 그의 이러한 은혜-평강의 인사말에는 헬라인(이방인)과 유대인이 혼재하던 당시 디아스포라 교회의 회중을 향한 바울의 포용주의적 태도와 목회적 관심사가 섬세하게 반영되어 있다는 분석이 가능하다. 아울러 신학적 견지에서 보면 하나님의 은혜가 곧 공동체의 평화(신자 개인의 평안을 포함하는)를 위한 전제 조건이 된다는 해석이 가능하다. 하나님의 은혜가 결여된 상태에서, 그 은혜를 맛보지 못한 신앙공동체에 진정한 의미의 평강은 부재한다는 이야기이다. 그런데 마무리 인사에서 은혜만이 홀로 기원되는 까닭은 아무리 궁리해도 수상함이 가시지 않는다. 나는 여기서 종말론적 희망의 최후 보루로서 은혜를 상정하고자 한 바울의 무의식적 의도를 엿본다. 결국 그 은혜의 장중에 머물 때 이 땅의 평화/불화라는 현실을 넘어 영원의 관점에서 구원은 보장되는 법이 아닌가. 그렇다면 은혜야말로 서신의 마지막 어휘일 뿐 아니라 마지막까지 붙들어야 할 운명적인 지표가 될 만하다.

고귀한 은혜의 소중한 (재)발견!

바울은 우리가 "하나님의 은혜를 헛되이 받지 말라"(고후 6:1)고 은혜를 경솔히 대하는 신자의 위험을 경고한 바 있다. 신학자 본회퍼는 하나님의 은혜를 제 논에 물대기 식으로 자의적으로 곡해하고 이 땅에서의 책임 있는 삶으로 그 은혜에 부응하지 못하는 현실을 비판하여 '값싼 은혜'라고 질타한 바 있다. 이른바 '싸구려 은혜'는 하나님의 고귀한 은혜를 제대로 알아보지 못한 채 마치 자판기와 같은 기계장치로 남용하는 오류를 꼬집은 개념일 터이다. 여기에 바로 은혜의 무한한 가능성과 함께 아찔한 함정이 있다. 아직도 세상의 많은 사람들은 하나님의 은혜를 발견하지도, 누리지도 못한 채, 본능적 욕망의 습관과 관성에 이끌려 살거나 고질적인 무신론의 수렁에서 헤어나지 못하고 있다. 이러한 현실에 응답하여 하나님의 은혜는 사소한 삶의 일상적 감각에서부터 소중한 운명의 몫으로 극적인 발견을 기다리고 있다. 나아가 이미 하나님의 은혜를 발견하고 맛본 성도들에게 그 삶의 치열한 극점에서 은혜는 소중한 가치로 자리매김되지 못한 채 공허한 수사로 남발되거나 그 가치에 턱없이 못 미치는 삶의 자맥질 가운데 퇴행적 이미지를 뒤집어쓰고 있다.

무엇보다 자본제적 세속에 터한 축복의 물화 현상에 은혜를 미끼로 저당잡히거나 공정한 삶의 질서를 세우지 못한 채 자폐적인 무한성장의 이데올로기 속에 신학의 성찰이 녹슬어버리는 현실이 가장 고약한 은혜 지상주의의 폐단이다. 이런 부류를 향해 하나님의 은혜는 죽어야 사는 십자가의 예수 정신과 하늘의 몫을 모두 비워 밑바닥의 진실에 이른 성육신 사건과 함께 다시 신선하게 재발견되어야 한다. 이런 발견과 재발견의 의욕을 내려놓은 한국교회의 은혜 만능 신학에는 이미 오래전부터 붉은 경고등이 켜져 있었다. 그런데도 고장난 제 외눈만을 의지하는 신학적 색맹들은 그 붉은 색을 푸른색으로 오인하여 무단횡단을 감행하고 있다. 누가 이 무모한 장애물을 걷어내고 저 무한한 은혜의 바다로 다시 노 저어 나갈 것인가.

은사의 순수성과 역동성

낭비되는 선물들

확실히 우리 시대 살림살이가 풍성해지긴 했나 보다. 각종 선물의 전성
시대가 확연히 보이기 때문이다. 별로 특별할 것 없는 건수를 만들어서 각
종 선물 공세를 벌이는 일은 주변에서 찾아보기 어렵지 않다. 초등학교의
상장도 옛날의 우등상 개근상에서 훨씬 더 진화하여 별의별 명목을 만들
어 다양하게 선사된다. 선물이 워낙 상업적 동기 부여의 빌미가 되다 보니
각종 업체에서는 '세일'과 '행사'의 캠페인이 특별할 것도 없는 선물 공여의
장이 된 지 오래다. 이른바 '경품'이란 것도 선물의 세속화가 빚어낸 대표
적인 선물의 낭비이다. 타오거나 받아오는 선물들 중에는 더러 쓸모 있는
게 없지 않다. 그러나 대체로 생색을 낸 소모품 일색인지라 그 '선물'의 이
름으로 증여자를 오래 추억하거나 그 물건의 정신적 정서적 값어치를 깊
이 따지며 되새김하는 일은 매우 드물다.

이처럼 낭비되는 선물의 풍조는 선물을 이해관계의 미끼로 전락시킨
주범이다. 아니, 거꾸로 후자의 배경이 전자의 풍조를 만들어낸 측면도 없
지 않다. 워낙 윤리가 파탄에 가까워진 세태 속에서 이해관계의 다각적인
지형 가운데 얽히고설켜 살다보니까 선물과 뇌물의 구별이 희미해지고,
소중하게 간직해야 할 선물의 값어치는 소비가 지나쳐 낭비되는 선물 천

국의 세상을 만들어놓은 것이다. 그러다 보니 주고받는 선물에 특별할 만한 의미가 끼어들 틈새가 희박하고, 그 의미로써 반추할 만한 선물의 매개적 기능도 취약해진 셈이다. 그러나 시각을 달리해 보면 선물의 대중화는, 비록 그 낭비적 요소의 부정성을 외면할 수 없지만, 모두가 특별한 개인으로 환대받는다는 뜻도 수반하므로 긍정적인 측면도 없지 않다. 이를테면, 예전에 공부 잘하던 예외적인 소수만이 받던 상장과 상품이 다양한 삶의 현장에서 다양하게 베풀어지고, '공부'의 개념 확장과 함께 '공부' 바깥의 다른 요소들이 칭찬과 포상의 의미를 띠기 시작한 것일 테니 말이다.

은사의 보편성과 합리성

신약성서에서 '은사'는 은혜(charis)로 베풀어진 순수한 선물(charisma)을 가리킨다. 그것은 인간에게 아무런 조건 없이 하나님이 증여하신 생명의 밑절미이다. 우리 생명이 생명답게 이 땅에서 살아가고 하나님의 뜻을 이루기 위해 베풀어주신 삶의 내적인 구성 요소인 것이다. 우리말의 유통 맥락 속에 번안된 '카리스마'는 다분히 권위적이고 심지어 권위주의적인 그 무엇을 암시적으로 지칭하는 의미로 쓰인다. 그러나 그 의미의 과장된 허울을 벗어버리고 담담하게 '카리스마'의 의미론적 자장 안에 풍겨나는 호소력과 흡인력을 수용하면 하나님이 주신 은사에 그러한 강력한 에너지가 발동한다고 보는 것도 자연스럽다. 따라서 하나님의 은사로서 '카리스마'를 말할 때 경계해야 할 점은 그것이 특수한 개인에게 배타적으로 독점되는 것인 양 오해하는 것이다. 하나님의 은혜로 베풀어진 생명을 받아 누리고 살아가는 한 모든 생명은 예외 없이 은사의 숙주로서 은사를 지니고 있고, 그 은사를 계발하고 활용해야 할 사명이 있기 때문이다. 이것이 바로 신약성서가 말하는 은사의 보편성이다. 믿음의 눈으로 자신의 은사를 발견하고, 얼마나 계발하며 또 어떻게 활용하느냐는 그 다음 차원의 문제이다. 구약시대에는, 가령 사사들의 경우처럼, 하나님이 특정한 개인을 선발하여 당신의 영을 내리면 그들이 그 결과, 은사를 받아 한 민족을 인도하는 리더십을 발휘했다. 그러나 신약시대에는, 물 붓듯이 만민에게 성령을 베풀어주시듯, 하나님이 또한 그 성령을 통해 예외 없이 모든 생명에게 다양한 은사를 나눠주시길 기뻐하셨다. 바야흐로 율법의 시대에서 은혜의 시대로 전회한 결과가 이와 같이 배타적인 은사의 경계를 허물어 모든 사람들이 제각각 받은 은사로써 하나님 나라에 동참하며 하나님의 사역을 감당할 수 있는 길을 열어놓은 것이다.

물론 그 은사는 한 치도 낭비되는 법 없이 알뜰하게 운용되고 책임 있게 소추된다. 마태복음 25:14-30에 나오는 이른바 '달란트' 비유는 하나님의 은사가 종들에게 보편적으로 베풀어지되 그 분량이 다섯, 둘, 하나로 차등적인 현실을 대변한다. 반면 누가복음 19:11-27에 나오는 '므나' 비유는 앞의 달란트 비유와 유사한 이야기의 패턴을 취하면서도 모든 10명의 종들에게 한 므나 씩 공평하게 나눠지는 은사의 공평성을 표상한다. 하나님의 은혜와 결부된 은사라는 관점에서 그 은사에 계량주의적인 잣대를 들이대서 많고 적음을 따진다는 것은 불경할 뿐 아니라 얄팍한 인식의 수준을 드러내는 짓이다. 하나님이 이 땅에 생명을 내실 때 원천적으로 귀하지 않은 생명이란 존재하지 않기 때문이다. 다만 그 은사로써 생명의 내실을 잘 가꾸어 자신과 주변을 두루 유익하게 하고 얼마나 덕을 끼치고 복된 사람이 되는가 하는 문제는 자신에게 잠재된 은사를 얼마나 열심히 계발하여 얼마나 풍성한 삶의 성취를 이룩하느냐에 달려 있다. 앞의 두 비유에서 자신이 받은 '달란트'나 '므나'로써 곱절의 이문을 남긴 종들은 그 은사를 허비하지 않고 제 생명을 윤택하게 의미화했다고 볼 수 있다. 반면 그 삶의 밑천을 가지고 아무런 투자와 노력 없이 고스란히 돌려준 종들은 그 은사의 계발에 게을러 이렇다 할 삶의 열매가 없었음을 시사한다.

이와 같이 은사는 풍성하게 생명 가운데 내장되어 있다. 성령을 받은 자는 그것을 하나님의 은혜로 베풀어진 선물로 인식하는 자이다. 나아가 그 선물을 자기의 개인적 소유물로 여기지 않고 열심히 계발하여 자신뿐 아니라 주변의 이웃 생명들로 두루 유익하게 하는 자이다. 그는 또한 궁극적으로 그 생명을 주신 창조주 하나님께 그 생명 본연의 뜻을 제대로 이루어드림으로써 하나님을 영화롭게 하는 신실한 종이 된다고 볼 수 있다. 그 신실함 여부를 그 은사의 열매로써 소추한다는 점에서 하나님의 은사는 헛되이 소모될 수 없는 합리적인 측면을 드러낸다. 그 합리적인 비용을 무시하지 않는 하나님은, 예수의 해당 비유가 암시하듯, 마지막 심판의 자리에서 우리 생명과 함께 베풀어주신 은사의 행방을 반드시 탐문하실 것이다. 은사의 절대치를 기준으로 그 과다를 묻기보다 각자 받은 은사의 어떤 부분을 얼마나 열심히 계발하여 하나님 나라의 백성으로 살았는지 결산하게 되리라는 것이다.

은사의 다양성과 이타성

복음서에 나오지 않는 '은사'(charisma)라는 말을 교회의 목회사역이란 맥락에서 많이 사용한 인물은 단연 사도 바울이다. 바울에게 은사는 성령 충만의 결과 주어진 '영적인' 또는 '신령한'(pneumatikos) 은사이다(롬 1:11). 그것은 소유나 독점이 목적이 아니라 '나누어주는' 데 참 본질이 있으며, 그 결과 교회를 견고하게 세우는 방향으로 활용된다. 나아가 그 은사는 정죄받아 죽을 수밖에 없는 인간들을 의롭게 하여 구원에 이르게 하고 마침내 '영생'을 선물하기 위한 궁극적인 목적에 잇닿아 있다. "또 이 선물은 범죄한 한 사람으로 말미암은 것과 같지 아니하니 심판은 한 사람으로 말미암아 정죄에 이르렀으나 은사는 많은 범죄로 말미암아 의롭다 하심에 이름이니라"(롬 5:16). "죄의 삯은 사망이요 하나님의 은사는 그리스도 예수 우리 주 안에 있는 영생이니라"(롬6:23). 따라서 은사가 생명 본연의 가치를 극대화하여 유한한 실존을 넘어 영원한 생명을 발견하며 그것을 좇아 살 수 있도록 하는 하나님의 신적인 동력이자 그것이 작동하는 내부적인 요소임이 여기서 다시금 분명히 확인된다. 애당초 타산적인 목적으로 제공된 것이 아니기 때문에 자유롭게 베풀어진 그 은사에 후회란 있을 수 없다. "하나님의 은사와 부르심에는 후회하심이 없느니라"(롬 11:29). 이렇듯, 하나님의 은사는 대가 없이 베풀어지고 조건 없이 주어진다는 점에서 순수한 증여 행위의 원형적 표상이라 할 수 있다. 그것은 순전히 이타적인 목적에서 제공되기 때문에 타산적인 결과로 인해 회한이 생길 리 없는 것이다.

은사의 그 이타적인 합목적성이 바울에게 가장 집중적으로 나타나는 대목은 그가 교회에 대해 언급할 때이다. 바울은 고린도교회의 갈등과 분란으로 다양한 사람들의 복잡하게 얽힌 문제를 다양한 쟁점별로 분석하고 출구를 제시하고자 했다. 그 과정에서 나온 서신이 바로 고린도전후서이다. 이 서신에서 그는 무엇보다 교회라는 '그리스도의 몸'을 구성하는 사람들, 곧 '지체들'의 다양성과 함께 그들이 받아 행사하는 은사의 다양성을 강조한다. 고린도교회 사람들에게 베풀어진 하나님의 은사는 부족했기 때문에 문제가 된 것이 아니었다. "너희가 모든 은사에 부족함이 없이 우리 주 예수 그리스도의 나타나심을 기다림이라"(고전 1:7). 그것은 오히려 다양하게 풍성하였던 것으로 보인다. "각각 하나님께 받은 자기의 은사가 있으니 이 사람은 이러하고 저 사람은 저러하니라"(고전 7:7). 그것은 자신이 소유한 특정한 재능뿐 아니라 선택하여 추구하는 삶의 스타일, 가령 독신의 삶이냐 혼인한 삶이냐 등의 차이에서도 드러난 다양성이었는데, 바울은 이 역시 '은사'라는 관점에서 접근한 것이다. 다만 고린도교회의 갈등은 그 다양한 은사들의 관계에 대한 우월경쟁을 통해 불거진 것이었다. 그들이 망각하거나 소홀히 여긴 것은 그 다양한 은사의 출처가 동일한 성령이었다는 사실이고, 그 다양성이 서로 존중받아 교회를 섬기고 세우는 일에 소용되어야 한다는 점이었다.

이러한 맥락에서 바울이 언급한 은사의 종류는 실로 다양하다. "어떤 사람에게는 성령으로 말미암아 지혜의 말씀을, 어떤 사람에게는 같은 성령을 따라 지식의 말씀을, 다른 사람에게는 같은 성령으로 믿음을, 어떤 사람에게는 한 성령으로 병 고치는 은사를, 어떤 사람에게는 능력 행함을, 어떤 사람에게는 예언함을, 어떤 사람에게는 영들 분별함을, 다른 사람에게는 각종 방언 말함을, 어떤 사람에게는 방언들 통역함을 주시나니 이 모든 일은 같은 한 성령이 행하사 그의 뜻대로 각 사람에게 나누어 주시는 것이니라"(고전 12:8-11). 여기서 바울이 강조하는 것은 이 다양한 은사들의 공통점이다. 곧 그 모든 은사들은 동일한 성령이 하나님의 뜻대로 베풀어주신 공히 소중한 선물이라는 것이다. 아울러 그것은 성령의 뜻대로 나눠주신 것이기에 하나님의 자유가 행사된 결과이며, 이에 대해 아무런 원망이나 불평이 있을 수 없다는 것이다. 한편 그 은사는 직책과 직무를 통해 교회 내에서 구체적으로 발현될 수 있다고 본 증거도 없지 않다. 하여 바울은 다음과 같이 직책과 은사를 나란히 병기한다. "하나님이 교회 중에 몇을 세우셨으니 첫째는 사도요 둘째는 선지자요 셋째는 교사요 그 다음은 능력을 행하는 자요 그 다음은 병 고치는 은사와 서로 돕는 것과 다스리는 것과 각종 방언을 말하는 것이라"(고전 12:28).

고린도교회 교인들이 명심해야 할 사항은 이 모든 은사들이 교회를 섬기고 세우는 데, 다시 말해 공동체적 맥락에서 이타적으로 활용되어야 한다는 점이었다. 그러나 일부 교인들이 이 사실을 망각한 결과 그들은 특정한 은사(가령, 방언의 은사?)를 배타적으로 강조하여 그것을 독점한 자신들의 카리스마가 우월함을 과시하는 쪽으로 은사를 왜곡하였고 타락시켰다. 이러한 현실의 문제점을 진단한 바울의 결론은 "더욱 큰 은사", 곧 "가장 좋은 길"을 보여줌으로써(고전 12:31) 그 모든 은사들의 꼭대기에 서로를 배려하며 포용하는 '사랑'이 있음을 암시하였다. 아무리 훌륭한 은사도 그것의 궁극적인 본질과 이타적인 목적이 허물어지면 무용지물이 되거나 외려 공동체를 해치는 장애물이 될 수 있다는 점을 이로써 보여준 것이다. 하나님이 순수한 의도로 베풀어준 은사가 인간의 자기중심적인 이기심과 사사로운 목적으로 어떻게 오용되고 남용되는지 우리는 그 뚜렷한 증거를 신약성서 속에 가지고 있다.

은사의 거듭남을 위해

은사는 생명을 지닌 자들이 긍정해야 할 하나님의 선물이다. 거기에는 하나님의 자유와 선한 뜻이 담겨져 있고, 성령의 역동적인 순수성이 담보되어 있다. 사람들의 생김새나 성격 등이 다양하듯 그 사람들이 받았거나 계발해야 할 은사도 역시 다양하다. 은사의 자율성은 은사가 태생적인 재능이라는 식의 운명주의를 거부한다. 누구든지 자기의 생명 가치에 눈을 뜨고 계몽과 성숙의 자기 훈련으로 그 가치를 극대화하고자 몸부림칠 때 하나님은 그것이 다섯 달란트의 형상이든, 한 므나의 모양이든, 두루 복되고 유익한 은사로 활용될 수 있는 길을 보여주신다. 유일하게 훌륭한 은사란 없다. 다양하게 훌륭한 여러 은사들이 제각각 존재하며 역사할 뿐이다. 다양성은 교회가 다양한 지체들의 참여로 활력을 가지고 자라날 수 있도록 배려하신 하나님의 다양한 은혜의 선물이다. 그것은 특정 개인의 자기봉사적 '카리스마'로 독과점되거나 자기자랑의 명분으로 허세를 떨 수 있는 종류가 아니다. 은사는 다만 하나님의 뜻을 이루며 하나님의 나라를 이 땅에 건설할 목적으로 한 분 성령께서 먼저 교회를 통해 활동하시는 매개일 뿐이다. 그러므로 은사는 철저하게 이타적이고 순수해야 하는 것이다.

방언을 앞세우든, 예언을 중시하든, 혹은 병 고치는 은사를 강조하든, 그것은 각자 받은 바 은사를 좇아 감사함으로 심화하며 활용할 일이다. 그 결국이 교회를 공동체로 세우고 성령의 하나 되게 하심을 견고하게 지키는 방향으로 나아가면 족하다. 하지만 그것의 사유화 증상이 과도하여 특정한 은사로 그 은사와 무관한 남을 비하하거나 정죄한다든지, 자부심의 열정이 과잉으로 넘쳐 오만한 자기자랑의 함정에 빠진다면, 그것은 성령의 통일성을 훼방하는 무리수가 된다. 오늘날 우리 사회를 병들게 하는 주요한 원인이 있다면 그것은 꽤 훌륭한 수단과 방법이 왜곡된 의도로 말미암아 궁극적인 목적을 방치하거나 훼손하는 것이다. 마찬가지로 이 시대에 우리 교회를 좀먹는 은사 관련 병통이 있다면 그것은 제가 지녔다고 믿는 특정한 은사를 허무맹랑하게 과장하여 헛된 망상을 부풀리고 교회의 윤리적 기준을 하향 평준화시키는 행태이다. 이로 인해 성령의 통일성이 망가지는 것은 불을 보듯 빤한 귀결이다.

우리의 영혼이 거듭나야 하는 것이 구원의 지름길이듯, 이와 동시에 우리 기성 신자들이 장식적 소유물로 과시하거나 아니면 녹슬 정도로 묵혀둔 은사를 다시 거듭나게 하는 영적인 노동이 필요하다. 아울러, 성경에 나오는 특정한 은사의 목록에 국한되지 말고 21세기의 생명 사역에 걸맞은 다양한 이 시대의 은사들을 계발하여 하나님의 선교에 이바지하는 일꾼들이 되고 또 그런 일꾼들을 양육하는 사업이 절실하다. 은사의 본질이 소유에 있지 않고 하나님의 '샬롬'을 향한 공존에 있다면 이와 같이 은사의 상호 활성화를 위해 간단없는 작업이 이루어져야 한다. 은사는 서로를 위하여 북돋아주고 기도할 때 생기며 그로 인한 순환의 궤적 속에 감사의 흔적을 남기기 때문이다. "너희도 우리를 위하여 간구함으로 도우라. 이는 우리가 많은 사람의 기도로 얻은 은사로 말미암아 많은 사람이 우리를 위하여 감사하게 하려 함이라"(고후 1:11).

구제에 힘쓰는 신앙

구제는 필수이다

기독교 신앙의 오해 중 하나는 영적인 것을 중요하게 내세우면 육신의 필요를 외면해도 좋다는 것이다. 굳이 외면하지는 않더라도 먹고살아야 할 삶의 구체적인 필요에 대한 신학적인 성찰을 결여한 경우를 종종 본다. 사람이 떡으로만 사는 것이 아니라는 예수의 말씀은 백번 지당하다. 그러나 사람이 떡 없이 이 땅에서 살 수 있다고 생각하는 것도 정상은 아니다. 예수께서는 주기도문에서 인간이 인간의 필요를 위해 구해야 할 가장 첫번째 항목으로 '일용할 양식'을 꼽지 않았던가. 하나님의 은총어린 선물로 제공되는 일용할 양식이라는 물질적인 기반이 없이 우리의 영적인 삶은 풍성해지기 어려울 터이다. 물론 영적인 삶의 훈련이 인간의 본능적인 물질적 욕구를 제어하여 우리의 삶을 숭고하게 견인하는 것이 사실이지만, 인간의 삶 전체에 대한 통찰을 시도할 때 양자를 배타적인 관계로만 볼 것은 아니다.

문제는 인간이 소유하고 취해야 할 일용할 양식의 몫이 사람들 사이에 공평하지 않다는 데 있다. 그것은 국가의 정치적 후진성이나 식민성의 역사적 경험에 기인하는 문제일 수 있고 현재의 경제정책 탓일 수도 있다. 또 사람들마다 자신의 삶을 개척하는 능력의 차이나 근면/나태함 등의 습관이나 기질적 차이에서 비롯되는 측면도 부인할 수 없다. 그 원인이나 배경이 어디 있든지 간에 이 땅의 사람살이에서 물질적 분배의 불공정함이나 그 소유의 불균형으로 인하여 평생을 다 써도 남는 재화로써 과도한 일용할 양식, 아니 양식 이상의 재화를 소유하며 낭비하는 사람들도 많고, 최소한의 생계비용에도 미치지 못하는 경제적인 형편에 시달리면서 못 먹어 굶주리거나 죽어가는 이들도 이 세상에는 엄청나게 많다. 그것을 국가의 책임으로만 돌려서는 이 땅에서의 삶은 점점 더 메말라갈 수밖에 없다. 아무리 조직이 갱신되고 국가경제가 넉넉해져도 사람들의 소유 지향적 탐욕이 온존한다면 그 풍성함은 결국 일부 제한된 사람들의 누림으로 그칠 뿐, 공동체의 메마름은 여전할 것이다. 그 메마름을 축축함으로 바꾸는 자기공여와 자기희생의 실천이 바로 구제로 나타난다. 구제는 신약성서의 용어(eleēmosynē)를 문자 그대로 풀면 하나님의 '자비'(eleos)를 나누는 행위이다. 이 땅에 가난한 사람이 그치지 않는 한 그들에 대한 실질적인 도움을 베푸는 구제는 필수이며, 그것은 신앙 실천의 중요한 부분이다. 기독교 신앙의 궁극적 실천이 이타적 사랑을 지향한다면 그 사랑은 자기희생을 비켜갈 수 없다. 자기희생 중에서 일상적으로, 그러나 그리 만만치 않게 자기의 탐욕을 제어하면서 훈련할 수 있는 것이 있다면 그게 바로 구제이다.

자기과시의 위선을 피하라

구제를 행해야 한다는 당위적 교훈에 수긍이 된다고 해도 제대로 구제를 행한다는 것이 마냥 쉽지만은 않다. 어떻게 구제를 하느냐가 중요하기 때문이다. 예수께서는 산상수훈에서 경건의 3대 실천 방향을 구제와 기도, 금식에 두고 이 모든 것을 은밀히 하라고 당부하셨다. 특히, 구제와 관련하여 그는 당시 많은 사람들이 남에게 과시하기 위해 구제행위를 하는 것을 종교적 위선으로 책망하셨다. 그것은 마치 극장에서 연기를 하듯, 자신의 본심을 위장하여 하는 행위이기 때문에 진정성을 결여한다. 이를 빗대어 예수께서는 "사람에게서 영광을 받으려고 회당과 거리에서 하는 것 같이 너희 앞에 나팔을 불지 말라"(마 6:2)고 말씀하셨다. 극장식 연기 또는 연출 행위로 구제를 하는 것은 신학적으로 적잖은 문제를 야기한다. 그것은 단지 종교적인 외식에 머물 뿐 아니라 하나님만이 받을 수 있고, 받아야 하는 영광을 사람이 가로챔으로써 신성모독의 혐의에 연루된다. 아울러, 모든 은밀한 것을 은밀한 중에 감찰하시는 하나님의 전지전능함을 업신여김으로 이런 행위는 선한 것을 빌미로 자기 봉사적 영광을 독차지하려는 불신앙과 이기심을 드러낸다. 게다가 이렇게 '나팔'을 부는 구제 행위는 구제를 한 사람과 구제를 받은 사람의 관계를 하나님 앞에 평등한 관계로 지속시켜주기보다 그 관계를 주종관계로 복속시켜 언약공동체의 심리적 평화를 어지럽히는 문제가 있다. 특히 이러한 자기 과시적 구제 행위는 구제를 받는 입장에 처한 사람들이 자신의 존재감에 대한 자긍심을 상실하고 부끄러움을 느끼게 만드는 구제 이후의 문제를 낳기도 한다.

예수께서는 이러한 자기 과시적 구제 행위에 종말론적 보상이 없다고 가르친다. 이에 대한 대안으로 그는 매사 은밀함을 강조한다. 그것은 가령, "너는 구제할 때에 오른손이 하는 것을 왼손이 모르게 하여 네 구제함을 은밀하게 하라. 은밀한 중에 보시는 너의 아버지께서 갚으시리라"(마 6:3-4)는 말씀을 통해 구체화된다. 인간의 만사를 반드시 까발려야 미덕이 되는 것이 아니다. 더러 숨기고 감추어야 덕이 되는 경우가 있다. 구제가 바로 그런 종류의 선행이다. 우리가 하나님을 믿는다면, 특히 그분의 전지전능함과 은혜 충만함을 의지한다면, 그 하나님이 우리의 은밀한 구제행위를 나팔 부는 것보다 더 선호하시리라는 것을 모르지 않을 터이다. 그런데도 굳이 이를 떠벌리고 마는 것은 인간의 가난한 자기현시욕과 별도로 결국 자신이 믿는다고 주장하는 그 하나님을 믿지 않는 데 원인이 있다고 봐야 한다. 오른손과 왼손은 같은 몸의 지체로 서로 연계되어 있다. 한 손이 하는 일을 다른 손이 모를 리 없다. 그럼에도 예수께서 이러한 은유적 표현으로 은밀한 구제를 강조한 까닭은 우리가 미리 하찮게 받을 헛된 영광보다 장차 누리게 될 영원하고 풍성한 영광을 배려한 때문이 아니겠는가.

공동체들 사이의 섬김

구제는 개인과 개인 사이에만 발생하지 않는다. 그것은 더러 개인과 공동체, 공동체와 공동체, 특히 교회와 교회라든가 국가와 국가 사이에도 발생한다. 신약성서에 반영된 초대교회의 공동체적 구제는 예루살렘 모교회의 가난한 성도들로 인해 그 필요가 대두된 것으로 보인다. 본래 예루살렘 공동체는 모든 이들이 제 소유를 제 것으로 주장하지 않고 필요에 따라 공정하게 나누어 씀으로써 아무도 가난한 자가 없는 유무상통의 신앙공동체였다(행 4:32-35). 그러나 기대한 즉각적인 종말이 유예되는 상황의 변화와 함께 기탁된 재산이 바닥나고 심지어 기근까지 겹치면서 예루살렘 성도의 가난 문제가 그 교회에서 처음 모인 사도들의 회의에서 논의되었던 것 같다. 이와 관련하여 사도행전의 기록은 다음과 같이 전한다. "그 중에 아가보라 하는 한 사람이 일어나 성령으로 말하되 천하에 큰 흉년이 들리라 하더니 글라우디오 때에 그렇게 되니라. 제자들이 각각 그 힘대로 유대에 사는 형제들에게 부조를 보내기로 작정하고 이를 실행하여 바나바와 사울의 손으로 장로들에게 보내니라"(행 11:28-30).

이에 대해 갈라디아서(2:10)의 기록은 예루살렘 공의회 때 그곳의 가난한 성도들에 대한 구제를 사도들이 직접 바울에게 부탁한 것으로 보도한다. 이를 기점으로 바울을 중심으로 한 이방인 교회는 예루살렘 신앙공동체의 물질적 궁핍을 외면하지 않고 열심을 다해 이 모금 캠페인을 수행해나간 것으로 보인다. 이후 고린도전서 16:1-2는 구제를 위한 모금의 방식을 제시하고 고린도후서 8-9장은 고린도교회를 비롯한 아가야 지역 성도들을 대상으로 공동체 간의 구제를 위한 모금 활동의 신학적 원리와 근거를 자세하게 설명하고 있다. 사도행전과 바울 서신 양쪽에서 구제의 기금을 나타내는 용어는 헬라어 '디아코니아'(diakonia)로 공통된다. 신약성서에는 '헌금'이란 말이 나오지 않는다. 그것은 한두 차례 '모금'(logeia)으로 표기되어 있고, 나머지는 모두 성도를 위한 '섬김'(diakonia)으로 표기되어 나온다. 이를 개역개정에서는 완곡하게 '연보'라고 의역을 했지만 결국 그 말의 본뜻을 살려본다면 연보는 곧 공동체 성원들 사이의 섬김, 나아가 이를 위한 구제 행위와 다를 바 없다. 바울이 제시한 가장 핵심적인 원리는 구약성서의 만나 사건에 근거한 공평한 나눔에 있다. "이제 너희의 넉넉한 것으로 그들의 부족한 것을 보충함은 후에 그들의 넉넉한 것으로 너희의 부족한 것을 보충하여 균등하게 하려 함이라"(고후 8:14)는 것이다. 이를 염두에 두고 우리가 '구제'에 관한 '성서적' 가르침을 중시한다면 오늘날 일용할 양식의 필요 이상으로 넘치는 교회들은 시골의 수많은 미자립교회나 세계 선교현장의 궁핍한 성도들에게 그들의 부족한 것을 보충해야 할 균등함의 빚을 지고 있다고 할 수 있다.

행함 있는 경건의 실천

신약성서에서 구제에 관하여 빼놓으면 서러워질 문헌이 야고보서이다. 야고보서는 행함이 있는 믿음의 실천을 강조한 서신으로 유명하다. "영혼 없는 몸이 죽은 것처럼 행함이 없는 믿음은 죽은 것이니라"(약 2:26)는 요절의 말씀은 곧 야고보서의 핵심 논지를 잘 반영한다. 그런데 여기서 그 '행함'의 내용, 곧 자신의 믿음을 실천해야 할 구체적인 삶의 현장과 맥락은 무엇일까. 이는 한 공동체에 속한 모든 성원들이 경건한 삶을 살아가는 것으로 구체화되는 것일 텐데, 여기서 드러나는 야고보서의 경건 개념이 특이한 만큼 소중하다. 그에 의하면 "하나님 아버지 앞에서 정결하고 더러움이 없는 경건은 곧 고아와 과부를 그 환난 중에 돌보고 또 자기를 지켜 세속에 물들지 아니하는 그것"(약 1:27)이다. 우리의 통념에 비추어 경건은 그저 열심히 기도하고 예배에 열중하는 데 그 요체가 있는 듯한데 야고보서의 저자는 거기서 한 걸음 더 나아가 이웃사랑의 구체적인 실천으로서 구제행위에서 경건의 본질을 찾고 있는 것이다.

실제로 야고보서가 염두에 두면서 비판적으로 성찰하고 있는 대상은 유대인을 중심으로 한 동족들이 회당에서 모이면서 예수 그리스도 안에서 하나님을 예배하는 디아스포라 신앙공동체였던 것 같다. 그러나 그 안에는 빈부격차가 있었고 그것을 해소하여 균등케 하려는 노력보다 외려 부한 자가 가난한 자를 업신여기고 자기의 물질적인 풍부함을 자랑으로 삼는 차별이 온존했던 것 같다. 가령, 예배의 자리에 모일 적에 금가락지 끼고 아름다운 옷을 입은 사람과 남루한 옷을 입은 가난한 사람이 들어올 때 각기 대접을 달리 했다는 정황이 포착된다(약 2:2-3). 사정이 이러하니 그것은 아예 말의 엄정한 의미에서 공동체가 아니었다고 봐야 한다. 이렇게 부요한 자들이 제 뱃속을 채우면서 자기 과시를 일삼고 그 공동체의 지도자들도 그런 자들에 빌붙어 부화뇌동을 일삼으니 가난한 자에 대한 배려와 구제가 제대로 행해졌을 리 만무하다. 이에 대해 저자가 질책하는 목소리는 추상 같이 준엄하다. "만일 형제나 자매가 헐벗고 일용할 양식이 없는데 너희 중에 누구든지 그에게 이르되 평안히 가라, 덥게 하라, 배부르게 하라 하며 그 몸에 쓸 것을 주지 아니하면 무슨 유익이 있으리요"(약 2:15-16). 야고보서는 이러한 기울어진 불균등의 현실이 시정되지 않고서는 부요한 자들이 장차 통렬한 심판을 받게 되리라고 경고하였다(약 5:1-6). 이와 유사하게 마태복음에 나오는 양과 염소의 심판 비유(마 25:31-46)도 최후의 심판에서 하나님 나라를 상속받느냐, 영원한 지옥의 불구덩이로 떨어지느냐를 가르는 잣대를 소외된 이웃에게 얼마나 구제의 사랑을 베풀었는가에서 찾았다. 그만큼 구제행위는 우리의 구원 사건과도 밀접히 연계되어 있는 것이다.

'구제'를 구제하기 위하여

그동안 한국교회의 목회적 선교적 지향점에서 구제의 몫이 너무 빈약하다는 지적이 꽤 오래간 있어왔다. 그 비판적 지적이 약발을 받았음인지 이즈음에는 조금 나아졌다고 하는데도 여전히 구제금이 교회 예산의 10%에 미치지 못하는 경우가 대부분이라니 부끄러움의 형편이 나아지지는 못한 모양이다. 교회의 헌금이 원래 '연보'이고 그 연보의 본질이 궁핍에 처한 불우한 성도나 이웃을 돌보며 섬기는 구제에 있다고 한다면 우리는 헌금과 교회 예산에 관한 한 아직 성서적인 기준에 훨씬 미달된다고 볼 수밖에 없다. 이와 같은 현실은 성서적 원리에 맞춰 과감하게 변혁되어야 한다. 특히 교회와 교회 사이의 빈부격차가 우리사회의 양극화 현상 못지않게 심한 현실에서 교회의 일선 담당자들은 심한 자괴감을 느껴야 할 것이다. 자본주의의 성장원리와 부의 축적에 대한 환상적 메시지를 성서의 가르침과 뒤섞어 맘몬을 섬기는 죄를 범하지 말아야 한다. 맘몬의 탐욕스런 얼굴이 결국 소유와 향락, 이와 관련된 자기과시의 소비라면 겸손하게 회개한 그 얼굴은 일용할 양식의 충족을 위해 이루어야 할 균등한 분배의 삶이다. 특히 예루살렘의 모교회가 겪은 물질적인 궁핍에 이방인 교회들이 대대적으로 동참하여 구제함으로써 그들의 태생적 배경과 현실적 차이를 넘어 그리스도 안에서 동일한 지체임을 확인한 그 사건을 현재화해야 한다. 이 사건을 긴급히 참조한다면 오늘날 비대하여 풍요에 절은 대형교회의 자기봉사적 예산의 상당 분량은 낙후된 지역의 빈궁한 교회를 돕는 데 사용하는 것이 바람직할 것이다. 물론 그것은 한 달에 선교후원금 몇 푼 던지며 생색을 내는 자기과시나 위계적 구제가 아니라 은밀하고도 지속적인 섬김의 실천으로 나타나야 할 것이다.

교회 공동체 차원뿐 아니라 성도들 개인별로도 자신의 소유를 이 땅의 가난한 자들을 위해 희사하며 나누는 구제의 실천이 절실하게 요청된다. 구약의 십일조 정신을 신약의 구제 원리로 수렴하여 오늘날의 상황에 적용한다면, 그 연보금의 3분의 1은 교회의 성직자들의 생계 조달 및 교회 운영을 위하여, 또 다른 3분의 1은 사회의 가난한 자들에 대한 구제금으로, 나머지 3분의 1은 우리 사회에서 이루어지는 비영리봉사기관의 선한 행사와 공동체의 축제를 위해 희사하는 것이 바람직하다. 이 모든 것들이 하나님의 자비를 실천하는 '구제'의 전통에서 정당화될 법한 항목이다. 그것은 곧 성도와 이웃을 섬기는 사랑의 실천 행위와 다름없는데, 그 사랑은 하나님을 향한 진실한 신앙에 뿌리를 두고 있다. 우리가 구제를 활수하게 행하지 못하는 것은 그러므로 하나님에 대한 믿음이 부족하기 때문이고, 조금 있는 믿음조차 진실하지 못하기 때문이며, 일말의 진정성에 자신의 헛된 과시와 영광을 도모하는 탐욕을 견강부회로 엮어버리는 습성 때문이다. 이러한 족쇄에서 자유롭지 못하고서는 이 시대의 구제는 숨통을 트기 쉽지 않다. 구제부터 먼저 구제해야 하는 절박한 필요에 우리는 당면해 있다.

복음에 목마른 시대

내가 복음?

신약성서의 핵심 메시지를 한 마디로 응축하면 곧 '복음'이다. 신약성서에 도합 113회 명사로 나오는 이 단어(euaggelion)는 문자 그대로 좋은 소식이요 복된 소식이다. 그것은 '하나님의 복음', '예수 그리스도의 복음', '진리의 복음' 등의 수식어구가 나타내듯이, 공변된 구원의 메시지로 현전해야 마땅하다. 그런데 오늘날 복음은 많이 사유화된 것으로 보인다. 사유화되다 보니 그 공변성이 종종 실종된다. 그래서 '내가 복음'이라는 우스갯소리가 인구에 회자되기도 한다. 또한 오늘날 교회 안팎에서 번성하는 제각각 특유한 복음들은 많이 파편화되어 있다. 조각조각 제 입맛에 맞는 소식에 혈안이 되고 귀를 쫑긋 세우다보니 본질보다는 현상에 집착하고 복음을 포장하는 피상적인 것들에 더 관심이 쏠리는 것도 사실이다.

물론 사람살이의 정황들이 다양하고 각자 제 삶의 욕구에 절박한 것들이 복음처럼 들리리라는 것은 이해할 만한 현상이다. 제 가려운 곳에 신경이 곤두서게 마련이고 그것을 해소하는 만병통치약으로서 복음이 이해되는 것도 자연스러운 일일 터이다. 그래서 극도의 가난 가운데 굶주림에 지친 이들에게는 부요함과 배부름의 메시지가 복음으로 들릴 것이고, 병들어 고통당하는 이들한테는 건강한 몸의 회복이 복음이 되어야 정상일 것이다. 정신적인 불안과 피폐함에 시달려온 심령으로서는 당연히 평안의 복음을 갈구하기 마련이고, 오랜 시간 수감된 상태로 살아온 자들에게는 해방과 자유야말로 더할 나위 없는 복음이 될 터이다. 놀라운 사실은 이 모든 것에 대하여 예수 그리스도의 복음을 구성하는 요소로 신약성서가 말하고 있다는 점이다. 예수께서 복음을 말하면서 이런 요소들을 묶어 포함했고, 몸소 구체적인 생명의 필요에 부응하여 그의 사역의 방향을 이끌어갔다. 숱하게 많은 병자들을 고치고 목자 없이 유리하는 양떼와 같은 군중들에게 먹을 것을 베풀어준 사례 등이 그 증거이다. 그러면 그것이 전부인가? 이런 것들이 다만 복음의 파편이고 종속 변수라면 그 본령은 무엇일까?

전파되어야 할 복음

복음은 자족적인 개인의 몫으로 제한될 수 없고 제한되어서도 안 된다. 복음에 개인주의란 없다. 그것은 만민에게 널리 전파되어야 할 하나님의 구원 메시지이기 때문이다. 그래서 신약성서에 나오는 '복음'이란 말은 상당 부분 '전파하다'라는 동사와 함께 쓰인다. 심지어는 죽은 자들에게도 복음이 전파된다는 말씀이 있을 정도이니(벧전 4:6) 그 전파의 범위와 영역이 얼마나 우주적이고 포괄적인지 가히 짐작할 만하다. 하나님의 구원이 만민에게, 심지어 온 만유를 향해 열려 있기 때문에 복음이 배타적인 경계 없이 포용적으로 정의되는 것은 당연한 노릇이다. 그것은 하나님의 사랑만큼 광활하고 하나님의 존재만큼 심원한 세계로 뻗어나간다. 복음의 시원은 비록 갈릴리의 바닷가를 중심으로 미약하게 출발했지만 복음의 전파자 예수 그리스도가 하나님의 아들로 죽음까지 이기고 부활함으로써 전파의 대상, 곧 복음 자체가 된 이후로 복음은 온 세계만방으로 전파되기에 이른 것이다.

복음서에서 '복음'은 무엇보다 '천국 복음'으로 규정된다(마 4:23, 9:35, 24:14). 천국은 곧 하나님의 나라를 일컬음이니 왕으로서 하나님의 통치 주권이 이 땅에서 온전히 이루어지는 현실을 가리킨다. 그러므로 복음의 전파는 단순히 빈 소리나 알맹이 없는 수사적 장식으로 이루어지는 것이 아니라 구체적으로 변화되는 삶의 내용이 담보되어야 한다. 이 땅에서의 삶이 변화되지 않고 복음은 천국복음이 될 수 없는 것이다. 어떻게 변화되는가? 유한한 삶의 육체적 한계 내에서 감각적 욕망을 추구하는 동물적 존재로 머무는 것이 아니라 영원을 사모하며 하나님의 신령한 가치, 곧 평화와 사랑과 공의와 자비를 개인적으로 또 공동체의 차원에서 구현하는 것이 그 변화의 대강 방향이다. 개인의 삿된 이기적 탐욕을 제어하여 이웃을 내 몸 같이 사랑하는 삶의 가치관이 폭력과 억압, 물리적인 힘과 금력의 지배를 대체하는 것, 바로 그것이 천국 복음으로 변화된 삶의 풍경이다. 나아가 제 혈통가족에 집착하는 가족이기주의, 세속의 영광스런 자리와 이름에 매몰된 명예지상주의를 제어하고 비워냄으로써 충만해지고 고난을 극복함으로써 부활에 이르는 혁명적인 자기 초월의 자세를 구현하는 것, 바로 그것이 천국 복음으로 뒤집어진 삶의 내용이다. 요컨대, 복음을 전파한다는 것은 예수 그리스도의 삶과 죽음, 부활 가운데 극적으로 표상된 영원한 가치를 추구하며 변화된 삶을 추동한다는 뜻이다. 아울러, 그러한 삶의 공동체를 건설하기 위해 자기희생과 십자가의 고난조차 마다하지 않고 기쁘게 감당한다는 뜻이기도 하다.

오늘날 복음 전파의 문제는 그것이 교회의 강단에서 주로 이루어지다 보니 삶의 구체적인 현장, 일상적 소통의 공간에서 복음이 자주 실종되거나 그 색깔이 선명치 않고 두루뭉술한 잡탕이 된다는 것이다. 처세술의 원리가 복음으로 둔갑하기도 하고, 정치적인 이해관계의 현실과 타협한 기형적인 카멜레온의 교리강령이나 이데올로기가 복음인 양 선전되기도 한다. 이 모두가 복음의 공변성과 보편성을 상실한 복음의 퇴락이 아닐 수 없다. 그런가 하면 제 일가의 이해관계에 밀착된 사사로운 족벌주의의 자기 정당화가 복음의 은혜라는 허울을 뒤집어쓰고 공교회 안팎에 횡행하기도 하는데, 이는 복음의 가장 사악한 타락 외에 아무것도 아니다.

믿고 따르며 참여해야 할 복음

아무리 좋은 메시지라 하더라도 그것을 듣고 받아들이는 사람이 없으면 말짱 헛일이다. 그래서 복음의 결실을 위해서는 전파하는 것과 함께 반드시 듣고 믿는 결단이 뒤따라야 한다. 바울은 전파자의 사명과 함께 바로 그 들음과 믿음의 요소를 복음과 관련하여 강조하였다. "형제들아 너희도 알거니와 하나님이 이방인들로 내 입에서 복음의 말씀을 들어 믿게 하시려고 오래전부터 너희 가운데서 나를 택하시고"(행 15:7). "그 안에서 너희도 진리의 말씀 곧 너희의 구원의 복음을 듣고 그 안에서 또한 믿어 약속의 성령으로 인치심을 받았으니"(엡 1:13). "믿음은 들음에서 나며 들음은 그리스도의 말씀으로 말미암았느니라"(롬 10:17)고 했을 때 그 말씀이 바로 복음에 해당되는 것이니, 이 삼각관계가 복음을 복음으로 열매 맺게 하고 온전히 자리매김한다고 볼 수 있다.

물론 들음과 믿음을 인간의 감각적 기능이 작동하는 수준에 국한시킬 수 없다. 그것은 곧 청종(聽從)을 의미하기에 순종까지 포함하는 개념으로 이해해야 한다. 복음은 그 가르침의 내용 그대로 따르며 순종할 때 복음이 된다. 당연히 그 반대의 경우 불순종은 종말의 심판 자리에서 형벌이 예고된다. "교훈은 내게 맡기신 바 복되신 하나님의 영광의 복음을 따름이니라"(딤전 1:11). "하나님을 모르는 자들과 우리 주 예수의 복음에 복종하지 않는 자들에게 형벌을 내리시리니"(살후 1:8). 혼자 따르기보다 여럿이 그 복음의 사역에 함께 할 때 복음은 곧 참여하며 헌신해야 할 목표가 되기도 한다. 그때 참여(koinōnia)는 곧 복음을 함께 나누는 행위와 함께 그 복음을 매개로 더불어 교제하는 사귐의 행위까지 포함한다. "내가 복음을 위하여 모든 것을 행함은 복음에 참여하고자 함이라"(고전 9:23). 이러한 복음에의 참여는 더불어 복음 사역에 헌신하는 동역자들(synkoinōnoi)의 관계를 창출한다. 이러한 공동 참여를 통해 복음을 전파하는 전도 및 선교 사역은 비로소 탄력을 받고 서로 격려가 되며 엇나가지 않도록 피차 경계하는 생산적인 공동체의 기반을 얻게 된다.

헌신은 복음을 전문적인 업으로 삼아야 하는 모든 이들의 공통된 필수 자세이다. 바울이 곳곳에 '복음을 위하여'라는 표현을 자주 했듯이, 복음은 이를 위해 섬기는 자들의 헌신을 절대적으로 필요로 한다. 복음에 임하는 이들의 헌신적인 열정이 없이는 그것을 전파하는 일에 에너지를 얻을 수 없다. 왜 헌신이 요청되는가? 복음 전파의 일선에 장애물이 많기 때문이다. 이 세상은 자기 귀를 즐겁게 하는 선생을 많이 두는 세태 가운데 감각적인 순간의 쾌락을 영원한 생명의 가치보다 더 중시하는 경향이 강하다. 이 세상의 '다른 복음'은 헛된 자기 영광에 도취되고 선정적인 감각의 가치를 최고 우위에 두면서 하나님의 복음과 충돌한다. 그런가 하면 특정한 강령과 율법의 잣대를 들이대면서 그것으로 '타자'의 요소를 극도로 배제하며 열린 소통을 가로막는 장벽들이 공고하다. 이런 장벽을 뚫고 넘어가기 위해서는 믿음으로 헌신하는 열정의 주역들이 복음의 전선에 필수불가결한 것이다. 우리 내면이 숱한 갈등의 연속이듯이 이 세상은 보이지 않는 전쟁터로 메말라가며 복음에 목마른 세상이다. 거기서 복음의 생수를 길어 전달해줄 헌신의 제자들을 하나님은 찾으신다.

부끄러워하지 말아야 할 하나님의 능력

그러나 반(反)복음이 판을 치는 세상의 한복판에서 복음의 일선에 우뚝 서서 그 헌신의 주역이 된다는 것은 쉽지 않은 일이다. 남들의 눈꼴사나운 시선을 받는다는 것이 불편한 일이거니와, 더구나 그들의 주류 가치에 버성기는 일로 주목을 받는 것은 더더욱 어려운 일이다. 그래서 바울은 복음과 관련하여 그 핵심 개념을 정의하면서 다음과 같이 고백한 바 있다. "내가 복음을 부끄러워하지 아니하노니 이 복음은 모든 믿는 자에게 구원을 주시는 하나님의 능력이 됨이라. 먼저는 유대인에게요 그리고 헬라인에게로다"(롬 1:16). 유대인의 토라 중시 전통에 비추어 헬라인의 지혜 숭상 전통은 얼핏 낯설고 어색한 것이다. 그러나 복음은 이것도 저것도 아닌 제3의 길을 제시함으로써 유대인과 헬라인 모두에게 접근해야 하는 창조의 운명을 띠고 있다. 양쪽 모두 껄끄럽게 부대껴야 하는 상황에서 바울은 복음의 증언자로 부름을 받아 무엇보다 그 비우호적인 환경에서 부끄러움을 없애야 했다. 그래서 복음을 부끄러워하지 않는 자로서 살아야 했던 것이다. 여기서 '부끄러워한다'는 것은 복음을 외면하고 시인하지 않는다는 뜻이다. 그것은 알면서도 제 일신의 체통과 안일함에 압도되어 모른 체하는 것과 다를 바 없는 자세이다.

그런데 바울은 그 모든 내면의 장벽을 물리치고 복음에 대해 부끄러워하지 않는 담대한 자세를 견지했다. 그 복음의 가치와 진정성을 시인하며 그것에 대한 확신을 가지고 전파했던 것이다. 그 확신을 추동한 근거는 복음이 모든 믿는 자들에게 구원을 베푸는 하나님의 능력이 된다는 믿음이다. 그것은 불가능을 가능으로 바꾸는 능력이다. 이후 아브라함의 예에서 확인되듯, 그 능력은 죽은 자를 산 자와 같이 일으키는 생명 창조와 회복의 능력이다. 그것은 죽을 수밖에 없는 존재로서 모든 인간이 막판에 걸려 넘어지는 유한한 생의 장벽을 넘어서는 능력이라 할 수 있다. 하나님은 예수 그리스도의 부활을 통해 그 장벽을 넘어 인간이 극복해야 할 마지막 대적을 이겨넘으로써 그 신적인 능력을 시위하셨던 것이다. 오늘날 복음이 부끄러움의 대상이 되지 말아야 할 이유는 이 점에서 명백하다. 이 시대 이 땅에 가장 흉포한 대적으로 넘실거리는 것은 바로 생명의 존엄한 가치를 뭉개고 죽임의 폭력을 밥 먹듯이 자행하는 생명 말살의 문화이기 때문이다. 그 사망의 암흑 속에서 복음은 하나님의 생명 창조와 회복의 능력을 만천하에 선포한다. 이로써 복음은 생명의 허울에 덧칠된 온갖 회칠한 무덤을 벗겨내며 생명의 본래적 목적과 본질을 되찾게 만들어준다. 거기에 유대인과 헬라인의 장벽이 있을 수 없고 남자와 여자, 노예와 자유인의 차별이 끼어들 틈새가 없다. 온갖 편견으로 구축된 인간세계의 인위적 장벽은 극복되고 피조세계의 질서는 그 복음의 능력으로 새롭게 재구성된다. 생명은 인간 생명뿐 아니라 모든 생명이 하나님의 창조생명이란 범주 안에 포용되기 때문이다.

'복음의 비밀'을 위하여

바울의 해석에 의하면 복음은 창세전부터 약속된 것이고 현재에 하나님의 능력으로 약동하는 것이지만 동시에 미래의 비밀로 감추어진 것이기도 하다. 물론 예수 그리스도의 오심과 함께 그 방향은 명백하게 확정되었지만 그것은 아직 성취된 열매로 온전히 나타나지 않은 상태이다. 따라서 아직 기다리며 그 비밀을 알리는 작업이 계속되어야 한다. "또 나를 위하여 구할 것은 내게 말씀을 주사 나로 입을 열어 복음의 비밀을 담대히 알리게 하옵소서 할 것이니"(엡 6:19). 바울에게 복음과 관련된 그 '비밀'(to mystērion)은 몇 가지 맥락에 걸쳐 그 대강의 내막이 암시된다. 무엇보다 로마서 11:25-35에서 그 비밀은 복음을 받아들이지 않는 이스라엘이 하나님의 섭리 가운데 온전히 구원을 받게 될 미지의 사건이다. 그런가 하면 고린도전서 15:51에 의하면 그 비밀은 모든 성도들이 마지막 순간에 홀연히 변화될 종말론적 구원의 완성과 연계되어 있다. 에베소서와 골로새서에 많이 나오는 이 비밀은 창세전부터 시작된 복음의 진로와 관련하여 이방인과 유대인이 막힌 담을 헐어 예수 그리스도 안에서 하나 되고, 나아가 만유 가운데 충만하신 하나님의 충만을 향하여 그리스도의 몸 된 교회가 서로 연계되고 결합된 지체로 말미암아 건강하게 성장하고 발전해나가는 그 정점을 암시한다(엡 1:9, 3:3, 4, 9, 5:32, 6:19; 골 1:26, 27, 2:2, 4:3, 4).

복음의 비밀은 감춤을 목적으로 하는 것이 아니라 드러냄을 목적으로 한다. 그래서 적극 그 비밀을 알려야 한다. 인류는 이 복음 안에서 하나 되도록 창조되었음을 밝히 전해야 한다. 그러나 동시에 그 비밀은 아직 미완성의 상태에 있는 하나님의 미래를 존중하는 겸손한 태도와 연계되어 있다. 우리가 하나님의 그 높고 깊은 세계를 아무리 궁리하고 살펴도 온전히 알 수 없음은 두말할 나위 없는 사실이다. 그 실존의 한계 내에서 우리는 하나님의 비밀 앞에서 침묵하는 법도 배워야 한다. 다시 말해, 복음의 비밀에 관한 한, 담대하게 전해야 할 부분과 겸손하게 침묵해야 할 하나님의 섭리라는 영역이 있음을 인정해야 한다는 것이다.

오늘날 우리는 복음에 목마른 시대에 살고 있다. 뉴스라는 것이 온통 어둡고 끔찍하고 갑갑한 소식들 일색이니 우리의 컬컬한 심령을 녹이는 훈훈한 소식에 굶주려온 까닭이다. 그런데 복음의 이름으로 전파되는 것이 협량한 자기도취의 폭력이나 강변으로 드러날 때 우리는 담대하게 복음을 전하는 동시에 다른 한편으로 복음의 비밀에 대한 겸손한 성찰의 자세도 갖추어야 할 것이다. 이미 알려진 비밀은 비밀이 아니다. 그러나 하나님의 복음에 대한 비밀은 알려지는 만큼 역설적으로 그 비밀도 늘어난다. 하나님에 대한 앎의 사랑이 그 근원을 향해 더 간절한 사모의 열정을 가중시키기 때문이다. 그래서 우리는 미지의 하나님을 향해 담대하게 그 비밀을 탐구하는 데 힘써야 할 것이다. 동시에 이 세상을 향해서 우리는 그 복음을 전파하는 증인으로 살아야 마땅하다. 세상의 변두리 그늘이 아니라 환한 양지의 중심에서 그 복음이 전파되기 위해서도 담대한 자세가 필요하다.

비전(vision)은 비전(秘傳)이 아니다!

비전의 거품과 실체

영어 단어 '비전'(vision)이란 말은 당연히 한글성서에 나오지 않는다. 이 말은 성서의 특정한 개념을 우리 취향에 맞게 특화시킨, 한국교회가 매우 선호하는 특유의 어휘이다. 영어사전의 개념 정의에 의하면 이 단어는 첫째, '시력', '시각'이란 뜻이 있고, 둘째는 앞날을 내다보는 '선견지명'이나 미래지향적인 낙관적 '통찰력' 등을 암시한다. 셋째는 둘째보다 협소한 의미로 꿈이나 몽상 가운데 보게 되는 '환영'이나 '환상' 등을 가리킨다. 이 가운데 기독교인이 첫째 개념 범주로 이 '비전'이란 말을 사용하는 경우는 드물다. 대체로 둘째와 셋째 범주에서 사용하는데, 신약성서의 용례가 주로 셋째 범주에 연계되어 있다면 현재 보편화된 한국교회의 사용 맥락은 주로 둘째 범주를 선회한다. 한국교회에서 이 비전이란 말을 매우 좋아하는 배경은 우리의 낙천적인 민족성과 연관되어 있거나, 반대로 우리 현실의 비관적인 모습을 감추거나 극복하려는 미래 지향적인 슬로건으로 이 개념이 주효한 탓이 아닐까 싶다. 그래서 지금 당장의 현실이 구차하고 고단할수록 '비전'이란 말은 더욱 상종가를 달리며 인구에 회자되고, 심지어 '비전'교회는 물론 '비전'대학으로 조직체의 이름을 개명하는 경우까지 생겨났다.

'비전'이란 영어 단어가 성서의 '환상'이란 개념과 결합하여 만들어내는 분위기는 짐짓 신비스럽기까지 하다. 거기에는 인간의 한계를 벗어나는 하나님의 초월적인 개입과 인도하심, 영적인 권능의 보이지 않는 역사 등이 연상되면서 그 신비한 분위기의 효력도 증강된다. 그러나 어떤 개념 범주로 취하든, 이 '비전'이란 말에는 거품이 있다. 물론 그 말의 거품은 그 말을 사용하는 사람들의 실재에 연루된 거품이기도 하다. 그 사람들 개인이든, 그 사람들이 구성하는 조직이든, 비전은 일상적 삶의 감각과 역사적 참여와 단절될 경우 위험하기까지 하다. '비전'이란 말로 조장되는 헛된 망상과 창조적인 전망 사이의 간격과 틈새가 매우 희미하다는 것이다. 다시 말해, 이 말로써 교회의 치부를 가리거나 엄연한 질곡의 현실을 은폐하면서 미래의 환상적인 장밋빛 청사진을 양산하는 병폐를 경계해야 한다. 마찬가지로 우리는 '환상적인' 비전을 앞세워 신앙이 우리 역사 현실과 유리된 몽환의 세계로 도피하는 수단인 양 잘못 인도하는 실수를 범하지 말아야 한다.

이런 거품을 벗고 보면 비로소 성서의 환상 체험과 그로부터 추동된 역사적 비전이 어떻게 하나님의 거대한 구원사 가운데 작동하였으며, 거기서 어떻게 미래 지향적인 통찰이 생겨났는지 정직하게 그 실체를 가늠할 수 있다. 나아가 우리는 오늘날 한국교회와 세계교회가 당면한 기독교의 위기상황을 넘어 어떻게 하나님이 보여주시는 낙관적인 미래를 선취할 수 있을지 그 비전의 원론뿐 아니라 각론을 포함하는 실천적 통찰력까지 얻어낼 수 있을 것이다. 요컨대, 성서적 맥락에서 '비전'은 개인의 환상체험이 주를 이루든, 공동체의 미래 전망과 통찰력이 그 핵심 내용이든, 비밀리에 특정 개인이나 집단에 국한되어 배타적이고 폐쇄적으로 전승되지 않는다. 더 간단히 말해, 비전(vision)은 특권화된 비전(秘傳)의 진리가 아니라는 것이다. 그것은 보편적인 하나님의 사랑을 이 세상의 가장 은밀한 구석까지 전파하기 위한 영적인 동력이다.

비전의 경험 사례와 작동 방식

신약성서 한글개역에서 '비전'의 헬라적 개념으로 '환상'이란 어휘가 사용된 곳은 모두 13군데이다. 이 어휘들은 세 가지로 달리 표기되는데, optasia(옵타시아), horasis(호라시스), horama(호라마)가 바로 그것이다. 이 중에서 horama가 가장 많이 사용되지만(도합 9회), 이 세 명사형 단어들은 공통적으로 '보다'라는 의미의 헬라어 동사를 그 뿌리로 간직하고 있다. 그러니까 비전이란 뭔가를 보되, 그 대상이 평범한 일상에서 작동하는 시각작용과 달리 초월적인 계시의 차원에서 성령이 특별한 것을 보여준 결과로 그것이 보이는 상황을 일컫는다. 이 환상 체험의 지문이 사도행전에 모두 10회나 압도적으로 많이 나타나는 현상도 흥미롭다. 누가복음 1:21과 고린도후서 12:1을 포함하면 이 환상 체험의 대부분이 누가의 선교적 맥락에서 제시되고 있는 점을 알 수 있다.

요엘서의 인용문을 담은 사도행전 2:17에서 젊은이들이 보는 환상은 늙은이들이 꾸는 꿈과 대조를 이루면서 성령의 강림과 함께 펼쳐질 미래의 놀라운 선교적 상황을 예시한다. 베드로를 통한 고넬료 가족의 회심담 속에 모두 다섯 차례 이 '환상'(horama)이란 단어가 등장하는데(행 9:10, 10:3, 17, 19, 11:5), 신약성서에서 비교적 그 체험의 내용이 상세하게 기록된 이 이야기도 유대인의 경계를 넘어 복음이 이방인으로 확장되는 전환점에서 결정적인 계시적 매개로 작용한다. 여기서 고넬료와 베드로가 본 환상인즉 하나님이 당신의 구원사를 펼쳐나가는 과정에서 미래지향적인 비전을 교육시키는 일종의 시각적 예화라고 할 수 있다. 바울이 마게도냐 사람의 환상을 보고 선교의 방향을 바꾸어 유럽으로 들어가게 된 이야기(행 16:9-10)도 선교적 맥락에서 더 넓은 이방인의 지경으로 방향을 전환시키는 역할을 한다. 그런가 하면 바울의 고린도 선교 사역에 등장하는 환상체험은 "두려워 말라. 침묵하지 말고 말하라"(행 18:9)는 격려의 메시지와 함께 어려운 위기 상황에서 용기를 주고 있다. 마찬가지로 바울이 3층 하늘의 놀라운 광경을 경험했다는 "주의 환상과 계시"(고후 12:1) 역시 극단적인 고난의 상황에서 그 현실을 극복하는 매개로 기능한 점을 추론해 볼 수 있다. 이와 다소 상이한 것은 요한계시록 9:17의 경우처럼 종말 심판의 파노라마 가운데 저자가 본 환상체험이다.

이와 같이 환상과 관련된 신약성서의 거의 모든 지문들은 개인의 주관적 계시 체험이면서 동시에 먼 미래를 내다보면서 하나님의 구원사를 이루어나가는 선교적 맥락 안에 자리하고 있다. 그것이 배타적 경계를 넘어 모든 사람을 구원으로 인도하시기 위한 하나님의 거시적 경륜을 강조한 점도 두드러진다. 우리는 고넬료와 베드로의 환상 체험과 관련하여 '왜 꼭 그 이방인 백부장 가정이어야 하느냐?'라고 따져볼 수 있고, 마게도냐 사람에 대한 바울의 환상체험을 두고 '다방면으로 열려 있는 이방인의 선교처들 가운데 왜 굳이 마게도냐 지방이 우선순위가 되어야 했느냐?'라고 물어볼 수도 있다. 혹여 보수적인 유대인 크리스천이었다면, 초대교회의 정황이 암시하듯, 왜 예수의 복음이 선민 이스라엘의 강역을 넘어 죄인 이방인들에게 대등한 기회를 주어야 하는지 항변할 수도 있었을 게다. 그러나 이 결정적인 선교의 변곡점에서 드러난 환상체험은 결국 하나님의 구원사가 이루어지는 미래의 공변된 비전으로 인증되었고, 그 비전은 이후 역사를 통해 현실로 이루어져나갔다. 몇몇 소수 개인의 비밀스런 진리 독점의 선전물이나 이를 통해 다수에게 가하는 억압적인 강요의 횡포와는 전혀 무관했던 것이다. 이처럼 환상의 초월성은 비전(秘傳)되는 배타적 코드가 아니라 역사 속에 보편적 통찰(vision)로 내재화되어갔음을 알 수 있다.

새로운 비전의 시대를 위하여

역시 중요한 것은 비전 자체가 아니라 그 비전이 공감대를 형성하면서 추동하는 역사 창조 능력이다. 비록 그 비전이 개인의 환상 체험으로 촉발

되었다 하더라도 그것이 신앙공동체의 공통된 염원을 담아 하나님의 의와 나라를 이 땅에서 이루어나가려는 선교적 에너지로 승화될 필요가 있다는 것이다. 지금까지 한국교회에서 '비전'은 근거 없는 장밋빛 청사진을 남발하면서 공허한 자기방어적 수사로 반복되거나 개인의 신비주의적 영성 체험을 정당화하는 매개로 재생산되는 경향이 강했다. 그러나 그것이 아무리 우리의 신앙을 조직적으로 강화해온 공로가 있다 해도 계몽 없이 되풀이되는 신비스런 초월적 체험으로서의 비전이나 표방한 선전구호로서만 기능하는 이상적 목표로서의 비전은, 개인이든, 공동체든, 그 신앙을 성숙의 경지로 견인하지 못한다. 우리의 믿음은 오로지 계몽과 함께 그 계몽의 건조한 장벽을 뚫고 성숙의 단계로 진입할 수 있다. 따라서 새로운 비전의 시대에 걸맞게 우리의 환상을 건전하게 선별하고 확장하는 기준은 앞서 신약성서의 사례 분석을 통해 엿본 대로 다음과 같이 요약될 수 있다.

첫째, 우리의 비전이 과연 불가능한 것을 가능한 것으로 부르시는 하나님의 존재와 권능을 바라볼 만큼 신실한 태도에 기초해 있느냐는 것이다. 비전도 비전 나름이다. 이즈음 텔레비전과 동영상 비전이 우리의 시야를 혼탁하게 만들면서 초래되는 부작용이 만만치 않다. 그러다 보니 자신의 세속적 영광이 빛을 발하여 지극히 개인적인 욕망이 탐욕으로 번지면서 만들어내는 가짜 비전도 적지 않다. 이러한 가짜 비전은 개인의 영성을 흐리게 할 뿐 아니라, 그런 사람이 교회의 리더로 나설 때 공동체 전체를 망가뜨리는 위험을 초래한다. 하나님의 보편적 구원사 속에 드러나는 비전으로서 '불가능한 가능성'은 인간의 자기중심적인 욕심에 이끌려 조장하는 지극히 특화된 황당한 선전 구호와 격이 다르고 질적인 수준이 차이난다. 하나님의 계시로서의 비전은 늘 개인의 은밀한 체험에서 공동체 앞에 밝히 드러나는 공변된 검증의 절차를 밟기 때문이다. 다시 또 말하거니와 비전(vision)은 비전(秘傳)되는 특정 집단의 배타적 사유물이 아니다.

둘째, 우리의 비전은 무엇보다 하나님의 선교에 참여하는 역사적 사명과 맞물려야 한다. 비록 개인적인 신앙의 비전이나 개교회의 부흥 성장에 대한 비전으로 어떤 구호의 필요성이 제기된다 할지라도 우리는 하나님의 사랑이 어떻게 그리스도를 통해 우주적인 차원에서 실현되어왔는지 그 역사적 실상을 포괄적으로 파악해야 한다. 그렇지 못할 때 인간의 제한된 주관적 경험 속에 양산되는 환상 담론으로서의 비전은 아무리 그 체험의 본래적 진정성이 돋보인다 해도 역사 창조의 동력은커녕 사적인 신비주의 주술로 전락하기 십상이다.

셋째, 한국교회가 지향해야 할 동시대의 비전은 상호 소통과 개방적 만남 가운데 구체적인 삶의 현실로 정착되어나가야 한다. 가령, 고넬료와 베드로는 전혀 안면이 없는 낯선 타인들이었지만, 그들의 환상 체험은 여러 경로를 거쳐 마침내 서로 소통하면서 복음을 매개로 교제하는 성도의 관계를 구축하는 데까지 나아갔다. 이는 일차적 비전의 단계를 성찰하며 넘어서는 '메타 비전'(meta vision)의 과제이기도 하다. 다시 말해, 우리가 교회 성장과 부흥을 비전으로 말하든, 영성회복의 과제를 향후의 비전으로 설정하든, 그 원론적 표방에 그치지 말고 그것이 구체적인 사람과 사람 사이의 관계 속에 일상적으로 정착한 성장과 부흥 이후의 내실화 작업으로 나타나야 한다는 것이다.

아무리 거창한 비전을 표방해도 개척과 도전, 새로운 모험이 부재하고 그 결실로 마땅히 나타나야 할 공동체의 혁신이 부재한다면 그 비전은 자기들끼리의 시끄러운 잔치를 정당화하는 허울뿐인 선전구호에 그치게 될 것이다. 무슨 대대적인 행사를 치를 때 요란하게 내거는 현수막의 구호들은 제 나름의 비전을 표방하고 그 정당성을 선전하고 있지만, 그 행사가 끝났을 때 지저분하게 찢어져나가는 흉물이 되는 현상은 이 대목에서 무엇을 시사하는가. 성서적 근거를 지닌 비전은 한 마디로 정치 조종술적 차원의 대중 선동용 표어나 인스턴트 목표에 충당되는 일회용 자위 도구가 아니라는 것이다. 인간의 빤한 꼼수로 장식된 이러한 한시적인 메커니즘을 넘어 하나님의 비전은 오로지 이 땅의 백성들이 살아가는 정직한 삶의 과정과 신실한 열매로써 진정성을 드러낸다.

예배의 희미한 기원과 어지러운 풍경

기원을 망각한 예배의 위기

오늘날 '예배'라는 말과 함께 신자들이 으레 떠올리는 것은 공중예배 (또는 회중예배)이다. 정해진 시간에 맞춰 주일이나 수요일에 교회로 나가면 이미 각본에 맞춰 연출되는 예배의 자리가 있다. 예배의 순서와 담당자들이 주보에 표시되고, 그들은 익숙한 통념과 관습에 순치된 의식 속에 하나님을 그리며 예배를 드린다. 한때 예배를 '본다'라는 말의 수사적 표현이 그릇된 것이라는 비판이 일기도 했다. 수동적 청중으로 예배를 관람할 수 없겠기 때문이다. 그러나 여기서 '본다'라는 서술동사는 시각적 방관의 행위라기보다 '경험한다'라는 함의를 갖추고 있기에 예배를 '드린다'라는 말에 비해 그리 흉하거나 경솔한 말이라고 보기도 어렵다. 따라서 예배의 문제나 위기는 그 말의 표현에 있다기보다 그 현상에서 드러나는 구조의 기원, 그 기원에 대한 신학적 성찰을 망각한 인습적인 반복의 행위에 있다.

정제된 예배의 제의적 틀이 없으면 예배는 자유롭겠지만 동시에 산만해질 우려가 있다. 그래서 예전적 틀을 고도로 정형화시켜 그 미학을 강조하다보면 예배는 생명력을 잃고 형식주의의 함정에 빠지게 된다. 산만하든, 정제된 것이든, 이 시대 이 땅에서 쉼 없이 반복되는 예배의 현상 속에는 그 풍경의 외관에 감추어진 예배의 위기가 도사리고 있다. 누구나 공중

예배에서 예배의 자리에 성령으로 임재하시는 하나님의 현존을 상상한다. 예수 그리스도의 구속적 은혜와 장차 그 은혜와 함께 누리게 될 부활의 사건도 자연스레 연상케 된다. 성령의 충만을 갈구하고 하나님과의 인격적 만남과 사귐도 기대한다. 예배에 임하는 이들의 기도와 찬송, 말씀의 청종, 봉헌과 성도 간의 교제 등과 같은 요소들이 예배를 구성하면서 그 모든 것들로 짜인 시간과 장소에 극진하게 동참하는 것이 예배를 예배되게 한다고 우리는 굳게 믿는 경향이 있다. 그러나 주변을 둘러보고 우리 각자의 예배의 행태를 분석해보면 하나님의 현존을 떠올려주는 것보다 인간의 치장된 이미지들로 넘실거리지 않는가. 게다가 걸러지지 않은 세속화된 문명의 장치들로 감각화된 환경이 하나님에 대한 순전한 상상을 훼방하는 쪽도 무시할 수 없다. 무엇보다 하나님과의 사밀한 교제를 방해하는 것은 대중들의 회집과 함께 만들어내는 군중심리와 그것이 연출하는 교묘한 인정투쟁의 분위기이다. 그 와중에 모방욕구가 극대화되고 그 정점에 말씀의 선포 등과 함께 집중 조명되는 카리스마적 설교자와 지도자가 있다.

이 지점에서 우리는 다시 반성의 어조로 차분히 묻게 된다. 비록 희미해졌지만 우리 예배의 기원에는 과연 무엇이 있었을까. 오늘날 현란한 예배의 풍경 속에 망각된 그 기원의 진정성이란 게 있다면 하나님은 그 시원(始原)의 자리에서 어떻게 그의 백성들과 만나셨을까. 대중예배의 소용돌이를 넘어 생활예배로 예배가 정착되기 위한 경건훈련의 대안적 방법으로는 무엇이 효율적일까. 그리스도교의 기원을 담은 신약성서는 예배에 대해 무엇을 말하고 있는가.

인격적 경배와 섬김으로서의 예배

신약성서에서 '예배'는 '프로스쿠네오'(proskuneō)와 '세보'(sebō)/'세보마이'(sebomai)/'세바조바이'(sebazomai)라는 동사와 함께 쓰인다. 앞의 말은 한글번역 성경에서 더 빈번히 '경배'라는 말로 번역되어 있거니와 서로 호환적인 용어로 볼 수 있다. 이에 곁들여 '섬기다'는 뜻이 더 강한 '라트류오'(latreuō)라는 어휘가 예전적 섬김의 함의와 함께 '예배'와 관련된 어휘로 꼽을 수 있다. 먼저 '프로스쿠네오'는 예배의 자세와 동작이 강조된 어휘로 보인다. 예배의 대상이 되는 분 앞에서 넙죽 엎드리는 동작이 바로 그것이다. 엎드림의 동작은 상식적으로 자신을 낮추고 상대방을 높이는 자세이다. 존경과 공손함을 그러한 자세에 담아 표현하기에 이로써 하나님을 경외하고 섬기는 예배의 의미가 결부된 것이리라. 그런가 하면 '세보'/'세보마이'/'세바조마이'는 예배 대상을 향한 경건한 마음가짐이 강조된 어휘로 판단된다. 신실한 마음가짐으로 자신을 드리면서 경애와 헌신의 다짐을 예배의 행위에 담아내려는 뜻이 이 단어 가운데 담겨 있는 셈이다. 또 다른 한편으로 '라트류오'는 그야말로 구체적인 섬김의 행위를 전제한다. 하나님뿐 아니라 하나님의 사업에 총체적으로 헌신하는 섬김의 행위는 곧 예배에 담긴 사회적 소명으로 확장된 의미를 강조한다.

신약성서에 사용된 이러한 예배 관련 어휘들은 놀랍게도 인격적인 교접의 맥락에서 유통되는 경향을 보이고 있다. 공중예배의 자리보다는 개인과 예배 대상 사이의 구체적인 관계 속에서 예배의 행위가 도드라져 나타난다는 것이다. 가령, 동방박사들이 아기예수에게 바친 그 경배의 행위가 그렇고, 부활한 예수께 제자들이 경배하는 모습도 마찬가지다. 물론 예전적인 공중예배가 배제되는 것은 아니다. 사도행전에 보면 이디오피아 내시와 바울 등이 굳이 예루살렘 성전이라는 장소를 택하여, 아마도 특정 절기에 맞춘 듯 보이는 시점을 골라 제물을 드리고 예전의 격식을 갖추는 대목도 쉽사리 떠올려볼 수 있다. 무엇보다 예배의 어휘로 충만한 곳은 요한계시록이다. 거기서 우리는 천상의 예배에 천사들이 주도하는 휘황한 예전적 장관을 목도할 수 있다. 그만큼 '경배'의 어휘가 숱하게 반복되어 나오며, 이때 예배는 한결같이 단체로 하나님을 향해 드리는 일사 분란한 예전적 분위기와 겹쳐진다. 그러나 그 예배는 앞으로 이루어질 예배이고 지상의 성전 예배를 하늘로 투사하여 승화시킨 이상적인 예배이다. 이 땅에 발을 디디고 살아가는 동안 우리는 하나님의 계시 사건이 나타나는 역사 속에서 이 땅의 추상적인 공간을 구체적인 예배의 장소로 부단히 바꾸어나가게 될 것이고, 거기서 정형화된 예배는 그 타성화된 각질을 벗고 예배의 본질을 부단히 회복해나가야 할 것이다. 그 과정에서 재음미되어야 할 예배의 기원은 하나님을 향한 외경 어린 인정과 삼가 존중하는 마음가짐, 그리고 낮은 몸의 동선이다. 우리의 몸이 마냥 헤프게 풀어지고 마음이 산만하게 흐트러진다면, 일시적 욕망의 분출을 위한 준비는 될망정 예배의 진정성을 이루기에는 부적절하다 할 것이다. 아울러 인격적인 교감이 오가는 생활 예배, 다시 말해 일상의 삶이 그 몸의 동선을 좇아 이루어나가는 섬김으로서의 예배야말로 이 땅에서의 예배가 추구해야 할 궁극적인 목표이다. 거기까지 가야 예배가 실천적 삶과 얽히면서 열매를 맺을 수 있기 때문이다. 몸을 납작 엎드리는 '프로스쿠네오'가 경건한 마음가짐을 담아 '세보'/'세보마이'/'세바조마이'의 단계를 지나 구체적인 섬김의 실천을 담은 '라트류오'로 전개되어나갈 때 이 시대에 지나치게 경직되거나 산만한 공중예배의 화석화된 폐단은 극복될 수 있을 것이다.

영과 진리 가운데 드리는 예배

예배와 관련하여 신약성서의 교훈이 가장 도전적으로 와 닿는 구절은 사마리아 여인과 예수께서 우물가에서 나눈 대화의 한 토막 가운데 발견된다. 이 다성적인 요한복음 4장의 이야기는 '우물가'라는 장소적 배경을 통해 구약의 우물가 관련 정담을 연상시켜주면서 예수와 사마리아 여인 사이에 이루어진 매우 각별한 만남의 분위기 가운데 시작된다. 제자들까지 먼 데 음식을 구하러 가고 없는 상태에서 우리는 이 두 등장인물이 나누게 될 이야기에 민감하게 반응할 수밖에 없다. 독자들은 대체로 이 이야기를 한 타락한 사마리아 여인의 구원 이야기로 축소해서 읽어내곤 하지만, 그 행간에는 그 이상의 모티프가 담겨 있다. 먼저 이 이야기에서 강조되는 주도적 모티프는 예수가 누구인가에 대한 정체성의 확인이다. 사마리아 여인에게 예수는 낯선 유대인 남자였다가 선지자로, 다시 메시아(그리스도)로, 마침내 세상의 구세주로 그 정체성이 극적으로 확대·심화된다. 그 극적인 발견의 도상에서 예배에 대한 신학적 소재가 끼어든다. 마침내 우물가의 생수를 얻으러 온 그 여인은 물동이를 버리고 사마리아 동네에 예수를 전함으로써 이 이야기는 선교적 비전의 구현과 함께 그 외연이 대폭 확장된다.

그중에서 예배에 대한 예수와 사마리아 여인 사이의 대화는 무엇이 진정한 예배이고 예배의 참된 기원을 회복하기 위해 어떤 신학적 통찰이 필요한지 잘 보여준다. 여인이 예수를 선지자로 발견한 뒤에 그녀는 대뜸 예배에 대한 화제로 건너뛴다. 먼저 예배의 장소에 대한 언급이 나오는데, 이에 대해 예수는 사마리아 사람들이 예배의 성소로 여기던 그리심산과 유대인들이 참된 예배의 유일한 성소로 굳게 믿어온 예루살렘 성전을 대립시킨다. 그 대립은 유대인과 사마리아인의 분열과 갈등의 오랜 역사를 응축하고 있는 비극의 소재이다. 이러한 두 예배 장소와 관련된 여인의 탐문에 대한 예수의 응대는 이중적이다. 그는 한편으로 예배의 신학적 정통성이 사마리아인이 아닌 유대인에게 있음을 강조한다. "너희는 알지 못하는 것을 예배하고 우리는 아는 것을 예배하노니 이는 구원이 유대인에게서 남이라"(요 4:22)는 대답이 바로 그 증거이다. 이는 마치 예수가 유대인 남성임을 보여주는 듯한 당혹스런 지점이다. 이 구절에 담긴 유대인 편향성의 신학적 문제점을 지적하면서 이 구절이 후대의 편집구임을 주장하는 학자들이 있을 정도이다. 이 구절에 담긴 메시지를 최소치로 취한다면 알지 못하는 것을 예배하는 행위는 진정한 예배가 될 수 없고 아는 것을 예배해야 예배다운 예배가 된다는 것이다. 다시 말해 예배의 대상에 대한 앎이 올바르지 못하면 자의적 예배가 되고 또 그릇된 예배를 만들어 자신도 모르는 사이에 예배가 파행으로 흐를 수 있다는 말이다.

그러나 예수는 구원이 유대인에게서 난다는 말로써 유대교의 성전을 마냥 정통성의 보루로 옹호하지 않았다. "이 산에서도 말고 예루살렘에서도 말고 너희가 아버지께 예배할 때가 이르리라"(요 4:21)는 말이 바로 그 증거이다. 실제로 이 말은 구원이 유대인에게서 난다는 말에 앞서 제시되고 있다. 사마리아인들이 예배의 전당으로 옹호해온 그리심산이나 유대인들이 장구한 예배의 성소로 받들어온 예루살렘 성전 모두 유일하고 궁극적인 예배의 처소가 될 수 없다는 것이다. 이로써 예수는 특정한 장소에 예배를 국한시키려는 의도를 아예 배제한다. 아울러, 이 논평은 구원의 역사적 정통성이 예배의 장소적 정통성을 보장하지 않는다는 의미를 담고 있다. 역사와 전통이란 것도 종말론적인 구원의 사건에 따라 재해석되고 심지어 해체될 수 있는 성격의 것이기 때문이다. 예수께서 그 장소의 특권성에 반해 강조하는 것은 예배할 '때'와 예배의 필연성, 나아가 예배의 온당한 방식과 이에 대한 신학적 통찰이다. 예배의 공간적 편향성을 넘어 하나님을 예배할 때는 곧 예수 그리스도의 십자가 죽음과 부활로 나타날 구속 사건을 가리킨다. 이와 함께 구약의 대표적인 예배일인 안식일은 신약 시대 이후 예수의 부활을 기념하고 부활의 주 앞에 경배하는 주의 날, 곧 주일(主日)로 그 '때'가 전환되었다. 아울러, 그 '때'는 종말론적인 구원의 완성을 암시하기도 한다. 천상에서 온전히 아버지께 예배드리며 지상에 국한된 예배의 공간적 한계를 벗어나는 초월적인 시간 속에서 예배의 장소는 우주적으로 보편화되리라는 비전을 담고 있는 것이다.

더욱 중요한 것은 예배의 필연성과 그 방식과 관련된 메시지이다. "아버지께 참되게 예배하는 자들은 영과 진리로 예배할 때가 오나니 곧 이 때라. 아버지께서는 자기에게 이렇게 예배하는 자들을 찾으시느니라. 하나님은 영이시니 예배하는 자가 영과 진리로 예배할지니라"(요 4:23-24). 이 말씀 가운데 유난히 강조되는 것은 '영'(pneuma)과 '진리'(aletheia)이다. 예수께서 왜 그리심산과 예루살렘 성소를 넘어서는 예배의 대안적 장소를 언급하지 않았는지 이 대목에 오면 의문이 풀린다. 그것은 눈에 보이는 가시적 공간이 아니라 예배자 내면의 자세와 결부되기 때문이다. 여기서 '영'은 성령으로 볼 수도 있지만, 영이신 하나님과 코드를 맞추어야 하는 인간의 영적인 기관을 가리키는 것으로도 해석된다. 하나님의 영에 인간의 육체를 동원하여 예배의 현란한 장식을 내세운들 아무런 영적인 감응이 없을 터이기 때문이다. 마찬가지로 '진리'는 예배를 정당화하는 말씀의 공변성과 거기에 반응하는 예배자의 진정성을 뜻한다. 예배의 동기와 과정, 나아가 그 결과가 진리를 옹호하는 방향이 아니라면 그 진리는 결국 호도되거나 폐기되어버린다. 인간의 상식에도 미치지 못하는 설교의 난장 가운데 예배를 통해, 그리고 예배자의 참여 동기와 마음가짐을 통해, 진리의 준엄한 위상이 제고되어야 할 필요가 여기서 정당화된다. 이와 같이 참되게 예배하는 자를 하나님이 찾으신다는 말씀은 이 시대에 매우 절박한 예언적 메시지로 울린다.

영적 예배의 사회적 갱신

영과 진리 가운데 드리는 예배는 당연히 추상화된 예배의 모호한 기준을 지향하지 않고 그것을 넘어 분별력 있는 예배를 뜻한다. 그것은 예수의 복음과 함께 계몽되고 새롭게 변혁된 생명의 미래를 담보하는 영적인 '교통 공간'이어야 한다. 물론 그 영적 분별은 지각의 혼란을 극복할 수 있어야 한다. 바울도 로마서 12:1-2에서 '영적인 예배'(logikē latreia)를 말하는데, 그것은 우리의 영성이 말씀(logos)의 합리적 준거에 터하여 발휘하는 언어적 소통의 능력과 이로써 추구하는 지적인 분별을 전제한 개념이었다. 이는 나아가 우리의 몸을 살아 있는 제물로 드리는 헌신적 삶에 터한 섬김의 실현으로 구체화되어야 한다. 예배가 하나님의 뜻을 받들어 섬기는 삶의 헌신적 기여로 결실해야 하는 이유가 여기에 있다. 다시 말해 영적인 예배가 진리 가운데 그 공변성과 보편성을 획득하기 위해서는 반드시 예배의 사회적 갱신이란 맥락을 무시할 수 없다는 것이다. 그래야 예배가 삶의 동력이 되고 사회적 변혁의 밑자리로 성숙해나갈 수 있다. 그렇지 않고 각자의 예배당 안에서만 말씀이란 미명하에 굉음으로 요란하고 은혜 충만한 분위기의 도가니에서 제각각 뜨거워지는 예배의 풍토는 성경의 예배 신학을 충분히 성육시킬 수 없다.

오늘날 영과 진리 가운데 드리는 예배, 분별 있는 지각과 함께 성숙한 계몽이 구원의 길과 내접하는 예배의 경험은 얼마나 희박한가. 순간의 분위기에 도취되어 부화뇌동하는 대중예배의 갈급함은 그 심오한 심리 현상에도 불구하고 예배의 갱신은커녕 제 삶의 한 귀퉁이도 새롭게 조명할 수 없다. 수많은 군중을 동원한 대중예배의 활황과 그로써 구축한 교회의 장대한 위용이 그 달구어진 분위기가 지난 뒤 썰렁한 뒷골목의 이권 싸움으로 겉도는 까닭도 따지고 보면 예배를 헛되이 드렸거나 영과 진리가 예배의 동력이 되지 못했기 때문이다. 우리는 눈에 보이지 않는 하나님을 툭하면 사랑한다고 고백하거나 그 앞에 온갖 미사여구를 동원하여 찬미의 어조를 높이기 전에 주변의 이웃과 형제자매들에게 얼마나 공경하는 몸가짐과 극진한 마음가짐으로 낮게 엎드려 절하는 인격적인 교류와 섬김의 도를 다해왔는지 물어볼 일이다. 하나님이 맡겨주신 이 세상을 향한 소명 앞에서 그 뜻을 받들어 준행하는 결단으로 먼저 우리와 함께 일하시는 하나님 앞에 오랜 침묵의 뜻을 궁리하며 범사에 경배하는 생활예배의 일상성을 다시 복원해 볼 일이다. 우리의 모든 주일예배와 기타 회중예배가 얼마나 사회적 삶의 자리 가운데 섬김의 실천으로 약동하는지 한번 다시 되짚어보아야 할 것이다.

찬양하라, 내 영혼아!

그리스 정교회의 찬양 경험

오래전 미국 시카고에서 신학대학원 다닐 때 경험이다. 루터란 신학대학교에서 초청받아 방문한 러시아 정교회 사제들이 두터운 슬라브족속의 바리톤/베이스 목소리로 찬양하는 걸 들을 기회가 있었다. 그들은 시종일관 예배를 찬양으로 진행하는 듯 보였다. 찬양으로 기도하고 찬양으로 설교하고 또 찬양으로 경배하는 그들의 찬양은 그 넉넉한 몸짓과 풍성한 배음의 후광에 감싸여 좌중을 압도하였고 나를 포함한 회중은 장중한 분위기에 젖어 자세한 언어의 소통이 없이도 밀려오는 감동의 물결에 푸근해진 경험이 있었다. 그 짧은 경험이 30년 다 되도록 내 기억의 밑바닥에 머물러 있는 걸 보면 그때 그 아름다운 찬양의 순간이 거룩한 전율을 느끼게 했던 모양이다.

그 뒤로 오랜 세월이 지나 나는 6년 전 샌 안셀모(San Anselmo)에 위치한 샌프란시스코신학대학교의 방문교수로 가서 거기 반년간 머문 적이 있었다. 공교롭게도 내가 머물던 집 바로 옆에는 포도나무 담장을 연하여 작고 소박한 정교회 성당이 들어서 있었다. 여기서 내가 주일에 출석하는 장로교회는 오전예배 밖에 없는지라 황혼녘 종소리와 함께 시작되는 정교회의 저녁예배는 집안에 가만히 앉아 있어도 그 신묘한 3도 화성의 어우러짐과 흘러가는 찬양의 매혹과 함께 귀를 솔깃하게 만들곤 했다. 나도 모르게 발길이 닿아 예배당의 마당에 들어서면 그 찬양의 목소리는 보다 선명하게 들렸다. 문을 열고 실내로 들어서면 십여 명의 교인들이 선 채로 성호를 그으며 예닐곱 명의 찬양대원들이 부르는 노랫가락에 맞춰 예배를 드리고 있었다. 말하는 어조로 성직자와 교인들이 주거니 받거니 하면서 신앙고백과 함께 찬양하다가 다시 선율이 붙고 단선율이 화성을 갖춘 3도의 아름다운 공명으로 번져나가는 이 2시간 남짓의 예배에는 우주적인 조화와 균형 가운데 임재하는 하나님의 초월적 신비감이 느껴졌다. 그 모든 내용을 언어적 논리체계로 환원시켜 번역하지 않아도 감동과 감격의 벅찬 울림이 감도는 이 찬양의 신비는 내게 각별한 은혜의 선물로 다가왔다. 그들은 놀랍게도 그 긴 찬양의 예배와 예전 속에 하나님과 그리스도를 기리고 높이는 것만으로도 충분하여 그 밖에 자신의 소원을 빌며 이런저런 개인과 집단의 욕구를 채우기 위해 별스럽게 구하는 바가 없어 보였다.

내 찬양이 내 신앙의 여정을 통틀어 이토록 간절하고 극진한 적이 있었던가. 내 몸짓이 그 찬양의 열정 속에 우주의 조화와 신성의 기묘함을 담아내며 만유 가운데 공명된 적은 또 얼마던가. 감동하는 영혼만이 진정으로 찬양한다. 아니, 진정으로 찬양할 줄 아는 자만이 영혼 깊은 곳에서 샘솟는 감동 가운데 하나님의 영적인 현존을 거룩하게 담아낸다.

찬미, 찬양, 찬송의 세분화된 의미

신약성서의 우리 말 번역에서 '찬미', '찬양', '찬송'의 뜻으로 풀어낸 동사의 원어들을 조사해 살펴보니 대략 서너 가지 정도의 어휘로 정리된다. 첫째, 드물게 사용되지만 psallō라는 단어가 있다(고전 14:15; 엡 5:19; 약 5:13). 여기에서 그 명사형으로 psalmos라는 단어가 만들어진 것 같다. 이 단어는 본래 '수금을 뜯다'는 의미로 고대에 현으로 된 악기를 연주하는 행위를 지칭했다. 거기에서 이 단어는 수금의 반주에 맞추어 찬양을 부르는 것까지 포함하여 확대된 의미로 사용되었다. 두 번째로 앞의 경우보다 더 자주 사용되는 단어가 eulogeō인데 신약성서에서 이는 형용사형인 eulogētos로 종종 쓰인다. 보통 '찬송하리로다'(막 11:9; 고후 1:3; 엡 1:3)로 번역되는 이 단어의 원뜻은 감탄의 어조를 담은 '복이 있도다' 또는 '송축받을진저'에 더 가깝다. 예배와 예전의 맥락에서 하나님 또는 주 예수 그리스도를 향해 찬양으로 복을 빌고 찬양으로 영광을 돌리는 뜻이 이 단어의 의미망 속에 포착된다. 셋째와 넷째, 가장 보편적인 의미의 찬양을 뜻하는 동사로 hymneō(막 14:26)와 aineō/epaineō(행 2:47)가 있다. 전자는 악보와 곡조가 있는 찬양의 의미로 오늘날 찬송가(hymn, hymnal)의 뿌리가 되는 어휘이고, 후자는 신약성서의 찬양 관련 어휘로 가장 많이 사용되는데 보통 위대한 성취와 공적을 기리는 칭송과 예찬의 언어와 자세를 아우르고 있다.

이러한 각종 어휘의 분석을 통해 한 가지 확인할 수 있는 흥미로운 사실은, 찬양이든, 찬미든, 또는 찬송이든, 지극한 정성을 담아 공교로운 음악적인 표현기법과 함께 표현되는 그 모든 행위가 창조주의 존재와 영광을 발견하고 그 정체를 드러내며 그 존엄함을 기릴 줄 아는 피조물의 가장 숭고한 특권이라는 것이다. 자기동일성의 욕망으로 똘똘 뭉친 생명체는 그 무엇이라도 본질상 어떤 타자를 기리며 찬송할 수 없는 법이다. 그런데 어떤 생명체는 이 우주만물의 기원이 되는 하나님을 향하여 가장 지고한 자세로 경배하고 노래한다. 또 거기에 아름다운 선율과 조화로운 뜻을 담아 공교롭게 찬양할 줄 안다는 것은 그 의미를 따지기에 앞서 대단한 존재 미학을 보여주는 측면이 있다. 신약성서의 모든 찬양 관련 어휘들과 그 저변의 맥락은 바로 이런 점에서 감동하는 영혼을 최대치로 표현하며 하나님을 경험한 자들의 예배 행위를 그 최고치로 드러낸다.

노래로 주님을 송축하는 뜻

앞의 단어들 중에 두 번째로 내가 설명한 eulogeō/eulogētos는 찬양의 근거가 하나님의 경륜이 가득 찬 구원의 섭리에 있음을 강조한다. 특히, 바울은 하나님의 때가 차서 예수 그리스도를 통한 구원의 역사가 유대인을 넘어 모든 이방인들에게 이르기까지 미치게 된 신적인 경륜을 종종 이 축복의 언어와 함께 표현한다. 이는 또한 예루살렘에 메시아 왕으로 입성하는 예수를 향해 그 도성의 주민들이 환영의 뜻을 표현하며 반길 때 호산나의 외침과 함께 사용한 찬양의 어휘이기도 하다(막 11:9). 얼핏 생각할 때 축복으로서의 찬양이 우리의 어감과 정서에 어색하게 비칠 수도 있다. 통상 편리하게 사용하는 '축복'이란 말이 하나님이 지상의 생명을 향해 은총을 베푸는 '강복'과 개념의 혼선을 겪는 터라, 우리 같은 피조물이 하나님을 축복할 수 있다는 게 망측하게 여겨질 수 있다. 그러나 하나님은 복을 비는(축복하는) 분이 아니라 복을 내려주시는(강복하시는) 분이다. 따라서 축복은 사람이 사람에게, 또 사람이 하나님께, 또 주님 예수 그리스도를 향해 하는 것이다. 그런데 신약성서의 상기 어휘는 그 축복이 찬양의 형태로 제시된다는 점을 부각시킨다. 그냥 메마른 어휘가 아니라 선율과 곡조가 있는 노래로, 그 가운데 정감과 흥분의 열정을 적극 표현하면서 송축한다는 것이다.

이러한 찬양의 개념을 포착하면 우리는 자신이 구원받은 생명임을 자각할 때 하나님을 향해 송축의 언어로 하나님을 높이며 찬양할 수 있다. 또한 이러한 찬양의 행위 가운데 우리를 구원해주신 분이 영원한 창조주 아버지이며 그 아버지가 보낸 구세주 예수 그리스도임을 기꺼이 인정하는 것이다. 이 축복을 담은 찬양의 어휘와 상통하는 언어 행위가 바로 크게 존숭하며 높이는 증폭의 언어이다. 이 범주에 속하는 신약성서의 유사 찬양 어휘들로는 megalynō(눅 1:46)와 doxazō(눅 13:13; 고전 6:20) 등이 있다. 전자가 하나님의 존재가 얼마나 무궁하고 광대한지 그 높고 크심을 인정하여 이를 기리고 예찬하는 말이라면, 후자는 그 하나님을 빛 가운데 진리와 영광을 담보하는 분으로 존중하며 하나님의 하나님다운 모습을 밝히 드러내는 또 다른 찬양의 어휘이다. 흔히, '찬미하다', '영광을 돌리다'라고 번역되는 이 단어는 한 마디로 이 땅의 피조물이 바라볼 수 없는 놀라운 빛 가운데 아름답게 거하시는 하나님의 하나님다움을 최대한 인정하고 존경을 표하는 행위를 가리킨다.

제사/제물로서의 찬송

찬양의 다종 다기한 의미 가운데는 제사로서의 의미도 있다. 기도와 함께 찬양은 모든 성도가 한 가지로 드리는 예배의 중심에 위치하여 하나님의 백성으로서 헌신의 뜻을 담아내는 통로가 되기도 한다. 가령, "우리가 여기에는 영구한 도성이 없으므로 장차 올 것을 찾나니 그러므로 우리는 예수로 말미암아 항상 찬송의 제사를 하나님께 드리자. 이는 그 이름을 증언하는 입술의 열매니라"(히 13:14-15)는 구절에서 찬송은 구원받은 성도가 예배를 통해 드리는 제물로서의 값어치가 있음을 증언한다. 이로써 찬양은 대번에 자신의 입술이 표현하는 감격의 즉흥적인 기분이란 차원을 넘어 그 입술로써 맺어야 할 삶의 열매로 자리매김된다.

히브리서의 상기 구절이 시사하는 찬양의 맥락은 우리가 지상에 머물 영원한 도성이 없이 떠도는 나그네 인생임을 전제한다. 그 나그네의 여정은 정처 없는 것이 아니라 "더 나은 본향"을 사모하는 목표 지향적인 여정이다. 그 본향을 찾아가는 성도의 삶은 물론 순례자의 여정 가운데 즐겁게 열려 있다. 그 즐거움 대신 역경이 밀려와도 메마른 삶의 길 위에 찬양이 제사로 드려지고 제물로 바쳐지는 한, 그 순례의 여정은 견딜 만하고 즐길 만한 삶의 길이 될 터이다. 따라서 찬양은 예배의 가장 앞자리에 위치하며, 어쩌면 예배의 전부와 전체가 되어도 무방한 뭇 영혼의 궁극적인 갈망이다. 이 시대 우리 예배와 예전이 종종 세속의 냄새를 풍기며 도떼기시장의 난장처럼 보이는 것은 정갈하게 승화된 찬양의 부족과 무관치 않아 보인다. 그것은 궁극 이전의 욕구를 앞세워 우리 영혼을 궁극의 지극한 정점으로 승화시키려는 제사와 제물로서 찬양의 헌신이 결여되거나 감격이 없는 형식적인 예전을 기계적으로 반복하기 때문이리라.

찬송을 통한 고난의 극복

찬송은 동시에 풀이 죽은 생명의 좌절과 고난의 장벽을 통과하는 신앙적 에너지의 원천이 된다. 이는 찬송이 지닌 영적인 힘을 가리킨다. 우리 삶은 탄탄대로가 아니다. 마음의 중심은 만사형통을 지향하지만 수시로 크고 작은 고난의 환경에 노출되는 게 우리네 일상의 현실에 가깝다. 때로 기도도 힘들어질 때 우리는 탄식하면서 하나님을 향해 나아간다. 성령이 우리 탄식과 함께 코드를 맞춰 탄식할 때 우리의 탄식은 그 부정적인 감정을 털어버리고 창발적인 극복의 의지를 분출하게 된다. 그 과정에서 찬양은 자기 극복과 도약의 촉매제로 하나님의 영적인 개입과 동참을 불러일으키며 돌파구를 열어준다.

이러한 맥락에서 사도행전 16:16-40은 바울과 실라가 복음을 전하다가 빌립보 감옥에서 갇혔을 때 찬양이 어떻게 놀라운 능력을 발휘했는지 잘 예시한다. 이 성읍에서 바울은 귀신 들린 한 여종을 고쳐주었다가 봉변을 당한다. 귀신 들린 이 여종이 점을 쳐서 그 주인들에게 상당한 수익을 올려주었는데, 바울의 축귀로 그 점술사업의 명맥이 끊기자 분개하여 그들이 바울 일행을 고발하였다. 이로 인해 그 도성의 관리들 앞에 끌려가 바울과 실라는 옷을 찢기고 혹독한 매질을 당한 뒤 감옥에 갇히게 된 것이다. 거기서 이 두 사람은 그 발이 차꼬에 든든히 채워진 상태에서 한밤중에 기도하고 또 하나님을 찬송했다고 한다(행 16:25). 찬송이 그저 기쁘고 즐거운 마음을 표출하는 기분에 맞춰지는 것이라면 이러한 찬송은 미친 짓이고 분위기 파악을 못하는 어리석은 행위라고 할 수 있다. 그러나 우리 신앙의 열조는 이처럼 즐거울 때뿐 아니라 힘들고 괴로울 때도 하나님을 찬양하면서 고난과 역경을 극복해나갔다. 이는 눈에 보이는 현실에 마음을 얽어매지 않고 보이지 않는 하나님의 소망 어린 미래를 내다보는 찬양의 힘에 기댄 결과였다. 따라서 야고보서 5:13에서 "너희 중에 고난당하는 자가 있느냐 그는 기도할 것이요 즐거워하는 자가 있느냐 그는 찬송할지니라"고 말할 때, 이는 고난→기도, 즐거움→찬양 식으로 경직된 이분법의 도식을 가르친 게 아님을 직시해야 한다. 우리는 즐거울 때 찬양하듯이 고난을 당하고 역경에 부대낄 때도 그것을 넘어서는 비결로 삶을 얽어매는 족쇄와 옥문을 부숴버리는 찬양의 또 다른 괴력에 눈떠야 할 것이다.

찬양하라, 내 영혼아!

찬양은 제 존재의 궁극적인 의미에 눈뜬 모든 영혼들이 마땅히 수행해야 하고 수행할 수밖에 없는 최고의 신앙적 표현 행위이다. 그 표현이 굳이 '행위'일 수 있는 까닭은 거기에 메마르고 무딘 목소리가 아니라 풍성한 울림을 동반한 선율 속에 감탄과 감동이 어우러진 영혼의 총체적인 몸부림이 동반되기 때문이다. 우리 시대의 찬양은 두 방향으로 그 위기의 조짐을 간파해야 한다. 한 가지는 교회의 제도화된 찬양대가 만들어내는 전문적인 대규모 집단 찬양의 위기이다. 거기에는 세련된 조직과 음악적인 정제미를 통해 예배와 설교의 장식적 분위기를 돋구어내는 기능은 있을망정 우주의 균형과 질서를 수렴하며 창조주의 지고한 영광에 도달하려는 몸부림은 찾아보기 어렵거나 자주 실종된다. 또 한 가지는 회중의 예배와 예전에 불리는 찬양이 깊은 신앙적 탐구와 발견 이후 자연스런 감격이 분출되는 식으로 영혼의 고양과 충일감을 이끌어내기보다 대체로 형식적인 예전의 일부로 겉도는 문제이다. 이와 같이 찬양의 지엽적인 취급과 소외 현상은 교회에서 찬양대와 그 지도자를 어떤 비중으로 대하는지의 현실과 긴밀하게 연동되어 나타난다.

언약궤를 운반하는 길목에서 깊이 감격하여 속옷이 드러날 정도로 온몸으로 부른 다윗의 찬양과 같이 삶의 진정성을 실어 온전히 제사와 제물이 되지 못하는 의례적인 찬양, 무기력한 삶의 자맥질 가운데 극복과 도약의 의지도 추동하지 못하는 회중 찬양은 결국 개인의 일상적 시간 가운데 찬양의 탈락이라는 기현상을 낳는다. 우리의 신앙적 경건이 하나님의 영광을 향해 바쳐지는 일상 속의 찬미와 감동의 표현에서 출발한다면, 이 시대의 영성이 보여주는 대세는 경건과 거리가 먼지 모른다. 그러나 삶의 근원에서 솟구치는 찬양의 에너지는 그 자체로 숭고하게 우리의 영혼을 일깨우는 자명종이 된다. 제 속에 있는 것들을 송두리째 뒤집으며 불거지는 그 근원을 향한 열기를 누가 제어할 수 있으랴. 오늘도 내 이웃 정교회의 작은 무리들은 선 채로 성호를 그으면서 서로 목소리의 높낮이를 맞춰 우주의 중심을 향해 아름답게 비상하리라. 하나님의 거룩한 존재를 모사하는 그 조화와 균형의 갈구 속에, 나는 가사의 말뜻을 가끔 놓쳐버려도 뭉클하는 순간만은 꼭 기억한다. 그 순간이 내게 오로지 한 가지 전갈을 보낸다. 찬양하라, 내 영혼아!

인습화한 사명의 갱신을 위하여

오래 묵은 '사명'의 난해함

성서에 그 근거가 다소 모호한데도 한국 기독교인들이 즐겨 사용하는 대표적인 말로 '사명'이란 게 있다. 사람들이 이 말의 성서적 근거와 통상적 의미가 무엇인지 정확한 이해를 가지고 사용하는지 의문이 들곤 한다. 그 의미가 모호하거나 난해한 까닭은 이 말이 품고 있는 의미망이 워낙 넓고 또 그것의 성서적 기독교적 맥락이 그리 단순하지 않기 때문이다. 원래 한자어로 쓰인 '사명'(使命)이란 말은 문자 그대로 명령을 맡긴 상태, 또는 명령을 받은 상태를 가리킨다. 그래서 '사명을 받았다'라는 말은 윗선에서 위탁한 명령을 그대로 이행해야 할 의무를 지니고 있다는 암시를 띤다. 여기서 윗선의 대상으로는 대개 하나님, 예수 그리스도, 성령 등이 상정된다. 사명이란 말이 기독교적 맥락에서 '소명'이란 말과 상통하는 것도 이와 같이 '명령'의 주체를 뚜렷이 명시할 때이다. 하나님이 친히 자신을 불러주셨다면(소명) 무슨 목적이 있기 때문이니 그것이 바로 부름의 내용으로서 '사명'이 되는 것이다. 항간의 통상적 이해란 측면에서 보면, 적지 않은 경우, 우리는 '소명'이란 말을 '사명'이란 말과 거의 비슷한 개념으로 파악하여 사용해온 감이 짙다.

그런데 한자어 사명의 문자적 맥락은 우리 일상생활에서 매우 광범위한 의미망을 지니고 있다. 그것은 자잘한 '심부름'에서부터 특정 개인에게 부과된 특정한 임무나 과제와도 연관되지만, 특히 '선교'(mission)를 가리키는 기독교의 용례를 무시할 수 없다. 대체로 하나님의 부르심은 당신의 뜻을 이 땅에 이루기 위한 선교라는 사명으로 귀결되기 때문이다. 그래서 선교는 절체절명의 사명이 되고 사명의 요체가 바로 선교가 되는 것이다. 그러나 사명이란 말이 꼭 선교와 연계되어 이해되는 것만도 아니다. '역사적 사명'이란 말이 있듯이 이 말의 광범위한 용례를 보면 기독교 바깥에서도 사명이란 말은 폭넓게 유통된다. 이를테면 이 땅에 생명체로 태어난 인간이 제각기의 존재의미와 목적의식을 추구하고 가치 지향적인 특정한 삶의 푯대를 견지할 때 사명이란 말이 종종 애용된다.

또 다른 애매한 문제는 적어도 신약성서에서 '사명'이란 말이 주요한 핵심 어휘로 사용되지 않는다는 점이다. '부르심'이란 말이 적합한 헬라어 동사(kaleō)에 기반을 두고 뚜렷한 성서적 어휘로 자리 잡은 데 비해 '사명'은 그 언저리에 붕 떠 있는 감을 준다. 한글개역 신약성서에 이 말은 딱 두 군데 번역어로 사용되고 있지만 그 번역어의 원어가 동일하지 않고 딱히 긴밀하게 연관되는 것 같이 보이지도 않는다. 따라서 이 말은 그 성서적 맥락이 모호하고, 번역의 일관성이란 점에서 의문을 제기한다. 이러한 맥락에서 우리가 이 말을 다분히 인습화한 개념이나 자기 봉사적 구호로 사용해온 것은 아닌가 하는 반성이 드는 것이 사실이다.

그렇다고 성서적 맥락에서 '사명'이란 말이 무의미한 것은 아니다. 이 말은 모호한 만큼 기독교 사역의 주요 관심사를 아우르는 포괄적인 개념으로 이해될 수 있기 때문이다. 그러나 그 개념적 포괄성은 자기 봉사적이거나 자기 최면적인 두루뭉술한 구호로서의 편의성을 탈피하여 그야말로 저 나름의 고유한 사명을 진작시키는 데 기여해야 한다. 다시 말해 인습화된 '사명'이란 개념의 과감한 해체와 참신한 재구성이 필요하다는 것이다. 우리의 영혼이 거듭나는 것이 구원의 요체이듯이, 그 영혼의 거듭남의 밑바탕에는 자기가 인습적으로 상투화해온 말들의 거듭남이 필수적으로 요청된다. 이러한 일례로 우리는 '사명'이란 말의 배경과 속뜻을 아무리 곱씹어 성찰해도 지나치지 않다.

'사역'으로서의 사명

신약성서의 한글개역에서 '사명'이란 말이 나오는 첫 번째 지문은 사도행전 20:24의 다음 구절이다.

> 내가 달려갈 길과 주 예수께 받은 '사명'(diakonia) 곧 하나님의 은혜의 복음을 증언하는 일을 마치려 함에는 나의 생명조차 조금도 귀한 것으로 여기지 아니하노라 (행 20:24).

여기서 한글 번역어 '사명'은 헬라어 원문에 '디아코니아'로 표기되어 있다. '디아코니아'는 한글개역성경의 다른 곳에서 '연보'로 번역되기도 했는데, 그 기본적인 함의는 '섬김'이고 그 섬김을 통해 이루어나가는 기독교 '사역'의 총제적인 내용을 가리킨다고 볼 수 있다. 여기 인용된 사도행전의 구절은 에베소 장로들 앞에서 전한 바울의 고별설교의 일부이다. 바울의 마지막 선교여행이 마무리된 이후 예루살렘으로 가는 도중 그는 밀레도 섬으로 에베소 장로들을 불러 그들과 에베소에서 동역해온 꽤 오랜 시간을 기리며 과거를 회고하고 미래를 전망한다. 그가 자신의 진로와 관련하여 전망한 미래는 '결박과 환란'의 현실이다. 그는 이러한 난관에도 불구하고 이방인 교회의 모금을 예루살렘의 유대인 성도들에게 전달해야 하는 사명을 완수하기 위해 위험을 무릅쓸 각오를 피력하고 있다. 그런데 여기서 그가 언급하는 '사명'은 '하나님의 은혜의 복음을 증언하는 일', 곧 복음 선교 사역을 가리킨다. 물론 그 사역의 범위에는 이방인 교회의 모금 캠페인을 통한 성도의 구제 사역도 포함되어 있다.

주지하듯, 바울은 유대인으로서 이방인의 사도로 부르심을 받은 인물이었다. 그는 유대인과 유대교의 경계를 넘어 멀리 이방인들에게로 나아갔고, 그들에게 예수 그리스도의 복음을 전하여 교회를 개척한 진취적이고 선구적인 선교사였다. 그가 이와 같이 전도하고 교회를 개척하며 선교의 기초공사를 해온 모든 일이 그에게는 곧 하나님의 부르신 뜻을 준행하는 사명의 실천이었을 터이다. 그는 그것을 여기서 '섬김'이란 말로 압축하여 표현하고 있다. 다시 말해 그의 총체적 선교 및 목회 사역이 그에게는 이방인의 사도로서 제 고유한 사명을 이행하는 방식이었다는 것이다. 그것은 그들에게 말씀을 전파하고 양육하며 그들의 문제에 개입하여 돌파구를 열어주는 구원 사역의 전반적인 영역을 아우르고 있었다. 그렇지만 이러한 사역은 바울의 일생을 통틀어 자신의 몸과 행동이 개입되는 구체적인 섬김의 일상으로 나타났다. 요컨대, 바울에게 사명이란 추상적인 구호가 아니라 구체적인 나날의 섬김을 통한 총체적 사역의 연속이었다는 것이다.

　한편, 바울에게 사명은 단순히 받은 명령을 되풀이 상기하는 반복적이고 습관적인 자기 최면이 아니라 사역의 현장에서 최선을 다하기 위해 목숨을 맡기는 결단이었다. 바울의 '사명'에서 그 '명'(命)에는 하나님의 명령이란 함의와 함께 자신의 목숨을 연루시키는 중의적인 의미가 내포되어 있다는 것이다. 물론 그에게 하나님의 사명이 막중하였듯이, 그의 목숨 또한 가볍게 날려버릴 만한 것이 아니었을 것이다. 그는 자신의 목숨을 소중히 여기며 그 목숨을 다루는 방식으로 하나님이 맡겨주신 사역을 중하게 다루어나갔을 것이다. 그러나 하나님의 사역으로서 맡은 바 사명을 온전히 이루어나가기 위해 그는 자신의 목숨을 걸 준비도 되어 있었다. 그것은 곧 자신의 사역을 극진하게 감당하며 끝까지 완주해나가려는 결의를 반영하는 것이었다. 이처럼 바울에게 사명은 곧 자기 삶의 궁극적인 목표로서 추구해야 할 사역의 총체였고, 날마다 섬세하게 이루어나가야 할 일상의 섬김이었다. 그러므로 누구든지 하나님 앞에서 진지하게 그 생명의 값에 걸맞게 감당해야 할 일이 있다면 그는 사명을 아는 자이고 소명을 깨친 자이다. 아울러 그는 자신이 수행하는 사역의 구체적인 실천을 통해 그 사명의 보람된 의미를 성실하고도 지속적으로 내면화한 자라고 볼 수 있다.

'살림'과 '경영'으로서의 사명

사역의 실천은 사명감이 충일하다고 해서 무조건 성공적인 결실을 담보하는 것이 아니다. 그 과정에서 부단한 정성과 노력이 요청된다. 따라서 '사명'은 구호가 아니듯이 달콤한 성공의 낙관적 미래만도 아니다. 그 성공적인 결과에 다다르기까지의 과정이 섬세한 살림의 감각으로 채워져야 하는 까닭이 여기에 있다. 이러한 맥락에서 신약성서 한글개역성서의 '사명'에 대한 두 번째 용례가 의미심장한 해석의 결과로 이해될 수 있다. 고린도후서 9:17에 나오는 다음의 본문이 바로 그것이다.

> 내가 내 자의로 이것을 행하면 상을 얻으려니와 내가 자의로 아니한다 할지라도
> 나는 '사명'(oikonomia)을 받았노라(고전9:17).

바울의 이 말은 그가 다른 사도들과 달리 사도로서 그 사역에 대한 보상으로 먹고 마실 권리를 주장하지 않고 자비량으로 감당해온 일에 대한 변론의 일부이다. 그에게 복음을 전하는 일은 무엇보다 운명적인 사명이었다. 하나님이 자신을 그런 목적에 쓰려고 부르셨다는 확신이 그에게는 그만큼 강렬했던 것이다. 그래서 그는 이 일을 '부득불 할 일'이라고 하면서 자신이 복음을 전하지 않을 경우 화가 있으리라는 원초적인 부담감을 토로한다(고전9:16). 그렇다면 바울이 이렇게 하나님의 화를 받지 않기 위해 억지로 복음을 전하는 것이 아닌가 하는 의문이 생길 수 있다. 이에 대해 바울은 이 말을 보완하는 차원에서 이어지는 앞의 인용문을 통해 자신

의 사명을 강조한다. 그는 분명히 자신의 복음 사역에 깃든 '자발적인 의욕'(hekōn)의 부분을 본다. 그는 이에 대한 칭찬의 상급으로 주어질 그만큼의 보상 가능성도 인정한다. 그러나 그 역시 인간이었던 터라 늘 적극적인 의욕으로 흔쾌히 자발적인 마음을 내면서 그 사역을 감당하기 어려웠던 사정이 있었고, 말 못 할 골치 아픈 일들이 많았을 것이다. 그래서 그는 자의가 아닌 '비자발적인 억지'(akōn)의 요소도 부인하지 않는다. 그러나 그러한 환경적인 변수에도 불구하고 그가 '이 일', 곧 복음을 전하는 사역을 그만둘 수 없었던 까닭은 그것이 하나님께 받은 '사명'이기 때문이라는 것이다.

여기에서 사용된 한글 번역어 '사명'은 헬라어 '오이코노미아'에 해당된다. 이 어휘에서 '경제'를 뜻하는 영어 단어 'economy'라는 말이 생겨났다. '오이코노미아'는 '집'을 뜻하는 '오이코스'(oikos)와 '법규'를 뜻하는 '노모스'(nomos)의 합성어이다. '오이코노모스'는 집안 살림을 관장하는 직분을 맡은 자를 가리키며, '오이코노미아'는 그런 직책을 맡은 청지기가 감당하는 경영, 관리, 제반 행정 업무 등을 나타낸다. 이 모든 일은 바울이 개척한 교회 공동체를 세우기 위해 필수적인 과정이었다. 마치 집안을 건실하게 세우기 위해 그 살림의 성실한 관리가 필요하듯이, 당시 교회 역시 막연한 이념적 기치만으로 저절로 존립, 성장할 수 없었다. 그것이 하나의 공동체로 짜임새 있게 구축되기 위해 조직이 필요했을 것이고, 리더십과 체제의 구비를 위한 행정적인 고려와 경영 관리가 또한 요청되었을 것이다. 이 모든 일은 오늘날의 목회 영역과 겹쳐진다. 교회의 사역으로서 목회란 교회의 모든 살림에 대한 경영 관리적 측면을 무시할 수 없다. '그리스도의 몸'이라는 신학적 은유가 구체적인 현실 속에서 교회라는 실체로 자리 잡기 위해서는 물적, 인적 기반을 갖추어야 하고, 내적인 구조를 챙겨 지속 가능한 유기체로 작동시켜야 하는 것이다. 그것은 매우 복잡한 공정이다. 다양한 지체들의 대립·상충하는 이해관계를 조절해야 하고, 살림의 물질적인 기반을 닦는 일도 구질구질하다고 해서 포기할 수 없는 영역이다. 저 하늘의 고상한 이상과 비전만을 품고 싶어도 이 땅의 일상적 '살림'이란 현실은 변함없이 우리의 발걸음을 채근한다. 바울은 그 일을 자의로 선뜻 내켜서 하게 되는 경우도 있었겠지만 그보다 마지못해 해야 할 경우가 더 많았는지 모른다. 특히 교회 공동체가 갈등의 소용돌이에 휘말리게 되어 해결사로 나서는 경우, 그에게 교회의 살림을 살뜰히 운영하여 그 공동체를 다시 건강하게 세우는 과제는 매우 피곤한 업무였을 것이다. 그래도 그는 그것을 하나님이 부여한 '사명'으로 인식하여 포기하지 않았다. 이때 사명이란 공적인 리더십을 맡은 자들이 전체의 조직을 살피면서 성실한 책임감으로 도모해야 할 정치적인 책임이자 동시에 공익적인 의무가 된다. 선교 사역이 대외적인 사명이었다면, 교회 내의 운영과 살림을 도모하는 목회사역은 내부적인 사명이었다고도 볼 수 있다. 이 양축의 사명이 골고루 잘 병행되어야 그 사명은 이 땅에 발붙이고 터전을 잡게 된다. 그러나 그 한쪽이 결락되거나 균형을 잡지 못할 경우, 또는 구호적인 사명의 되먹임만으로 자신의 선명한 자의식을 반복 강화하려 할 경우, 그 사명은 파산할 수밖에 없다. 놀랍게도, 그러나 참 단순하게도, 이처럼 사명의 파산은 몰이해와 무개념에서 비롯된다.

사명의 명쾌함을 위하여

신약성서적 배경과 한글개역의 곡절을 염두에 둔다면 우리는 각자의 사명이 하나님의 소명과 어떻게 연계되어 있는지 그 원초적인 관계의 투명성을 되살려야 한다. 하나님의 소명은 늘 하나님의 나라 또는 의와 연계되어 우리에게 임하고, 그것은 널리 인간을 두루 복되고 유익하게 하는 공익적인 사명의 실천으로 나타난다. 물론 여기에 개개인의 사명자 역시 행복할 권리가 있고 흔쾌히 주어진 명령을 준행하는 것이 최선의 선택이겠지만, 인생의 행로가 그렇듯 사명자의 사역 역시 그 '선택'이 늘 '최선'으로 나타나는 것은 아니다. 그렇다고 하나님의 소명을 망각할 수 없는 것은 우리 모두가 무의미한 낭비적 존재가 아니라 날마다 그분이 맡긴 삶의 총체적인 사역을 억지로라도 감당해야 하는 책임 있는 성도이기 때문이다.

이런 관점에서 사명의 명쾌함을 살려내기 위해서는 무엇보다 공(公)과 사(私)를 분명히 구별하여 처신하면서 자신의 사적인 욕심을 앞세워 공적인 직책을 타락시키지 말아야 한다. 늘 낮은 자리에 처하여 더 낮은 자리에서 신음하는 생명들을 일깨우고 공동체 안으로 모여 들어야 한다. 나아가 그들을 말씀으로 양육하고 필요에 따라 일용할 양식을 제공하면서 공동체를 건실하게 세워나가는 살림의 감각으로 목회의 사명을 감당해야 한다. 아울러, 바깥으로는 자신과 다른 많은 외지의 타인들에게 복음을 전파하는 선교적 사명으로 자신의 목숨까지 걸면서 하나님의 소명을 준행하려는 이타적인 심성을 키워야 한다. 그것은 강요된 헌신이나 희생의 논리로 저절로 생겨나지 않는다. 단 한 번의 뜨거운 성령 충만의 경험으로도 생겨나기 어렵다. 사명은 제 몸으로 애써 배우고 체질화된 극진한 섬김의 행동으로 아프게 깨우쳐야 하는 무엇이다. 이렇게 해야 인습화한 사명은 새롭게 거듭나며 구호적 선동이나 과열된 영적 자의식이 서늘하게 벼려져 이 땅의 역사 속에 튼튼히 뿌리 내릴 수 있을 것이다.

생존의 논리와 경영의 지혜

청빈론과 청부론의 여유 있는 자리

한국 사회에서 돈은 민감한 소재이다. 특히 '영적인 가치'를 주로 추구하는(것처럼 보이는) 한국교회에서 돈에 대한 말과 글은 아무리 정교한 논리를 구축해도 구설수에 오르기 십상이다. 그래서 이런 물질적인 이야기는 주로 사적으로 내밀한 공간이나 비공식적인 자리에서 다루어야지 대놓고 떠들수록 더욱 '집착'의 심리로 낙인찍히고 그만큼 인격이 깎이는 경향이 있다. 반면 물질적 가치나 이에 대한 변론과 거리를 둘수록 초연과 경건의 포즈는 강화되고, 교회 내의 각종 관계는 신뢰로 돈독해지는 경향이 있다. 그러나 이 모든 '경향'은 인습일 뿐이지 오래 지켜내야 할 신앙적 미덕이 아니라는 게 내 최종 판단이다. 한국교회에서 근대성과 결부되어 부양해야 할 자생적 가치가 지리멸렬하고 여전히 이중적인 기준으로 돈에 대해 처신하게 만드는 사회적 관행은 내부 조직의 건전한 발전은 물론 한국사회 전체의 근대적 성숙을 위해서 반드시 극복해야 할 장애물일 뿐이다.

교회의 목회자를 비롯한 지도자의 영성적 미덕으로 존중되어온 것이 바로 '청빈'의 전통이다. 경제적으로 열악한 상황에서 우리의 적잖은 선배 목회자들은 그 불편한 가난을 부끄러워하거나 물욕을 노골적으로 드러내지 않고 꿋꿋하게 신앙의 지조를 지켜왔다. 가난했지만 삶 자체가 구차해지지 않도록, 또 그러한 환경에 눌려 신앙의 절개를 굽히지 않도록 더욱 맹성하며 하나님을 향한 순정한 신심을 불태워온 것이다. 그렇게 진정 가난한 목회자의 자발적 가난은 상당 부분 은폐되어온 측면이 컸다. 그들은 자신의 가난을 대놓고 외부로 떠벌리지 않았고, 그냥 그것을 일상의 일부로 여겨 묵묵히 견디며 살아왔다. 그들과 더불어 동고동락했던 신앙공동체의 내부 성원들도 별반 부요하지 못한 살림으로 함께 가난을 공유했기에 특정 지도자의 가난에 특별한 의미를 부여하여 그것을 성스러운 가치로 유별나게 선전하지도 않았다.

그러나 '청빈'이란 이름이 붙어 인구에 회자되고 공공의 매체를 통해 사회적 이미지로 유통되는 대부분의 사례들은 가난에 대해 이야기할 만큼 여유 있는 환경에 속한 경우이다. 다시 말해 그들의 가난을 '깨끗하게' 유지하고 보존해줄 만한 주변의 구조적 여건이 허락되어 있다는 것이다. 끼니나 주거를 걱정하지 않고 자녀 양육과 교육 문제로 신경을 곤두세우지 않아도 괜찮을 만한 든든한 뒷배가 있을뿐더러 그 해당 공동체의 다수 성원들 역시 그러한 절대 가난과 무관한 편이다. 요컨대, 자신과 특정 지도자의 가난에 대해 '청빈'의 이름으로 의미화할 만한 개인이나 집단은 기실 충분히 가난하지 않다고 봐도 무방하다는 것이다. 진정으로 가난한 자는 자신의 가난을 화제 삼아 여기저기서 공론화하고 '청빈'의 논리를 동원하여 떠벌리길 극도로 삼가기 때문이다. 따라서 청빈의 논리는 애당초의 순수한 동기와 상관없이 결과적으로 가난을 빌미로 일종의 성역화 내지 우상화의 혐의를 풍길 수밖에 없다. 이러한 상황에서 가난은 그 깨끗함의 포장으로 사회적 명성의 밑천으로 작동하는 배경이 된다. 그것이 유통되는 반경이 넓어질수록 그 명성은 대개 정치적 영향력과 정비례한다. 우리 사회의 '청빈' 담론은 몇몇의 단골 인물을 통해 이런 방면으로 유통되는 성향이 강하다.

이러한 흐름에 대한 대안적 논리로 근래 교회 내의 재정 문제와 목회자 사례 문제에 대한 노골적인 공론화 시도와 함께 일각에서 청부 논란이 불거지기도 했다. 돈에 대한 이중적 기준의 위선을 벗고 좀 더 진솔하게 합리적인 분배에 나서보자는 취지였는데, 몇몇 개인에 의해 주도된 이 담론의 사회적 유통은 그 취지 이상의 성과를 거두었다. 목회자 사례비와 교회 재정의 합리적 분배에 대한 논의의 필요성을 진작시키면서 교인 대중에게 발휘한 그 계몽적 효과만으로도 각종 청부의 담론은 충분히 평가받을 만하다. 그러나 그 한계 또한 명확한데, 깨끗하게 지킬만한 부를 현재 축적하고 있거나 이미 축적한 상태에 있는 기득권자의 논리가 바로 그것이다. 무한경쟁과 탐욕의 원리로 번성하는 자본주의와 신자유주의의 한가운데서 깨끗하게 부자가 된다는 주장 자체가 견강부회의 우려를 담고 있으려니와, 그 깨끗함의 기준도 아전인수와 자가당착에 노출될 수밖에 없다. 물론 그 깨끗함이 지킴의 논리가 아니라 나눔의 논리에 초점을 맞춘다면 그것은 이미 '축적된 부'의 소유가 아닐 터이니 깨끗함과 부의 상보적 관계를 조율하기가 수월치 않다. 구조적 맥락에서 보면 부의 소유라는 게 늘 상대적이다. 한정된 재화로 특정 개인들이 나누어 가질 수밖에 없는 현실 가운데 그것을 상대적으로 많이 차지하는 사람이 있다면 똑같이 노력해도 그만큼 박탈당하는 사람이 생겨나는 불가피한 현상을 무시할 수 없다.

청빈과 청부의 주제로 진행된 갑론을박 가운데 제3의 대안으로 물질적 소유의 과다를 넘어선 '영성적 가난'이 제출되기도 했고, 이런저런 틈새 메우기 차원의 주장이 펼쳐지면서 나름의 논리적 공백을 최소화하는 노력들이 있었다. 그러나 그 모든 담론의 배후와 내실을 속속들이 살피면 그에 대한 논의 자체가 기실 생존을 위한 물질적인 기초 환경을 확보한 자들의 내부적 자기정당화라는 측면이 강했다. 즉, 여유 있는 자들의 윤리적 경합과 논리적 게임이란 측면이 간과될 수 없다는 것이다. 그러나 우리 사회와 여기에 구조적으로 연동되는 우리 교회에는 20:80, 또는 1:99의 양극화 경제 구도 아래 가난과 부에 대해 떠벌릴 여유조차 없는 장삼이사들이 엄청나게 많다. 그들에게는 깨끗하게 내세울 가난의 성역도 없을 뿐 아니라 깨끗하게 지킬 청부도 없으며, 더더욱 앞으로 그렇게 표나게 드러낼 청빈과 청부의 여유가 도저히 생겨나지 않는다. 더구나 그 모든 환경을 강철 같은 굳센 믿음으로 오지게 버틸 만한 심오한 영성적 자족의 기품도 세울 만한 여력이 없어 보인다. 그저 근근이 생계를 벌어 호구에 충당하며 그조차 불안한 민중들, 문화적 향유를 즐기기에 생존의 환경이 너무 구차하고 자녀들의 사교육비를 남들처럼 넉넉히 댈 수 없는 기층의 서민들과 소시민들이 이런 범주의 대다수이다. 워낙 경제적 구조 변동에 영향을 크게 받는 이즈음에는 중산층으로 그럭저럭 살다가 졸지에 밑바닥 인생으로 몰락한 사람들도 적지 않다. 그들 앞에서 청빈과 청부의 논리는 얼마나 미끈하고 세련되어 있는가. 그 고고한 윤리적인 가치 기준은 그러나 그들의 실존에 부대껴 얼마나 주눅 들게 하는 그림 속의 떡인가.

불의한 청지기가 칭찬을 받다니?

복음서에서 돈에 대한 온갖 고상한 담론을 일순간 작파하게 만드는 예수의 비유로 불의한 청지기의 비유(눅 16:1-9)라는 것이 있다. 이 비유는 신약성서에서 해석하기 가장 난해한 본문으로 알려져 있다. 이야기의 내용은 간단하다. 어떤 부자 밑에서 그의 재산을 관리해주는 청지기가 있었다. 그가 주인의 재산을 허비한다는 소문에 주인은 그를 불러 대뜸 해고 통지를 한다. 별안간 생계의 수단을 잃게 된 이 청지기는 자신의 앞날을 가늠해본다. 아마 늙은 나이였는지 육체노동을 할 형편도 못되고 구걸을 하자니 구차해서 나름대로 자구책으로 생존을 위한 기지를 발휘한다. 주인에게 빚진 자를 일일이 불러 그 빚을 탕감해준 것이다. 이는 공문서 위조에 횡령의 범죄 행위였고, 정직하지 못한 불의한 방법이었다. 그런데 화자인 예수의 입장을 대변하는 주인은 이 모든 사실을 알고 그 청지기가 지혜 있게 처신한다고 칭찬을 했다는 것이다. 이 비유를 설파한 뒤 예수께서는 제자들에게 '이 세대의 아들들이 빛의 아들들보다 더 지혜롭다'며 '불의의 재물로 친구를 사귀라'고 권면한다. 그 결과인즉, 그러한 불의한 재물의 투자가 치가 활성화되어 저희가 영원한 처소로 그들, 곧 제자들을 영접하리라는 것이다. 불의의 재물이 투자가치로서 지닌 효용성을 수긍했다는 점에서 그리고 그 결과를 영원한 구원과 접맥시켰다는 점에서, 우리는 물질적 가 치의 영적인 층위와 영적인 가치의 물질적 맥락을 동시에 포착한다. 더구 나 재물 자체가 불의하다고 하지 않는가. 그것은 불의한 세계에서 돌고 돌 면서 더 많이 차지하려는 사람들의 욕심이 작동하는 대상이다. 단순히 생 계를 배려하는 그 생존 지향적 소유의 하한선이 돈 버는 이들에게 구체적 으로 계산되지 않는다. '불의한 재물'이란 문구에서 '불의'와 '재물'의 균열 과 부조화가 너끈히 극복되는 희한한 사연이 여기에 있다. 이는 앞서 나온 비유에 있어서도 결정적인 해석의 관건이 된다. 이 비유에서 해석의 난맥 상은 한 꼭짓점으로 모인다. 불의한 청지기가 범죄와 다를 바 없는 그 불의 한 짓을 자행했는데, 어떻게 그것을 두고 칭찬할 수 있느냐는 것이다. 또 주 인의 그 칭찬이 어떻게 화자인 예수의 평가로 수긍될 수 있느냐는 것이다.

이 비유는 그리스도교의 도덕적 규범뿐 아니라 예수의 윤리적 자의식 을 반영하는 측면이 있기에 매우 곤란한 문제를 유발한다. 그리하여 해석 또한 난맥상을 연출해왔는데, 그 뒤엉킨 해석의 숲은 무성하고 그곳으로 뚫린 한 가지 확실한 정도는 쉽사리 탐지되지 않는다. 전통적인 해석은 청 지기의 불의한 행동과 이를 실천으로 옮기면서 그가 보여준 기발한 안목 을 따로 떼어 평가하는 것이다. 주인이 칭찬한 것은 전자가 아니라 후자라 는 것이 그 해석의 핵심 요지이다. 그 선견지명의 기발한 안목 대신에 청지 기가 보여준 초지일관의 자세와 결단력 있는 행동이 그 칭찬의 대상으로 부각되기도 한다. 그런가 하면 이 비유의 해석적 초점이 물질적 이해관계 와 윤리적 타당성 여부를 떠나 종말론적 맥락에 있다고 보기도 한다. 이러 한 관점에서 이 비유의 핵심 메시지인즉, 곧 임할 종말의 위기에 담대하게 대응하라는 교훈이다. 또 다른 관점에서 이 청지기가 주인의 관대한 은혜 와 자비를 기대하여 행동하였기 때문에 그 제자들에게 하나님의 자비에 무조건 의존하는 신뢰의 지혜를 교훈하고자 했다는 해석이 나오기도 했다. 이런 계통의 해석이 노출하는 맹점은 주인이 이런 불의한 청지기의 불의함에도 불구하고 특정한 행동방식이나 자세를 칭찬할 수 있는지, 나아가 '불의한 재물로 친구를 사귀라'는 예수의 메시지에 담긴 의도가 무엇인지 해명할 수 없다는 것이다. 아울러, 종말론적 관점의 해석은 그 종말론적 메시지에 교훈의 초점이 맞추어져 있지 않다는 약점이 있다. 설사 종말론적 삶의 자세를 메시지로 취하더라도 그 초점은 확실히 그 삶을 갈무리하는 구체적인 '지혜'에 있다.

이와 같이 청지기의 처신에 대한 부분적 긍정과 부분적 부정의 해석과 달리 일각에서는 전적인 부정의 관점에서 청지기의 그 행동을 아이러니로 평가하기도 한다. 이 비유의 주인공인 청지기의 행동은 기실 칭찬받을 만한 것이 아니라 반어적인 경구로 제시되었기 때문에 제자들에게 '역겨운 예'의 반면교사로 의도되었다는 주장이다. 이와 비슷한 결론이지만 해석의 전제를 바꾸어 해당 문구의 아람어 표현을 내세움으로써 본문의 전승 과정에서 일부 구절이 왜곡되었다고 주장하기도 한다. 본래의 문장은 "그가 기만적으로 행하였기에 주인이 그를 저주했다"고 풀이해야 옳다는 것이다. 이러한 부정적 관점 일변도의 대척점에는 또한 그 청지기의 행태에 대한 전적인 긍정의 관점이 있다. 비교적 최근의 해석으로 사회경제적 문화인류학적 관점이 추가되었다. 즉, 일부 학자들은 사회경제적 관점에서 그 불의한 청지기의 행동이 기실 사기가 아니라 청지기가 받아야 할 몫의 노임을 선용한 것이었기 때문에 그 행동의 과정과 결과 모두 선했다고 해석한다. 이로써 그가 경제정의를 실현하였고 채무자들에게는 사랑의 은혜를 베풀었다는 주장이다. 이와 같은 맥락에서, 그러나 조금 다른 관점에서 당시 근동의 관행에 의거할 때 이 청지기의 행동은 부재지주의 토지를 관리해주면서 과도하게 부풀려 챙긴 임대료를 원상 복귀한 것이기 때문에 주인과 채무자들 사이의 부당한 차액을 공정하게 조정해준 것으로 풀이되기도 한다. 최근의 한 연구는 문화인류학적 관점에서 당시 로마 사회의 '명예-수치'란 가치 기준에 비추어 이 청지기의 행동이 결과적으로 관대한 주인이란 그의 이미지 제고와 함께 그의 사회적 명예를 높여주었기 때문에 칭찬받았다는 해석을 내놓기도 하였다. 이러한 관점에서 걸리는 결정적인 문제는 그런 그를 왜 '불의하다'고 평했는가 하는 점이다.

생존 지향적 지혜의 계보

나는 이 비유에 대한 밀도 있는 연구논문을 통해 기존 해석의 문제점을 다각도로 진단하며 나름의 대안을 제시한 바 있다(차정식, "맘몬과 생존의 현상학 - 누가복음 16:1-9의 비유세계", 『신약성서의 사회경제사상』[서울: 한들, 2000], 43-78). 기존의 관점들은 무엇보다 청지기가 처한 삶의 구체적인 정황을 도외시한 상태에서 일반적인 도덕윤리의 잣대를 동원하여 그의 현실을 재단하는 오류를 범했다는 것이다. 이 비유의 초점은 분명 선악간의 단순한 윤리적 규범이 아니다. 그것은 절체절명의 생존 위기에 처한 한 구체적인 인간의 절박한 자구적 지략이다. 윤리와 도덕은 한 공동체의 성원들 사이에 공공의 복리를 극대화하고 인간다운 품위를 지키며 살 수 있도록 배려하는 원리와 원칙을 담고 있다. 그러나 그 모든 것은 하나의 개체 인간으로서 그 생계를 보전하며 살아남아 있는 상태에서 효과적으로 적용 가능한 기준이다. 예수와 복음서 기자가 윤리와 도덕을 무시했다는 말이 아니라, 이 비유의 초점이 그러한 항목에 있지 않다는 것이다.

요약컨대, 이 비유는 제자들의 하나님 나라 선교 현장에서 부대낄 만한 숱한 현실적 장벽에 대한 기민한 대처 능력과 전략적 판단을 독려하는 데 초점을 맞추고 있다고 보는 것이 합리적이다. 그래서 '불의한 재물'이라는 표현이 이 비유의 해석에 중요한 관건이 된다. 여기서 재물이 그 자체로 불의할 리 없다. 그것이 불의한 것은 탐욕의 대상이 되어 인간의 생활세계를 돌고 돌면서 바로 그 탐욕을 미끼로 성가를 올리고 있기 때문이다. 그 주인이 적잖은 재물을 모으면서 자선사업을 했을 리 만무하다. 그는 외려 채무의 사실을 정확하게 문서화하여 재산의 증감 내용을 철저히 관리하고 있었다. 그래서 그 소유가치로서의 재물은 본질상 불의한 세속의 징표로 현존할 수밖에 없는 것이다. 그러한 본질적 한계에도 불구하고 재물을 어떻게 활용하느냐에 따라 그 투자가치는 선한 결과를 가져올 수 있다. 이 비유 속에서 그 선한 결과는 청지기가 쫓겨난 상태에서 이전에 베푼 빚 탕감의 은혜에 대한 보답으로 그들에게 호의적인 환대를 받는 것이다. 반면 그 비유 밖에서 제시한 예수의 교훈은 이처럼 각박한 세상의 엄연한 현실 가운데 제자들이 기민하게 대처하여 제대로 생존을 유지하며 예수께서 맡겨주신 하나님 나라 운동의 사명을 감당하는 것이다. 제자들을 뽑긴 뽑았는데, 아무런 활동도 벌이지 못하고 아무런 결실도 거두지 못한 채 생존이 마감된다면 그처럼 허망한 결과가 없을 터였기 때문이다.

이 비유에서 주인의 칭찬 대상이 된 '지혜로움'은 통상적으로 사용하는 '소포스'(sophos)가 아니라 '프로니모스'(phronimos)이다. 그것은 예수께서 제자들을 파송하면서 훈계하신 바, '뱀 같이 지혜로워라'고 말했을 때의 바로 그 '지혜'와 동일하다. 이 개념은 차라리 뱀의 성정다운 교활한 기질과 통한다. 창세기에서 인류를 타락으로 이끈 사탄의 화신, 바로 그 뱀을 배움의 대상으로 언급한 것 자체가 당혹스럽거니와, 그것도 그가 아담과 하와를 교활하게 속인 그 간지(奸智)를 닮아 영리하라니 이건 너무 심하지 않은가. 그러나 이러한 반문은 핵심을 비켜간다. 그것은 우리가 그 당사자가 처한 현실과 무관하거나 어느 정도 동떨어진 상태에서 오늘날의 도덕적 잣대로 비교적 여유 있게 관조할 때나 가능해지는 평가 기준이다. 그러나 자신의 일차적 생존이 위태로운 마당에 누구나 그런 생존본능에 비슷하게 이끌리기 마련이다. 예컨대, 아브라함이 애굽 왕에게 자신의 아내를 구차하게 누이라고 속여 소개한 일이나 다윗이 시글락의 적진에서 생존을 도모하기 위해 일부러 침을 흘려대며 광태를 부린 이야기와 관련하여 우리는 예의 간지로써 그 순간의 위기를 모면하려는 절박한 인간적 본능을 목도하게 된다.

나는 이러한 점을 본 비유를 해석하는 열쇠로 파악하면서 여기에 '생존 지향적 지혜' 내지 '현실주의적 지혜'라는 이름을 붙여준 바 있다. 나아가 이러한 계통의 지혜가 갑자기 복음서에 튀어나온 것이 아니라 수천 수백 년간 강대국의 틈바구니에서 살아남기 위해 고투한 이스라엘의 역사적 경험과 유대교의 종교적 묵상 가운데 지속적인 내력을 가지고 일관되게 전승된 사상적 입자임을 논증했다. 그 결정적인 논거는 전도서의 허무적인 인생 고백과 그로부터 유추해낸 차선의 현실적 선택 가운데 확인된다. 그 사상세계의 요체는 이를테면 "지나치게 의인이 되지 말며 지나치게 지혜 자도 되지 말라. 어찌하여 스스로 패망케 하겠느냐. 지나치게 악인이 되지 말며 우매자도 되지 말라. 어찌하여 기한 전에 죽으려느냐. 너는 이것을 잡으며 저것을 놓지 아니하는 것이 좋"(전 7:16-18)다는 것이다. 이러한 양 수겸장식의 처세의 지략은 "선을 행하고 죄를 범치 아니하는 의인은 세상에 아주 없"(전 7:20)으며 선인과 악인, 지혜자와 우매자를 막론하고 성공의 기회는 누구에게나 균등하게 찾아온다(전 9:11)는 현실주의적 인간 이해에 근거한다. 그래서 기회를 다양하게 선용하는 차원에서 미래를 향한 투자의 용기는 그 결과가 불투명하지만 도발적인 모험의 용기와 일맥상통한다. 그래서 전도자는 다음과 같이 권한다. "너는 네 떡을 물 위에 던져라. 여러 날 후에 도로 찾으리라. 일곱에게나 여덟에게 나눠줄지어다. 무슨 재앙이 땅에 임할는지 네가 알지 못함이니라"(전 11:1-2).

곰곰이 살펴보면 본 비유의 청지기가 처한 삶의 위급한 정황이나 그것에 대처해나간 방식이 전도서의 상기 권면과 정확히 겹쳐지지 않는가. 생계의 터전을 빼앗기게 된 상황은 바로 재앙의 수준에 걸맞은 현실이다. 그것에 미리 대처하여 여러 이웃들에게 호의를 베풀면서 미래의 답례를 기대하는 지략은 자신의 물질적 소유를 (그 정확한 결과는 불확실하지만 그럼에도 불구하고) 물 위에 던지는 심정으로 투자/투기하고 베푸는 전략적 기획을 가능케 한다. 이는 의도나 동기의 선악을 물과 기름처럼 판가름하기 곤란한 모호한 상황이지만 매우 기민한 자기에의 배려라는 점에서 인간 본연의 생존 욕망이 작동하는 경우이다. 이와 같은 생존 지향적 현실주의의 지혜는 예수의 지혜 사상에도 부분적으로 계승되어 나타난다. 예수께서는 고기 잡던 제자들을 사람 낚는 어부로 삼기 위한 고육지책으로 철저한 현실 감각에 터한 인간 이해와 생활 교육을 추구했다고 볼 수 있다. 이러한 세속적 트임의 일례로 그는 견물생심이란 인간의 내면적 심리를 간파하여 보물이 있는 곳에 사람의 마음이 깃드는 점을 직시했고(눅 12:34), 천하를 얻고도 제 목숨을 잃으면 만사가 무효임을 공감했으며(마 16:26), 강한 자를 늑탈할 때 그 세간을 취하기에 앞서 그 강한 자를 먼저 결박해야 하는 강도짓의 상식적 요령을 수긍했다(마 12:29). 게다가 예수는 망대의 비유를 통해 자신의 가용 예산을 정확히 파악하지 못한 채 무턱대고 일을 벌이다가 공사를 도중에 중단하게 될 때 겪게 되는 수치와, 일만의 군대를 가진 임금이 이만의 군대를 가지고 싸움을 걸어오는 대적을 만나 승패 여부를 치밀하게 계산하여 화친을 청하는 기민한 외교적 전략에 담긴 저러한 생존 지향적 지혜를 긍정적으로 조명한다(눅 14:28-32).

이러한 사상적 배경에 비추어볼 때, 본 비유의 불의한 청지기에 붙여놓은 '불의'의 딱지에 독자는 좀 더 동정적 혜안을 갖게 된다. 그는 '땅을 파자니 힘이 없고 빌어먹자니 구차하다'고 정확하게 자신의 현실적 상황을 파악하고 있지 않은가. 그렇다면 인간으로 생존하기 위한 최소의 자구책으로 그가 고역스럽게 저지른 예의 행동들은 상황윤리의 맥락에서 탄력적인 판단의 여지를 남긴다. 예수는 물질적인 투자로써 어떻게 영원한 세계를 얻어 누릴 수 있는지 그 놀라운 가능성을 적시하지 않았던가. 더구나 그 물질이 결국 하나님의 소유물로서 주인을 바꾸어가며 돌고 도는 세상의 물리적 이치를 간파한다면 청지기직에서 쫓겨나기 직전 자신의 권한을 최대한 활용하여 당면한 위기에 대응해나간 외견상 '불의한' 그 처신은 마냥 불의하다고 보기 어려운 하나님의 에누리를 암시하는 듯하다. 굶주림에 지쳐 생사의 기로에 처한 어린 자식을 위해 우유를 훔친 어미의 불의한 범죄와, 호기심과 재미로 대범한 강도짓을 한 재벌집 자손들의 탈선행각을 그 결과나 배경, 동기나 정황을 괄호 친 상태에서 동일한 잣대로 판정할 수 없는 것과 비슷한 이치이다.

순진한 포즈에서 온당한 생존으로!

맘몬은 카멜레온의 두 얼굴을 가지고 있다. 그 한 면은 생존이라는 얼굴이고 또 다른 면은 탐욕이라는 얼굴이다. 우리가 일평생 맡아 축적하고 소유하며 관리하는 물질적 재화는 그것이 우리의 생존에 이바지한다는 면에서 햇볕이나 비와 같은 하나님의 은총 어린 선물이다. 그래서 '우리에게 오늘 일용할 양식을 주소서'라는 주기도문의 간구는 인간을 위한 첫 번째 간구로서 정당하다. 그렇게 날마다 양식을 취하여 생존하는 생명이라야 그 주체의 숙주로서 죄의 용서도 받고 시험과 죄악에 맞서 싸울 수도 있는 노릇 아닌가. 그러나 물질적 부의 집중과 불균형은 이러한 은총의 선물을 탐욕의 미끼로 전락시키는 주범이다. 오늘날 무한 경쟁이란 말에 우리는 익숙하다. 신자유주의 체제가 이러한 현상을 가중시키고 있다. 인간의 얼굴이길 포기한 자본주의 경제는 공생과 공영의 가치를 종종 표방은 할지라도 그것을 현실 세계에서 좀처럼 구현하지는 못한다. 부익부 빈익빈의 경제구조는 더 심해질망정 이 세상의 살벌한 각축장을 떠날 줄을 모른다. 교회 역시 어느 정도 몸집을 갖추면 각종 '사업'을 내세워 재화의 축적에 적잖은 신경을 쓴다. 다양한 명목으로 모이는 돈으로 교회 건물을 그럴듯하게 세워야 하고 각종 부대사업에 여러 항목으로 예산을 세워 수입과 지출의 재정 운영에 현실적인 대응을 해나가기에 부산하다. 또한 그 내부에서도 교회 사역의 기여 정도나 능력과 비중에 비례하여 재정 지출의 불균등은 존재한다. 교회나 종교단체가 비영리기관이라는 명패는 그 표방하는 구호로서 유의미할 뿐, 실제로 이 모든 조직과 단체 역시 정도의 차이는 있을망정 철저한 자본주의적 경제 원리의 작동체계에 밀착되어 있다.

이렇게 더이상 빼도 박지도 못하는 현실의 한가운데서 청빈이나 청부의 논리로 탁상공론을 벌이기에 우리 이웃들이 처한 생존의 현실 여건은 너무 각박하다. 최소한의 인간적 품위를 지키며 살기를 원하지만 그들에게는 가난에 대해 이야기하는 것 자체가 사치이기 때문이고, 깨끗하게 보존해야 할 '부' 자체가 아예 존재하지 않기 때문이다. 범위를 지구촌으로 확대해보면 더 참담하다. 절대 가난 속에 방치된 8억 이상의 인간들과 매년 굶어 죽는 1,800만 명의 비참한 생명들 앞에서 가난과 부의 관형어로 '깨끗함'을 붙이는 게 민망해지는 까닭이 여기에 있다. 850만 명에 육박한다는 남한 사회의 비정규직 이웃들을 방치한 상태에서 생존 지향적 지혜를 갈파하지는 못할망정 가난과 부를 포장하여 깔끔함을 떨어낸들 그것은 차라리 역겨운 순진함의 발로가 아닐까 싶다. 예수는 일찍이 제의적 정결함과 부정함의 이분법적 논리로 차별과 배제의 메커니즘을 구축하고 이로써 종교적 특권을 독점한 당시의 주류 세력들을 향해 '회칠한 무덤'으로 질타하였다. 이는 결국 그가 모종의 생존 지향적 맥락에서 오늘날 이러한 계통으로 깨끗함을 과시하는 무리에게 '순진이여, 안녕!'이라고 작별을 고한 격이 아닐까. 나 역시 그러한 입장에서 물질적 초연의 포즈든, 거기에 예속된 삶의 탐욕스런 현상이든, 그 모든 것이 결국 동일한 욕망의 뿌리로 귀착되는 인간론의 심연을 파헤친 바 있기에 그 말의 업보로 한 시인의 어조를 따라 다시 또 외칠 수밖에 없다. 순진할 수 없는 화상들의 순진한 포즈에 작별을 고하고 이제 "살아남으라, 끝까지 살아남으라!" 그 이후의 모든 삶의 영욕인즉 어차피 하나님의 심판대 앞에서 최종 판명되리니, 최대한 사랑하고 멀리 베풀며, 미미하고 어설픈 생명의 그늘조차 세밀하게 살펴 먹이고 입히고 힘써 보양하라. 그렇게 불의한 재물로써 친구를 만드는 그대에게 씌워진 맘몬의 얼굴은 탐욕에서 생존으로 거듭나리라!

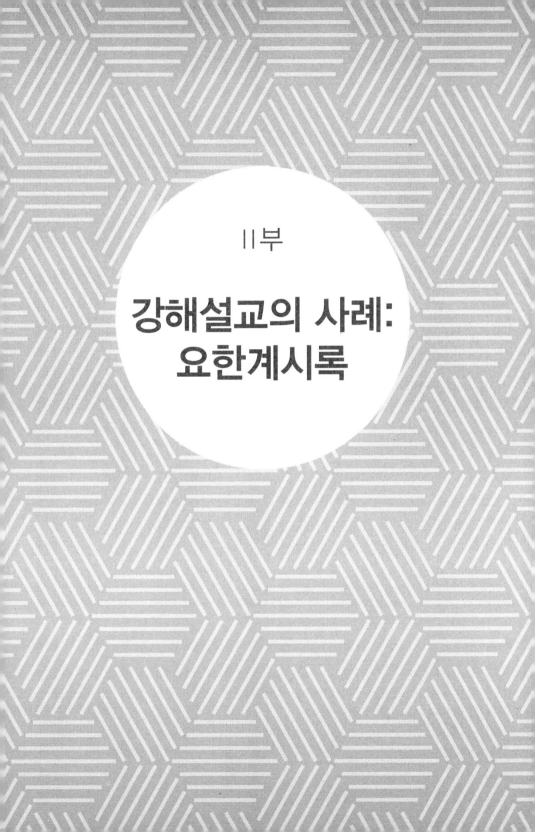

II부

강해설교의 사례: 요한계시록

선물로서의 계시

요한계시록 1-3장

이미지와 상징의 언어

이미지는 말보다 더 많은 말을 한다. 상징도 말에 물질성의 옷을 입혀 그 말의 정신성을 한껏 부풀려준다. 요한계시록은 신약성서 중에서 이미지와 상징이 가장 풍성한 책이다. 그래서 읽기가 쉽지 않고 그 뜻이 난해하다. 그렇지만 난해하기 때문에 더 궁금하고 흥미로운 것도 사실이다. 모든게 다 까발려지고 확연히 드러난 것보다 뭔가 알쏭달쏭하면서 보일락 말락 하는 것이 지적인 호기심을 더 자극하는 것도 사실이지 않은가. 이미지와 상징의 언어가 끊임없이 그 의미를 확대, 심화, 증폭하는 것이 특징이라면, 그런 언어가 가득한 책을 메마른 시선으로 읽지 말 일이다. 그런 어휘들이 북돋워 주는 상상력을 죽이고 닫힌 체계 안에 가두지도 말 일이다. 독자의 주관적인 신비 체험을 이 책의 문장들에 뒤집어씌워 그 일리를 절대 진리로 변장하지도 말 일이다. 그것은 결국 합리의 계몽을 아예 무시한채 진리는커녕 무리로 직행한다. 수많은 역사의 증좌가 있지 않은가.

물론 요한계시록은 역사적 배경과 특수한 상황을 태반으로 생산된 책이다. 학자들마다 해석의 편차가 있지만, 대체로 이 책은 로마제국 도미티

아누스 황제 치세기(AD 81~96), 특히 그의 기독교 박해기(AD 90~96)에 나온 것으로 보는 편이다. 이 시점은 그리스도교가 유대교와 변별되는 새로운 정체성을 가지고 본격적으로 분리되던 때였다. 그래서인지 그리스도교를 향한 유대교 회당공동체의 반감이 노골적으로 기승을 부리고 이단적 파당이 출몰하던 상황에서 그리스도 교회의 내부적 위기의식이 이 책 속에 반영되어 있다. '사탄의 회당'이니 '니골라당'이니 하는 이름으로 경계의 대상을 지목한 것은 그런 상황을 대변한다. 게다가 로마제국의 황제숭배 제의가 강압적으로 소아시아 일대를 파고들던 상황도 유대왕국을 멸망시키고 포로로 잡아간 '바벨론' 제국의 환유적 포장 안에 암시되고 있다. 그것은 일종의 영적 음행이라 할 만한 사태였고, 기독교 쪽에서는 그 정체성 유지와 제의적 순결의 보존이란 차원에서 적극 대항할 수밖에 없는 현실이었다. 묵시문학의 특성상, 요한계시록은 이런 안팎의 상황에 부대껴 도전하고 응전하면서 이 땅의 뱀 같은 지혜보다는 하늘의 수직적 묵시에 기대어 전선을 형성하고 항체를 마련한 것이다.

편지에 담긴 계시의 뜻

요한계시록의 첫대목은 묵시의 배경 및 기본 취지와 목적을 개관하면서 소아시아에 흩어진 일곱 교회를 일곱 금 촛대로 설정하여 휘황한 이미지의 그리스도가 계시한 메시지를 서신으로 이 일곱 교회에 전달하는 형식을 취한다. 흰 양털과 백설 같은 머리털, 불꽃 같은 눈, 풀무불에 단련한 빛난 주석 같은 발, 많은 물소리 같은 음성, 일곱별을 쥔 오른 손, 입에서 나오는 좌우의 날선 검, 해가 힘 있게 비치는 듯한 얼굴… (1:14-16) 이렇게 묘사된 예수 그리스도는 다니엘서의 구원자 이미지(단 7:9, 10:6)가 훨씬 더 풍성하게 진화한 흔적을 보여준다. 우리의 상상력을 자극하는 이 신화적 분위기의 초상은 예수 그리스도의 초월적 신성을 암시한다. 물론 대단한 권위와 신비감도 덩달아 풍겨온다. 그 음성으로 전달된 편지들은 칭찬과 격려의 말씀과 함께 질책성 경고로 빼곡하다. 처음과 나중, 알파와 오메가, 과거와 현재와 미래를 관통하시는 총체적 구도와 범주 아래, 편지로 매개된 계시의 말씀은 우리의 심장을 뜨끔하게 한다. 칭찬과 격려의 말씀으로 흐뭇하고 든든해지지만, 질책성 경고의 말씀에는 아뿔싸! 싶은 것이리라. 그러나 모든 편지들은 놀랍게도 공통적으로 선물을 약속한다. 아, 그 모든 우여곡절을 통과하면 결국 계시는 선물이었던 것! 물론 그 선물 역시 상징적 이미지 속에 숨겨져 있다.

생명나무 열매

맨 처음 에베소 교회를 향한 선물은 생명나무의 열매란다(2:7). 이 열매는 처음 사랑을 버렸다(2:4)는 이 교회에 대한 책망의 동기와 관련되어 있다. 주지하듯, 아담과 하와에게 허락된 에덴의 동산은 생명나무 열매와 선악과나무 열매의 대결이 펼쳐진 시험의 전당이었다. 생명나무 열매는 사랑으로서의 순종에 대한 은총의 보답이었고, 선악과나무 열매는 불순종에 따른 타락의 표상이었다. 그러나 그 태초의 첫사랑은 배반당했고 버려졌다. 에베소 교회 사람들도 적잖은 장점에도 불구하고 그런 위험을 품고 있었던 것이다. 그래서 그들을 향한 계시는 생명나무 열매로 다시 제시되고 있다. 그것은 회복된 새 예루살렘 도성, 거기서 뭇 생명을 풍성하게 할 싱싱한 은총의 선물이다. 선과 악의 배타적 분법조차 넘어 온전한 샬롬의 생명으로 피어날 그 종말론적 지평 위에서 어쩌면 나무의 출현은 필연이다. 잎사귀를 떨군 채 두 손 들고 기도하는 포즈로 나무는 텅 빈 욕망의 상태를 현시하지만 맘껏 자라 영그는 싱그러운 열매마다 풍성한 향유의 삶을 떠올려준다. 하물며 그 나무에 '생명'이란 이름이 붙은 경우임에랴! 더구나 거기에 '열매'까지 붙어 있다니, 에베소 교인들의 싸움과 도전은 그것을 먹는 꿈만으로도 넉넉히 감당할 만하였으리라.

생명의 관

서머나 교회는 죽도록 충성하는 대가로 '생명의 관'이 선물로 예약되어 있다(2:10). 그 관은 물론 제왕이 쓰는 왕관일 터. 왕관은 권위의 상징으로 지배와 통치의 힘을 표상한다. 고난의 현실에서 목숨을 걸고 그것과 싸울 수 있는 이들은 그 왕관의 영광을 누릴 자격이 있다는 것. 그런데, 그 통치 권력과 영광은 '생명'이란 말의 수식을 받음으로 그 왕관의 권위가 현세의 억압적 정치와 계통이 다른 차원임을 암시한다. 이즈음에도 '생명정치'라는 말을 더러 사용하지만, 그것은 생명이 무엇인지 그 소중한 가치를 깨닫고 그 생명의 은총을 누리고 나눌 만한 자들에게나 가능한 목표이다. 주님 앞에 선교적 사명을 가지고 싸우며 충성하는 것, 그것은 흔히 말하는 국가에 대한 맹목적 충성의 이데올로기 같은 차원이 아니다. 죽기까지 '신실하게 머무는 것'(pistos), 바로 그런 것이다. 신실함, 믿을 만한 책임감을 가지고 생명을 받들어 섬길 때 생명의 관은 멀지 않다.

만나와 흰 돌, 흰옷

우상 제물의 시험과 싸워 이겨야 할 버가모 교회에게는 '발람의 교훈'과 '니골라 당의 교훈'이 넘어야 할 장애물이었다(2:14-15). 마치 출애굽한 광야의 이스라엘 백성들처럼 먹고사는 절박한 현실이 그들에게 시험의 미끼로 제공되었던 것. 이에 대하여 싸움에의 독려와 함께 만나와 흰 돌의 약속이 주어진다(2:17). 그 만나는 옛적 광야에서 다 소진되지 아니한 '숨겨진' 만나이다. 이 세상 구석구석에는 굶주림의 아우성을 넘어 숨겨진 은총의 양식으로 풍성하다는 것이다. 오로지 힘써 싸우며 극복하는 자만이 그 숨겨진 만나를 발견한다. 흰 돌 역시 진기한 만나와 짝하여 광야에서 생수를 터뜨린 반석을 연상시켜주거니와, 그것이 굳이 '흰' 색임을 표나게 내세운 것은 아무래도 예수의 흰 머리털에 표상된 순결한 전일성을 강조한 것이 아닐까 싶다. 아울러, 그 돌은 돌 자체로서의 의미보다는 돌 위에 기록된 비의적 이름으로 빛을 발한다. 그 '새 이름'은 받는 자밖에는 모른다고 한다. 아니, 그것을 준 자 역시 알지 않겠는가.

흰 돌과 마찬가지로 사데 교회에 주어지는 흰옷의 선물(3:5)은 더럽혀지지 않은 성결함을 상징한다. 예복으로서의 흰옷은 천국 잔치에 참여할 때 입어야 할 옷이다. 그것은 준비된 마음, 착실하게 간수된 소망에 다름 아닐 터. 그 옷은 한 번도 입지 않은 새 옷일 것이다. 하지만 믿음도 굴절이 있고 소망도 갱신된다는 점에서 흰옷은 회개를 통해 그리스도 안에서 정결케 된 심령을 나타낸 것일 수도 있다. 요한계시록이 마지막 메시지로 "자기 두루마기를 빠는 자들은 복이 있"(22:14)다고 선언한 점을 감안할 때, 흰옷은 장식적 언행으로 표백된 삶과 무관한 것임이 분명하다.

철장과 새벽별

두아디라 교회가 회개해야 할 것은 '이세벨'로 상징되는 음행과 우상숭배였다(2:20). 아울러 회개의 기회를 붙잡아 회개하지 않은 것도 문제점으로 지적받고 있다(2:21). 반면 그들이 칭찬받은 것은 처음보다 나중 행위가 더 많은 사업과 사랑과 믿음과 섬김과 인내의 진보였다(2:19). 물론 그 진보는 아직 '사탄의 깊은 것'을 아는 단계에까지 이르지는 못하였다(2:24). 그리하여 그들은 이미 가지고 있는 것을 굳게 잡으라고 권면 받는다(2:25). 그렇게 하여 주어진 현실을 이겨내기만 해도 그들은 '만국을 다스리는 권세'를 선물로 얻게 된다(2:26). 그 만국은 그러나 쉽사리 다스려지지 않기에 철장이 필요하다(2:27). 이 쇠막대기는 질그릇을 만든 토기장이가 그것을 맘대로 부숴버릴 수 있는 창조주의 권세이다. 허물고 다시 짓는 그 창조주의 권세가 교회와 나눠질 수 있다는 건 분명 놀라운 선물이다. 새벽별(2:28) 역시 마찬가지다. 그것은 예수 그리스도와 동일자이다. 이른 새벽 반짝이는 샛별의 영롱함, 그것은 마지막 희망의 징조이고 그 종말론적 희망의 승리를 내다보는 이미지이다. 그렇게 우리는 예수 그리스도와 공동 운명체로 엮여 하나가 되리라는 것이다.

성전의 기둥, 보좌

자칭 유대인이라 하는 '사탄의 회당'은 빌라델비아 교회에 쓴 편지에도 등장한다(3:9). 이 교회 사람들은 '작은 능력'에도 지조를 지키면서 그리스도의 이름을 배반하지 않았다(3:8). 그런 그들의 인내에 보응하여 그들을 장차 온 세상에 임할 '시험'의 때로부터 면해준다고 한다(3:10). 그것은 소극적 선물이다. 적극적 선물이 또 한 가지 있는데, 그것은 이기는 자에게 예비된 하나님 성전의 기둥이다(3:12). 기둥은 건물을 떠받드는 핵심 보루이다. 그것이 무너지면 건물이 다 붕괴할 수밖에 없다. 초대 예루살렘의 기둥으로 바울은 베드로와 요한, 야고보를 거론한 바 있다(갈 2:9). 이제 저자는 승리할 빌라델비아 교인들로 하나님 성전의 기둥을 삼는다고 한다. 그것만으로 영광스러운 일일 텐데, 한 술 더 떠 그 기둥에 하나님의 이름과 새 예루살렘 성의 이름, 예수 그리스도의 새 이름을 그곳에 기록해둔다고 한다(3:12). 이는 건물 공사 끝에 그 일에 크게 기여한 사람의 이름을 머릿돌에 새기는 관행을 연상시켜준다. 성도는 이렇듯 거룩한 영광의 이름을 기록하는 기둥이 되어야 한다.

성전의 기둥과 더불어 라오디게아 교회에는 왕의 보좌가 선물로 등장한다(3:21). 그 왕은 물론 그리스도시다. 이기는 자에게 그 왕과 함께 그 보좌에 앉을 영광을 허락한다는 것이다. 라오디게아 교인들의 문제는 결핍을 모른 채 자족하고 자랑하는 부자 의식이었다. 그래서 그들에게는 스스로 "곤고한 것과 가련한 것과 가난한 것과 눈 먼 것과 벌거벗은 것"(3:17)에 대한 성찰적 자의식이 없었다. 배부른 자가 배고픈 자의 심정을 헤아리기 어렵듯, 그런 자들에게는 극약처방이 필요하다. 그래서 그들에게 주님이 불로 연단한 금을 사고 흰 옷을 사 입어 벌거벗은 수치를 가릴 것을 권한다(3:18). 그 영적 안목의 빈곤함이 얼마나 극심했는지 심지어 "안약을 사서 눈에 발라 보게 하라"(3:18)는 권면까지 한다. 그들을 향한 책망과 징계에도 불구하고 선물은 화려하다. 왕이신 그리스도의 보좌에 함께 동석할 수 있는 영광이 베풀어진다는 것이다(3:21). 마치 그리스도가 아버지의 보좌에 함께 앉은 것과 같이 동급의 영광이 주어진다니 얼마나 황송할 터인가.

선물의 즐거움

이처럼 계시는 궁극적으로 선물로 나타난다. 징계와 책망도, 칭찬과 격려도, 황송하고 망극할 정도로 영광스러운 그 선물에 이르는 과정일 뿐이다. 더더욱 놀랍게도 그 선물은 물질적 이미지로 표현된다. 그 선물은 철과 금, 돌과 같은 재질이 필요하고 나무 열매와 만나, 의복 등과 같이 우리의 일상적 욕망과 무관치 않은 삶의 품목들로 구성된다. 성전과 보좌 같은 신정국가의 유산이 등장하고 별과 같은 초월적 형이상학의 물상도 배제되지 않는다. 우리의 믿음과 소망과 사랑, 그리고 인내와 싸움과 승리가 우리를 종종 지치고 상하게 한다. 우상숭배와 음행, 거짓과 오만, 나태함으로 표상되는 죄악의 유혹도 만만치 않고 그것에 치여 때로 치명적인 일격을 당하기도 한다. 계시는 바로 그 위태로운 지점에서 빛을 발하며 우리를 감싼다. 그것은 공포와 위협이 아니라 보람찬 향유의 선물로 다가오는 것이다. 그 선물은 악몽의 이미지처럼 컴컴하지 않고 대낮의 일상처럼 환하고 밝고 유쾌하다. 물론 그것은 더러 숨겨져 있어 오묘하고 난해하기도 하지만, 그것이 우리의 신앙 여정을 더 조바심 나고 갈급하게 만든다. 요한계시록의 언어들이 상징과 이미지로 치장되고 물질성을 동반하는 까닭이 바로 여기에 있다. 계시를 가지고 주제넘게 협박하지 말고 즐거움의 대상으로 밝히고 가르칠 일이다.

책과 어린양의 숨은 인연

요한계시록 5장

연상과 확대의 기법

요한계시록 5장의 공간적 배경은 4장과 마찬가지로 하늘의 보좌와 그
주변이다. 4장에서 웅장하고 신비한 분위기에서 전개된 천상예배의 광경
은 5장에서도 이어지고 있다. 그러나 그 초점은 다르다. 4장은 보좌에 앉
으신 분, 곧 하나님께 초점이 맞추어져 있다면 5장에서는 죽임 당하신 어
린양, 곧 그리스도 예수가 그 예배의 집중 대상으로 부각된다. 5장의 전체
적 구도를 결정하는 공간적 초점은 4장의 '보좌'이다. 4장에서 집중 묘사
된 그 '보좌'는 5장의 예배 장면을 전개하는 매개항의 역할을 하며 4장의
내용을 연상시켜준다. 그러나 그 연상은 반복에서 끝나지 않고 그 보좌의
내용을 확대시키는 방향으로 예배의 배경과 대상을 첨가한다. 4장에서 그
보좌 주변에는 이십사 장로들이 포진해 있었고, 그 가운데와 주위에는 네
생물이 배치된 것으로 조명되었다. 아울러, 그 보좌 앞의 풍경은 수정과
같은 유리바다로 특징지어졌다. 보좌에 앉으신 분의 모양은 각종 보석의
시각적 이미지로 제시되었는가 하면, 거기서 나는 번개와 음성과 뇌성 등
의 청각적 이미지는 동시에 그 정적인 대상의 역동적인 성향을 암시한 바

있다.

이제 5장에서 그 보좌는 좀 더 세밀하게 묘사된다. 그 보좌에 앉으신 이의 '오른손'이 등장하고 그 손에는 안팎으로 글이 쓰이고 일곱 인으로 봉해진 책이 쥐어져 있다. 보좌 주변의 등장인물도 이십사 장로들과 네 생물에 그치지 않고 그들을 둘러선 수많은 천사들이 나온다(5:11). 그들은 물론 찬양과 경배를 드리는 청중으로 등장한 것이다. 나아가 이어지는 본문은 그들을 외곽으로 둘러싼 또 다른 예배의 주체로 하늘 위와 땅 위와 땅 아래와 바다 위, 또 그 가운데 모든 만물들이 무한대로 확장해나가는 원근법의 광경을 파노라마처럼 제시하고 있다(5:13). 이와 같이 4장에서 이어지는 5장의 요한계시록 텍스트는 마치 그림을 그리듯 직조되어 있다. 그림을 그릴 때 구도를 짜고 스케치를 하여 큰 물상들의 공간을 배치한 뒤 점점 더 세밀하게 그 내용물들을 다채롭게 채워나가듯이, 저자는 천상예배의 광경을 이런 식의 원근법적 조망 가운데 큰 틀에서 작은 틀로, 다시 작은 틀에서 큰 틀로 묘사해나가고 있는 것이다. 이런 식의 텍스트 구성은 영적인 계시 역시 공간 미학을 배제하지 않음을 암시한다. 하늘나라와 천상예배의 예전적 구도도 이와 같이 정교한 미학적 아우라를 배제하지 않음이 이로써 확인된다.

책의 정체와 봉인의 난해함

보좌에 앉으신 이의 오른손에 쥐어진 책의 정체는 무엇일까. 그것은 앞으로 펼쳐질 심판의 재앙을 담고 있는 게 분명한데, '오른손'이라는 권위의 휘장 아래 제시된 책인 만큼 헛폼을 잡고 있는 것 같지 않다. 더구나 그것은 안팎으로 빼곡하게 쓰인 만큼 완성된 작품일 것이고, 일곱 인으로 완벽하게 봉인된 터라, 비의적인 분위기를 농후하게 풍긴다. 모든 미스터리는 '비밀'을 내장하고 있다. 아니, 미스터리의 희랍어 원어인 '미스테리

온'(mysterion)은 하나님의 신성한 비밀 바로 그 자체이다. 비밀 없이 몽땅 까발려진 사람이나 사물은 매력이 없어 보인다. 마찬가지로 비밀 없이 초장부터 훤하게 그 사건의 내막이 다 드러난 이야기는 재미가 없다. 흥미를 북돋는 이야기일수록 미궁에 미궁을 거듭하고 심연에 심연을 덧보태는 난해한 구조로 짜여 있어 보거나 듣는 이로 하여금 호기심을 북돋게 만든다. 우리의 영원한 사랑의 대상 하나님도 그 창조세계나 구원의 역사 속에 숱한 비밀을 내장해왔거니와, 그 종말의 심판과 관련된 미완성의 미래사에 대한 계시인즉 더더욱 오리무중일 가능성이 높다. 그래서인지 그 마지막에 관한 본문의 계시는 일곱 인으로 인봉해두어야 할 만큼 철두철미하게 가려져 있어야 하는 것!

그러나 그 인이 끝까지 가려져 있고 결국 열리는 게 불가능하다면, 감질나게 기다려온 보람이 헛수고가 될 터이다. 그러니 누군가 조그만 개봉의 구멍이라도 암시해주어야 한다. 모든 비밀 이야기란 게 늘 그렇지 않은가. 조바심 내고 호기심을 달구며 안달나게 만들다가 극적인 순간 혜성같이 출현한 주인공이 마지막 순간 기상천외한 방식으로 마치 불가능한 퍼즐을 맞추듯 모든 비밀을 밝혀내지 않는가. 이 혜성 같은 주인공이 본문에서는 '어린양', 곧 예수 그리스도로 등치된다. 그 비밀의 내용을 알 길 없어 안달하며 좌절한 독자나 청자의 입장은 이 책의 저자가 대변한다. 그는 심지어 "이 책을 펴거나 보거나 하기에 합당한 자가 보이지 않기로 내가 크게 울었"(5:4)다고 말한다. 그 서글픈 좌절감에 반향하여 마침내 장로들 중 하나가 그 해답을 제공할 주인공으로 어린양을 "유대 지파의 사자 다윗의 뿌리"로 완곡하게 에둘러 소개한다. 이 소개와 함께 언제 어디서 등장했는지 어린양 한 마리가 보좌와 네 생물과 장로들 틈바구니에 서 있다.

어린양의 기묘한 초상과 예배

마침내 출현한 어린양의 포즈는 얼핏 기괴하게 비친다. 그는 일찍 죽임을 당한 것 같은 포즈로 서 있다(5:6). 대개 죽은 동물은 엎어져 있거나 모로 누워 있지 서 있지 않다. 죽어서도 서 있는 동물은 박제가 된 동물에 국한된다. 그런데 이 동물은 죽임을 당했는데도 서 있다. 아, 그렇다. 부활하여서도 죽임을 당한 흔적을 그 육신에 고스란히 간직하고 있으니 이런 상반된 묘사가 가능한 것이다. 더구나 이 어린양은 일반적인 이 동물의 이미지와 달리, 뿔이 일곱 개나 달렸고 또 일곱 눈을 가졌다고 한다. 매우 신화적인 이 동물적 이미지는 그 어린양이 범상치 않은 존재임을 시위한다. 그 일곱 눈은 여기서 일곱 영으로 동일시되는데, 이는 4장에서 하나님의 보좌 앞에 배열된 일곱 등불의 이미지에 포장되어 달리 묘사된 바 있다. 이와 같이 보좌 앞에서 하나님의 권위를 장식하는 듯한 일곱 등불로서의 일곱 영은 이제 조금 변용하여 어린양의 얼굴에 달린 일곱 눈으로서의 일곱 영으로 다시 포진한 셈이다. 그 어린양은 보좌에 앉으신 이의 책을 취하여 그 일곱 인을 떼기 위해 출현하였다. 그것은 어린양 그리스도 예수께서 비밀리에 선고된 하나님의 심판을 공표하고 집행할 주인공이라는 사실과 함께 심판주로서 그의 권위를 동시에 암시한다.

마침내 어린양은 그 책을 취하고, 그와 함께 주변에 포진한 네 생물과 이십사 장로들은 어린양 앞에 경배의 포즈를 취한다. 그들은 경배의 준비물로 거문고와 향이 가득한 금 대접을 지참하고 있다. 거문고는 찬양의 도구일 텐데, 향이 가득한 금 대접은 '성도의 기도'라고 한다. 기도가 향으로 비유된 것은 기도가 제물의 대체물임을 시사한다. 구약시대에는 동물을 잡아 죽여 그 피와 고기로써 희생제물을 드렸지만, 이제 신약시대에는 살아 있는 제물을 드린다. 바울의 표현에 의하면 그것은 우리의 몸과 그 몸으로써 만드는 삶의 헌신적 내용을 산 제물로 드리는 '합리적 예배'(logikē latreia) 바로 그것이다(롬 12:1). 일상으로서의 예배, 예배로서의 일상을 염두에 둘 때, 기도 역시 그런 예배와 제물이 될 수 있는 것이다. 이렇듯, 계시의 수종자 또는 집행자로서 어린양 그리스도 예수의 정체와 위상은 그를 경배의 대상으로 높이게 한다. 그리고 그 경배에는 반드시 찬양과 기도가 포함되어야 한다. 그 기도와 거문고의 주악에 실려 바친 찬미의 노래인즉 다음과 같다.

> 책을 가지고 그 인봉을 떼기에 합당하시도다. 일찍 죽임을 당하사 각 족속과 방언과 백성과 나라 가운데서 사람들을 피로 사서 하나님께 드리시고 저희로 우리 하나님 앞에서 나라와 제사장을 삼으셨으니 저희가 땅에서 왕노릇하리로다(계 5:9-10).

이 찬양은 어린양의 위상과 권위에 대한 인정과 존중, 그리고 그의 보편적 대속과 구원 사역, 마지막으로 완성될 종국의 하나님 나라와 그 통치의 비전을 담고 있다. 이것에 반향하여 더욱 확산되는 천천만만 천사들의 찬양인즉, 그 어린양의 사역 내용은 거두절미된 채 다만 그의 존재 자체가 받아야 할 합당한 예찬의 본령이다. "죽임을 당하신 어린양이 능력과 부와 지혜와 존귀와 영광과 찬송을 받으시기에 합당하도다"(5:12). 천상의 이런 찬양에 천하의 만물들이 침묵할 리 없다. 그 모든 만물의 찬양 역시 영광 돌리는 송영의 노래로 간결하지만 웅장하게 불러댄다. 더불어 어린양과 함께 보좌에 앉으신 4장의 하나님까지 같은 반열에서 기리며 높인다. "보좌에 앉으신 이와 어린 양에게 찬송과 존귀와 영광과 능력을 세세토록 돌릴지어다"(5:13).

찬송과 기도 ― 예배의 본령

봉인을 뗀 책의 계시 내용이 끔찍한 재앙과 심판이리라는 것은 뻔한 예상인데, 그 임무를 수행하는 어린양의 행위를 두고 찬양을 올리는 것이 어찌 보면 생뚱맞게 비칠 수도 있다. 그러나 그 재앙과 심판은 그동안 왜곡된 인류 역사를 온전히 바로 돌리며 하나님이 세우신 공의의 잣대로 그 시시비비를 가려 그 공과를 돌려주는 사건이다. 그렇다면 그것은 모든 억울함이 신원받으며 마침내 탄식과 통곡이 그치는 순간이기도 하다. 그러니 어찌 찬양하지 않을 수 있겠는가. 마찬가지로 성도의 기도가 향기로운 제물로 금 대접에 담기는 이미지 역시 기묘한 아름다움을 선사한다. 그것은 이 땅의 사정을 하소연하며 올리는 간절한 기도임에 틀림없다. 또 그 기도는 단순히 이 땅의 굴절된 사연을 개인적 정보 제공 차원에서 전하는 것이라기보다 성도가 자신의 일상적 삶을 통해 드리는 헌신으로서의 예배 및 제물이라는 점도 분명해진다. 물론 그 안에는 핍박의 상황에서 감내하며 하나님의 공의로운 심판을 촉구하는 신원의 간구가 일부 포함되어 있을 수 있다. 이 점에 착안한다면, 우리의 예배로써 드리는 제반 기도가 어떠해야 할지 선명해지며, 그 비평적 성찰과 함께 우리의 영적 모골은 송연해진다.

우리의 기도는 하나님의 계시를 흐리기보다 밝히는 데 기여해야 한다. 우리의 예배는 궁극적으로 보좌에 앉으신 하나님과 어린양의 존재와 위상을 기리는 찬양만이 오롯이 빛날 수 있도록 우리 쪽의 사정에 조준한 잡다한 욕망의 휘장을 걷어내야 한다. 아울러 불의로 창궐한 이 땅의 죄악에 대한 심판을 경고하는 예언자적 메시지가 찬송과 기도의 내용을 구성해야 할 신학적 명분도 이로써 뚜렷해진다. 우리 예배가 천상의 종말론적 예배를 본받을 수 있다면, 지나치게 인간의 욕망에 민감하게 반응하여 세속화된 예전의 장막을 걷어내고 좀 더 간명하고 투명해져야 한다. 아울러 하나님의 현존과 어린양의 역사적 과제에 반항하여 둔화된 예언의 영을 깨우쳐야 할 것이다. 우리의 연성화된 예배는 그렇게 영적인 결기를 벼려내야 한다. 그 각성과 예배의 향연 가운데 참여할 수 있다면, 우리는 완벽하게 봉인된 책의 권위를 앞세워 섣불리 이 땅의 만물을 선동할 이유가 없다.

또 서로 제각각의 기술과 지혜로 그 봉인을 뗀 어린양 행세를 하며 이 땅을 향한 심판의 경고를 자의적 권위의 확립을 위한 사유물로 전유할 까닭도 없어 보인다. 그렇기 때문에 모든 예배는 다만 순정하고 담백하고 또한 절박해야 한다.

일곱 인의 정체와 구속받은 성도들

요한계시록 6:1-8:5

일곱 봉인과 심판의 내용

요한계시록 5장에서 책과 어린 양은 비밀과 해결사의 관계로 제시되었다. 이제 6장에 이르러 본격적으로 그 봉인된 책의 일곱 개 인을 떼기 시작한다. 물론 그 주인공은 어린양 예수 그리스도이다. 먼저 앞서 등장한 네 생물, 곧 즉 만유의 생명을 표상하는 그들이 어린 양의 신호와 함께 중개자로 나타나 시중든다. 그들에 관하여 "앞뒤에 눈들이 가득하"(4: 6, 8)다고 묘사된 것으로 미루어 그들은 놀라운 투시력을 가지고 감찰의 역할을 수행하리라 기대되었다. 그러나 그 형형한 눈으로 그들은 세상의 죄악상을 투시하는 데서 머물지 않고 6장에서 그것을 심판하는 집행자로 활약한다. 네 생물은 차례대로 네 종류의 말을 불러내고 그 말 탄 자를 통해 심판의 포즈를 취한다. 그리하여 "오라"는 네 생물의 명령에 따라 갑자기 흰 말과 붉은 말, 검은 말과 청황색 말이 익명의 기사를 태우고 등장한다. 말 탄 자의 이름 가운데 유일하게 공개된 네 번째의 경우 그것이 '사망'이라고 일컬어지는 점으로 미루어 이 말들과 그 위에 올라탄 자들은 심판의 내용을 포장한 은유적 기표들이다. 그들은 각각 하나님의 목적을 실현하는 역할을 수행하는데 이는 일찍이 스가랴(6:1-3)에서 선보인 이미지 유형이다.

이 말들은 각기 면류관, 큰 칼, 저울 등을 가지고 이 세상을 사망으로 황폐하게 만들라는 심판의 명령을 부여받는다. 면류관을 받은 기사와 함께 가장 먼저 출현하는 흰 말은 대체로 저항할 수 없는 정복자의 권세를 표상하는데, 후반부에서 이는 곧 그리스도를 가리킨다(19:11-13). 큰 칼을 받은 붉은 말은 그것으로 이 땅에서 화평을 제거하고 서로 살육하는 작업을 하는데, 이는 곧 전쟁과 피 흘림을 상징한다. 그런가 하면 심판의 잣대인 저울을 지닌 검은 말은 전쟁의 결과 초래되는 기근을 상징하고, 넷째의 청황색 말은 역병을 표상한다. 이와 같이 네 번째 인까지는 네 생물의 음성이 관여하고 네 색깔의 말과 기사가 개입하면서 이 땅을 사등분하여 각기 다른 심판의 사역을 수행하지만 공통된 결과는 죽음이다. 그 죽음에 이르는 경로가 전쟁이든, 기근이든, 그것은 인류의 역사가 하나님께 패역하고 그 창조질서에 역행할 때 찾아온 대표적인 비극이다. 그럼에도 이 단계에서 철저한 파괴는 제어된다. "한 데나리온에 밀 한 되요 한 데나리온에 보리 석 되로다. 또 감람유와 포도주는 해치지 말지어다"(6:6)라는 네 생물 사이에 들려온 메시지가 그 증거이다. 밀 한 되와 보리 석 되는 똑같이 노동자의 하루 품삯에 해당되는 한 데나리온의 식량으로 생존을 위한 최소치이다. 그것을 없애지 말고 남겨두라는 것이다. 같은 맥락에서 감람유와 포도주가 보존된다. 이는 성찬의 포도주와 기름을 통한 치유의 목적을 염두에 둔 영적인 암시라고 풀기도 하고, 예루살렘 점령 당시 디도(Titus)가 포도원과 감람나무를 해하지 말라고 명령했다는 사실에 접맥시켜 이해하기도 한다. 여하튼, 분명한 것은 이 단계에서 아직 심판은 철저하지 않은 상태에서 진행 중이고 아직 생존의 말미가 주어졌다는 점이다.

순교자의 증언과 십사만 사천의 구속

다섯 번째의 인부터 네 생물의 중개는 더이상 나타나지 않는다. 색깔 있는 말과 기사의 출현도 더이상 탐지되지 않는다. 그 대신 등장하는 것은 말씀의 증인으로 믿음을 지키다가 죽임을 당한 순교자들의 영혼이다. 그들은 탄식의 어조로 제단 아래서 호소한다. "거룩하고 참되신 대주재여. 땅에 거하는 자들을 심판하여 우리 피를 갚아주지 아니하시기를 어느 때까지 하시려하나이까"(6:10). 그들은 아무런 잘못도 없이 피 흘려 순교한 자들로 그 억울함을 신원해주기를 간청하고 있는 것이다. 그러나 그들에게 답변으로 주어진 것은 그들의 순결을 증빙하는 흰 두루마기일 뿐, 그들의 신원은 아직 적절한 수가 차기까지 유예된다. 최후 심판과 신원의 때까지 아직 더 피를 봐야 하고 동무 종들과 형제들의 순교적 죽음이 더 요구되는 것처럼 보이는 이 진술은 하나님의 잔인함을 나타내기보다 그만큼 신실하게 살고자 하는 이들을 향해 폭압적이고 잔혹한 이 땅의 정치권력과 그로써 범한 죄악의 역사를 증언한다. 아울러, 그 역사의 비극이 이 땅에서 자체 정화될 희망이 없는 암담한 현실을 비관적 예언으로 들려주고 있는 것이다.

여섯째 인은 각종 재이(災異) 현상과 더불어 그 심판의 전조를 알린다. 지진과 일식과 월식, 땅에 떨어지는 별 곧 유성의 출현과 각종 지각 변동은 휘황한 문학적 묘사와 함께 음울한 묵시적 분위기를 드리운다. 이는 각종 자연변이와 재난에 두려움을 품어온 인류의 심리적 풍경을 반영하거니와, 동시에 그것은 하나님의 심판을 예시하는 대표적 징조로 거론되기도 한다. 이에 따라 가장 불안한 이들은 죄악을 범한 자, 그중에서도 특히 자신의 부와 권력을 가지고 오만하게 기세등등하던 "땅의 임금들과 왕족들과 장군들과 부자들과 강한 자들"이고, 그들이 만들어놓은 무신과 불경의 체계에 무성찰적으로 길들여져 온 "모든 종과 자유인" 역시 예외가 못 된다. 그런데 그들 모두는 굴과 산들의 바위틈에 숨어 어리석게도 어린양의 진노를 피하려고 애쓴다는 것이다. 평소 손바닥으로 하늘을 가리려 기만적으로 살아온 그들이 이제 하나님의 심판을 피하려 허둥대는 풍경은 얼굴을 숨긴 채 엉덩이를 삐죽 내민 타조의 코믹한 모습을 연상시켜준다.

그러나 그 혼란의 하극상에도 예외는 있기 마련이다. 그것은 곧 이 땅에서 그 심판을 모면할 구속받은 백성들이다. 그들은 새롭게 등장한 네 천사가 땅의 네 모퉁이에 서서 사방의 바람을 붙잡아두는 가운데 인침을 받은 사람들이다. '바람을 붙잡아둔다'는 이 기묘한 문학적 표현은 하나님의 진노 어린 심판의 기운이 바람처럼 거침없이 땅의 사방을 휘몰아칠 때 그것을 잠시 유예시키는 장치이다. 그 바람이 땅과 바다와 각종 나무에 달라붙지 않게 함으로써 그동안 거기에 깃든 생명들 가운데 구속받아 건져낼 대상을 선별해낸다는 것이다. 그들은 "하나님의 종들"로 "하나님의 인"을 받기에 합당한 자들인데, 본문 6:5 이하에서 그들은 이스라엘 열두 지파에서 각각 선별된 일만 이천 명으로 도합 십사만 사천에 이른다.

귀가 얇은 어떤 자들은 이 숫자를 문자적으로 취하여 자기들의 특정한 교단이나 종파에 소속된 자들만의 구원을 주장하는 배타적인 해석을 가하곤 하지만, 그건 어불성설이고 해석학적 망발이다. 요한계시록의 상징 언어와 그 배경의 역사 언어에 감감한 소치의 결과이기 때문이다. 이 십사만 사천의 수치는 완전수에 완전수를 곱한 결과 산출된 것으로 하나님의 선택과 구속의 에누리 없는 온전성을 표상할 따름이다. 그러나 그 에누리 없는 정확성은 역으로 그렇게 온전한 하나님의 백성들을 추려내는 온전한 에누리의 역설을 증거한다. 이 대목에서 핵심적인 사항은 그 숫자에 대한 문자주의적 고뇌가 아니라 그렇게 온전히 구원받은 백성들이 장차 펼쳐 보일 예배의 향연이다. 앞서 여러 차례 예시된 대로, 그들은 천상의 예배에서 찬양하기 위해 모인 것이다. 그들은 "각 나라와 족속과 백성과 방언에서 아무도 능히 셀 수 없는 큰 무리"로 그 다양한 구성에도 불구하고 한목소리로 찬양한다. "구원하심이 보좌에 앉으신 우리 하나님과 어린 양에게 있도다"(7:10). 여기에 반향하여 보좌와 장로들과 네 생물의 주위에 서 있던 모든 천사들은 보좌 앞에 엎드려 "아멘 찬송과 영광과 지혜와 감사와 존귀와 권능과 힘이 우리 하나님께 세세토록 있을지어다 아멘"(7:12)으로 화답한다.

구원의 내용과 일곱째 인

예의 천상예배는 이제 그 모든 광경을 목격하고 증언하는 저자의 시선으로 이동한다. 이미 등장한 장로들 가운데 한 사람이 저자 '나'에게 저 흰 옷 입은 자들, 곧 십사 만 사천 명의 구속받은 자들이 누구이며 어디서 왔는지 그 기원과 정체를 물으면서 대화가 발생한 것이다. 질문자가 익히 그 답을 알고 묻는 이 수사적 자문에 대하여 그 장로는 그들이 "큰 환난에서 나오는 자들"로 "어린양의 피에 그 옷을 씻어 희게 하였느니라"(7:14)고 자답한다. 이는 요한계시록의 구원론을 압축하고 있거니와, 곧 어린양 예수 그리스도의 대속적 죽음과 그로 말미암는 속죄와 구원이 그것이다. 아울러, 이 진술은 그 구원을 이루기까지 성도들이 겪어낸 큰 환난의 시험이 있었음을 암시한다. 그러나 이 모든 역경을 통과한 그들은 더이상 세상의 환난에 속해 있지 않다. 하나님의 보좌 앞에서 또 성전에서 주야로 하나님을 섬기는 제사장 같은 사람들이 된 것이다. 하나님께서 그들 위에 보호의 장막을 쳐서 다시는 굶주림과 목마름이 없고 뜨거운 기운에 상함도 없는 태평의 세월이 이어지리라는 것이다. 그들은 또한 목자 되신 어린양의 인도 아래 생명수 샘으로 가고 하나님이 그들의 눈에서 눈물을 씻어주심으로 더이상 슬픔과 상관이 없게 된다. 어린양은 목자의 인도를 받는 가장 연약한 양일 텐데, 이제 그 어린양이 목자가 되는 전복적 역설이 이렇게 성립된다. 나아가 "여호와는 나의 목자시니 내게 부족함이 없으리라"는 시편 23편의 꿈도 마침내 성취되고 있다. 구원은 화려한 세속의 사치와 무관하게, 이다지도 소박하게 이 땅의 실존적 고통의 짐을 벗어버리는 자유의 꿈 가운데 실현된다.

　이 구원의 장관이 선사한 영적 아우라 때문이었을까. 8장에 이르러 일곱째 마지막 인을 뗄 때 하늘은 반 시간쯤 고요하게 잠겨 있었다고 한다 (8:1). 이 고요한 적막이 지난 뒤 일곱 천사가 일곱 나팔을 받아 새로운 심판의 묵시를 예비한다(8:2). 이는 이어질 나팔 소리의 예언에 복선을 까는 것으로 일곱 봉인과 일곱 나팔을 문맥적으로 잇대어주는 징검다리 역할을 한다. 또 다른 심판의 징조로 천사가 가져다 보좌 앞에 드리는 금향로는 모든 성도의 기도와 합해져 하나님 앞에 올라간다. 이로써 저자는 이 장면이 이 땅의 상황을 반영하고 있음을 시사한다. 금향로의 향과 성도의 기도가 합해졌으니 그 기도는 당연히 향기로운 제물처럼 흠향되었겠다. 그러나 그것은 단지 하나님이 그 향기로운 기도를 즐기게 하려는 데 목적이 있지 않았다. 천사가 그 향로를 가지고 제단의 불을 담아 이 땅에 쏟을 때 우레와 음성과 번개와 지진이 발생하며 또 다른 재난의 풍파를 예고하고 있기 때문이다. 그렇다면 그 성도의 기도는 핍박받는 자들의 신원을 담은 '어찌하여?'와 '언제까지?'의 기도가 아니었을까. 하나님의 의에 목말라 하며 갖은 고통을 감내하던 이 땅의 증인들이 탄식을 담아 하소연한 눈물의 기도가 아니었을까. 그것은 시편 이래로 계보가 있는 기도로 인류 역사를 통틀어 의롭게 살고자 애써온 생명들의 공통된 목소리였다. 이 땅의 현실 속에서 하나님의 존재 증명을 갈구하는 절규 어린 목소리였던 셈이다.

　그 외침은 아직도 계속된다. 오늘도 여전히 세상 곳곳에서 눈물 흘리는 자들, 탄식하며 애통하는 자들, 폭압과 핍박 속에 꿋꿋이 감내하며 온몸으로 기도하는 이들, 하나님이 이 땅의 바람을 붙잡아두는 막간의 시간에 재앙의 일곱 봉인을 피해 구속의 인침을 받고자 옷깃을 여미는 무리들…. 그들의 행렬이 존재하는 한, 하나님의 활동도 그침이 없다. 천사들도 분주하리라. 우리의 찬양과 경배도 간단없이 이어지리라.

일곱 천사의 일곱 나팔 재앙

요한계시록 8:6-10:11

왜 나팔인가

'나팔'이라고 하면 오늘날 트럼펫 같은 것을 떠올리지만, 요한계시록이 기록된 당대를 반영하자면 저자는 아무래도 짐승의 뿔로 만든 나팔을 염두에 두었을 것이다. 그것은 전장에서 군대의 동선을 이끄는 제반 신호 수단으로 긴요하게 사용되었다. 묵시문학에서 '나팔'의 이미지는 종말의 결정적인 순간을 적시하거나 심판의 선포를 알리는 상징적 기표이다. 청아하게 울리는 우렁찬 나팔 소리는 신적인 메시지를 담고 인간 세상, 아니 자연계까지도 포함하여 경계를 넘어 폭넓게 퍼져나가기 마련이다. 그것은 엄중한 경고의 메시지이지만 동시에 절박한 마지막 기회를 신호하는 안쓰러운 각성의 메시지이기도 하다. 요한계시록 8:6-10:11은 바로 이 나팔 소리를 매개로 한 심판의 재앙을 묘사하고 있다.

이전의 구절에서 심판의 메시지는 일곱 봉인을 떼는 신호와 함께 점진적으로, 그 심판을 부분적으로 유예하면서, 그러나 걷잡을 수 없이 폭넓게 선포되었다. 네 종류의 색을 지닌 말들을 통해 전쟁과 기근, 그로 인한 죽음의 재앙이 이 땅을 뒤덮는 암울한 전조로 예시되었다. 여섯째 봉인과 일곱째 봉인 사이에는 일종의 '숨고르기' 차원에서 이 재앙을 피해갈 구원받은 백성 십사만 사천 명의 희망찬 광경이 묘사되었고, 일곱째 인을 떼는 장면에서는 일곱 나팔의 재앙을 암시하는 복선으로 일곱 천사가 등장하였다. 아울러, 그 재앙의 예비 작업으로 성도의 기도를 담아 올라간 향연(香煙)이 후속 재앙을 위한 일종의 신학적 '재료'로 묘사되었다. 마침내 일곱 천사의 일곱 나팔 재앙은 그 향로에 제단의 불을 담아 땅에 쏟으면서 발생한다. 향로의 불은 땅에 쏟아지면서 '우레와 음성과 번개와 지진'을 몰고온다. 이른바 신성의 현현(theophany)을 표상하는 전형적인 소재들이다. 그렇게 분위기를 잡은 신적인 위엄이 장엄한 서곡으로 울려 퍼지면서 일곱 나팔을 가진 일곱 천사가 나팔을 불기 시작한다.

심층적 재앙, 총체적 심판 — 근원을 향한 타격

일곱 천사의 일곱 재앙은 대체로 땅의 삼분지 일을 잠식하는 효과를 낸다. 그것은 아직 이 단계에서 심판이 충분히 완성되지 않았음을 나타낸다. 앞서 땅의 사분지 일을 장악하는 식으로 여기에서도 부분적으로, 점진적으로, 그러나 '맛보기'라고 하기엔 너무 끔찍한 심판의 재앙이 압도하는 기세로 거세게 임한다. 하나님의 의가 은혜와 자비로 발현되면 그것은 신속하게, 에누리 없이 충만하게 임하지만, 그것이 심판과 재앙으로 불어 닥칠 양이면 이렇게 뜸을 들이면서 서서히, 화끈하지만 동시에 멈칫거리면서 임하는 것이리라.

그렇게 임한 재앙의 목록은 매우 총체적이고 심층적이다. 물론 그 재앙의 실현 방식과 그 결과 초래되는 참상은 이미 유형론적 전범을 보인 바 있다. 출애굽 사건 당시에 애굽 사람들에게 나타난 재앙의 사례들을 살펴보면 유사한 패턴이 발견되기 때문이다(출 9:23, 25, 7:17-27, 10:21-23). 첫째 천사의 첫 번째 나팔과 함께 "피 섞인 우박과 불"이 나와 땅과 수목과 각종 푸른 풀 삼분의 일이 타버렸다. 이는 지상에 임한 생태적인 재앙이다. 푸른 나무와 풀은 산소를 만들어내는 호흡의 근원이다. 또한 그것들은 지상적 안식의 태반이고 홍수 등 각종 재난을 예비해주는 보호막이다. 그런데 그것들 삼분의 일이 잠식되면 그 재앙의 파문이 심상치 않게 된다. 이어지는 둘째 천사의 나팔과 함께 "불붙는 큰 산과 같은 것"이 바다에 던져져 바다의 삼분의 일이 피로 변했다고 한다. 이 희한한 이미지는 바닷속으로 떨어지는 심판의 폭탄과 같은 것으로 감각된다. 그것은 하나님의 창조 이래 땅과 바다가 경계를 이루며 나눠진 그 질서를 뒤집는 무질서의 아우성처럼 비친다. 그렇게 큰 산과 같은 땅이 불까지 붙어 바닷속으로 날아든다면 창조 이전의 혼돈스런 무질서를 재현하는 격이다. 그 결과 바닷속 생명 삼분의 일이 죽고 배들도 삼분의 일이 깨지게 된다고 한다. 이것은 해양 질서의 교란과 전복을 시사한다. 숲과 함께 물도 생명의 근원이다. 바다는 그 광활함으로 웬만한 오염에도 끄떡없이 견뎌낸다. 그렇지만 그 삼분의 일이 피로 변해서는 그 속의 생명들이 안전할 수 없다.

셋째 천사의 나팔이 몰고 온 재앙은 "횃불 같이 타는 큰 별"이 떨어져 강과 여러 물샘을 덮친 장면으로 요약된다. 바다의 염수에 이어 지상의 생수까지, 그 생수의 근원인 물샘까지 못 마시도록 오염시켰다는 것이다. 하나님의 구원 사역은 마치 출애굽 여정에서 '마라'의 쓴물을 단물로 변화시키는 사건과 같은데, 여기서는 반대로 생수의 근원을 "쓴 쑥"이라는 이름을 가진 불붙은 별을 통해 엉망진창으로 만들어놓는다는 것이다. 이 별명은 신적인 응징을 상징하는 쓴 약재로 이전의 용례가 있는데(렘 9:15, 23:15), 독이 약이 되는 역설과 함께 약이 독이 되는 현실은 이 대목에서 여실히 확인된다. 그러니 오염된 그 물을 마신 사람들 역시 그 생명을 온전히 건사하지 못하고 죽어버릴 수밖에 없다. 이렇게 자연계의 심판은 인간 생명이 영위되는 근원을 향해 가하는 타격의 형태로 나타난다.

셋째 나팔까지가 자연의 생태 질서에 임한 재앙을 통해 인간 생명이 죽음으로 몰리는 상황을 보여준다면, 이어지는 넷째 천사의 나팔은 해와 달과 별들의 삼분의 일이 빛을 잃는 타격을 통해 광명과 암흑의 경계가 혼돈의 도가니로 떨어지는 천체의 재앙을 예고한다. 일식과 월식, 유성의 출현 등과 같은 천체 현상을 '재이'(災異)의 관점에서 해석한 고대의 신화적 상상력이 작용하여 이로써 흔히 하늘의 경고와 신의 분노, 종말의 징조를 대변하곤 하였는데, 여기서도 그런 천체 상징의 유형학은 고스란히 반복된다.

아비돈(아볼루온), 유브라데강의 결박 천사

다섯째 천사의 나팔은 그 떨어지는 별들 가운데 하나에 집중하여 그 대상을 의인화한다. 별의 상징 유형은 불멸하는 신성이나 위대한 인물, 왕권 등을 가리키지만 떨어진 별은, '루시퍼'의 고전적 사례가 잘 보여주듯, 타락한 천사로서 마귀적 표상을 지닌다. 그런데 바로 그런 종류의 별이 다섯째 나팔 소리와 함께 등장한다. 그는 무저갱의 열쇠를 받은 자이고 '전갈'로 예표되는 황충 같은 존재이다. 황충의 이러한 파괴적 이미지는 출애굽 당시 심판의 방식으로 이미 전례를 선보인 바 있다(출 10:12-15). 그가 받은 권세는 사망의 권세인 게 틀림없다. 그런데 그들의 공격 대상은 "이마에 하나님의 인침을 받지 아니한 사람들"(9:4)이다. 더욱이 잔인한 것은 그들을 향한 그 공격이 죽임이 아니라 다섯 달 동안의 괴롭힘에 있다는 점이다. 죽음은 생각하기에 따라 육체적 무감각을 통한 모든 고통의 망각이라고 볼 수 있다. 그래서 한 방에 끝장내주는 식의 죽음은 외려 사람에 따라 영구적 평안의 선택으로 인식되기도 한다. 그러나 그들이 겪는 재앙은 "죽기를 구하여도 죽지 못하고 죽고 싶으나 죽음이 그들을 피"할 만큼 끔찍한 고통을 동반한다(9:6).

이 심판을 주도하는 무저갱의 황충 세력은 그들의 왕에 의해 통솔되는 것으로 나타난다. 그의 이름은 히브리어로 '아비돈' 또는 헬라어로 '아볼루운'이라 칭하는데, 공히 '파괴', '파괴자'라는 의미를 담고 있다. 요한계시록의 해당 본문은 이 파괴자의 우두머리가 부리는 황충 세력들의 기이한 형상을 다분히 신화적인 이미지 속에 꽤 자세하게 묘사한다(8:7-10). 전쟁 상황을 암시라도 하듯, 그들은 대체로 말처럼 보이고 머리에 금관 같은 것을 썼는데, 유독 얼굴만은 사람의 얼굴 같다고 한다. 또 여자의 머리털 같은 더부룩한 머리털과 사자의 이빨같이 날카롭고 강한 이빨을 지녔으며, 철로 된 호심경을 차고 날개까지 달고 있어 그 소리가 전쟁터의 많은 말들이 내는 소리와 흡사하단다. 꼬리에는 쏘는 살이 달렸는데 바로 그것을 무기 삼아 사람들을 5월에서 9월까지 황충의 생명주기에 맞춰 다섯 달 동안 괴롭히는 작업을 일삼는다는 것이다. 이 황충의 기괴한 이미지는 마치 희랍 신화에 나오는 반인반마(半人半馬)의 센토, 날개 달린 말 페가수스, 날개 달린 사람 이카루스 등의 이미지가 혼합된 것처럼 보인다. 그러나 그는 저런 희랍의 대리자들과 달리 착한 일은커녕 오로지 전갈처럼 사람을 괴롭히는 고문자의 역할을 수행한다. 심판의 이름으로!

이어지는 9:13-21은 여섯째 천사의 나팔 소리와 함께 마귀적 살육의 재앙을 묘사한다. 이 천사의 나팔 소리는 유브라데강에 결박되어 있던 네 천사를 불러와서 그들을 심판의 대리자로 삼는다. 그들이 왜 결박되어 있었는지, 그 천사들의 정체가 무엇인지 불분명하지만, 이들 역시 본래 천사의 신분으로 타락하여 하나님께 득죄한 결과 큰 강물 속에 오랫동안 감금되어 형벌을 받고 있었으리라고 추측할 수 있다. 그들은 무려 2억 명의 엄청난 마병대를 거느리고 있다. 그들의 임무는 단순히 '전갈'의 독침처럼 괴롭히는 데서 그치지 않고 인간 사냥을 통해 살육을 감행하는 것이다. 이 마병대의 형상은 앞서 나온 황충과 비슷하면서도 다른 측면이 있다. 그들은 불빛과 자줏빛과 유황빛의 삼색으로 호심경을 차고 있고, 그들이 탄 말의 머리가 사자머리 같다고 한다. 그 입에서는 불과 연기와 유황이 나오는데, 바로 그것이 살해 무기로 쓰인다는 것이다. 불과 연기와 유황의 이미지를 합성하면 포탄과 같은 후대의 대량살상무기가 연상된다.

그 무기뿐 아니라 그들이 탄 말의 뱀 같은 꼬리와 입에도 비장의 무기가 숨어 있다. 바로 그 꼬리에 달린 머리가 그것이다. 사자 머리에 뱀 같은 꼬리와 입을 달고 있는 말, 또 그 꼬리에 얼굴이 달려 있다…? 여기서 내 상상은 이 살육자가 하나님의 창조 질서와 정반대에 있는 혼돈의 사자(messenger)임을 직감한다. 얼굴과 꼬리는 맨 앞과 맨 뒤의 질서를 표상하는데, 그것이 함께 붙어 있다는 것은 하나님의 창조세계와 관련하여 볼 장 다 본 격이고 막 가자는 것이다. 과연 그들은 가리지 않고 '막가파' 식으로 지상의 인간 삼분의 일을 죽인다. 그렇지만 여기서도 에누리는 있다. 이 광포한 살육의 잔치에서 살아남은 자들이 있기 때문이다. 그런데 희한하게도 그들은 상대적으로 조금이라도 더 착했던 사람들이 아니다. 그들은 손으로 행한 악한 일, 그러니까 우상숭배와 살인과 복술과 음행과 도둑질을 회개하지 않은 사람들이다. 그들의 운명은 어떻게 될까? 9장은 여기서 그들의 향후 운명과 관련하여 아무런 언급 없이 여운을 남긴 채 종결되고 10장으로 넘어간다.

기묘한 여운의 뜻

왜 저자는 그들이 회개하지 않았다고 하면서 그들의 응징을 말하지 않는 것일까. 그들의 행위에 대한 구체적인 적시와 함께 분명히 더 악한 죄악을 저지른 무리임을 밝히면서도 왜 그들은 거기서 살아남은 것일까. 그들이 민첩하여 그 괴물마병대의 사냥을 피할 수 있어서? 아니면 그들이 섬기던 우상들한테 모종의 끗발이 남아 있어서 그 효험으로? 아니, 그렇지는 않을 것이다. 그들과 같이 하나님이 가장 미워하는 죄악을 저지른 사람들한테조차 기회가 있음을 무시무시한 경고와 함께 은근히 암시하고 있는 것은 아닐까. 그래서 굳이 표나게 회개하지 않았다는 사실을 강조하면서 회개하기를 은연중 기대하고 있는 것은 아닐까. 그게 바로 저자의 숨은 의 중이고 하나님의 감춰진 구원사적 섭리 아닐까. 왜냐하면 하나님은 모든 사람들이 구원받기를 바라시고 만민이 당신의 진리를 아는 데 이르기를 원하시는 분이기 때문이다(딤전 2:4).

여하튼, 여기서 일단 호흡을 고르며 잠시 그 여운에 머물러보자. 일곱째 천사의 일곱째 나팔은 온전한 그 '일곱' 수의 몸값에 비례하여 뜸을 들이며 더디 찾아온다. 그리고 '천사와 작은 책' 이야기를 빌미로 딴죽을 부리며, 그러니까 그런 환상적인 분위기를 증폭시키면서 우회하여 천천히 등장한다. 클라이맥스는 그렇게 감질나게 찾아와야 이야기의 감칠맛이 더 강하게 우러나는 법이기 때문이다. 이와 같이 끔찍한 이 땅의 재앙에 희망은 끊긴 듯 보인다. 그러나 하나님이 그 대환란의 와중에도 가녀린 희망의 씨앗은 어디 남겨두지 않으셨을까. 심판의 에누리 없음에도 불구하고, 아직 삼분의 일까지만 죽었으니 나머지 삼분의 이는 그래도 배려하고 있음이 아닌가. 이런 우리의 기대가 허망하지 않음이 10장, 11장으로 이동하면서 점점 더 분명해진다. 그래서 독서는 끝까지 다 읽어봐야 후련한 법! 아직 심판은 끝나지 않았다. 마찬가지로 아직 희망도 고갈되지 않았다. 기대하시라.

두 증인과 일곱째 나팔 소리

요한계시록 11:1-19

영웅을 부르는 난세

종말은 급격히 오면서 그 급격함의 극적인 성격을 극대화하기 위하여 뜸을 들이기도 한다. 그것이 마지막 일곱째 나팔 소리가 다소 유예되면서 일종의 곁다리 첨가물로 두 증인의 감동적인 예언 이야기가 삽입된 서사적 이유라고 할 수 있다. 난세가 영웅을 부른다고 하지 않던가. 인류의 종말이라는 난세 중의 난세에서 그 영웅이 안 나오면 언제 나올 것인가. 더구나 이것은 그저 그런 난세가 아니라 인류 역사가 범우주적인 차원에서 파국을 맞는 종말의 국면 아닌가. 그런데 놀랍게도 그 영웅들은 우리가 흔히 접해온 영웅들의 통상적 이미지와 거리가 먼 듯하다. 그들은 무엇보다 실명이 아닌 익명의 두 증인으로 등장한다. 영웅이라면 모름지기 제 이름을 떨치기 위해 목숨을 초개 같이 버릴 준비가 되어 있는 인물일 텐데, 익명이라니 의외이다. 더구나 그들은 승리의 개선장군 이미지와도 어울리지 않는다. 일정 기간 활동하다가 이 땅에서 비극적 죽음을 맞도록 운명적인 사명을 부여받았기 때문이다. 그들은 누구인가. 그들은 종말의 한복판에서 심판의 파국을 돌이킬 만한 희망 한 줌 기대하기 어려운 상황에서 왜 굳이 이 땅에 와서 무모한 죽음을 자초한 것인가. 아마 '예언자적 비관주의'(pro-phetic pessimism)의 파토스가 그들의 자의식에 담겨 있을 법한 그 '무모함'의 정체일는지 모른다. 그렇다면 그들은 이 난세가 불러낸 전형적인 영웅이 아니라 하나님이 불러 세운 탈전형적인 인물이다.

두 증인의 '십자가' 선교

두 증인의 등장에 앞서 먼저 본문은 "성전과 제단과 그 안에서 경배하는 자들을 측량하"는 장면을 보여준다. 그 측량의 담당자는 요한계시록의 계시를 담지하고 있는 저자 '나'이다. 이 작업은 이미 제출된 유사한 선례(슥 2:1-5; 겔 40:3-42:20)에 비추어보면 그들의 보존에 목적이 있다. 그런데 성전의 바깥마당은 그냥 두라고 방치한다. 이 바깥 공간은 '이방인의 마당'이라 칭해진 곳으로 이방인들에게 넘겨주었다고 한다. 여기에서는 특정한 상황을 하나님이 일정 기간 죄악 가운데 내버려둔다는 '방기의 교리'가 연상되기도 한다. 아마도 이곳을 거점으로 이방인 세력이 거룩한 도성 예루살렘을 42개월 동안 짓밟는 참혹한 재난이 발생하리라는 것이다. 이는 남유다 왕국이 바빌론의 침공과 함께 멸망당하면서(BC 587) 예루살렘 성읍이 짓밟힌 원거리의 역사적 기억과 함께, 이후 AD 70년 로마제국에 의해 다시금 파괴당한 예루살렘성과 성전의 근거리 역사적 회고가 동시에 오버랩된 장면이라 할 수 있다. 그런데 그렇게 마흔두 달의 재앙을 꿋꿋이 견뎌내면서 1260일 동안 굵은 베옷을 입고 예언하기 위해 출현한 두 증인이 있단다. 그들은, '굵은 베옷'의 이미지에서 확인할 수 있듯이, 회개의 대리적 역할을 수행하는 고난받는 종의 표상을 가지고 있다. 마치 이사야 53장의 그 고난받는 종의 포즈와 같이, 십자가에 묵묵히 달려 돌아가신 예수 그리스도의 방식대로, 그는 지상의 죄과와 모든 허물을 자신의 것으로 여기며 십자가를 지는 심정으로 그 실상을 적나라하게 증언하는 역할을 떠

맑게 되리라는 것이다. 이방 세력이 도성을 짓밟는 42개월이나 두 증인이 회개의 포즈로 예언하는 기간 1260일이나 모두 3년 6개월이라는 점에서 그 숫자가 그 숫자이다. 이 3년 6개월은 다니엘서(7:25, 12:7)의 예언을 참조한 것으로 극심한 환란의 때이면서 동시에 가장 확실한 소망의 때이기도 하다. 위기가 곧 기회라고 하지 않던가.

이 두 증인의 정체에 대하여 그들이 스가랴서(3:1-4:14)에 나오는 바빌론 탈주의 걸출한 두 주역이었던 스룹바벨과 여호수아를 닮았다고 보기도 한다. 그도 그럴 것이 이스라엘의 역사적 고난기에 그들처럼 절묘하게 조화를 이루며 동역한 역사의 주인공도 찾아보기 어렵기 때문이다. 더구나 본문은 그들을 "주 앞에 서 있는 두 감람나무와 두 촛대"에 비유하고 있거니와, 이 특징적인 이미지 역시 스가랴서(4:3-14)의 저작권에 기대고 있다. 그런가 하면 그들은 이스라엘의 구원사를 통틀어 가장 위대한 지도자로 꼽히는 두 사람 곧 모세와 엘리야를 재현한 인물상이라고 볼 근거도 꽤 탄탄하다. 특히, 그들이 부여받은 권능이 "하늘을 닫아 그 예언을 하는 날 동안 비가 오지 못하게 하"(11:6)는 것은 다분히 엘리야의 사역을 연상시켜 주고, 또 다른 한편으로 그가 "권능을 가지고 물을 피로 변하게"(11:6) 한다고 한 것을 미루어보면 그는 영락없이 모세의 휘장을 걸치고 있다. 그러나 이것이 전부가 아니다. 그들은 또 베옷을 입고 회개하는 마음으로 이 땅에 남겨진 백성들의 죄를 대리한다. 그 대리적 희생과 고난의 정점에 그들의 대속적 죽음이 대기하고 있다. 아, 그렇다면 이는 이사야서의 고난받는 종의 현신이며, 곧 예수 그리스도의 대속적 사역을 표상하는 특징이 아닌가. 이로써 저자는 다양한 역사적 경험과 기억을 재료 삼아 그 현장에 함께한 신실한 종들을 예언자적 감수성으로 재현하여 가장 심오한 종말의 예언적 증인으로 앞세우고 있다. 그뿐 아니라 그는 예수 그리스도의 대리적 구원사역을 다시 회고시켜줌으로써 그 십자가 선교의 후광이 막판까지 빛을 발하도록 배려하고 있는 셈이다.

희생과 신원의 파노라마

극적으로 등장한 인물은 그 생애도 짧고 굵게 극적이지만 그 죽음 또한
극적이기 마련이다. 나팔 심판 도중 막간에 등장한 이 두 증인의 최후가
그런 궤적을 밟아간다. 그들은 오직 증언함으로써 자신의 사명을 완수한
다. 그들의 증언이 마칠 즈음 무저갱으로부터 올라오는 짐승이 그들과 더
불어 전쟁을 벌이고, 그들을 죽여 그 시체를 도성의 길바닥에 내던져버린
다고 한다. 당대의 관행에 비추어 가장 끔찍한 죽음이 그 시체가 제대로
매장조차 되지 못하는 경우임을 상기한다면, 여기에 방치되는 두 증인의
죽음은 그와 같은 비극적 정조를 극대화한다. 그뿐 아니라, 그들의 장례는
의도적으로 방해된다. 그들이 예언한 삼년 반의 기간을 압축한 사흘 반 동
안 "백성들과 족속과 방언과 나라 중에서 사람들"(11:9)이 그 시체를 조롱
거리 삼아 쳐다보며 무덤에 장사지내는 걸 방해하리라는 것이다. 그들의
예언이 그 사람들에게 괴로운 고문처럼 들렸던 모양이다. 왜냐하면, 추측
컨대, 그들은 저 증인들의 예언에 따라 회개하기 싫었고 또 장차 닥치리라
는 종말 재앙의 미래가 상상하기조차 고역스럽기 때문이었을 것이다. 그
래서 그들은 이 두 증인의 죽음을 자축하는 차원에서 "즐거워하고 기뻐하
며 예물을 보내리라"(11:10)고 난리를 피운다. 그렇게 그들의 희생은 처절
했고 철저했다. 죽어서도 시체로써 이 땅의 죄악상을 고발하며 증언하는
역할을 감당한 것이다.

그런데 그 죽음의 현장과 관련하여 저자는 의미심장한 논평을 남긴다.
그들의 시체가 방치된 그곳을 "영적으로 하면 소돔이라고 하고 애굽이라
고도 하니 곧 그들의 주께서 십자가에 못 박히신 곳이라"(10:8)고 비유적이
나마 진지하게 의미 부여를 한 것이다. 소돔은 맨 처음 인류의 죄악상이
압축된 표상적 공간이다. 노아의 홍수 심판 이후 하늘의 불비로 극도로 심
해진 하나님의 진노가 또 한 차례의 가혹한 심판으로 표출된 사건인 셈이
다. 애굽이라는 공간 역시 그 지리적, 역사적 함의를 넘어 불의의 억압과

타락의 죄악된 삶을 표상하거니와, 저자의 영적 상상력은 그 소돔과 애굽에서 단숨에 예수께서 십자가에 달려 돌아가신 골고다의 공간으로 꽂힌다. 애굽이나 소돔과 마찬가지로 예루살렘 도성과 골고다는 인류의 타락과 죄악상이 정점에서 만나는 지점이며, 하나님의 정의의 심판과 사랑의 구원이 또 다른 극점에서 교차하는 상징적 장소이다. 저자의 해석적 관점에 따르면 이 두 증인의 죽음과 그 시체가 방치된 장소적 풍경은 그 모든 선행하는 사건들과 그 신학적 의미를 함축하는 매개이다. 그 매개로써 종말적 분위기를 독자들 가운데 환기하며 민감한 반응과 예리한 각성을 유도하고자 하였을 것이다.

희생은 하나님의 공의란 원칙하에 반드시 보응과 신원으로 이어져야 한다. 과연 이 두 증인의 시체가 방치된 사흘 반은 참혹한 비극적 패배의 시간으로 비침에도 불구하고, 그 이면에는 하나님의 생기가 들어가 그들의 부활을 준비하는 희망의 잉태기였음이 명확히 드러난다. 하나님의 생기가 그 시체들에게 들어가 그들이 발로 우뚝 서 일어설 때 주변의 구경꾼들의 간담이 서늘해졌음(11:11)은 물론이다. 이는 에스겔이 본 대로 골짜기의 해골들이 다시 생기를 얻어 커다란 군대를 이루는 전례를 상기시켜 주거니와(겔 37:5, 10), 하나님의 생명력이 죽음을 넘어 영원무궁하며 그 하나님이 부활의 하나님임을 증언한다. 나아가 그들은 하늘로 구름을 타고 올라간다. 이 장면은 예수의 승천 장면과 함께 엘리야가 불병거를 타고 하늘로 승천했다(왕하 2:11)는 과거의 전승을 떠올려준다. 그들의 승천은 곧 그들의 승리였고, 그들의 희생적 죽음에 대한 신원의 결과였다. 그 여파는 이 땅에서 큰 지진이 발생하여 도성의 십분의 일이 무너지고 칠천 명의 목숨이 죽어 나가는 재난으로 나타난다. 죽지 않은 사람들은 이 광경 앞에 두려워할 수밖에 없는 노릇! 그 두려움은 하나님을 향한 경외심으로 바뀌어 마침내 하늘의 하나님께 영광을 돌리는 것으로 이 증인 이야기는 마무리된다.

파국, 예배 그리고 여담

절정이 너무 극적이다 보면 화자든, 청중(독자)이든, 거기에 혼이 다 빠져 그 뒤로 이어지는 피날레는 듬성듬성 넘어가는 것이 상례이다. 그래서 15절 이후 등장하는 일곱째 천사의 나팔 소리와 하늘의 음성은 앞서 선보인 바 있는 천상예배의 장면을 되풀이 보여주는 것으로 그 메아리를 남긴다. "세상 나라가 우리 주와 그의 그리스도의 나라가 되어 그가 세세토록 왕 노릇 하시리로다"(11:15). 또한 앞서 등장했던 24장로가 다시 등장하여 하늘의 찬양 소리에 길게 화답한다. 그 핵심 내용인즉, 과거와 현재를 주관하시는 전능하신 하나님은 만유의 왕으로서 산 자와 죽은 자, 이방인과 그의 백성들, 또 크고 작은 대상을 가리지 않고 상벌을 분명히 하시는 심판주로 나타나시어 공의를 집행하리라는 것이다(11:17-18). 이 모든 천상예배의 광경은 물론 심판의 예언으로 제시한 환상 가운데 두려워하던 백성들이 하나님께 영광을 돌리는 상황에 대한 하늘 쪽의 반향이라 할 수 있다. 그 경배와 찬양과 함께 하나님의 성현(hierophany)은 한편으로 하늘 성전이 열리고 그 안에 하나님의 언약궤를 보여줌으로써, 다른 한편으로 그것을 돋보이게 하는 배경 효과로 "번개와 음성들과 우레와 지진과 큰 우박"(11:19) 세례를 선사함으로써 또 한 단락이 마무리된다.

여담이지만, 20년도 더 된 옛날 내 학창 시절, 자신이 이 본문에 나오는 두 증인 가운데 한 사람으로 택함을 받았다고 확신한 친구가 있었다. 개인사적, 가족사적으로 신산한 상처를 앓아온 친구였다. 말을 조금 더듬으며 우스꽝스런 언행으로 '교주'란 별명을 얻은 이 친구와 나는 소외된 변두리 존재의 자의식을 공유하며 서로 소통하길 즐겨했는데, 대학 졸업 후 이 땅의 한 신학대학원에 진학한 그의 여정은 그 뒤로 순탄치 않았다. 도중에 안 맞았는지 신학대학원 과정은 때려치웠고 교회에서도 그 열정을 소화해 줄 만한 공간이 없었는지 자주, 많이 실망하여 여러 곳을 전전해오면서 지금까지 유목민처럼 표류하고 있다. 이제 오십대 중반을 훌쩍 넘겼지만 원하던 가정을 아직 이루지 못한 채 연극 및 공연 무대 주변에서 연출, 기획 사업으로 늦깎이 예술적 열정을 불태우려는 이 친구는 몇 년 전 나와 함께 만난 자리에서 무슨 이야기 끝에 한 달에 오백만 원의 벌이만 된다면, 자기 살고 싶은 대로 자유롭게 살고 싶다는 이야기를 건넸다. 나는 옛날 묵시적 환상과 현실을 동일시하던 학창 시절 두 증인의 꿈과 환상이 여전히 유효한지, 그 사명을 지금도 준비하고 있는지 묻고 싶었지만 그러지 못한 채 서둘러 화제를 봉합하고 헤어졌다. 이렇듯, 묵시와 문자의 거리가 막막하고, 문자와 삶의 현실 사이의 거리도 아득하기만 한데….

사람과 짐승의 투쟁

요한계시록 12-13장

사람과 짐승 사이

　짐승이 사람의 잠재적 가능성이긴 참 어렵겠지만, 사람은 꽤 자주 짐승의 잠재태이다. 인간의 야수성에 대해서는 그 욕망의 만화경을 중심으로 숱한 탐구가 있어왔다. '하나님의 형상'을 망실한 인간이 얼마나 끔찍해질 수 있는지 그 야수성의 극점은 아마도 인간이 인간을 잡아먹는 하극상의 상황에서 가장 잘 드러날 것이다. 실제로 전쟁과 같은 극단의 상황에서 이런 사례는 성경에서도 몇 군데 나오고 역사 기록에서도 분명한 사실로 확인된다. 인간의 동물성을 말할 때 그것을 '식물성'보다 진화한 고등 생명의 특권인 양 자부할 수도 있을 테다. 그러나 그 동물성이 동물적 수준의 근성에서 전전하는 인간 이하의 퇴락을 가리킨다면 그것은 자랑할 게 못 된다. 외려 수치 아닌가. 우리는 인간의 탈을 쓰고 야수적인 행태를 저지른 자들을 상투적인 수사로 손가락질하는 데 익숙하지만, 자신이 그런 가능성의 일부라는 사실은 애써 외면한다. 그것이 인간 속의 야수성에 툭하면 경기 들린 반응을 유발하면서 여전히 그 야수적 재앙을 끊어내지 못하는 인간이란 심연에 감춰진 비밀이다.

요한계시록에서 사탄이나 마귀의 형상이 기괴한 모습을 한 동물로 묘사되는 것은 이러한 인간의 야수적 상상력이 투사된 결과이다. 그 야수성이 더 무시무시하게 비치도록 이 동물 이미지는 경험된 자연과 동떨어진, 최대한 끔찍하고 희한한 모습으로 가공된다. 그것을 보통 신화적 야수의 틀에서 이해하지만, 그 신화적 상상력 가운데는 인간에 대한 인간의 가장 공포스런 경험이 깃들어 있다. 인간의 정신은 그 경험과 상처를 부둥켜안고 자기 내부의 저런 마귀적 공포와 싸우면서 진화해왔다. 아울러 인간의 하나님 신앙은 그 공포를 사회화하여 바깥의 악한 세력과 부대끼면서 공의와 사랑의 도리를 깨우쳐왔다. 그 가운데 묵시적 상상력은 이 모든 과정을 밀어붙이며 반성하는 요긴한 매개였다. 거기서 신화적 여인상이 탄생했고 큰 용의 몸짓이 만들어졌다. 기괴한 형상의 짐승이 등장했고, 그들을 둘러싼 각종 상징적 이미지들이 양산되었다. 그것들과 함께 우리 신앙의 열조들은 싸우며 때로 이겼지만 때로 패배하여 울부짖었다. 그 모든 승패 가운데 하나님과 구세주 예수, 천사장 미가엘 군단은 반드시 우리 편이 되어주셔야 했다. 그렇지 않으면 견디기 어려운 세월이었기 때문이다.

여자와 용의 대결

일곱 봉인과 일곱 나팔의 심판 모티프로 숨 막히는 심판의 파노라마를 연출하더니 그 묵시적 드라마의 템포는 일곱째 나팔 소리와 함께 마지막 클라이맥스에 다다르기 전 잠시 늦추어지면서 소강상태를 보인 바 있다. 그것이 10-11장에 나오는 천사와 작은 책 이야기와 두 증인의 이야기로 추스르게 된 서사의 여운이었다. 물론 아직 갈 길이 멀다. 심판의 중개자인 천사들도 곧 다시 등장할 것이다. 그들이 가져올 심판의 내용도 아직 더 비축되어 있다. 일곱 나팔의 심판이 있었다면 그 패턴에 준하여 일곱 대접의 심판이 왜 없겠는가. 그러나 너무 숨 막히면 묵시의 담지자인 요한

도 힘들고, 그것을 읽는 독자들도 괴롭다. 희망의 훈훈한 가능성도 목마르다. 그래서 그 늦추어진 템포의 연장선상에서 자기 추스르기 차원의 여운은 더 제공된다. 그 일단이 바로 12장의 여자와 용 이야기이다.

저자는 이 여자주인공을 하늘의 해를 옷처럼 입은 여자로 묘사한다. 그 발아래 달이 있고 그 머리에는 열두 별의 관을 썼다고 한다(12:1). 해와 달과 별로 장식된 이 여인상은 다분히 신화적 여인상이다. 그러나 그 신화적 외투를 벗겨보면 거기에는 이스라엘의 역사와 교회의 당시 형편, 그리고 예수를 낳은 여인의 구원을 향한 드라마가 포착된다. 이 여인상과 특히 그녀가 힘들게 해산한 아이의 의미는 그 이미지의 재료를 제공한 과거에 국한되지 않고 미래로 뻗어간다. 저자는 이 이야기의 모두에 '큰 이적'(또는 '전조')라고 쓰지 않는가. 이 여인의 이미지는 다분히 하나님의 백성을 대표하는 천상적 존재를 표상한다. 그 역사적 정체에 관한 한, 예수라는 메시아를 배출한 이스라엘이 그 첫째 후보요, 용의 세력에 의해 핍박당하는 당시 그리스도교 교회가 그 둘째 후보다. 머리가 일곱이고 뿔이 열 개나 달린 용은 그 아이를 삼키려고 대들지만 하나님은 1260일 동안 그들 모자에게 광야의 피난처를 제공한다. 이는 헤롯의 살해 위협을 피해 애굽으로 도피한 어린 예수 가족의 동선을 보여주지만, 동시에 광야에서 하나님의 계시를 받은 예언자들의 족적이 그 배경에 깔려 있다. 42개월과 3년 반으로 달리 표현되기도 하는 1260일은 앞에서도 나왔고(11:2) 뒤에 또 나온다(13:5). 이는 다니엘서(7:25, 12:7)의 선례에 비추어볼 때 핍박의 시간이면서 연단의 세월이고, 마귀 권세가 도발하는 기간이지만 동시에 그 도발을 넘어 도약을 준비하는 때이기도 하다.

여하튼, 이 용과 여인(아기)의 싸움에서 용은 그들을 당하지 못한다. 그 아이는 '철장으로 만국을 다스릴 남자'로 하나님 앞과 그 보좌 앞에 올려감으로(12:5) 그 위상을 인정받는다. 사람이 짐승을 넘어서야 하지 않겠는가. 역사가 신화와 부대껴 하나님의 계시를 실현해나가야 하지 않겠는가. 천사장 미가엘과 그의 무리도 협조하여 이 하늘의 싸움은 그 용과 그 조무래

기들의 패퇴로 일단락된다. 이 하늘 싸움의 승리는 찬송 소리를 통해 하나님의 구원과 능력과 나라를 기리고, 그리스도의 권세 가운데 즐거워하는 풍경을 예전적 맥락에서 보여준다(12:10-12). 그 합창의 메아리가 멀어져 갈 즈음 땅으로 쫓겨난 용은 또 한 차례 지상에서 싸움을 걸어온다. 광야에 숨어 있던 여인과 아이는 독수리 날개의 도움을 받아 일차 공략을 피한다. 그러나 용의 권세도 만만치 않다. 꼬리로 하늘의 별 삼분의 일을 후려쳐 땅에 던질 정도면(12:4), 그 권세가 가히 우주적이지 않겠는가. 그래서 이번의 땅 싸움에서도 그 권세를 발휘하여 수공작전을 쓴다. 홍수를 일으켜 익사시키려 했던 것! 그러나 이번에는 땅이 그 강물을 흡수하여 다시금 용의 세력을 패퇴시킨다. 이 여인은 하늘의 해와 달과 별만 이끌어준 게 아니라, 독수리와 땅의 후원도 있었던 것이다. 이렇게 하나님의 여타 피조물과 하나님의 백성은 가장 위태로운 순간 화해하며 협력한다. 인간이 짐승에 먹히지 않고 자연이 그 짐승의 조종을 받지 않도록 피차 상생의 길을 모색한다. 바로 창조론과 구원론이 만나는 지점이다.

두 짐승과 수난의 세월

그러나 우주적 권세를 누리는 용이 이 두 번의 패배로 자신의 계획을 포기할 리 없다. 용은 용용 죽겠지 약 올릴수록 더 악랄하게 나오지 않던가. 마침내 자기의 수하를 부려 여인의 남은 자손을 치려 한다. 이들은 곧 "하나님의 계명을 지키며 예수의 증거를 가진 자들"(12:7)로 그리스도인을 가리킨다. 두 짐승이 그 억압과 핍박의 주역이다. 첫째 짐승은 12장에서 나온 용과 같이 머리 일곱과 열 개의 뿔을 가진 자이다. 그 머리 일곱마다 왕관을 썼다고 한 걸로 미루어 이 사탄의 정체는 당시 제국의 황제로 현신한 존재로 추리된다. 이 짐승이 '바다'에서 나왔다(13:1)는 진술에 주목해보자. 바다는 본래 창조의 질서를 만들기 위한 태반으로서의 혼돈이었다(창

1:1-2). 그 태초의 혼돈스런 물은 또한 하나님의 구원사를 가로막는 홍해로, 요단강으로 변신하여 끊임없이 그의 언약 백성들을 위협하는 장애물로 등장한다. 이후 그 바다는 하나님의 종 요나의 목숨을 노리기도 하였고, 예수의 갈릴리 사역에서도 제자들과 함께 탄 그 조각배를 덮치고자 길길이 날뛰었다. 그런가 하면 이단세력을 염두에 두고 유다서의 저자는 뛰어난 문학적 수사를 동원하여, "자기 수치의 거품을 뿜는 바다의 거친 물결이요 영원히 예비된 캄캄한 흑암으로 돌아갈 유리하는 별들이라"(유 1:13)고 그 물의 기원과 종말을 묘사한다. 아, 이제 알 만하다. 왜 그렇게 물이 흉용하며 요동을 쳤나 했더니 본문을 보니까 거기에 들어 있는 짐승 때문이다.

또 한 마리 짐승은 첫째 짐승의 한 머리가 상하여 죽게 되었다가 다시 회생한 존재다. 큰 용의 작은 분신인 셈이다. 그는 하늘에서 불을 내리는 이적도 행한다(13:13). 또 첫째 짐승도 성도와 싸워 이길 정도로 각 족속과 백성과 나라를 다스리는 대단한 권세를 부여받았다. 이 두 짐승은 앞서 순교한 두 증인의 대척점에 있는 상극의 커플 같다. 그들의 공통점은 '신성모독'과 '과장된 말'이다. 하나님을 비방하며 허황한 정치적 선전으로 백성들을 미혹한다는 것이다. 더구나 죽었다 살아난 그 짐승을 위해(권력투쟁에서 밀렸다 다시 귀환한 왕을 일컫는가?) 우상을 만들어 경배하라고 겁박까지 한다. 순응하지 않으면 다 죽이게 하고, 또 이마나 오른손에 666이라는 짐승의 표를 받게 하여 그것이 없는 자들에게는 경제활동도 봉쇄한다. 이 666이란 숫자가 애매하게 많은 사람들을 잡았다. 히브리어 헬라어의 알파벳을 숫자로 환원시켜 셈하는 기준에 따라 그동안 별의별 후보자들을 다 내세웠지만 학자들이 대체로 추리하는 것은 기독교 박해자의 선두주자인 로마의 네로 캐사르 황제이다. 이후 로마제국에서 시행된 황제숭배제의로 적잖은 그리스도인들이 곤욕을 치른 것은 역사적 사실로 두루 알려져 있다. 그 위세가 어떠했는지, 또 얼마나 많은 사람들이 이 우상숭배의 압박에 넘어갔는지는 다음의 구절이 잘 간파하고 있다. "죽임을 당한 어린양의 생명책에 창세 이후로 이름이 기록되지 못하고 이 땅에 사는 자들은 다 그 짐승에게 경배하리라"(13:8).

하나님의 백성으로 살기 위하여

그렇게 짐승에게 경배하여 짐승처럼 되는 끔찍한 사례는 예나 지금이나 마찬가지로 잦은 편이다. 하나님이 아닌 것을 하나님처럼 경배하는 이 우상숭배는 오늘날 특히 맘몬숭배, 권력숭배, 자식숭배 등의 행태에서 두드러진다. 절대 자유이신 하나님을 닮아 그처럼 온전해지길 추구한다면 그 어떤 상대적인 가치에 자신의 몸과 맘을 매는 노예의 굴종은 벗어나야 한다. 저절로 벗어나질 못하기 때문에 싸워야 한다. 때로 패하더라도 계속 치열하게 버티며 싸워 이겨야 한다. 하늘에 미가엘 군단이 있고, 광야에 머문 여자와 아이가 있지 않은가. 자연 쪽에서는 독수리 날개와 땅의 후원도 있지 않은가. 혹 몸이 만신창이가 되어 피투성이로 죽어가더라도 하나님의 형상은 회복되어야 하지 않겠는가. 짐승의 나락으로 떨어지지 않기 위해 그 짐승의 코드에 미혹되는 우리 안의 야수성을 늘 경계해야 하지 않겠는가. 해와 달과 별이 이끌어주는 저 고고한 하늘의 여인상이 우리의 현실과 멀다고 너무 그 현실의 안일한 타성을 정당화할 수야 없지 않겠는가. "철장으로 만국을 다스릴 남자"로 자라기까지 그 어린아이의 광야 생활이 너무 고되다고 인내를 포기할 수는 없지 않겠는가.

나는 해와 달과 별이 이끌어주는 저 하늘의 여인상을 떠올릴 때, 그 신화적 후광에도 불구하고, 그리스도의 구원과 희망, 이를 위한 하나님의 소명에 매우 민감하고 간절한 사랑으로 응답하는 이 땅의 여인들을 생각한다. 동시에 이성복 시인의 절창 '남해금산'을 떠올린다.

한 여자 돌 속에 묻혀 있었네

그 여자 사랑에 나도 돌 속에 들어갔네

어느 여름 비 많이 오고

그 여자 울면서 돌 속에서 떠나갔네

떠나가는 그 여자 해와 달이 끌어주었네

남해금산 푸른 하늘가에 나 혼자 있네

남해금산 푸른 바닷물 속에 나 혼자 잠기네

1260일 동안의 광야는 얼마나 따가웠을까. 돌 속 같이 갑갑하지 않았을까. 나는, 우리는, 그 돌 같은 광야 속으로 가서 용의 어둠과 대적할 수 있을까. 그 위협과 공포를 감당해낼 수 있을까. 울면서 떠나갈 때조차 해와 달이 끌어주는 이 우주적 원융의 경지로 우리의 하나님 신앙은 나갈 수 있을까. 일상의 자잘한 욕망의 물결 속에 파닥거리는 이 땅의 인간들은 얼마나 인간다운가. 붉은 용의 우상들이 판을 쳐대는 이 폭력과 억압의 세상에서 자칭 그리스도인들은 얼마나 견고하게 짐승의 세계를 잘 버텨내고 있는가. 더러 힘에 지쳐 쓰러질 때 우리들의 패배는 충분히 아름다운가. 하나님의 부추김을 받고 일어나 싸워 다시 승리할 때 그 승리는 충분히 감동적인가. 대통령까지 지낸 분이 벼랑 위에서 몸을 날리는 이 짐승의 시대에 하나님의 백성으로 살기가 쉽지 않다.

수고를 그치고 쉬리니

요한계시록 14-15장

온전한 노래, 온전한 사람

일곱 나팔의 재앙이 지나고 일곱 대접의 또 다른 재앙이 미치기 전 그 막간의 시간과 공간에 적잖은 사건들이 흘러갔다. '작은 책' 이야기에 이어 '두 증인'이 등장하여 그 운명적 최후를 보여주었고, 그 틈새로 끼어든 일곱째 나팔을 신호로 '여자와 용'의 극적인 대결과 '짐승 두 마리'의 억압적 우상숭배가 잇따랐다. 이제 13장에 이르니 또 다른 재앙이 몰려오기에 앞서 잠시 화평의 기운이 감도는 추세다. 그 화평의 기운을 전하는 사자들은 이미 7:4에 등장한 바 있는 십사만사천의 증인들이다. 짐승의 표를 받지 않은 이 온전한 신앙적 승리의 주역들은 "많은 물소리와도 같고 큰 우렛소리와도 같은" 거문고 소리에 맞추어 '새 노래'를 부르며 찬양을 올린다 (13:2-3). 그들의 이마에는 "어린 양의 이름과 그 아버지의 이름을 쓴" 표가 있다는데, 이는 그들의 속량 받은 신분과 함께 그들이 지킨 신앙적 정조를 표상한다. 그들은 "하나님과 어린 양에게 속한 자들"(13:4)이란 점에서 온전히 은혜로 속량받은 성도이지만, 동시에 불굴의 의지로 지켜야 할 것을 지킨 순결한 사람들이다. 그 순결은 "여자와 더불어 더럽히지 아니"(13:4)

함이란 전형적인 성적 이미지와 겹쳐져 표현된다.

그들의 신앙적 정조는 무엇보다 흠 없는 온전한 삶으로 증빙되어 나타나야 할 텐데, 과연 그 이상이 허울이 아니다. 그 허물없는 삶의 가장 명징한 요체로서 저자는 "그 입에 거짓말이 없"는 정직함을 대표적으로 꼽는다. 정녕 말이 중요하다. 말만 잘하는 사람이 많은 세태 속에 그 말이 온전한 사람이 정말 온전한 사람이다. 다시 말해 말이 곧 삶이 되고 삶이 곧 말로 승화되는 사람이야말로 온전한 사람으로서 그 십사만사천의 범주에서 '새 노래'를 부를 수 있는 것이다. 그러니까 그 노래 역시 온전한 노래가 된다. 그리스도교의 구원에서 절정은 늘 이렇게 말에 운율을 담은 노래로 표상된다. 그 노래는 인간의 타락한 말이 정화된, 태초의 말씀으로 회복된 노래라 할 수 있다. 그래서 거기에는 물과 우레가 동참하여 그 소리를 보태고, 거문고의 고아한 선율이 개입된다. 그 노래를 듣는 청중은 다름 아닌 보좌에 앉으신 신성한 주님이시고, 그의 신성과 주권을 표상하는 네 생물이다. 그리고 이 땅에서 이뤄온 구원사를 압축한 장로들이다. 온전한 사람들이 부르는 온전한 노래의 청중 역시 한결같이 온전한 존재이다.

세 천사의 전갈

그러나 이들 십사만사천의 노래와 함께 취하여 풍악을 울리며 자족하기엔 아쉽다. 그 온전함의 숫자는 자폐적인 울타리가 아니기 때문에 아직 은총 어린 에누리의 여백이 있는 것이다. 그래서 아직 마지막 재앙으로 쓸어버리기 전 최후의 기회로 세 천사들이 한 번 더 전갈을 가지고 날아가 이 땅의 불우한 생명들에게 선포한다. 그 범위는 "땅에 거주하는 자들 곧 모든 민족과 종족과 방언과 백성"(14:6)을 포괄할 정도로 과연 하나님답게 보편적이고 전폭적이다. 또 그에 걸맞게 그 전갈의 내용 역시 "영원한 복음"으로 초시간적이다. 첫째 천사의 메시지는 경배와 관련된다. 심판의 시간이 가까웠으니 하나님께 영광을 돌리고, 창조주이신 그분을 경외하는 마음으로 경배하라는 것이다(14:7). 심판의 가까움과 예배가 무슨 상관일까? 예배의 행위가 외형적인 겉치레가 아닐진대 거기에는 참여자들의 존재론적 자각이 들어 있다. 자신의 생명이 어디서 발원했으며 어떻게 살아야 하는지, 또 그 삶의 귀결점이 어디인지 이 모든 것에 대한 신앙고백과 함께 그 근원의 창조주를 향한 인정과 표현이 예배로 나타나는 것이다. 그런데 종말의 심판이 다가왔는데도 그 근본이 해결되지 않는다면 이야말로 경각을 다투는 화급한 전갈이 아닌가. 두 번째 천사는 이 경배의 근본 문제가 해결되지 않은 대표적인 세속의 표적으로 로마제국을 '바벨론'의 은유 속에 담아 타격한다. "무너졌도다. 무너졌도다. 큰 성 바벨론이여!"를 외치는 목소리는 "진노의 포도주를 먹이던 자"로서 로마제국을 겨냥하여 그들의 파국과 멸망을 예고한다. 이 바벨론은 그리스도를 무참하게 죽이고 그를 따르던 제자들을 핍박한 안하무인의 세력이다. 바울에 의하면 하나님을 제대로 경배하지 못하고 하나님의 형상을 짐승과 버러지의 형상으로 퇴락시킨 목불인견의 제국이다.

마지막 셋째 천사의 등장은 앞서 제시된 경고의 메시지를 되풀이한다. 이 땅에 남아 있는 자들이 짐승과 우상에게 경배하고 그 표를 이마나 손에 받으면 하나님의 진노를 피할 수 없으리라는 것이다. 그들이 받을 고난은 '진노의 포도주'와 '불과 유황'으로 표상되는데, 그 가운데 "밤낮 쉼을 얻지 못하리라"고 선포된다. 그도 그럴 것이 달콤한 기쁨으로 마시는 포도주에 진노와 형벌의 독약이 들어 있다면 그런 낭패가 어디 있겠는가. 유황으로 달군 그 뜨거운 불 속에서 아무리 피곤해도 어찌 안식이 깃들겠는가. 그리스도인의 구원을 '안식'으로 들어가는 것에 빗댄 대표적인 책(서신?)은 히브리서이다. 거기서는 안식이 구원을 온전하게 이루는 대표적인 은유인 셈이다. 그런데 이 은유는 특정한 삶의 자리에 국한되어 있었던 것 같지 않다. 이곳 본문에서도 "하나님의 계명과 예수에 대한 믿음을 지키는 자"에게 허락된 구원의 가장 극적인 증거를 안식에서 찾는다. 그 안식은 죽음의 관문을 통과할 때야 비로소 찾아든다. 그러나 아무런 죽음이 다 안식으로 직행하는 것은 아닌 듯, 보라, "지금 이후로 주 안에서 죽는 자들은 복이 있도다. … 그러하다 그들이 수고를 그치고 쉬리니 이는 그들의 행한 일이 따름이라"고 하늘의 음성과 성령이 짝하여 공명하고 있지 않는가. 더구나 그 안식의 배경에 '그들의 행함'이 있다는 사실은 우리를 바짝 긴장케 한다. 상식적인 생체론의 이치대로, 우리 몸으로 열심히 일하여 그 날의 에너지를 족히 소진하고 난 연후에야 단잠에 들어 안식한다고 하지 않는가. 더구나 그 에너지를 선한 행실에 바친 경우라면 더 기분 좋게 안식에 들지 않겠는가. 마찬가지로 우리의 행한 일에 따라 그 생명의 수고가 다하는 날, 마침내 모든 일을 그치고 구원의 이름으로 편히 쉬게 될 날이 있을 터이다.

마지막 수확의 낫질

그 종말의 마지막 때가 임하기 전 하나님의 추수는 이어진다. 그 추수 사역을 지시하고 관장하는 분은 금 면류관을 쓰고 흰 구름 위에 앉으신 인자와 같은 고대적 이미지로 치장된 예수 그리스도이다(14:14). 그는 예리한 낫을 손에 들고 천사의 신호에 맞춰 또 한바탕의 수확을 한다. 이렇게 종말에 임박한 하나님 나라의 복음 선교를 '추수'에 빗대어 설명한 것은 아마 일찍이 예수께서 가르친 말씀으로 소급되는 듯하다. 예수께서는 이처럼 하나님 나라의 선교를 식물성의 이미지에 빗대어 자연의 이치에 따른 당연한 과정으로 이해했다. "구름 위에 앉으신 이가 낫을 땅에 휘두르매 땅의 곡식이 거두어져"(14:16)는 이 풍경을 피워 올린 상상력은 그 풍경만큼 아름답다. 그렇게 거두어들여 채운 대상은 곡식인 반면, 이 낫질에 잇따라 불을 다스리는 천사의 낫질은 불길하다. 그 낫은 포도나무(또는 포도송이)를 겨냥한다. 불의 붉은 이미지와 잘 익은 포도송이의 검붉은 이미지는 이렇게 궁합을 맞춰 포도주 틀을 예비한다. 낫을 휘둘러 거둔 포도를 거기에 던지고 밟는 행위는 전형적으로 포도주를 만드는 과정의 일환이다. 그런데 그 포도즙은 앞서 예고한 '진노의 포도주'(14:10)가 현실화된 결과로 표상된 것이다. 아뿔싸, 그 포도주의 정체는 죽임당한 생명이 그 죗값으로 지불해야 할 피였던 것이다.

세례자 요한의 때부터 예수의 사역에 이르기까지 줄기차게 강조한 하나님 나라 복음의 중요한 일부인즉, 알곡과 쭉정이/가라지가 다르다는 것, 곧 그것이 엄연히 구별될 때가 있으리라는 메시지다. 타작마당에 놓인 추수의 준비물이 그것을 잘 표상해주었다. 그런데 요한계시록의 이 추수 심판 장면은 포도주 이미지를 끌어들여 가라지/쭉정이를 온통 핏빛으로 선연하게 물들인다. 이 이미지의 변용 가운데는 그만큼 더 끔찍하고 극적인 반전의 효과가 기대된다. 바로 그 맛있는 희락의 표상인 포도주, 보혈을 떠올려주는 성스러운 이미지가 그것과 전혀 다른 하나님의 진노를 머금고 있기 때문이다. 그러나 그리스도의 십자가가 하나님의 정의와 사랑의 교차로라면, 그 진노(정의)는 최후의 일각까지 한 톨의 곡식이라도 더 거두어들이려 안간힘 쓰는 낫질(사랑)과 함께 동일한 동전의 다른 두 면과 같은 것으로 볼 수 있다.

또 재앙의 전운이…

요한계시록은 인류 역사의 마지막을 다룬 책인데, 그 마지막 속에는 적지 않은 작은 마지막들이 계속 나온다. 15:7 이후 나오는 일곱 천사의 일곱 대접 재앙 역시 또 다른 한 편의 '마지막 재앙'이다. 이 재앙은 앞서 예고한 '하나님의 진노'를 담아 나르는 재앙이라는 점에서 특징적이다. 그 심판의 재앙에도 미학적 아우라는 비켜가지 않는다. 재앙의 전조로 먼저 밝은 조명 아래 "불이 섞인 유리바다 같은 것"이 비치고, 앞서 나왔던 "짐승과 그의 우상과 그의 이름의 수를 이기고 벗어난 자들"이 다시 또 노래를 부르려 거문고를 들고 등장한다(15:2). 그 노래에는 '모세의 노래'와 '어린 양의 노래'라는 제목이 붙는다. 모세가 홍해에 애굽의 군대를 수장한 하나님의 권능을 기리며 부른 바로 그 노래(출 15:1-8)이든, 그가 세상을 뜨기 전 이스라엘 회중 앞에서 불렀다고 전해지는 또 다른 노래(신 32장)이든, 또는 둘이 결합된 형태이든, 이 모든 찬양의 노래는 이제 또 한 편의 대단원을 시작하면서 '어린양의 노래'로 압축된다. 다시 말해 이 노래는 곧 구원사의 전통이 압축된 송영이다.

> 주 하나님 곧 전능하신 이시여, 하시는 일이 크고 놀라우시도다. 만국의 왕이시여, 주의 길이 의롭고 참되시도다. 주여 누가 주의 이름을 두려워하지 아니하며 영화롭게 하지 아니하오리이까. 오직 주만 거룩하시니이다. 주의 의로우신 일이 나타났으매 만국이 와서 주께 경배하리이다(계 15:3-4).

심판은 심판 자체를 위한 것이 아니라 이렇게 소박하고 담백한 찬양과 경배를 목표로 삼는다. 하나님의 본뜻이 심판하려는 것이 아니라 구원하려는 것이라는 지적은 그래서 옳다. "만국이 와서 주께 경배"하는 그 소망스런 미래를 재촉하기 위해 다시 일곱 천사가 빛난 세마포와 가슴의 금띠로 장식한 포즈로 하늘의 장막성전에 등장한다. 그들은 예의 네 생물 가운데 하나로부터 하나님의 진노를 담은 금 대접 일곱을 전달받는다. 이 대접은 본디 희생 제사를 지낼 때 제사장들이 사용한 청동그릇을 닮았는데(출 27:3), 이제 심판의 도구로 사용되고 있는 것이다. 그들의 등장과 함께 성전에는 하나님의 영광과 능력을 표상하는 연기로 가득 차고 그 입구는 그렇게 봉쇄된다. 이제 자비의 때가 멈추고 재앙의 기운이 굼실거리는 진노의 시간이 임박한 것이다. 아, 재앙은 이렇게 아찔한 '마지막'의 감각으로 이 땅을 엄습한다. 폭풍 불고 다시 잔잔한 물결이 찾아오듯, 그 재앙 다 지나면 머잖아 샬롬의 시절도 성큼 다가오리라!

"무너졌도다, 큰 성 바벨론이여!"

요한계시록 16-18장

일곱 대접에 담은 진노

일곱이란 숫자가 계속 반복된다. 재난도 그렇게 일곱 수로 임하니, 이 또한 하나님의 심판이 얼마나 공정하고 온전한지 보여준다. '인'과 '나팔'에 결부된 일곱 수는 이제 16장에서 대접과 맞물려 역시 천사들을 매개로 이 땅에 하나님의 진노를 쏟아붓는다. 첫째에서 일곱째까지 천사들은 각각 땅과 바다, 강과 물의 근원, 해와 짐승의 왕좌, 큰 강 유브라데와 공중에 그 대접 하나씩을 쏟으니 종기와 같은 질병, 죽음이 온 세상에 엄습한다. 이렇게 16장에 묘사되는 재앙과 공포의 내용들은 유사한 패턴으로 이미 출애굽 사건에 즈음하여 구약성경에서 선보인 바 있다(출 7-12장). 이는 문자적 의미 그대로의 재앙이라기보다 불의한 짓으로 범한 죄악의 대가가 얼마나 끔찍한 심판의 보복으로 응할지 그 감당키 어려운 미래를 경고한 문학적 수사로 볼 수 있다. 그리고 무엇보다 이러한 일련의 대접 심판을 통해 우리는 하나님이 마냥 온화한 미소만 짓고 모든 것에 관용하는 자비의 하나님만이 아니라 진노를 발하시며 심판하시는 공의의 하나님이란 사실에 '신앙적 방자'의 몸짓과 마음짓을 다시금 성찰하게 된다. 제단에서 나오는 목소리 "주 하나님 곧 전능하신 이시여, 심판하시는 것이 참되시고 의로우시도다"(16:7)가 바로 그런 하나님의 의도를 대변한다.

일곱 대접은 이 땅의 핍박자와 죄인들만을 겨냥하지 않는다. 한 천사는 그들에게 죄와 악의 근본을 제공한 '짐승의 왕좌'를 겨냥하여 진노의 대접을 쏟는다(16:9). 또 큰 강 유브라데에 쏟음으로써 동방에서 오는 왕들의 길을 예비하였다고 한다(16:12). 그것은 향후 묵시록적 드라마 전개에 중요한 복선으로 작용하는데, 바로 그 유명한 아마겟돈의 전조를 흘리고 있기 때문이다. 이 여섯째 대접으로 자극을 받은 더러운 귀신의 영 셋이 용과 짐승과 거짓 선지자의 입을 통해 나와 마지막 큰 날에 있을 하나님과의 전쟁을 위해 왕들을 모으는 역할을 한다. 아마겟돈은 고대의 전투지 므깃도로 알려져 있는데, 이는 이스라엘 역사에서 므깃도가 차지하는 전쟁 경험의 환기력과 연관되어 있다. 마지막 일곱째 대접은 예고된 재앙의 확실성에 대한 일종의 '인준' 성격을 띤다. 번개와 음성들, 우렛소리에 이어 대지진이 큰 성 바벨론을 집중 타격의 대상으로 조준한다. 그 성은 "맹렬한 진노의 포도주 잔" 앞에 속수무책이다.

음녀 바벨론의 죄악상

로마제국을 표상하는 음녀 바벨론의 죄악상은 17장에 이르러 낱낱이 고발된다. 로마제국은 일곱 머리, 곧 일곱 언덕 위에 세워진 도시로(17:9, 18) 당시 그리스도인들에게 바벨론이란 비밀코드로 통했다. 구약성서의 경우와 마찬가지로 '음행'의 유비적 함의는 영적인 타락이다. 우방숭배로 인해 하나님을 버려 따위의 형상으로 전락시켜버리거나 아예 존중하지도 경배하지도 않은 채 자신의 탐욕에 눈이 멀어 빚어내는 영적 혼란을 일종의 음행으로 빗대어 본 것이다. 주지하듯, 요한계시록이 쓰이던 당시 로마제국은 점점 더 황제숭배의 제의를 강요하면서 그리스도인들을 압박하기 시작했다. 물리적인 힘으로 밀어붙여 주변의 약소국을 평정한 이 포악한 제국은 일찍이 네로의 핍박을 통해 국가 전체가 적그리스도일 수 있는 현실을 보여주기도 했다. 실제로 17:8의 '짐승'은 당시 그리스도인들의 역사적 경험에 비추어 생명과 권세를 회복하여 재림하리라 기대되었던 네로 황제를 지칭한 것이라는 해석이 강하다. 이 국가권력을 앞세운 악의 세력은 "하나님을 모독"하며(17:3), 각종 귀금속의 장식품으로 자신의 화려함을 치장하는 것(17:4)을 특징으로 한다. 그런데 바벨론 음녀가 땅의 임금들과 더불어 취한 "음행의 포도주"(17:2)는 기실 성도들의 피, 곧 예수의 증인들이 흘린 순교의 피(17:8)와 동일선상에서 조명된다.

이어서 언급되는 일곱 왕과 그중 망한 다섯 왕, 현재 존재하는 나머지 하나와 아직 이르지 않은 또 하나의 왕 그리고 아직 나라를 얻지 못한 열왕(열 뿔로 표상됨) 등의 언급은 그 구체적 대상과 관련하여 해석적 차이는 있지만, 로마제국의 왕들을 일컫는 듯하다. 그들의 공통점은 "한 뜻을 가지고 자기의 능력과 권세를 짐승에게 주더라"(17:13)는 것이다. 그렇게 제국의 권력을 등에 업은 짐승은 어린양과 맞붙어 앞으로 한 판 오지게 싸울 전의를 불태운다. 어린양은 이 제국의 힘과 다른 차원에서 전쟁에 임한다. 그는 만주의 주, 만왕의 왕답게 당연히 그들을 물리칠 것이다. 아울러, 택함받은 진실한 성도들도 그 승리에 동참할 것이다.

이렇듯, 국가권력은 교묘하게 위장된 방식으로 이 땅의 순진한 생명들을 좀먹는다. 아니, 더 빈번하게 그 권력은 노골적으로 이 땅의 신실한 생명들을 짓누르고 살상하는 적그리스도의 대리자로 기승을 부린다. 온갖 곱상한 명분으로 자신의 권력을 영광스럽게 포장해도 그들은 결코 하나님의 나라를 대신할 수 없다. 여기서 음녀로 표상된 대제국은 "땅의 왕들을 다스리는 큰 성"(17:18) 안에 포섭되어 있다. 무슨 말인가. 왕들은 지상의 권세자로서 자신들이 세상의 주인인 양 행세하며 득의양양하다. 그러나 그들은 짐승 같은 제국의 권력에 사로잡혀 있고, 사탄은 그 권력을 미끼삼아 온갖 죄와 악의 구렁텅이로 그들을 몰고 가는 것이다. 그런데도 이 땅의 권력은 '화무십일홍'의 이치에 눈감은 채 늘 도도하고 방자하다. 아무리 역사가 교훈하고 각성을 재촉해도 바벨론이라는 제국의 권력은 언제나 억압함으로써 군림하며 장식함으로써 헛된 영광에 도취하는데, 끔찍하여라, 그 고용 임금들의 축배를 채우는 포도주는 기실 이 땅의 어진 생명들에게서 짜낸 핏물이 아니던가. 그들의 최대 비극은 그들이 그렇게 맹목의 상태로 철저히 방기되었고, 하나님이 한 뜻을 이루기 위해 그런 마음을 그들에게 주셨다는 것이다(17:17). 이 결정적 섭리에 비추어보면, 이 땅의 제국적 절대 권력이 왜 절대 부패할 수밖에 없는지 새삼 실감이 난다.

최후의 장송곡 ― 바벨론 만가

바벨론의 최후는 "무너졌도다 큰 성 바벨론이여"로 시작되는 18장 만가(dirge)의 시작과 함께 임한다. 그것은, "화 있도다, 화 있도다, 큰 성, 견고한 성 바벨론이여, 한 시간에 네 심판이 이르렀도다"(18:10)라는 선포에서 보듯, 인과응보에 따른 하나님의 공정한 심판 결과이다. 이 만가의 형식은 하늘에 사무친 그들의 죄악상을 응징하는 어조로 짜여 있다. 이는 구약성서에서 대적의 패망을 조롱하는 노래 형식에 의거하여(사 23-24장; 47장; 렘 50-51장; 겔 26-27장), 대제국 로마의 종말론적 파멸의 사태를 맘껏 선언한다. 이에 따르면 로마제국은 "귀신의 처소와 각종 더러운 영이 모이는 곳과 각종 가증한 새들이 모이는 곳"(18:2), 곧 우상숭배의 전당에 다름 아니었다. 그 영적 타락으로서의 "음행"에 일차적인 기여자는 제국의 왕들이고 또 그들과 더불어 치부한 사치의 세력, 곧 상인들과 선원들도 한 통속으로 얽혀 있다. 자기를 영화롭게 한 그들의 사치는 이제 고통과 애통함의 보응을 받아 마땅하다(18:7). 그렇게 차례로 왕들(18:9-10)과 상인들(18:11-16), 선원들(18:17-20)이 치부하며 사치한 일로 차례로 낱낱이 고발당하고 송두리째 멸망당할 때 그들이 애통해하는 묵시적 풍경은 다시 저자의 엄중한 만가의 분위기에 감싸인다.

18장에서 특히 상인들과 해운업자들의 무역활동과 치부, 사치가 집중적으로 정죄되는 까닭은 그것이 바로 음녀 바벨론을 키운 권력의 떡밥이었기 때문이다. 정치와 경제가 역사의 커튼 뒤에서 상호부조의 권력과 배타적 향락을 목적으로 거래하는 자리는 항상 역겹고 구리다. 거기 제시된 향락의 품목들을 보라. "금과 은과 보석과 진주와 세마포와 자주 옷감과 비단과 붉은 옷감", "각종 향목과 각종 상아 그릇", "값진 나무와 구리와 철과 대리석으로 만든 각종 그릇", "계피와 향료와 향과 향유와 유향과 포도주와 감람유와 고운 밀가루와 밀", "소와 양과 말과 수레"(18:12-13) 등등의 상품들은 바벨론의 "영혼이 탐하던 과일"이었다. 이것들은 한결같이 사치품으로 전용되어 도탄에 빠진 생명을 위한 일용할 양식이라는 창조 본위의 가치를 만들어내지 못했던 것이다. 더구나 그 목록의 끝에 보태진 "종과 사람의 영혼들"이라는 첨가 품목을 보면, 이들이 노예장사와 사람의 영혼을 매개로 한 종교장사에도 연루되어 있었음을 또한 짐작할 수 있다. 사람의 영혼까지 장사의 수단으로 치부될 정도면 그 상업에 종사하는 사람은 영혼 없는 사람과 다를 바 없다. 오늘날 종교가 장식품이나 사치품으로 여겨진다는 소문이 만만치 않은 터에 이러한 종교장사의 계보가 음녀 바벨론으로 소급된다면, 위장을 바꾼 이 시대의 여러 바벨론들 또한 이러한 만가의 대상에서 자유롭지 못할 것이다.

심판의 위안

바벨론을 향한 만가는 한 천사가 맷돌 같은 큰 돌을 바다에 던져 바벨론의 최후를 형상화함으로써 마무리된다. 바다는 이 세속의 허영과 탐욕이 빚어낸 사치품과 장식품의 유산을 허망하게 삼키는 밑 빠진 허구렁이다. 바벨론이 그처럼 비참한 최후를 맞이하여 다시는 보이지 않게 된다는 것이다(18:21). 그 형상과 함께 소리도 잠수된다. 온갖 풍류객들의 소리, 맷돌소리 등이 침묵의 심연에 묻히는 까닭이다. 이러한 소리를 부른 혼인식 잔치의 신랑신부 음성과 그 자리를 비추는 등불의 빛 역시 실종된다. 영원한 침묵 속에 세속의 잔재는 깡그리 말살된다. 이 단절과 침묵의 끝자리에는 "너의 상인들은 땅의 왕족들이라"(18:23)는 매우 수상한 논평구가 끼어든다. 이어지는 구절을 보면 이들은 점복술로 만국을 미혹하면서 부귀의 제국을 꿈꾸었던 자들이다. 오늘날 시장이 권력의 왕으로 등극한 지 오래되었다는 말이 심심찮게 들린다. 이 땅에서 정치권력은 자본의 시녀처럼 매번 수치의 도가니에서 시련을 겪는다. 그 맘몬의 점복술이 미혹하는 메시지는 풍요의 신학이다. 그것도 영생하는 풍요의 신학 같은 것이다. 신자유주의니 다국적 금융자본이니 하는 말들은 그 가짜 신학의 켕기는 구석을 무마시켜주는 허울 좋은 이념의 종이호랑이일 뿐, 기실 사람이 문제이다. 여전히 그리고 당연히, 물질적 사치와 탐욕으로 부른 배를 더 불리며 쾌재를 부르는 자들, 그 비용으로 어진 생명들의 가난을 방치하고 강요하는 죄악된 자본과 시장의 우두머리들이 문제인 것이다.

방탕한 바벨론의 패망과 함께 하늘의 성도들은 마침내 즐거워할 기회를 맞는다. 하나님의 심판이 자신들의 신원에 따른 결과임을 확인하면서 그들은 위안을 받게 된다(18:20). 그러나 "즐거워하라"는 외침을 타자의 파멸을 조건으로 내심 쾌락을 추구하는 가학성변태심리의 발로로 보지 않도록 주의해야 한다. 각설하고, 억울하게 당한 자는 회복되어야 한다. 죄 없이 피 흘려 죽은 자도 그 무고한 희생의 사실이 공정히 천명되어야 한다. 어그러진 하나님의 창조질서도 구원의 이름으로 교정되어야 한다. 익명의 그들이 흘린 하소연의 눈물은 그 가해자의 심판과 함께 신원되어야 한다. 그것이 하나님의 공의이고 그 공의에 따른 심판의 목적이다. 최후의 심판은, 즐거워라, 주 안에서 스러져간 신실한 약자들, 희생자들의 믿음을 또박또박 증언한다.

마침내 하늘에서!

요한계시록 19-20장

소요가 끝나면 잔치는 열리고

18장에서 보여준 바벨론의 패망 환상은 지상의 아무리 강대한 나라도 영원할 수 없다는 이치를 새삼 깨우쳐주었다. 또 그런 세속의 권력을 빙자하여 간계를 부리던 악한 영의 세력도 그 외각 세력의 몰락과 함께 점점 물러설 기미를 보이기 시작했다. 이제 19장과 20장에 펼쳐지는 장면은 이 땅의 대적들이 빚어온 갈등과 소요가 끝나고, 또 그들을 향한 심판과 징벌이 마무리된 뒤, 그 조명을 하늘로 들이댄다. 하늘은 이제 땅에서 거둔 승리의 개가를 '할렐루야'로 화답하며 찬양과 경배의 분위기를 띄운다. 먼저 19:1-10에는 세 편의 찬양이 울려 퍼진다. 로마의 파멸로 인한 승리의 찬양이 그 전반부를 장식한다면(19:1-5) 이어지는 후반부는 어린양의 혼인식을 준비하는 장면으로 연출된다(19:6-9).

찬양의 내용은 여일하다. 하나님의 전능하신 주권이 발현되어 그의 신적인 영광을 드러내고 그 능력으로 구원을 이루는 역사가 대종을 이룬다. 아울러, 그 역사를 위해 반드시 짚고 넘어가야 했던 그의 심판이 얼마나 참되고 의로운지 그 공변성을 칭송하고 있다. 이 모든 험한 역정을 통과한 성도들은 어린양 예수의 혼인 잔치에 참예할 신부처럼 묘사된다. 이러한 혼인식 이미지로 예수 그리스도와 교회/성도의 관계를 묘사하는 것은 초기 교회에 익숙한 발상이었다(엡 5:23-32). 그것은 마치 구약시대에 하나님과 이스라엘을 남편과 아내, 부모와 자식의 관계로 묘사한 가족적 이미지의 연장선상에 있다. 신부가 혼인 기약이 다가와 자신을 단장하면서 입은 옷은 "빛나고 깨끗한 세마포 옷"이었다(19:8). 이 옷은 성도를 대속한 예수 그리스도의 보혈의 공로를 표상한다 … 라고 말해야 우리의 통상적 기대에 부합할 텐데, 놀라워라, 저자는 그것이 "성도들의 옳은 행실"이라고 단언한다(19:8). 성도들은 믿음만으로 달랑 그리스도의 신부가 되는 것이 아니다. 그 믿음은 곧 행함이 있는 믿음이어야 하고, 그 행함은 반드시 '옳은' 행실이어야 한다. 거룩한 하나님의 백성이 모두 거룩해야 하듯이, 의로운 심판을 행하시는 분의 백성 역시 올바른 행실로 자신의 삶을 단장하여 어린양의 피 공로를 값싸게 만들지 말아야 한다.

저자는 여기서 그 흥겨운 혼인식 준비의 정황을 슬며시 비치면서 천사의 목소리를 빌어 "어린양의 혼인 잔치에 청함을 받은 자들은 복이 있도다"(19:9)라고 말한다. 성도가 곧 혼인 잔치의 신부/아내라면, 이렇게 혼인식에 청함을 받은 자들은 누구일까? 그들이 하늘의 천사일 것 같지 않고, 지옥에 떨어질 바벨론의 수하들이나 용이나 뱀 따위의 흉측한 화상들일 리는 더더욱 없다. 그렇다면 그들의 정체는 무엇일까? 여기서 내 상상력의 촉수는 그들이 요한계시록을 읽고 있는 현재의 독자들이라는 쪽으로 뻗친다. 혼인 잔치에 참여하여 어린양의 신부가 될 자는 그들의 미래적 초상이다. 저자는 그 미래의 초상 속에서 자신을 비롯한 공동체의 성도들을 떠올렸다. 그들은 이러한 종말의 비전을 현재화하여 당시의 모진 박해를 견디며 마침내 누리게 될 영광의 잔치를 갈구했을 것이다. 오늘날 독자들도 마찬가지이다. 그들은 그 비전과 꿈, 종말론적 희망의 한가운데서 미래의 신부가 되고 현재의 하객/청중/독자가 되어 시간의 거리를 관통한다. 자신의 미래를 관찰하는 현재의 시선은 오직 믿음을 담아 담담하고 태연하게 자신이 누릴 영광의 그날을 투사하여 바라본다. 종말론적 신앙은 그렇게 각박한 현재를 견디게 하는 구체적인 힘이 된다.

그리스도의 승리와 위업

이어지는 19장의 후반부 11-21절은 승리하신 그리스도의 초상을 신비한 형상으로 묘사한다. 그는 백마를 타고 있는데 공의로 심판하며 싸우는 판관과 전사의 이미지를 걸치고 있다(19:11). 특히 눈에 초점을 맞추는데, 이는 초월적 투시력과 형형한 지혜의 상징으로 불꽃같은 눈의 이미지를 부각시킨다(19:12). 머리에 쓴 많은 관들(19:12)은 영광과 권세의 표상일 터이다. 또 자기만 아는 이름 하나를 써서 남몰래 간직하고 있다 하니 이는 하나님의 은밀함/비밀스러움을 닮은 그리스도의 신비를 일컫는 표현일 것이다. 특히, 그의 위대함은 인간의 지적인 인식과 필설의 표현을 넘어서는 압도적인 위상을 지닌다. 그래서 아무리 머리를 굴려 따지고 논하고 궁리해도, 우리가 하나님이 아니고 예수 그리스도가 아닌 한, 여전히 닿을 수 없는 신적인 타자성이란 게 있는 법이다. 아울러, 그가 입은 옷은 굳이 피를 뿌린 옷이라고 한다(19:13). 이를 보고 십자가의 수난을 상기시키고 거기서 흘린 보혈을 상징한다고 보면 무리가 없을 듯하다. 비밀처럼 숨겨진 이름은 곧 '하나님의 말씀'이라고 밝히는데, 아마 그 옷의 어느 구석에 숨은그림찾기 식으로 은밀하게 박혀 있었던 모양이다. 그리스도를 '말씀'(logos)으로 보는 관점은 이미 요한복음을 통해 익숙하다(요 1:1, 14).

그밖에 15절 이하 이어지는 그리스도의 이미지는 이미 앞서 묘사한 내용이 중첩, 반복되면서 다시금 그의 위용을 상기시키는 동시에 일부는 그 배경으로 깔린 구약성서의 문학적 표현을 많이 원용한 것들이다. 가령, 그리스도의 입에서 나오는 예리한 검의 이미지는 이미 1:16에서 선보인 바 있으며, 철장으로 다스린다는 말씀 역시 시편 2:9를 출전으로 삼고 있다.

아울러, 19:16에서 옷과 다리에 써놓은 이름이라 소개한 '만왕의 왕, 만주의 주'라는 문구 역시 17:14의 호칭을 되풀이하면서 강조하는 동시에 구약성경 중에는 신명기 10:17에 빚지고 있다. 17-18절에서는 대적들의 시신을 노략하는 새를 천사가 불러내는데, 우리 정서로 까마귀를 연상시키는 이런 기괴한 이미지 역시 이미 에스겔 39:4, 17-20이 선수를 친 바 있으니, 저자의 신학적 상상력은 상당 부분 이러한 독서에 의거한 이미지의 기억에 기대고 있다고 할 것이다. 이로써 강조하고자 하는 것은 이 세상의 모든 권세를 압도하는 승자 그리스도의 위상이며 그를 호위하는 하늘군대의 위용에 비해 이 땅의 임금들은 적수가 못 된다는 시위와 엄포이다. 악한 영에 사로잡혀 전쟁을 일으킨 이 세상의 권세자들은 마침내 패배하고야 말리라는 것이다. 그들의 우두머리 '짐승'이 잡혔으니 이제 그 수하로 일하던 자들의 신세는 명약관화하다. 특히 저자는 표적으로 사람들을 미혹하던 거짓 선지자들과 짐승의 표를 받고 우상을 경배하던 자들에게 초점을 맞추는데(19:20), 그들의 미래에 기다리고 있는 종말의 운명은 유황불 타는 호수, 곧 '게헨나'이다. 마침내 그들은 산 채로 그 지옥 불에 던져지고, 나머지는 말 탄 자의 입에서 나오는 검에 죽어 노략질하는 새의 먹잇감으로 시체조차 불우해진다.

노파심에 저자는 이렇게 했던 말과 앞서 역설한 이미지를 다시 되뇌며 요약해준다. 친절하게 종말의 극적인 정황들을 플래쉬백으로 되비추어 주면서 창조적 긴장과 함께 경각심을 안겨주고자 한 것이다. 그 묵시문학적 친절함은 우리로 종말을 되풀이 살게 도와준다. 개개인에게 종말은 일순간이겠지만, 또 심판과 그리스도의 승리 역시 잠깐 치러지는 경점에 불과하겠지만, 그 반복과 순환 가운데 거듭 회고될 때마다 그것은 물리적 시간을 초월한 '사건'이 된다. 그 마지막 혼인 잔치의 기약을 손꼽아 기다리며 그의 성도들은 여러 번 신혼의 달콤한 꿈에 젖는다. 그 꿈과 비전이 그들의 현재 고통을 감내하도록 이끌어준다.

천년왕국, 곡과 마곡, 백보좌의 파노라마

20장은 문학적 구도로 치면 발단과 전개 과정을 거치고 또 갈등의 최고점을 지나 파국에 다다르기 직전의 절정(climax)에 해당된다. 여기에는 우리에게 익숙한 요한계시록의 단골 메뉴들이 출현한다. 바로 천년왕국이 그 하나요, 곡과 마곡의 전쟁이 그 둘이요, 백보좌 심판이 그 셋이다. '용', '옛 뱀', '사탄', '마귀' 등으로 불리는 악한 영을 잡아 무저갱에 던져 넣은 뒤 인봉하여 천 년 동안 만국을 미혹하지 못하도록 구금해두었는데, 바로 그 기간에 펼쳐지는 천 년 동안의 지상왕국이 천년왕국이다. 그것은 '첫째 부활'이라고도 불린다. 기존의 학자들은 이 천년왕국의 시점을 두고 예수의 재림 이전인지 이후인지 왈가왈부가 잦았다. 그래서 전천년설, 후천년설, 무천년설 등의 학설(이라고 하긴 좀 어려운 변설)을 낳았다. 그렇지만 내 독법은 그 변설의 틈새를 비집고 들어가 이러한 종말론적 비전을 낳은 초기 그리스도교의 염원과 그것을 추동한 성령의 영감에 더 끌린다.

이 땅은 타락한 심판의 세상이지만 그래도 하나님이 지으신 땅이고 그의 백성들이 살아간 삶의 터전이었다. 인간의 죄악으로 한 번도 온전한 나라가 없었을진대 그 아쉬움이 얼마나 심했으랴. 예수의 살아생전 지상사역을 통해 '하나님의 나라'는 그 아쉬움을 달래는 메시지로 제시되었다. 그 나라는 곧 '왕국'(basileia)이었다. 하나님의 제왕적 주권이 통치의 주체가 되어 이 땅을 온전한 공의와 평화로 다스리는 그 나라의 실현을 이미 예수께서 크게 부각시킨 것이다. 그것이 이제 '천년왕국'으로 변용되고 있다. 이로써 저자는 그의 백성들이 하나님과 그리스도의 제사장이 되어 이 땅에서 천 년 동안 왕 노릇하는 신정정치를 예고한 것이다. 이는 역사 속에서 한 번도 제대로 이루어지지 못했기에 이 땅의 역사가 하나님의 구원사에 진 빚을 탕감받는 절차이기도 하다. 냉철하게 따져보건대, 이 지상의 삶은 아무것도 아닌 것이 아니다. 이 땅을 무대로 펼쳐진 역사도 전혀 무의미한 과거가 아니었다. 그것은 반드시 하나님의 왕국이 온전히 구현되어 속량

받아야 할 하나님의 창조를 염두에 둔다. 나아가 그 왕국은 그 창조를 매개로 한 백성의 오래 묵은 꿈이었다. 그 꿈이 이렇게 천년 동안 극적으로 이루어지리라는 것이다.

그러나 그 천년은 한시적이다. 아무리 다스려도 이 땅에서 영원한 것이 있을 수 없다. 그래서 새 하늘과 새 땅이 열리는 새 창조의 역사가 도래하기까지(21장) 이 땅은 또 한 차례의 혼돈기를 겪는다. 그것은 곡과 마곡의 전쟁으로 특징지어지는데, 이 사건은 무저갱에서 풀려난 미혹하는 세력이 다시 한번 더 오지게 묶임을 당하고 괴로운 처지가 되는 카타르시스를 한 번 더 비춰준다. 이어서 생명책이 펼쳐지면 모든 죽은 자들은 그 책의 기록에 근거하여 최후의 심판을 받는다. 심판의 기준은 놀랍게도 '자기의 행위'란다. 우리의 행위가 다 그곳에 기록되었다면, 차마 그 심판을 통과하리라는 기대를 품을 수 없다. 다만 그리스도의 대속적 공로에 힘입어 그가 우리를 변호해주길 기대할 뿐이다. 물론 그 행위를 우리의 지성으로 왈가왈부하기란 참 어렵고 곤혹스럽다. 그 행위의 외면적 결과가 불충분할 텐데, 그래서 그 진정성 여부를 판별하기 위한 우리의 가슴/마음을 살피는 작업도 동반되었으면 한다. 이렇게 우리의 심장을 그리스도의 저울에 달든, 우리의 몸짓으로 일군 삶의 행실을 하나님의 심판대 앞에 올려놓든, 우리는 장차 살아온 나날들, 그 길 위의 삶을 결산하며 이 심판의 관문을 통과하지 않을 수 없다. "사람이 한 번 죽는 것은 정한 이치인데, 그 뒤로 반드시 심판이 있으리라!" 히브리서(9:27)의 유명한 말씀이다. 그 심판대를 부지런히 떠올리면서 각성의 기제로 삼는다면 우리는 그저 이런 수준으로 대강 살 수 없다. '자기의 행위'로 그 심판대에 선다면, 우리는 허울 좋은 믿음으로 우리의 개차반 행위를 감출 수 없다. 그 심판대가 순결한 '흰' 보좌라고 하지 않던가.

새 하늘과 새 땅을 향하여

요한계시록 21-22장

"내가 만물을 새롭게 하노라"

천년왕국도 지나 마침내 요한계시록의 드라마는 대단원의 막을 내린다. 그러나 그 대단원은 기존의 땅에서 내린 것이지 그 이후에 이어지는 새로운 속편이 없는 것이 아니다. 외려 이 대목은 새 하늘과 새 땅의 비전이 처음 하늘과 처음 땅을 대체하면서 전혀 새로운 신세계로 독자들을 안내한다. 그러한 묵시적 새 창조의 역사는 분명 새로운 삶의 질서로 극적인 도약을 담보한다. 그러나 그것은 이전의 것들을 완전히 부정하는 방식보다는 갱신하는 방식으로 나타난다. 보좌에 앉으신 심판주의 목소리로 "내가 만물을 새롭게 하노라"(21:5)고 하신 말씀의 속뜻이 과연 그러하다. 우주만물의 구원역사는 만물을 새롭게 하시는 하나님의 창조 작업의 연장선상에 자리한다. 인간의 죄악으로 인해 더불어 탄식해오던 만물은 이제 그 썩어짐의 숙명에서 벗어나 비로소 새로운 만물로 거듭난다. 이렇듯, 하나님의 종말론적 구원역사는 창조의 회복과 갱신이란 사역과 밀접한 연관을 갖는다.

만물이 그렇게 새롭게 되는 마당에 구원받은 백성들에게 참신한 변화가 없을 리 없다. 무엇보다 관계의 회복이 으뜸이다. 일찍이 죄로 인해 가로막혔던 하나님과의 소통지로가 뻥 뚫리게 된다는 것이다. 이를테면 "하나님이 그들과 함께 계시리니 그들은 하나님의 백성이 되고 하나님은 친히 그들과 함께 계셔서"(21:3) 철저히 망가진 그 관계가 온전히 회복되기에 이른다. 관계의 회복은 자연스레 죄악의 숙주로 활약하던 육체의 곤경에서 우리의 심령을 해방시킨다. 온갖 고통과 슬픔, 사망과 그로 인한 두려움 따위는 이제 처음의 창조와 함께 그리스도인의 삶을 떠나버린다. 구조적으로 더이상 죄를 지을 수 없는 존재로, 그러니 그 죄의 덫에 치여 고통을 겪지 않아도 되는 상태로 획기적인 변화를 겪게 되는 것이다. 그것은 곧 하나님의 아들 됨(양자 됨)의 은총에 참여하는 결과이다. 이는 또한 상속으로 받을 선물에 다름 아니다. 우리의 의지와 무관하게, 오로지 은총의 결과로 생기는 이 위대한 구원은 시간의 태초와 종말을 공간 속에 운용하시는 창조주 하나님, 그의 구원사역을 온몸으로 이루어나가시는 주 예수 그리스도의 주권과 능력으로 가능해진다. 그것이 바로 '알파와 오메가', '처음과 마지막'에 담긴 비밀 아닌 비밀이다. 모든 생명과 존재는 시작이 있으면 끝이 있다. 그 사이의 시간과 공간 속에서 그것들은 죄다 변한다. 만물을 새롭게 하시는 주님의 운동력에 이끌려!

새 예루살렘과 보석천국의 세계관

그러면 그동안 인류의 역사를 채워나간 인간의 족적은 어떻게 되는가. 그것은 단지 하나님의 종말론적 클라이맥스를 치장하는 한갓 장식품에 불과한 무의미한 여정이었던가. 요컨대, 새로운 창조로서의 구원이란 자리에 '역사'와 '전통'의 몫이 모호해지거나 궁금해지는 것이다. 이에 대해 요한계시록은 인색하기는커녕 풍성하게 그 나름의 몫을 설명한다. 그것이 하나의 영롱한 개념으로 육화된 것이 바로 '새 예루살렘'이다. 새 예루살렘은 옛 예루살렘이란 전통이 갱신되는 지평이다. 예루살렘이란 무엇인가? 이스라엘 민족의 광휘와 수치가 깃든 역사의 복잡한 현장이 아니었던가. 숱한 유랑과 이산의 여정 가운데 마침내 정착한 약속의 땅에 건설된 감격적인 성읍이 아니었던가. 그처럼 예루살렘은 다윗왕조의 영광과 결부되어 평화의 도시로 복을 받아 누렸지만 동시에 신산한 역사의 참담한 형적을 고스란히 간직한 도시였다. 새 예루살렘은 그 도시를 하늘의 무대로 끌어올려 전혀 새로운 생명의 전당으로 거듭나게 하신다. 역사는 우주와 무관할 수 없었던 것이다. 새 하늘과 새 땅의 도래는 범우주적인 함의이지만, 애당초 그것과 동떨어질 수 없었던 새 예루살렘은 역사의 상처를 씻고 '거룩한 성'으로 하나님의 영광을 찬란하게 현시할 뿐이다.

21:11 이하에서 묘사된 그 성의 갱신된 모습은 일면 화려한 보석천국의 단면을 휘황하게 전시하는 듯하다. 열두 문, 열두 천사, 열두 기초석, 열두 사도의 열두 이름에 연하여 그곳을 빼곡하게 채우는 이름도 생소한 각종 보석들, 곧 벽옥, 홍마노, 홍보석, 황옥, 녹옥, 담황옥, 비취옥, 청옥, 자수정, 진주, 정금 등등은 얼핏 세속의 부귀영화를 대변하는 인상을 줄 수 있다. 하여 이 땅에서 결핍된 욕망을 풍요하게 채워주는 대리적 위안물처럼, 혹은 이 땅에서 열심히 나누고 베풀어 하늘에 쌓아둔 보화를 곱절로 돌려받아야 할 보상의 품목처럼 이 보석천국의 이미지들은 생경한 만큼 당혹스럽기도 하다. 그러나 그것들은 이 땅에서처럼 더이상 희소가치가 아니다. 희소가치는 소수에 의해 독점되는 가치로 대다수의 사람들에게 박탈과 결핍의 대상일 뿐이다. 그러나 이제 새 예루살렘이라는 거룩한 도성 가운데 펼쳐질 새로운 삶의 미래에 그것들은 평범한 삶의 환경일 뿐, 그로 인해 더이상 얽매일 것도 시달릴 필요도 없는 세상이 오는 것이다. 아울러 저러한 보석의 이미지는 영생의 전당이 보석처럼 견고하여 일절 훼손이나 변개됨이 없으리라는 보증이기도 하다. 그것은 영원무궁하신 하나님의 속성을 닮아, 모든 것이 시간 속에서 풍화되고 소멸해가는 이승의 삶이 갈구하는 대안적 꿈이요 궁극적 염원이다.

그러나 이러한 보석의 건물 구조 안에 더이상 건물로 된 성전은 없다. "하나님 곧 전능하신 이와 및 어린 양이 그 성전"(21:22)이기 때문이다. 지상의 역사에서 성전은 하나님과 그의 백성을 다양한 제의적 예법으로 연계시키는 일종의 매개 장치이다. 그러나 더이상의 매개를 필요로 하지 않는 삶의 단계에서 건물로서의 성전은 무의미하고, 직접 하나님을 대면하며 대화하는 경지로 들어가게 되는 것이다. 그 삶의 환경에서 가장 두드러진 특징은 환한 빛이다. 그것은 곧 빛의 등가체인 하나님의 영광을 표상한다. 성문들은 닫히지 않으니 밤이 없어 통행에 시간을 제한할 필요가 없기 때문이다. 이처럼 해보다 더 밝고 환한 빛은 소통과 개방을 특징으로 한다. 통행금지 같은 아무런 통제와 억압이 없다. 사람들은 모두 '만국의 영광과 존귀'를 지닌 위엄 어린 존재로 하나님을 향하고, 그의 존전으로 들어간다. 또 다른 중요한 특징은 생명수와 함께 피어나는 생명나무와 그 열매, 잎사귀의 상징이다. 이는 22:1-2에 강으로 표현되어 나오지만, 이미 21:6에서 "생명수 샘물을 목마른 자에게 값없이 주리니"라는 이사야 식의 말씀 가운데 복선이 깔린 바 있다. 그 생명의 원형을 회복한 나무가 열두 가지에 온전한 과실을 맺어 양식으로 베풀어지고, 그 나뭇잎사귀는 만물을 치유하는 약재가 된다고 하니(22:2) 가히 만병통치약이렷다!

실제로 이러한 보석천국과 성전의 풍경들뿐 아니라 그 세세한 이미지들은 앞의 경우와 마찬가지로 구약성서적 이미지에 많이 기대고 있다. 특히 에덴동산의 구성분자들과 에스겔의 환상적인 성전 묵시에 나오는 이미지들, 이사야의 종말론적 전망과 목가적 비전 등이 화사하게 변주되면서 이 장면들에 고스란히 스며들어 있다. 여기에 문자주의적인 잣대를 들이대는 것은 경망스럽고 허탄한 짓이다. 이는 도리어 하나님의 주권이 은혜의 빛으로 그 종말을 넘긴 백성들에게 비칠 때 온전히 회복된 그 샬롬의 관계 속에 어떻게 그들이 세세에 왕 노릇할지를 대변하는 희망의 메시지로 새겨야 한다(22:3-5). 아울러 이 모든 것이 하나의 '상속' 또는 '유업'으로 '이기는 자'에게 약속되고 있음에 유의해야 한다(21:7). 반면 "두려워하는 자들과 믿지 아니하는 자들과 흉악한 자들과 살인자들과 음행하는 자들과 점술가들과 우상 숭배자들과 거짓말하는 모든 자들"(21:8, 22:15 참조)은 '불과 유황불'의 연못으로 표상되는 '둘째 사망'에 처해진다. 한 번 죽는 것도 끔찍한데 '둘째 사망'이라니⋯ 이렇게 곡진하게 경계한 저자의 신실한 의도에 눈 떠야 하리라.

두루마기를 빠는 자들은 복이 있으니(계 22:14)

요한계시록은 빨래에의 권면으로 끝난다. 아니 그 권면은 막판에 다시 한번 "아멘 주 예수여 오시옵소서!"(22:20)라는 재림에의 재촉으로 종말론적 긴장과 함께 탄력을 받는다. 먼저 "두루마리의 예언의 말씀을 지키는 자"(22:7, 9)가 자기 두루마기를 빠는 행위의 전제가 된다. 그것은 곧 "불의를 행하는 자는 그대로 불의를 행하고 더러운 자는 그대로 더럽고 의로운 자는 그대로 의를 행하고 거룩한 자는 그대로 거룩하게 하라"(22:11)는 예언자적 방기와 비관주의를 역설의 긍정으로 견인하는 지렛대이다. 아무리 절망적인 상황이더라도 씨를 뿌려야 하는 것이 농부의 희망이듯, 예언의 말씀으로 하나님의 구원이 뻗쳐나가도록 애쓰고 힘써야 하는 것이 그리스도인의 의무이다. 그래서 불의를 행하는 자와 더러운 자가 그 악한 행실을 끊고 의롭고 정결한 백성으로 거듭나는 것이 하나님의 뜻이고 은총이다. 그것이 바로 행실을 바꾸는 자기 두루마기의 빨래가 요청되는 까닭이다. 이렇듯, '두루마리'와 '두루마기' 사이에는 그런 미묘한 신학적 곡절이 숨어 있다.

우리는 누구나 갈증의 시대를 살고 있다. 풍성한 생명에 목마르고, 진리에 목마르며, 구원에 목마르다. 누가 복음인지 혼란스런 시대에 '나만 복음'이라는 폐쇄된 회로에서 전전긍긍하거나 오만방자한 묵시에 휘둘린 채 살아가는 군상들이 허다하다. 나는 이러한 현상을 비판적으로 진단하여 어느 글에서 '종말론적 유아론'이라 칭한 바 있다. 기실 요한계시록은 자기 빨래조차 제대로 하지 못하는 치들이 제 두루마기에 대한 점검조차 없이 예언이란 미명하에 '나도 복음'의 두루마리를 휘두르는 재료로 악용되기 십상이다. 요한계시록에 내장된 그 두루마리의 말씀은 봉인되었지만, 그 봉인은 배타적 전유의 종말론적 '유아론'(solipsism)을 넘어 모든 사람이 다 구원받기를 원하시는 하나님의 간절한 기다림을 거꾸로 표상한다. 아마도 그래서인지 마지막 두루마리의 권고는 '인봉하지 말라'는 간곡한 당부를 덧붙인다(22:10). 이 책이 처음 태어난 이래 2,000년 다 되도록 숱한 이단 잡설들의 몽매한 해석들을 견디면서 우리에게 활짝 열린 책으로 전달된 내력 가운데 바로 그런 기다림의 사랑을 찾아볼 수 있지 않을까 싶다. 이런 까닭에 "아멘 주 예수여 오시옵소서!"라는 긴박한 재림의 요청은 협박의 어조를 벗고 "주 예수의 은혜가 모든 자들에게 있을지어다. 아멘"으로 마무리되는 것이다. 주 예수의 은혜는 모든 자에게 열려 있는 법! 여기에 붙인 마지막 어휘 '아멘'이 그 앞의 '아멘'을 저주와 협박으로 해석하려는 불측한 의도를 제어하고 있지 않은가. 모든 자들에게 베풀어진 은혜의 보편주의가 종말론적 유아론을 부끄럽게 만들고 있는 형국이다.

요한계시록 강론을 마치면서 나는 각종 삿된 묵시가 판을 치면서 여전히 혹세무민하는 항간의 세태를 아프게 탄식한다. 제도권 교회의 안팎으로 넘나드는 이 종말론적 유아론과 묵시적 자폐주의가 웅숭깊은 상징의 초입에도 도달하지 못한 채 '내가 복음'의 춘추전국 시대를 연출한다. 그 와중에 이 유서 깊은 요한계시록이 제멋대로 난도질당하며 온갖 사이비잡설을 생산하는 출처처럼 되어버린 현실이 끔찍하기도 하다. 나는 그 현실에 일말의 책임감을 느끼며 소박한 다시 읽기를, 그것도 두루뭉술하게 시도했지만, 누가 알겠는가. 내 해석의 어느 구석이 하나님 뜻에 걸맞고 어느 구석이 황당한 주관을 넋두리처럼 늘어놓았는지. 다만 허술하나마 꾸준히 연구하며 글 쓰는 일로 업을 삼는 내 천직의 부족함을 주께서 긍휼히 살펴주시길 기도할 뿐이다.